改訂版 우주간의 법 해설

대승보살도 (大乘菩薩道)
기초교리

彌勒佛 著

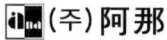(주) 阿那

저자　彌 勒 佛 (一名 : 金鉉斗)

법화경 해설서 ▶	『(改訂版) 우주간의 법 해설 정본(正本) 반야바라밀다심경』(2015) 『우주간의 법 해설 무량의경』(2009) 『묘법연화경 해설 1~14』(총 14권) 『관보현보살행법경 해설』(2006) 『묘법연화경 해설 제 이십사 관세음보살보문품』(2005)
경전 해설서 ▶	『우주간의 법 해설 삼일신고』(2009) 『화엄일승법계도 근본진리해설』(2002) 『우주간의 법 해설 금강경』(2007) 『천부경 천부진리 해석 완역』(2003) 『북두칠성연명경해설』(2005)
단행본 ▶	『(改訂版) 妙法華(묘법화)의 실상(實相)의 법(法)』(2015) 『(改訂版) 우주간의 법 해설 대승보살도 기초교리』(2015) 『무량의경(無量義經) 약본(略本)』(2015) 『미륵불과 메시아』(2015) 『미륵부처님께서 밝히시는 한민족(韓民族)들이 가야만 하는 길』(2013) 『미륵부처님께서 밝히시는 문명(文明)의 종말(終末)』(2011) 『미륵부처님께서 밝히시는 우르난쉐(Ur-Nanshe)님에 대한 진리(眞理)』(2014) 『현대과학 용어로 본 유식사상과 여래장과 선』(2003)
예언서 해설	『우주간의 법 해설 요한계시록』(2008) 『격암유록 남사고비결 해설 上』(2001) 『격암유록 남사고비결 해설 下』(2001)
경전 독송용 ▶	『관보현보살행법경 독송용』(2006) 『약사유리광여래본원공덕경』(2008)
출간 예정 도서 ▶	『(改訂版) 불교기초교리핵심 81강』 『(改訂版) 우주간의 법 해설 삼일신고』 『진실(眞實)된 세계역사(世界歷史)와 종교(宗敎) 上』 『진실(眞實)된 세계역사(世界歷史)와 종교(宗敎) 下』

※ 품절 및 절판 도서 소개는 생략합니다.

(改訂版) 우주간의 법 해설	대승보살도(大乘菩薩道) 기초교리

지은이	彌 勒 佛
펴낸이	최 원 아
펴낸곳	(주) 아나, 2001년 1월 22일 등록 제 16-9호
입력	혜경
초판 발행	2009년 5월 26일(1판 1쇄)
초판 인쇄	2009년 5월 26일(1판 1쇄)
개정판 인쇄	2015년 7월 3일(2판 1쇄)
주소	부산광역시 기장군 기장읍 차성남로 62 아나빌딩 3층
전화번호	(051) 723-2261 ~ 3
팩스	(051) 723-2264
홈페이지	http://www.brahmanedu.org (브라만법화연수원) (미륵부처님 강의 동영상과 법문 공개)
저작권	ⓒ 2015, (주)아나
가격	15,000원
ISBN	978-89-89958-51-2 (03220)

서 문 (序文)

　석가모니 하나님 부처님의 불법(佛法)이 담겨져 있는 경전(經典)은 문자(文字)의 방편을 통한 《세간법(世間法)》과 수리(數理)에 이치의 뜻을 담은 《우주간(宇宙間)의 법(法)》이 양음(陽陰) 짝을 하고 있는 경전(經典)들이다.

　이러한 양음(陽陰) 짝을 하고 있는 법 중 《세간법(世間法)》은 소승(小乘)으로도 불리우는 이승(二乘)의 도(道)인 성문승(聲聞乘)의 도(道)와 연각승(緣覺乘)의 도(道)와 이승(二乘)의 도(道)보다 한수 아래에 있는 독각승(獨覺乘)의 도(道)가 머무는 바의 법(法)이며, 《우주간(宇宙間)의 법(法)》은 대승(大乘) 보살도(菩薩道)가 머무는 바의 법(法)이다. 즉, 대승(大乘) 보살불교(菩薩佛敎)는 《우주간(宇宙間)의 법(法)》을 그 뿌리로 하여 자리한다는 뜻이다.

　이러한 대승(大乘) 보살도(菩薩道)에 대하여 작금의 승단(僧團)은 거의 무지(無知)에 가까운 앎을 가지고 있으면서 독각(獨覺)의 도(道)를 행(行)하는 스님네들이 입만 열면 그들이 대승(大乘) 보살도(菩薩道)를 표방한다고 일반 불자(佛者)들을 속이고 기만하고 있는 것이다.

세간법(世間法)에 머무는 성문(聲聞)의 도(道)와 연각(緣覺)의 도(道)와 독각(獨覺)의 도(道)에 있어서 성문(聲聞)의 도(道)는 회오리치는 역사와 민족(民族)의 수난 덕분에 대부분이 한국(韓國) 불교(佛敎)에서 사라졌으며, 또렷이 남은 것은 사대(事大) 불교(佛敎)로 이름되는 연각(緣覺)의 도(道)와 독각(獨覺)의 도(道)만 살아남아 한국(韓國) 불교(佛敎)를 대표하고 있는 실정이다.

이러한 《세간법(世間法)》에 머무는 이승(二乘)의 도(道)와 독각(獨覺)의 도(道)를 현재의 교육제도의 구분으로 비유를 하면, 사대불교(事大佛敎)로 이름되는 독각(獨覺)의 도(道)가 《초등학교》 수준이 되며 연각(緣覺)의 도(道)가 《중등학교》의 수준이 되며 성문(聲聞)의 도(道)가 《고등학교》의 수준이 된다.

한편, 《우주간(宇宙間)의 법(法)》을 뿌리로 하는 보살도(菩薩道)는 보살도(菩薩道) 입문자(入門者)와 보살도(菩薩道) 성취의 보살(菩薩)의 과정과 보살도(菩薩道) 완성의 자리로 구분이 되기 때문에 이 역시 현대 교육제도의 구분으로 비유를 하면, 보살도(菩薩道) 입문자(入門者)가 《대학 과정》이 되며 보살도(菩薩道) 성취의 보살(菩薩)의 자리가 《대학원 과정》으로 비유되고 보살도(菩薩道) 완성자인 불법(佛法) 일치를 이룬 완전한 깨달음의 자리가 《대학교수》의 과정으로 비유가 되는 것이다.

이 때문에 다 같은 《불교기초교리》 용어(用語)가 《세간법(世間法)》에 머무는 해설(解說)과 《우주간(宇宙間)의 법(法)》의 해설(解說)과는 그 해설(解說)에 있어서 큰 차이를 보이는 것이다. 즉, 독각(獨覺)의 도(道)에 머무는 《초등학교》 실력의 해설(解說)과 보살도(菩薩道)에 입문(入門)한 《대학생》 실력을 갖춘 자(者)의 해설(解說)은 당연히 큰 차이를 갖게 된다는 뜻이다. 또한, 《우주간(宇宙間)의 법(法)》을 근본 뿌리로 하는 보살도(菩薩道)에 있어서는 법(法)의 이치에 따른 많은 새로운 용어(用語)들이 등장한다. 이러한 보살도(菩薩道) 해설(解說)의 불교(佛敎) 기초 교리와 법(法)의 이치에 따른 새로운 용어(用語)

해설을 묶어 『대승(大乘) 보살도(菩薩道)의 기초교리』라 이름하고 보살도(菩薩道) 입문자(入門者)들을 위하여 책을 출간하게 된 것이다.

현대인들은 발달한 교육(教育) 덕분에 최소한 《고등교육》 이상을 공부하였기 때문에 정신적(精神的)인 진화(進化)는 상당한 수준까지 와 있는 것이다. 이러한 분들은 불가(佛家)의 이승(二乘)의 도(道)를 거치지 않아도 바로 보살도(菩薩道)에 입문(入門)할 자격을 갖춘 것이다.

회오리치는 역사와 민족의 수난사로 볼 때 독각(獨覺)의 도(道)를 행(行)하는 작금의 승단(僧團)들의 스님네들을 나무랄 수만은 없는 것이다. 그러나 한국불교(韓國佛教)가 나아갈 길은 사대불교(事大佛教)로 이름되는 《당마왕불교》의 독각(獨覺)의 도(道)를 청산하고 썩은 《고려불교》와 핍박받던 《조선왕조》 때의 교훈을 잊지 말고 《석가모니 하나님 부처님》의 나머지 남은 도(道)인 논리(論理)가 정연한 《보살도(菩薩道)》로의 회귀(回歸)만이 석가모니 하나님 부처님의 도(道)가 지상(地上)에서 꽃피워질 수 있는 유일한 길이며, 이 길만이 승속 간의 불교인(佛教人)들이 우주의 주인이신 석가모니 하나님 부처님의 영원한 구원의 은혜를 입을 것임을 잊지 말 것이며, 이로써 부처를 이룬 많은 불자(佛者)들이 탄생할 것임을 잊지 마시기 바란다.

《마왕관음불교》와 《당마왕불교(唐魔王佛教)》인 독각(獨覺) 불교(佛教)는 우주간(宇宙間)의 이치로 볼 때 곧 망(亡)하고 말 것임을 모든 부처님들께서 말씀하고 계시는 점을 깊이 아시고, 《마왕관음불교》와 《당마왕불교(唐魔王佛教)》인 독각(獨覺) 불교(佛教)는 석가모니 하나님 부처님과 우주간(宇宙間)의 수많은 불(佛), 보살(菩薩)님들의 보호와 가피를 받지 못한다는 사실도 아울러 말씀드리는 것이다.

《당마왕불교(唐魔王佛敎)》인 독각(獨覺) 불교(佛敎)를 전해준 오늘날 중국(中國)에서 그들의 《당마왕》 독각(獨覺) 불교(佛敎)가 망(亡)하게 된 사실도 오늘날의 한국(韓國) 불교계(佛敎界)는 간과하여서는 안되는 것이며, 석가모니 하나님 부처님 불법(佛法)이 온전히 살아남아 부처님의 자비로운 은혜를 입고자 하시거든 필자의 충고에 귀 기울이시고 부디 지금 출간되는 『대승보살도 기초교리』를 공부하시어 그동안 필자가 왜곡되고 고쳐진 불법(佛法)을 바로 하여 세워둔 보살도(菩薩道)의 경전(經典)들과 해설서(解說書)들을 기초하여 《석가모니 하나님 부처님 교단》의 보살불교(菩薩佛敎)로의 회귀를 간곡히 당부 드리며 이렇게 보살불교(菩薩佛敎)를 받아들이셨을 때 한국(韓國) 불교(佛敎)는 세계의 불교 정상에 우뚝 서게 될 것이며 산문(山門)으로부터 떠난 모든 불자(佛者)들과 새로운 불자(佛者)들이 수도 없이 생겨 돌아올 것임을 미루어 짐작하면서 첫머리글로 인사를 드리는 바이다.

佛紀 2552年 7月 20日

저자 彌勒佛 올림

목 차 (目次)

서 문(序文)	4
목 차(目次)	8
1. 보살도(菩薩道)의 기초 교리란?	19
2. 법공(法空)에 대하여	24
[1] 법공(法空)	
(1) 법공(法空)의 1회 진화(進化)의 주기 정리	
(2) 휴식기의 법공(法空)	
(3) 진화기(進化期)의 법공(法空)	
3. 사선근위(四善根位)와 세제일법(世第一法)	31
[1] 사선근위(四善根位)	
[2] 사선근위(四善根位)와 파동(波動)	
4. 여섯 뿌리의 진공(眞空)	34
[1] 암흑물질	
[2] 색광(色光)의 씨앗	
[3] 색소광(色素光)의 씨앗	
[4] 여섯 뿌리의 진공(眞空)	
5. 삼합(三合)과 육합(六合)	38
[1] 삼합(三合)	

     [2] 육합(六合)
     [3] 삼합(三合)과 육합(六合)의 도형
         (1) 적멸보궁(寂滅寶宮) 삼합(三合)과 정명궁(正明宮) 삼합(三合)의 도형
         (2) 정명궁(正明宮)과 진명궁(眞明宮)
         (3) 합(合)의 정리
         (4) 적멸보궁(寂滅寶宮)과 정명궁(正明宮)과 진명궁(眞明宮)의 삼합(三合)과 육합(六合)의 관계 정리
6. 개천이전(開天以前)의 정명궁(正明宮)과 진명궁(眞明宮)   50
     [1] 정명궁(正明宮)
     [2] 진명궁(眞明宮)
     [3] 석가모니 하나님 부처님과 비로자나 1세
7. 오온(五蘊)과 다섯 기초 원소   55
     [1] 오온(五蘊)
         (1) 색(色)
         (2) 수(受)
         (3) 상(相)
         (4) 행(行)
         (5) 식(識)
     [2] 다섯 기초 원소
8. 창조(創造)와 진화(進化)   61
     [1] 창조(創造)
     [2] 진화(進化)
         (1) 영체(靈體)의 진화(進化)
         (2) 고체(固體)의 진화(進化)
9. 우주를 떠받치는 일곱 기둥(법칙)   64
10. 개천(開天)과 상천궁(上天宮)   65
     [1] 상천궁(上天宮)
         (1) 상천궁의 천궁도(天宮圖) 이치
         (2) 상천궁 천궁도(天宮圖)의 종합 설명
11. 천일우주(天一宇宙) 100의 궁(宮)   75

12. 대공(大空)에 대하여   81
   [1] 대공(大空)의 바탕
   [2] 대공(大空) 내부(內部)에서의 팽창
13. 적멸(寂滅)한 경계란?   87
   [1] 아뇩다라삼먁삼보리를 이루신 부처님들의 경우
   [2] 보살마하살의 경우
   [3] 창조주 부처님들의 경우
14. 열반(涅槃)이란?   92
15. 천궁(天宮)이란?   93
   [1] 천(天)과 인(人)의 우주 천궁(天宮)
   [2] 지(地)의 우주(宇宙) 천궁(天宮)
16. 하늘(天)이란?   98
   [1] 선천우주(先天宇宙)의 하늘
   [2] 후천우주(後天宇宙)의 하늘
17. 법(法)이란?   102
18. 법궁(法宮)이란?   103
   [1] 인간들의 법보화(法報化) 삼신(三身)
   [2] 보살마하살과 법보화(法報化) 삼신(三身)
   [3] 모든 부처님들의 법보화(法報化) 삼신(三身)
   [4] 석가모니 하나님 부처님의 법보화(法報化) 삼신(三身)
19. 여섯 뿌리의 우주(宇宙)와 여섯 뿌리   107
   [1] 여섯 뿌리의 우주(宇宙)
   [2] 여섯 뿌리
20. 여섯 가지의 우주(宇宙)   112
21. 불(佛)의 진신(眞身) ⊕③과 불(佛)의 진신(眞身) 3, 4성(星)   114
   [1] 불(佛)의 진신(眞身) ⊕③
   [2] 불(佛)의 진신(眞身) 3성(星) 또는 4성(星)
      (1) 천(天)의 우주
      (2) 지(地)의 우주
      (3) 인(人)의 우주

22. 불(佛)의 용(用)의 수(數) 4 … 118
  [1] 불(佛)의 용(用)의 수(數) 4의 음(陰)의 뜻
  [2] 불(佛)의 용(用)의 수(數) 4의 양(陽)의 뜻
23. 태양수(太陽數) ⊕9와 태양수(太陽數) 9의 뜻은? … 122
  [1] 태양수(太陽數) ⊕9
  [2] 태양수(太陽數) 9
24. 여섯 뿌리의 법궁(法宮)이란? … 125
25. 우주(宇宙)의 큰 두 갈래 길 … 132
  [1] 1-3-1의 길
    (1) 1-3의 길
    (2) 3-1의 길
  [2] 1-4-1의 길
    (1) 1-4의 길
    (2) 4-1의 길
26. 석삼극(析三極)이란? … 136
  [1] 석삼극(析三極)의 음(陰)의 법칙
  [2] 석삼극(析三極) 양(陽)의 법칙
27. 십거(十鉅) 일적(一積)이란? … 139
28. 십거일적도(十鉅一積圖)란? … 145
  [1] 십거일적도(十鉅一積圖)가 만들어지게 된 배경
    (1) 창조주의 수(數) 19
  [2] 십거일적도(十鉅一積圖)
  [3] 십거일적도(十鉅一積圖)의 형성
  [4] 십거일적도(十鉅一積圖)와 육합(六合)
    (1) 적멸보궁 횡1의 중일합(中一合)과 종3의 삼합(三合)과 <6×6도(圖)>
    (2) 적멸보궁 횡2의 중이합(中二合)과 종3의 육합(六合)과 <8×8도(圖)>
    (3) 종3의 정명궁(正明宮) 구합(九合)과 종6의 진명궁(眞明宮) 육합(六合)의 육합(六合)과 <10×10도(圖)>

(4) 종3의 정명궁 십이합(十二合)과 종6의 진명궁(眞明宮) 육합(六合)의 구합(九合)과 <12×12도(圖)>

[5] 십거일적도(十鋸一積圖)와 천궁도(天宮圖)

(1) 여섯 뿌리와 하나(1)

(2) 십거일적도(十鋸一積圖) <2×2도(圖)>와 관련 천궁도(天宮圖)

(3) 십거일적도(十鋸一積圖)의 작용(作用) <3×3도(圖)>와 관련 천궁도(天宮圖)

(4) 십거일적도(十鋸一積圖) <4×4도(圖)>와 관련 천궁도(天宮圖)

(5) 십거일적도(十鋸一積圖) <6×6도(圖)>와 관련 천궁도(天宮圖)

(6) 십거일적도(十鋸一積圖) <8×8도(圖)>와 관련 천궁도(天宮圖)

(7) 십거일적도(十鋸一積圖) <10×10도(圖)>와 관련 천궁도(天宮圖)

(8) 십거일적도(十鋸一積圖) <12×12도(圖)>와 관련 천궁도(天宮圖)

29. 공후(箜篌)란?　　　　　　　　　　　　　　　　　　　162
30. 천궁도(天宮圖)란?　　　　　　　　　　　　　　　　　164

[1] 원(圓), 방(方), 각(角)

[2] 천궁도(天宮圖)의 원리

[3] 천궁도(天宮圖)의 계산

[4] 천궁도(天宮圖)의 종합 원리

31. 72 다보궁(多寶宮)이란?　　　　　　　　　　　　　　171
32. 무궤화삼(無匱化三)에 대하여　　　　　　　　　　　　174

[1] 무궤화삼(無匱化三)의 개요

[2] 양(陽)의 무궤화삼(無匱化三)

(1) 무궤화일(無匱化一)

(2) 무궤화이(無匱化二)

(3) 무궤화삼(無匱化三)

33. 삼법인(三法印)에 대하여　　　　　　　　　　　　　　186

[1] 제행무상인(諸行無常印)

[2] 제법무아인(諸法無我印)

[3] 열반적정인(涅槃寂靜印)

34. 육도(六道)와 사생(四生)에 대하여　　　　　　　　　　190

    [1] 육도(六道)

    [2] 사생(四生)

35. 아뇩다라삼먁삼보리(阿耨多羅三藐三菩提)에 대하여   193

36. 반야바라밀다(般若波羅蜜多)에 대하여   197

    [1] 반야(般若)

    [2] 바라밀다(波羅密多)

    [3] 반야바라밀다(般若波羅蜜多)

37. 지혜(智慧)의 실상(實相)에 대하여   203

38. 사제(四諦), 팔정도(八正道)란 무엇입니까?   210

    [1] 사제(四諦)

    [2] 팔정도(八正道)

39. 십이인연(十二因緣)이란 무엇입니까?   215

    [1] 무명(無明), 행(行), 식(識)

    [2] 명색(名色)

    [3] 육입(六入)

    [4] 촉(觸), 수(受), 애(愛), 취(取), 유(有)

    [5] 생(生), 노사(老死)

40. 삼계(三界)란 무엇입니까?   225

    [1] 무색계(無色界)

    [2] 색계(色界)

    [3] 욕계(欲界)

    [4] 양(陽)의 삼계(三界)의 뜻 정리

41. 삼계(三界)의 우주(宇宙)란 무엇입니까?   233

    [1] 상계(上界)의 우주

    [2] 중계(中界)의 우주

    [3] 하계(下界)의 우주

42. [7, 8, 9]의 우주(宇宙)란 무엇입니까?   237

43. 일세계(一世界)란 무엇입니까?   239

44. 삼천대천세계(三千大千世界)란 무엇입니까?   240

45. 대통합(大統合) 우주란 무엇입니까?   241

46. 선천우주(先天宇宙)와 후천우주(後天宇宙)란 무엇입니까?   243
    [1] 선천우주(先天宇宙)
    [2] 후천우주(後天宇宙)
47. 보살도(菩薩道)에 대하여   246
48. 독각(獨覺)의 도(道)에 대하여   251
49. 백, 천, 만억(百. 千. 萬億)의 수리(數理) 비유의 뜻은 무엇입니까?   257
    [1] 상계(上界)의 우주
    [2] 중계(中界)와 하계(下界)의 천(天)의 우주
    [3] 중계(中界)와 하계(下界)의 지(地)의 우주
    [4] 중계(中界)와 하계(下界)의 인(人)의 우주
    [5] 전체 우주(宇宙)의 정리
50. 백, 천(百.千)의 수리(數理) 비유의 뜻은 무엇입니까?   261
    [1] 음(陰)의 100, 1000의 뜻
    [2] 양(陽)의 100, 1000의 뜻
51. 백, 천, 만(百.千.萬)의 수리(數理)의 비유는 무엇입니까?   264
    [1] 상계(上界)의 우주
    [2] 중계(中界)의 우주
    [3] 하계(下界)의 우주
52. 천, 만억(千. 萬億)의 수리(數理)의 비유는 무엇입니까?   269
    [1] 중계(中界)와 하계(下界)의 천(天)의 우주 1000, 10000억(億)의 별들의 수(數)
    [2] 중계(中界)와 하계(下界)의 지(地)의 우주 1000, 10000억(億)의 별들의 수(數)
53. 팔만(八萬)의 수리(數理)의 뜻은 무엇입니까?   272
54. 팔만사천(八萬四千) 수리의 뜻은 무엇입니까?   274
55. 만이천(萬二千) 수리(數理)의 뜻은 무엇입니까?   276
56. 천만(千萬)의 수리(數理) 비유의 뜻은 무엇입니까?   277
    [1] 상계(上界)의 우주
    [2] 중계(中界)의 우주
    [3] 하계(下界)의 우주

57. 천부수리(天符數理)에 의한 근본진리(根本眞理)란 무엇입니까?   280
58. 3-1-4의 길 운행(運行)이란 무엇입니까?   283
59. 불(佛)의 십호(十號)에 대하여   286
　　[1] 부처 이름의 네 가지 기본 덕목인 인(因)
　　[2] 여섯 가지의 과(果)
60. 지옥(地獄)에 대하여   293
　　[1] 대공(大空) 내(內)의 지옥(地獄)
　　[2] 대공(大空) 바깥의 지옥(地獄)
61. 법(法)의 일어남의 실상(實相)에 대하여   296
62. 천궁(天宮) 변화의 실상(實相)에 대하여   298
　　[1] 커블랙홀
　　[2] 태양수(太陽數) ⊕9의 핵(核)
　　[3] 화이트홀
　　[4] 케이샤
　　[5] 황금알 대일
　　[6] 황금알 대일의 폭발
63. 십지보살(十知菩薩)에 대하여   310
　　[1] 십지보살
64. 십회향(十廻向)에 대하여   314
　　[1] 십회향의 명칭
　　[2] 십회향의 풀이
65. 태양성(太陽星)의 수명과 여섯 뿌리 법궁(法宮)의 수명에 대하여   317
　　[1] 태양성(太陽星)
　　[2] 여섯 뿌리의 법궁(法宮)
66. 공왕여래(空王如來)와 위음왕여래(威陰王如來)에 대하여   320
　　[1] 공왕여래
　　[2] 위음왕여래
67. 지적보살(地積菩薩)은 누구십니까?   323
68. 1-1의 진화(進化)의 길에 대하여   325
69. 1-2의 진화(進化)의 길에 대하여   328

70. 원천창조주이신 《석가모니 하나님 부처님》과
　　　악마의 신인 《석가모니불(佛)》　　　　　　　　　　　　331
71. 불법(佛法) 파괴 원인(原因)에 대한 정리　　　　　　　　　339
　　[1] 불법(佛法) 파괴의 원인1-묘법연화경 제19 상불경보살품
　　[2] 불법(佛法) 파괴의 원인2-레우 누 페르 엠 후루 편 참고
　　[3] 불법(佛法) 파괴의 원인3-리그베다 인드리 I-32 편 참고
　　[4] 불법(佛法) 파괴의 원인4
　　　　(1) 북반구 문명과 마지막 진화기
　　　　(2) 북반구 문명과 한민족 상고사
　　　　(3) 북반구 문명
　　　　(4) 지상(地上)에서의 불법(佛法) 파괴의 원인(原因)
　　[5] 불법(佛法) 파괴의 원인(原因) 정리
72. 신(神)들의 전쟁에 대하여　　　　　　　　　　　　　　　378
　　[1] 신(神)들의 개념(概念)
　　[2] 신(神)들의 종류
　　[3] 신(神)들의 구분
　　[4] 인간 육신(肉身)을 가지고 진화하는 무리의 구분
　　[5] 신(神)들의 전쟁 본질과 실상(實相)
73. 한단불교(桓檀佛敎)에 대하여　　　　　　　　　　　　　386
　　[1] 한(桓)의 문자에 담긴 천부진리
　　[2] 한(韓)의 문자에 담긴 천부진리
　　[3] 한단불교(桓檀佛敎) 파괴의 실상(實相)
　　　　(1) 단군조선(檀君朝鮮)의 역사 왜곡의 실상(實相) 정리
74. 브라만교(敎)(Brahmanism)에 대하여　　　　　　　　　410
75. 마음(心)이란 무엇입니까?　　　　　　　　　　　　　　413
76. 방등경(方等經)에 대하여　　　　　　　　　　　　　　　426
77. 불교(佛敎)란 어떤 종교(宗敎)입니까?　　　　　　　　　428
78. 사바세계(娑婆世界)란 무엇입니까?　　　　　　　　　　430
79. 명상(冥想)과 삼매(三昧)와 선(禪)에 대하여　　　　　　434
　　[1] 명상(冥想)

　　　　[2] 삼매(三昧)
　　　　[3] 선(禪)
80. 보리달마(菩提達磨)의 이입사행론(理入四行論)　　　441
81. 법륜(法輪)에 대하여　　　444
편집후기(編輯後記)　　　451
부록　　　453
색인　　　473

1. 보살도(菩薩道)의 기초 교리란?

석가모니 하나님 부처님 법문 중(法問中) 다음과 같은 말씀이 있다.

" 『착한 남자여, 법은 비유하면 물이 능히 더러운 때를 씻는 것과 같으니라. 만약 샘이거나, 만약 못이거나, 만약 강이거나, 만약 큰 강이거나, 시내거나, 도랑이거나, 큰 바다가 모두 다 능히 있는 바의 모든 더러운 때를 씻느니라. 법의 물도 또한 다시 이와 같아서 능히 중생의 모든 번뇌의 때를 씻느니라. 착한 남자여, 물의 성(性)은 바로 하나이나 강과 큰 강과 샘과 못과 시내와 도랑과 큰 바다는 각각 구별이 되어 다름이니라. 그 법의 성(性)도 다시 이와 같아서 괴로움의 미진을 씻어 없앰에는 같아서 차별이 없느니라. 세 가지 법과 네 가지 과와 두 가지의 도는 하나가 아니니라.

착한 남자여, 물은 비록 함께 씻을 수 있다 할지라도 그러나 우물은 못이 아니고 못은 강과 큰 강이 아니며 시내와 도랑은 하나가 아니니라. 그러나 여래 세웅은 법에 마음대로 하여 설한 바의 모든 법도 또한 다시 이와 같아서 처음과 중간과 뒤에 말함이 모두가 능히 중생의 번뇌를 씻어 없애나 그러

> 나 처음은 중간이 아니요. 이에 중간은 뒤가 아님이
> 라, 처음이나 중간이나 뒤에 말한 것은 글이나 말은
> 비록 같을지라도 그러나 뜻은 각각 다르느니라.』"
>
> [무량의경 제이 설법품 ⑥항에서]

상기 말씀 중 법(法)의 성(性)을 담긴 그릇에 따라 구분하신 내용을 다시 정리하면 샘(우물), 도랑, 못, 시내, 강, 큰 강, 큰 바다의 순서로 정리할 수 있다. 이러한 비유를 다시 현대 교육 제도의 학력으로 비유함과 아울러 《독각(獨覺)의 도(道)와 삼승(三乘)의 도(道)》로 구분 정리하면 다음과 같다.

1. 샘(우물)   : 초발심한 불자(佛者)님들
2. 도랑   : 초등학교   ……   독각의 도(道)   ┐
3. 못   : 중등학교   ……   연각의 도(道)   ├ 세간법(世間法)
4. 시내   : 고등학교   ……   성문의 도(道)   ┘
5. 강   : 대학교   ……   보살도 입문자   ┐
6. 큰 강   : 대학원   ……   보살도 성취의 보살   ├ 우주간(宇宙間)의 법(法)
7. 큰 바다   : 대학교수   ……   보살도 완성자(불법 일치된 완전한 깨달음을 얻으신 부처님) ┘

이러한 비유의 구분은 우주간(宇宙間) 법(法)의 이치에 따른 것임을 밝혀 두는 바이다. 상기 비유를 참고하여 다음 말씀을 드리면 《석가모니 하나님 부처님》의 불법(佛法)이 담겨져 있는 경전(經典)은 문자의 방편을 통한 《세간법(世間法)》과 수리(數理)에 이치의 뜻을 담은 《우주간(宇宙間)의 법(法)》이 양음(陽陰) 짝을 하고 있는 경전(經典)들이다.

이러한 양음(陽陰) 짝을 하고 있는 법(法) 중 《세간법(世間法)》은 소승(小乘)으로도 불리우는 이승(二乘)의 도(道)인 성문승(聲聞乘)의 도(道)와 연각승(緣覺乘)의 도(道)와 이승(二乘)의 도(道)보다 한 수 아래에 있는 《당마왕불교(唐魔王佛敎)》인 독각승(獨覺乘)의 도(道)가 머무는 바의 법(法)이며, 《우주간(宇宙間)의 법(法)》은 대승(大乘) 보살도(菩薩道)가 머무는 바의 법(法)이다. 즉, 대승(大乘) 보살불교(菩薩佛敎)는 《우주간(宇宙間)의 법(法)》을 그 뿌리로 하여 자리한다는 뜻이다.*

이러한 대승(大乘) 보살도(菩薩道)에 대하여 작금의 승단(僧團)은 거의 무지(無知)에 가까운 앎을 가지고 있다. 이러한 《세간법(世間法)》에 머무는 성문(聲聞)의 도(道)와 연각(緣覺)의 도(道)와 독각(獨覺)의 도(道)에 있어서 성문(聲聞)의 도(道)는 회오리치는 역사와 민족(民族)의 수난 덕분에 대부분은 한국(韓國)불교(佛敎)에서 사라졌으며, 또렷이 남은 것은 사대(事大) 불교(佛敎)로 이름되는 독각(獨覺)의 도(道)와 《마왕관음불교》만 살아남아 《한국(韓國) 불교(佛敎)》를 대표하고 있는 실정이다. 이러한 《세간법(世間法)》에 머무는 이승(二乘)의 도(道)와 독각(獨覺)의 도(道)를 현재의 교육제도의 구분으로 비유를 하면 사대불교(事大佛敎)로 이름되는 독각(獨覺)의 도(道)가 《초등학교》 수준이 되며 《마왕관음불교》인 연각(緣覺)의 도(道)가 《중등학교》의 수준이 되며 《보살도(菩薩道)》로 가는 성문(聲聞)의 도(道)가 《고등학교》의 수준이 된다.

한편,《우주간(宇宙間)의 법(法)》을 뿌리로 하는 보살도(菩薩道)는 보살도(菩薩道) 입문자(入門者)와 보살도(菩薩道) 성취의 보살(菩薩)의 과정과 보살도(菩薩道) 완성의 자리로 구분이 되기 때문에 이 역시 현대 교육제도의 구분으로 비유를 하면 보살도(菩薩道) 입문자(入門者)가 《대학 과정》이 되며 보살도(菩薩道) 성취의 보살(菩薩)의 자리가 《대학원 과정》으로 비유되고 보살도(菩薩道) 완성자인 불법(佛法) 일치를 이룬 완전한 깨달음의 자리가 《대학 교수》의

* 미륵불과 메시아(2015), (改訂版) 우주간의 법 해설 정본(正本) 반야바라밀다심경(2015)

과정으로 비유가 되는 것이다. 이 때문에 다 같은 《불교 기초 교리》 용어(用語)가 《세간법(世間法)》에 머무는 해설(解說)과 《우주간(宇宙間)의 법(法)》의 해설(解說)과는 그 해설(解說)에 있어서 큰 차이를 보이는 것이다. 즉, 독각(獨覺)의 도(道)에 머무는 《초등학교》 실력의 해설(解說)과 보살도(菩薩道)에 입문(入門)한 《대학생》 실력을 갖춘 자(者)의 해설(解說)은 당연히 큰 차이를 갖게 된다는 뜻이다.

또한, 《우주간(宇宙間)의 법(法)》을 근본 뿌리로 하는 《보살도(菩薩道)》에 있어서는 법(法)의 이치에 따른 많은 새로운 용어(用語)들이 등장한다. 이러한 보살도(菩薩道) 해설의 불교(佛敎) 기초 교리와 법(法)의 이치에 따른 새로운 용어(用語) 해설을 묶어 『대승(大乘) 보살도(菩薩道) 기초교리』라 이름하는 것이다.

현대인들은 발달한 교육(敎育) 덕분에 최소한 《고등교육》 이상을 공부하였기 때문에 정신적(精神的)인 진화(進化)는 상당한 수준까지 와 있는 것이다. 이러한 분들은 불가(佛家)의 이승(二乘)의 도(道)를 거치지 않아도 바로 보살도(菩薩道)에 입문(入門)할 자격을 갖춘 것이다. 회오리치는 역사와 민족의 수난사로 볼 때 《마왕 관음불교》와 《당(唐) 마왕불교》인 독각(獨覺)의 도(道)를 행(行)하는 작금의 승단(僧團)들의 스님네들을 나무랄 수만은 없는 것이다.

그러나 한국 불교(韓國佛敎)가 나아갈 길은 사대불교(事大佛敎)로 이름되는 《마왕관음불교》와 《당마왕불교》인 독각(獨覺)의 도(道)를 청산하고 썩은 《고려불교》와 핍박받던 《조선 왕조》때의 교훈을 잊지 말고 《석가모니 하나님 부처님》의 나머지 남은 도(道)인 논리(論理)가 정연한 《보살도(菩薩道)》로의 회귀(回歸) 만이 석가모니 하나님 부처님의 도(道)가 지상(地上)에서 꽃 피워질 수 있는 유일한 길이며, 이 길만이 승속간의 불교인(佛敎人)들이 우주의 주인이신 《석가모니 하나님 부처님》의 영원한 구원의 은혜를 입을 것임을 잊지 말 것이며, 이로써 부처를 이룬 많은 불자(佛者)들이 탄생할 것임을 잊지 마시기 바란다.

《마왕관음불교》와 《당마왕불교》인 독각(獨覺) 불교(佛敎)는 우주간(宇宙間)의 이치로 볼 때 곧 망(亡)하고 말 것임을 모든 부처님들께서 말씀하고 계시는 점을 깊이 아시고, 《마왕관음불교》와 《당마왕불교》인 독각(獨覺) 불교(佛敎)는 석가모니 하나님 부처님과 우주간(宇宙間)의 수많은 불(佛), 보살(菩薩)님들의 보호와 가피를 받지 못한다는 사실도 아울러 말씀드리는 것이다.

독각(獨覺) 불교를 전해준 오늘날 중국(中國)에서 그들의 《당마왕불교》인 독각(獨覺) 불교(佛敎)가 망(亡)하게 된 사실도 오늘날의 한국(韓國) 불교계(佛敎界)는 간과하여서는 안 되는 것이며, 석가모니 하나님 부처님 불법(佛法)이 온전히 살아남아 석가모니 하나님 부처님의 자비로운 은혜를 입고자 하시거든 필자의 충고에 귀 기울이시고 부디 지금 출간되는 『대승보살도 기초교리』(2015)를 공부하시어 그동안 필자가 왜곡되고 고쳐진 불법(佛法)을 바로 하여 세워 둔 보살도(菩薩道)의 경전(經典)들과 해설서(解說書)들을 기초하여 《석가모니 하나님 부처님 교단》의 보살불교(菩薩佛敎)로의 회귀를 간곡히 당부 드리는 것이다.

2. 법공(法空)에 대하여

[1] 법공(法空)

　　법공(法空)은 휴식기의 법공(法空)과 진화기(進化期)의 법공(法空) 등 두 경우가 있다. 이러한 두 경우 중 진화기(進化期)의 법공(法空)을 설명 드리면, 법공(法空) 내부의 중앙점(中央點)으로부터 법공(法空) 크기의 40% 부분이 현재의 우주와 미래세(未來世) 우주의 모든 별(星)들과 이러한 별(星)들을 내부에서 안고 있는 바탕이 되는 《대공(大空)》의 영역이 된다. 이러한 대공(大空) 바깥은 법공(法空) 크기의 58%에 달하는 두터운 《암흑물질》층이 존재하며, 이러한 암흑물질층 바깥이 법공(法空) 크기의 2%에 달하는 불꽃 없는 불(火)의 수레바퀴와도 같은 적멸보궁(寂滅寶宮)이 도사리고 있다. 이와 같은 법공(法空)의 바깥은 법공 크기의 60배에 달하는 어마어마한 보물 창고의 영생을 하는 우주(宇宙)가 펼쳐져 있음을 《석가모니 하나님 부처님》께서는 밝히고 계신다.

　　법공(法空) 자체의 진화(進化)는 이번 진화기를 모두 마치고 나면 여섯 번째 진화기(進化期)가 끝이 나며, 이러한 여섯 번째 진화기(進化期)가 끝이 나면 그동안 법공(法空) 내부에서 부처님(佛)을 이루셨던 부처님들은 대부분 법공(法空) 바깥의 보물 우주(宇宙)로 옮길 것임을 《석가모니 하나님 부처님》께서는 아울러 밝히고 계신다.

이러한 법공(法空) 자체는 사실상 《석가모니 비로자나 하나님 부처님》의 몸이신 것이며, 진화(進化)의 궁극적인 목적은 《암흑물질》 내부에 갇혀 있는 중생 구원과 《암흑물질》을 양(陽)의 세계로 끌어냄으로써 법공(法空) 전체가 금강궁(金剛宮)을 이룸으로써 법공(法空) 바깥의 보물 우주(宇宙)의 변화 없는 영원한 태양궁(太陽宮)으로 자리하는 것이 목적이며, 이러한 일환으로써 법공(法空) 내부의 진화(進化)가 진행되는 것이다. 이와 같은 헤아릴 수 없는 법공(法空) 바깥의 보물 우주는 뒤로 하고 인간들과 관계되는 법공(法空)의 진화(進化)부터 살펴보기로 하자.

(1) 법공(法空)의 1회(回) 진화(進化)의 주기 정리

법공(法空)의 1회(回) 진화(進化)의 주기 정리

1. 팽창기 :	(지구계 시간 기준)	460억 년
	(우주 전체 시간 기준)	4,600억 년
2. 수축기 :	(지구계 시간 기준)	140억 년
	(우주 전체 시간 기준)	1,400억 년
3. 붕괴기 :	(지구계 시간 기준)	300억 년
	(우주 전체 시간 기준)	3,000억 년
4. 휴식기 :	(지구계 시간 기준)	100억 년
	(우주 전체 시간 기준)	1,000억 년
※ 합 계 :	(지구계 시간 기준)	1,000억 년
	(우주 전체 시간 기준)	10,000억 년

　법공(法空)의 1회(回) 진화(進化)의 주기는 지구계 기준 시간 1,000억 년이며 전체적인 우주로 볼 때는 10,000억 년(億年)이 된다. 지구계(地球界) 기준

시간은 전체 법공(法空)의 중심(中心)으로써 0(ZERO) 지점의 시간이 된다. 이와 같은 법공(法空)의 진화(進化)는 만억 년(萬億年)을 1주기로 하여 일만 회(一萬回)가 계속될 것임을《석가모니 하나님 부처님》께서는 밝히고 계시는 것이다.

(2) 휴식기의 법공(法空)

 1회(回) 진화기(進化期)의 끝부분이《휴식기》에 해당한다. 이러한 휴식기는 지구계 시간으로는 100억 년(億年)이며 전체적인 우주의 시간은 1,000억 년(億年)이 되는 것이다. 이러한 휴식기의 법공(法空)의 이해를 위해 아래 도형을 참고하여 설명을 드리겠다.

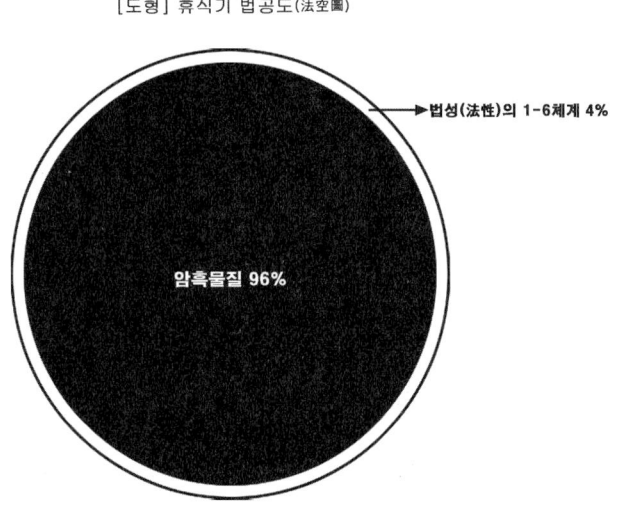

[도형] 휴식기 법공도(法空圖)

휴식기의 법공(法空)은 법공(法空) 내부에 있던 모든 별(星)들의 우주가 붕괴되어 모두 암흑물질로 돌아가게 되고 그 두터운 암흑물질층 외곽을 법성(法性)이 둥글게 감싸고 있는 것이다. 즉, 이때의 법공(法空)은 법성(法性)의 1-6체계와 암흑물질이 음양(陰陽) 짝을 하여 법공(法空)을 이루고 있는 것이다. 비유를 하면, 거대한 둥근 기체의 다이아몬드 구(球)의 내부에는 검은 암흑물질이 가득 차 있는 형국이다. 이때의 법성(法性)의 자리는 무색투명한 기체의 다이아몬드층으로써 고열(高熱)을 가진 불꽃 없는 불(火)의 바퀴로써 그 표면에는 잔잔한 섬광이 톡톡 튀듯이 원초의 빛을 발(發)하는 상태로 있기 때문에 이를 법성(法性)의 1-6체계라고도 하는 것이다. 이러한 법공(法空) 자체가 석가모니 비로자나 하나님 부처님의 몸(身)인 것이다.

법공(法空) 내부에서 이번 우주(宇宙)의 진화(進化)가 시작되기 이전의 법공(法空)의 법성(法性)과 암흑물질의 비율은 법공(法空) 전체 크기를 100으로 보았을 때 법성(法性)이 4%이며 암흑물질이 96%가 된 가운데 이번 우주 진화기가 시작이 된 것이다.

(3) 진화기(進化期)의 법공(法空)

휴식기가 끝이 난 법공(法空)은 다음 진화(進化)를 위해 《파동(波動)》을 하게 된다. 이러한 파동(波動)에 의해 나타나는 현상이 《법성(法性)의 1-6체계》가 흐트러지면서 측정이 불가능한 미세한 이합(二合)의 순수 진공(眞空) 주머니들이 비유를 하자면 유리구슬처럼 만들어진 후 암흑물질 중 가벼운 것과 첫 삼합(三合)을 하게 된다. 이렇게 만들어진 미세한 진공(眞空)의 유리구슬이 유리구슬 내부의 진공(眞空)은 고열(高熱)을 가진 진성광(眞性光)의 원초의 빛이 자리하고 외곽 유리구슬 테두리는 진명광(眞命光)의 원초의 빛이 둘레를 하는 것이다. 이와 같은 진성광(眞性光)의 원초의 빛과 진명광(眞命光)의 원초의 빛이 양음(陽陰) 짝을 한 상태의 진공(眞空) 구슬을 《진공(眞空) 뿌루샤》라고 한다.

《뿌루샤》라는 용어(用語)는 『우파니샤드』에서 빌려온 용어(用語)로써 《오래 전에 불태워진 자》라는 뜻말을 가지고 있는 용어(用語)이다. 이와 같은 첫 삼합(三合)을 한 《진공 뿌루샤》를 석가모니 하나님 부처님께서는 《여섯 뿌리 진공(眞空)》이라고 하시는 것이다. 이러한 여섯 뿌리 진공(眞空)은 사선근위(四善根位)의 세제일법(世第一法)의 순수 진공(眞空) 다섯이 암흑물질 가벼운 것과 첫 삼합(三合)을 한 것을 말하는 것이다.

즉, 고열로 응축된 법성(法性)의 표면을 《난법(煖法)》으로 말씀하시고, 법성(法性)의 파동(波動)을 《정법(頂法)》이라고 말씀하셨으며, 이러한 파동(波動)에 의해 법성(法性)의 1-6체계가 음양(陰陽) 분리되어 넷의 미세한 유리구슬이 되어 흩어져 흩어졌던 각각이 1-3의 분열의 법칙에 의해 셋의 미세한 유리구슬로 분리된 ∓12의 순수 공(空)의 과정을 거치는 《인법(忍法)》의 과정이라 하고 이후 음양(陰陽) 짝을 하여 다섯의 이합(二合)의 순수 진공(眞空)을 이루었을 때를 《세제일법(世第一法)》의 단계로 말씀하심으로써 이들 4단계를 《사선근위(四善根位)》라고 하는 것이다. 이러한 사선근위(四善根位)가 법(法)의 일어남을 네 단계로 구분을 한 것이다.

이렇게 하여 법성(法性)의 자리에서 파동(波動)에 의해 탄생된 《세제일법(世第一法)》의 과정을 거친 다섯 순수 진공(眞空)이 암흑물질 가운데 가벼운 것과 첫 삼합(三合)을 하는 가운데 세제일법(世第一法)의 과정을 거친 미세한 진공(眞空) 구슬들로 가득 채워진 법성(法性)의 자리에서 서서히 회전(回轉)이 일어나면서 법공(法空) 내부의 암흑물질층의 법공(法空) 크기의 40%되는 지점으로 세제일법(世第一法)의 과정을 거친 이합(二合)의 순수 진공(眞空)과 암흑물질 가벼운 것과 첫 삼합(三合)을 한 여섯 뿌리의 진공(眞空) 구슬이 혼재가 되어 분출이 되는 것이다.

    이러한 법공(法空) 내부로 분출이 될 때 법성(法性)의 자리가 1이 되고 분출되어 도착하여 공(空)을 이룬 지점이 3이 되어 시계 방향의 회전(回轉) 길이 1-3의 길이 이때 처음 생기게 된 것이며, 이러한 분출에 의해 개천이전(開天以前)에 이미 《석가모니 하나님 부처님》 화(化)의 법궁(法宮)인 정명궁(正明宮)이 태어나 이후의 우주(宇宙) 진화(進化)를 주도하시며 이후 현존우주(現存宇宙)가 있게 되는 것이다. 이때 법성(法性)의 자리로부터 법공(法空) 내부로 분출된 진공(眞空) 뿌루샤(구슬)들이 법성(法性)이 차지하던 법공(法空) 크기의 4% 중 3%가 법공(法空) 내부의 암흑물질층으로 분출이 된 것이며, 법성(法性)의 자리에는 1%가 남아 남은 진공(眞空) 뿌루샤(구슬)가 삼합(三合) 활동을 하여 여섯 뿌리의 진공(眞空)으로 변화됨으로써 비로소 진성광(眞性光)과 진명광(眞命光)이 양음(陽陰) 짝을 한 법공(法空) 크기의《2%》영역을《적멸보궁(寂滅寶宮)》이 거대한 불(火)의 바퀴를 이루고 자리한 것이다.

    이로써 진화기(進化期)의 법공(法空)은 법공(法空)의 중심부로부터 법공(法空) 크기의 40% 부분이 현존우주(現存宇宙)와 현존우주를 바탕하며 경계하는 대공(大空)의 영역이 되고, 대공(大空) 바깥의 두터운 암흑물질층이 법공(法空) 크기의 58%에 달하는 영역을 차지하고 있으며, 그 밖의 법공(法空) 크기 2% 부분이 불(火)의 수레바퀴인《적멸보궁(寂滅寶宮)》이 되어 자리하고 있는 것이다. 그러면 지금까지 진화기(進化期)의 법공(法空) 설명 내용을 간단한 도형으로 나타내면 다음과 같다.

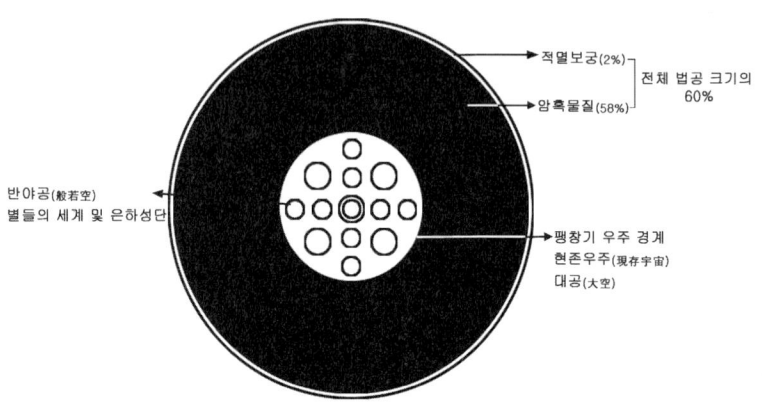

[도형] 진화기 법공도(法空圖)

3. 사선근위(四善根位)와 세제일법(世第一法)

[1] 사선근위(四善根位)

　　사선근위(四善根位)는 법성(法性)의 근본 바탕이 착함인 선(善)이다. 이러한 바탕이 무색투명한 고열을 가진 것을 석가모니 하나님 부처님께서는 난법(煖法)으로 말씀하신 것이며, 법공(法空)의 파동(波動)을 정법(頂法)으로 말씀하시고, 파동(波動)에 의해 음양(陰陽) 분리된 미세한 유리구슬이 되었을 때 인법(忍法)으로 말씀하신 것이며, 이러한 미세한 유리구슬이 다시 음양(陰陽) 짝을 하여 이합(二合)의 순수 진공(眞空) 뿌루샤로 자리하였을 때를 《세제일법(世第一法)》의 진공(眞空)이라고 하신 것이다.

[2] 사선근위(四善根位)와 파동(波動)

　　법공(法空)은 비유하자면 거대한 유리구슬로 쌓인 둥근 구(球)이다. 지금까지 설명 드린 법공도(法空圖)는 이러한 구(球)의 단면도(斷面圖)이다. 이러한 단면도에 있어서 법성(法性)의 자리를 1-6체계를 갖추었다고 한다. 이와 같은 1-6체계에 있어서 1의 자리를 《석가모니 비로자나 하나님 부처님》의 《석명광(釋明光)》의 자리라고 하며, 6의 자리를 여섯 고리를 갖춘 기체의 다이아몬드 구조를 갖춘 무색투명한 불꽃 없는 고열을 가진 자리를 이름한다. 이러한 여섯 고리를 가진 기체의 다이아몬드 자리를 고대 인도의 『리그베다(Rig Vedas)』에서는 《브라만(Brahman)》이라고 이름한 것이다. 즉, 무색투명한 여섯 고리를 갖춘 고열의 기체의 다이아몬드 표면에서 석명광(釋明光)이 잔잔히 튀는 모습을 갖춘 형태가 휴식기 법성(法性)의 자리인 것이다. 이와 같은 1-6체계도 음양(陰陽) 짝을 하여 자리를 하므로 이를 분리하여 설명을 드리면 다음과 같다.

석명광(釋明光) ┬ 음(陰, -)(석광釋光) ── 무색 투명한 환한 빛
　　　　　　　└ 양(陽, +)(명광明光) ── 옥돌색 흰빛

음(陰)의 무색투명한 환한 밝은 빛을 '석광(釋光)'이라 하며 양(陽)인 옥돌색 흰 빛을 '명광(明光)'이라 한다. 법성(法性)의 1-6체계 중 여섯 고리도 무색투명하나 음양(陰陽)으로 짝을 하여 이루어져 있으며, 이를 다음과 같이 구분할 수 있다.

여섯 고리 ┬ -3 ── 흩어진 개개의 음(陰)의 순수 진공(眞空)
　　　　　└ +3 ── 흩어진 개개의 양(陽)의 순수 진공(眞空)

이와 같은 법성(法性)의 1-6체계가 법공(法空)의 휴식 기간이 끝이 난 후

새로운 진화기(進化期)가 시작이 되면서 법공(法空) 전체가 파동(波動)을 하게 된다. 이러한 파동(波動)에 의해 법성(法性)의 1-6체계가 분열의 법칙에 의해 넷의 미세한 유리구슬이 되어 흩어져 흩어진 각각이 1-3의 분열의 법칙에 의해 순수 공(空) 셋으로 분리되는 과정을 거쳐 ∓12의 유리구슬이 되고 이후 음양(陰陽) 짝하여 이합(二合)의 진공(眞空) 뿌루샤 5를 탄생시킨다. 이러한 '진공(眞空) 뿌루샤 5'를 정리하면 다음과 같다.

[이합(二合)의 순수 진공(眞空) 뿌루샤]

1. (釋光, +3), (明光) ──────── (●, ○)

2. (釋光), (+3) ──────── (●, ○)

3. (-3), (+3) ──────── (●, ○)

4. (明光), (-3) ──────── (○, ●)

5. (明光, -3), (+3) ──────── (●, ○)

이와 같이 탄생한 진공(眞空) 뿌루샤 5를 석가모니 하나님 부처님께서는 사선근위(四善根位)의 네 번째 단계인 《세제일법(世第一法)》이라고 하시는 것이다. 이러한 순수 진공(眞空) 뿌루샤(구슬) 5가 작용(作用)과 반작용(反作用)으로 알려진 오행(五行)의 근본 주인공이 되는 것이다.

※ 뿌루샤 : 뿌루샤는 개체의 진공(眞空) 구슬의 개체의 단위로써 《오래 전에 불태워진 자》라는 뜻말을 가진 용어로써 『우파니샤드』에서 빌려온 용어(用語)이다.

4. 여섯 뿌리의 진공(眞空)

[1] 암흑물질(Dark matter)

　이번의 진화기(進化期) 시작 이전의 법공(法空)의 휴식기 때에 <u>법성(法性)과 암흑물질의 대비가 4% : 96%</u>임을 말씀드렸다. 이러한 법공(法空) 내의 암흑물질도 구분을 하면 다음과 같다.

```
                    ┌─ 음(陰, -) ── 가벼운 암흑물질
        암흑물질 ──┤
                    └─ 양(陽, +) ── 상대적으로 무거운 암흑물질
```

[2] 색광(色光)의 씨앗

　이와 같은 <u>암흑물질의 음(陰)</u>의 부분인 <u>가벼운 암흑물질</u>과 <u>세제일법(世第</u>

一法)의 다섯 진공(眞空) 뿌루샤가 음양(陰陽)으로 분리된 음(陰)의《세제일법(世第一法)》다섯 진공(眞空)이 결합, 삼합(三合)하여 여섯의 색광(色光)의 씨앗을 만든다. 이와 같은 삼합(三合)된 색광(色光)의 씨앗을 정리하면 다음과 같다.

[3] 색소광(色素光)의 씨앗

다음으로 암흑물질 양(陽)의 부분과 세제일법(世第一法)의 다섯 진공(眞空) 뿌루샤가 음양(陰陽)으로 분리된 음(陰)의《세제일법(世第一法)》다섯 진공(眞空)이 결합, 삼합(三合)하여 여섯의 색소광(色素光)의 씨앗을 만든다. 이와 같은 삼합(三合)된 색소광(色素光)의 씨앗을 정리하면 다음과 같다.

[4] 여섯 뿌리의 진공(眞空)

색광(色光)의 씨앗으로 결합하는 진공(眞空) 뿌루샤 6이 (-6)이 되어 색광(色光)의 씨앗이 되고, 색소광(色素光)의 씨앗으로 결합하는 진공(眞空) 뿌루샤 6이 (+6)이 되어 색소광(色素光)의 씨앗이 된다. 이러한 《색광(色光)》의 씨앗 (-6)과 《색소광(色素光)》의 씨앗 (+6)의 합(合) (±12)의 빛의 씨앗들이 만들어져 이치를 따라 우주(宇宙)를 열어가는 것이다. 이러한 첫 삼합(三合)에서 만들어진 빛의 씨앗들이 음양(陰陽) 짝을 한 여섯을 《여섯 뿌리》의 진공(眞空)이라고 한다.

이러한 (±12)의 빛의 씨앗에 있어서 색광(色光)의 씨앗 (-6)은 법성(法性)의 1-6 체계가 파동(波動)에 의해 세제일법(世第一法)의 진공(眞空)으로 태어난 후 암흑물질 가벼운 것과 첫 삼합(三合)을 함으로써 태어난 진공(眞空)으로써 이를 음(陰)의 진성광 (-3)과 진명광 (-3)이라고 하며, 법성(法性)의 자리가 파동(波動)에 의해 세제일법(世第一法)의 순수 진공(眞空)으로 바뀐 후 암흑물질 가벼운 것과 첫 삼합(三合)이 진행되면서 회전(回轉)이 일어나게 된다. 이러한 회전(回轉)에 의해 음(陰)의 세제일법(世第一法)의 순수 진공(眞空)과 첫 삼합(三合)으로 만들어진 일부 색광(色光)의 씨앗들이 법공(法空) 내부의 암흑물질층으로 분출이 된다. 이렇게 분출이 될 때 음(陰)의 세제일법(世第一法)의 순수 진공(眞空)과 암흑물질 무거운 것이 삼합(三合)을 하여 만들어지는 것이 색소광(色素光)의 씨앗 (+6)으로써 이를 양(陽)의 진성광(眞性光) (+3)과 진명광(眞命光) (+3)이라고 하는 것이다.

이렇듯 세제일법(世第一法)의 진공(眞空)과 암흑물질 가벼운 것과 첫 삼합(三合)을 한 진공(眞空)이 분출된 후 법성(法性)의 자리는 암흑물질 가벼운 것과 첫 삼합(三合)을 한 음(陰)의 진성광(眞性光)과 진명광(眞命光)으로 가득 채워진 적멸보궁(寂滅寶宮)으로 변화하는 것이며, 분출된 《음(陰)》의 《진성광(眞性光)》과 《진명광(眞明光)》은 《음(陰)》의 《여섯 뿌리 진공(眞空)》이 되어 《대공(大空)》의 경계를 이루는 것이다. 이후 양(陽)의 진성광(眞性光) (+3)과 진명광(眞命光) (+3)의 색소광(色素光) 씨앗 (+6)은 대공(大空)의 원천 바탕을 이루는 양(陽)의 여섯 뿌리 진공(眞空)이 되는 것이다. 이러한 빛의 씨앗 (±12)를 잘 기억하시기 바란다.

5. 삼합(三合)과 육합(六合)

[1] 삼합(三合)

　삼합(三合)은 삼합(三合)과 육합(六合)과 구합(九合)과 십이합(十二合)으로 이루어져 있으며 삼합(三合)이 하나(1)된 1.3.3.3의 수리(數理) 체계를 가진다. 이러한 삼합(三合)은 개천이전(開天以前) 법공(法空)의 1-6체계가 파동(波動)함으로써 《세제일법(世第一法)》의 이합(二合)의 순수 진공(眞空)으로 바뀐 후 암흑물질 가벼운 것과 첫 삼합(三合)을 함으로써 회전(回轉)이 일어나 이합(二合)의 세제일법(世第一法)의 순수 진공(眞空)과 첫 삼합(三合)으로 탄생된 《음(陰)》의 《여섯 뿌리 진공(眞空)》을 법공(法空) 내부(內部)의 40% 지점으로 분출하면서 스스로는 이합(二合)의 순수 진공(眞空)이 암흑물질 가벼운 것과 삼합(三合)을 하여 음(陰)의 여섯 뿌리의 진공(眞空)으로 변하면서 적멸보궁(寂滅寶宮)을 이루어 가는 합(合)이다.

[2] 육합(六合)

육합(六合)은 육합(六合)의 삼합(三合), 육합(六合)의 육합(六合), 육합(六合)의 구합(九合), 육합(六合)의 십이합(十二合)으로 이루어지며 육합(六合)의 삼합(三合)을 하나(1)로 한 1.3.6.9의 수리(數理)의 체계를 가진다. 이러한 육합(六合)은 법성(法性)의 1-6체계가 세제일법(世第一法)으로 변화한 후 첫 삼합(三合)으로 인한 회전(回轉)이 일어나면서 이합(二合)의 순수 진공(眞空)들을 법공(法空) 내부로 분출할 때 법공(法空) 내부 40% 크기의 지점에 도착하기까지《암흑물질》무거운 것과 삼합(三合)을 하여 양(陽)의 여섯 뿌리의 진공(眞空)으로 변화한 후 일정한 지점에 도착하게 된다. 이렇게 도착한《양(陽)》의《여섯 뿌리의 진공(眞空)》이 개천이전(開天以前)의《석가모니 하나님 부처님》의 정명궁(正明宮)을 만들고 이후《정명궁(正明宮)》의 분출에 의해 석가모니 하나님 부처님의 동생이신《비로자나 1세》가 자리하는 진명궁(眞明宮)을 만들어 90억 년(億年)에 걸쳐 다섯 기초 원소를 만들고, 복합 원소와 물질의 합성(合成)을 주도할 때의 합(合)이 된다.

[3] 삼합(三合)과 육합(六合)의 도형

(1) 적멸보궁(寂滅寶宮) 삼합(三合)과 정명궁(正明宮) 삼합(三合)의 도형

적멸보궁(寂滅寶宮) 삼합(三合)과 정명궁(正明宮) 삼합(三合)의 도형

(횡1)中一合	(횡2)中二合	(횡3)中三合	(횡4)中四合	→	寂滅寶宮 三合
(종1횡1)中一合	(횡2)中二合	(횡3)中三合	(횡4)中四合		
(종2횡1)中一合	(횡2)中二合	(횡3)中三合	(횡4)中四合	→	正明宮 三合
(종3횡1)中一合	(횡2)中二合	(횡3)中三合	(횡4)中四合		
《正明宮》 三合	《正明宮》 六合	《正明宮》 九合	《正明宮》 十二合		
陰 (+)	陽 (×)	陰 (+)	陽 (×)		

※ 《적멸보궁(寂滅寶宮)》과 《정명궁(正明宮)》의 합(合)은 《1-3의 법칙》에 의해 진행이 됨으로써 《종1횡1》《중일합(中一合)》과 《종2횡1》《중이합(中二合)》과 (종3횡1)《중삼합(中三合)》은 셋이 하나된 정명궁(正明宮)이다.

① (횡1)中一合, (횡2)中二合, (횡3)中三合, (횡4)中四合

(횡1)中一合, (횡2)中二合, (횡3)中三合, (횡4)中四合은 《적멸보궁》의 변화라고 하며 (횡1)中一合이 적멸보궁의 삼합(三合), (횡2)中二合이 육합(六合), (횡3)中三合이 구합(九合), (횡4)中四合이 십이합(十二合)이 되며 삼합(三合), 육합(六合), 구합(九合), 십이합(十二合)은 적멸보궁의 독자적인 횡(가로)의 결합이 된다.

② (종1횡1)中一合의 과정과 (종2횡1)中二合의 과정과 (종3횡1)中三合의 과정은 셋이 하나된 정명궁(正明宮)의 삼합(三合)이라고 하며, 횡의 결합 차례대로 육합(六合), 구합(九合), 십이합(十二合)이라고 한다. 적멸보궁으로부터의 질량(質量) 공급은 구합(九合)까지이며, 적멸보궁으로부터 공급되는 질량광(質量光)을 오행(五行)의 상생상극(相生相剋)의 원리에 의해 같은 성질의 광(光)은 정명궁(正明宮) 내부로 끌어들이고 다른 성질의 광(光)은 상극(相剋)을 함으로써 밀쳐내어 진명궁(眞明宮)의 씨앗을 만들고 많은 기초원소와 물질을 활발히 만들 때이다.

③ 정명궁(正明宮)의 십이합(十二合)이 완성됨으로써 대일합(大一合)을 이루며 적멸보궁은 中四合이 끝난 정명궁(正明宮)의 구합(九合) 때에《대일합(大一合)》을 이루어 적멸보궁과 정명궁(正明宮)이 1-3의 관계를 이루면서 대이합(大二合)을 이룬다. 이를 살펴보면 다음과 같다.

④ 적멸보궁

삼합(三合), 육합(六合), 구합(九合), 십이합(十二合)으로써, 삼합(三合)을 하나인 1로 하여 3.3.3의 관계를 가짐으로써 1.3.3.3의 수리체계를 가지며 합(合) 10으로써 1의 완성의 의미를 가지며 대일합(大一合)을 이룬 것이다.

⑤ 정명궁(正明宮)

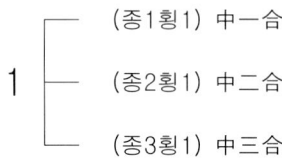

정명궁(正明宮)은 삼합(三合)을 마치면서 다시 종(세로)으로 자신의 분신(分身)의 궁(宮)을 만든 것이 진명궁(眞明宮)이다. 적멸보궁과 정명궁(正明宮)에 있어서는 적멸보궁이 1.3.3.3의 수리 체계를 가지고 상(上)에 자리하며 정명궁의 1.3.3.3의 수리 체계가 3의 용(用)을 가지게 됨으로써 1.3.33.333의 수리 체계가 되어 도형의 아래의 자리에 자리하게 된다.

적멸보궁	1.3.3.3의 수리(數理) 체계
정명궁(正明宮)	1.3.6.9의 수리(數理) 체계

중심의 1은《삼합(三合)》의 결합으로 그대로 1(하나)로 남는다. 나머지 3.3.3 + 3.3.3 = 합(合) 18로써 18의 배분은 3.33.3330이 되므로 1.3.6.9가 되는 것이다. 이로써 첫《십거일적수(十鉅一積數)》인 19수(數)가 탄생함으로써《적멸보궁》과《정명궁(正明宮)》이《십거일적(十鉅一積)》에 의해 탄생하게 되는 이치가 결정되는 합(合)이 되는 것이다.

(2) 정명궁(正明宮)과 진명궁(眞明宮)

① 정명궁(正明宮)의 종(세로)의 결합

　정명궁(正明宮)의 종(세로)의 결합은 (종4)中一合, (종5)中二合, (종6)中三합이 되며, 정명궁(正明宮)의 상극(相剋)에 의해 밀려난 전자(電子)와 중간자(中間子)가 정명궁(正明宮)의 분출로 인하여 《진명궁(眞明宮)》이 만들어지는 과정이며 《진명궁(眞明宮)》의 결합은 다음과 같다.

정명궁(正明宮)의 종(縱)의 결합(진명궁이 만들어지는 과정)

(횡1) 中一合 : 正明宮	(횡2) 中二合 (횡3) 中三合 (횡4) 中四合
(횡1종4) 中一合 : 眞明宮 (횡1종5) 中二合 : 眞明宮 (횡1종6) 中三合 : 眞明宮	(횡1종4) 中一合 眞明宮과 (횡1종5) 眞明宮과 (횡1종6) 眞明宮은 셋(3)이 하나(1)된 眞明宮이며 삼합(三合)으로 나뉘어짐은 과정이 된다. 이 과정을 육합(六合)의 삼합(三合)이라 한다.

※ 《정명궁(正明宮)》과 《진명궁(眞明宮)》의 합(合)은 《1-3의 법칙》에 의해 진행이 됨으로써 《횡1종4》《중일합(中一合)》과 《횡1종5》《중이합(中二合)》과 《횡1종6》《중삼합(中三合)》은 셋이 하나된 《진명궁(眞明宮)》이다.

```
1 | 3.  3.  3
1 |
```
                   : 중심 1을 제외한 合의 각각은 <u>3의 用</u>
                   을 가지며 (종4)中一合과 (종5)中二合, (종
                   6)中三合은 하나(1)인 <u>진명궁(眞明宮)</u>이다. (횡
1)중일합의 정명궁은 <u>정명궁의 삼합</u>이며 (횡2)중이합, (횡3)중삼합,
(횡4)중사합은 육합, 구합, 십이합이 된다.

《3의 用》   : <u>3의 용(用)</u>이 이루어진 상태가 진
```
1 | 3.  33.  333
1 |
```
                   명궁(眞明宮)이 골격을 갖추어 이루어
                   진 상태의 數理가 된다.

　　진명궁(眞明宮)의 종(세로)의 결합은 《진명궁(眞明宮)》의 분신(分身)인 또 다른 <u>진명궁(眞明宮)</u>을 수직으로 만드는 것이다.

② 정명궁(正明宮)과 진명궁(眞明宮)의 종(세로)과 횡(가로)의 결합

　　정명궁(正明宮)과 진명궁(眞明宮)의 종과 횡의 결합은 '진명궁(眞明宮)의 《세(勢)》 부풀리기 결합'이 된다. 진명궁(眞明宮)의 윗쪽(上)에는 정명궁(正明宮)이 1, 3, 33, 333의 수리(數理) 체계로 자리함을 잘 기억하시기 바란다.

[(종6)의 육합(六合)의 십이합(十二合)]

(횡1) 中一合 : 正明宮	(횡2)中二合	(횡3)中三合	(횡4)中四合
(횡1종4) 中一合 : 眞明宮	(횡2)中二合	(횡3)中三合	(횡4)中四合
(횡1종5) 中二合 : 眞明宮	(횡2)中二合	(횡3)中三合	(횡4)中四合
(횡1종6) 中三合 : 眞明宮	(횡2)中二合	(횡3)中三合	(횡4)中四合
六合의 三合	六合의 六合	六合의 九合	六合의 十二合
陰 (+)	陽 (×)	陰 (+)	陽 (×)

육합(六合)의 십이합(十二合)은 진명궁(眞明宮)의 (횡1종4)中一合, (횡1종5)中二合, (횡1종6)中三合이 각각의 합(合)을 한데 묶는 대통합이 《육합(六合)의 십이합(十二合)》 정리이며, 횡(가로)의 십이합(十二合)에 있어서 진명궁의 (횡1종4)中一合, (횡1종5)中二合, (횡1종6)中三合을 하나(1)로 하여 육합(六合)의 삼합(三合)을 이룸으로써 진명궁이 《커블랙홀》의 완성을 이룬 것이다. 육합(六合)의 삼합(三合)의 결과가 셋을 하나로 한 진명궁(眞明宮)과 3.3.3의 수리(數理) 체계를 가짐으로써 1.3.3.3의 수리 체계를 완성하는 것이며 이 완성된 진명궁(眞明宮)의 1.3.3.3의 수리 체계가 3의 용(用)을 가지게 되면 1.3.6.9가 되는 것이다.

```
1 | 3.  3.  3
1 | 3.  3.  3
```

상(上)의 1.3.3.3 체계는 정명궁(正明宮)의 몫이며 하(下)의 1.3.3.3의 수리 체계는 진명궁(眞明宮)의 몫으로써 셋을 하나로 한 진명궁(眞明宮)의 육합(六合)의 삼합(三合)이 (횡2), (횡3), (횡4)의 육합(六合)을 모두 마친 수리 체계이다.

이러한 1.3.3.3의 수리(數理) 체계는 1을 제외한 각각의 3은 3의 용(用)

을 가지는 것이다. 이와 같은 3의 용(用)을 가진 수리표를 만들면 다음과 같다. 하나인 1을 제외한 3,3,3의 수리 체계는 3.3.3 + 3.3.3 = 합(合) 18로써 [적멸보궁과 정명궁 ⑤번]의 경우와 마찬가지로 이들의 배분은 3. 33. 333이 되어 하나인 1과 함께 1. 3. 33. 333의 수리체계를 가짐으로써 정명궁의 1. 3. 33. 333의 체계와 함께 종과 횡의 배열을 이룬다. 이것이 《대삼합(大三合)》이 끝난 종합 수리표가 된다.

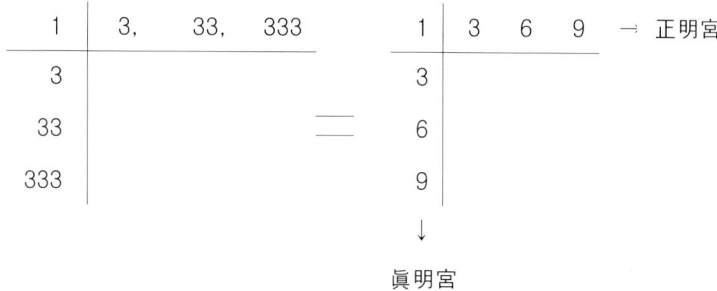

수리(數理)표가 뜻하는 대로 암흑물질 내부에서 정명궁(正明宮)이 上(위)에 자리하고 수직으로 진명궁(眞明宮)이 아래에 자리하여 정명궁(正明宮)을 중심으로 진명궁(眞明宮)이 회전을 하는 것이다. 정명궁(正明宮) 역시 불변의 자리를 지키는 것이 아니고 적멸보궁을 따라 느린 속도이나 회전을 하는 것이다. 이와 같이《정명궁(正明宮)》《십거일적(十鉅一積)》과《진명궁(眞明宮)》《십거일적(十鉅一積)》에 의해 개천이전(開天以前) 인간의 씨종자들과 물질(物質) 합성이 이루어짐으로써 개천(開天)이 있게 된 것이며, 이러한 법칙(法則)은《개천이후(開天以後)》에도 계속되는 것이다.

(3) 합(合)의 정리

① 적멸보궁(寂滅寶宮)과 정명궁(正明宮)

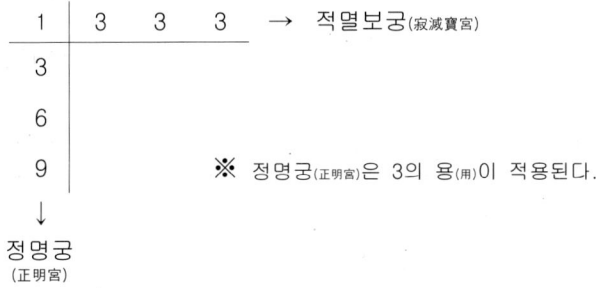

② 정명궁(正明宮)과 진명궁(眞明宮)

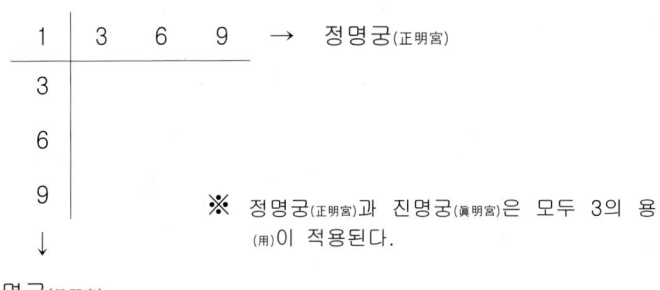

(4) 적멸보궁(寂滅寶宮)과 정명궁(正明宮)과 진명궁(眞明宮)의 삼합(三合)과 육합(六合)의 관계 정리

적멸보궁(寂滅寶宮)과 정명궁(正明宮)과 진명궁(眞明宮)의
삼합(三合)과 육합(六合)의 관계 정리

	구분	三合	六合	九合	十二合
1	적멸보궁(寂滅寶宮)	여섯 뿌리의 1차 분출	2차 분출	3차 분출	적멸보궁(寂滅寶宮)의 완성
삼합(三合)	정명궁(正明宮)	법신불궁(法身佛宮)의 과정	보신불궁(報身佛宮)의 과정	화신불궁(化身佛宮)의 과정	중성자(中性子)알 대일(大一)의 과정
육합(六合)	진명궁(眞明宮)	三合	六合	九合	十二合
		커블랙홀의 과정	태양수(太陽數)의 ⊕핵(核)과 화이트홀의 과정	케이샤 과정	황금알 대일의 과정

※ 진명궁(眞明宮)의 진화(進化)는 정명궁(正明宮)보다 한 단계 늦게 출발함을 참고하시기 바라며 이러한 합(合)의 법칙에 의해 개천이전(開天以前) 정명궁(正明宮)과 진명궁(眞明宮)이 탄생하는 것이다.

※ 3합(三合)과 육합(六合)의 법칙은 합(合)의 방법을 통해 적멸보궁(寂滅寶宮)의 완성을 밝힘으로써 실존하는 적멸보궁임을 드러냄과 동시에 개천이전(開天以前) 정명궁(正明宮)과 진명궁(眞明宮)이 《커블랙홀(Kerr Black Hole)》 → 《태양수

(太陽數) ⊕9의 핵(核)》 → 《화이트홀(White Hole)》 → 《퀘이샤(Quasar)》 → 《중성자(中性子) 알 대일(大一)》의 과정을 겪고 다섯 기초 원소와 정명궁(正明宮)과 진명궁(眞明宮) 핵(核)의 붕괴로 인한 여섯 뿌리의 진공(眞空)을 외부로 뿜어냄으로써 많은 다섯 기초 원소와 복합 원소와 물질(物質)의 합성을 주도하며 1차 꽃을 피우고 2차적으로 핵(核)이 붕괴된 정명궁(正明宮)과 진명궁(眞明宮)이 축소기를 거쳐 《중성자 알 대일(大一)》과 《황금알 대일(大一)》을 이루기까지를 합(合)의 방법을 동원하여 일목요연하게 정리한 내용이다. 이와 같은 합(合)의 방법에 따른 수리적(數理的) 계산은 필자의 저서 『(改訂版) 妙法華(묘법화)의 실상(實相)의 법(法)』(2015)을 참고하시기 바란다.

이와 같은 빈틈없는 합(合)의 이치적인 설명과 합(合)의 이치에 따른 정확한 수리적 계산으로 개천(開天) 이전 100억 년(億年) 동안 정명궁(正明宮)과 진명궁(眞明宮)에 의해 다섯 기초 원소와 복합 원소와 물질(物質) 합성(合成)의 이치와 이로 인한 정명궁(正明宮)《중성자(中性子) 알 대일(大一)》의 폭발로 상천궁(上天宮)이 태어나서 개천(開天)이 되고 이후 우주(宇宙)의 별(星)들을 헤아리는 법칙과 이치가 담긴 책인 『실상의 법』 초판본이 서기 2000년에 출간되던 해에 그동안 《그리스 자연사상(自然思想)》인 "신(神)과 같은 절대자가 있어서 이 세계를 창조한 것이 아니고 만물(萬物)은 자연(自然)히 이루어져 각기 제자리를 차지하고 있으며 신(神)들은 인간처럼 나중에 생겨난 것이다."라고 주장하며 《석가모니 하나님 부처님》권위에 도전하고 신(神)들과 인간들을 부추겨왔던 지(地)의 우주 진화를 하던 《대마왕》불보살(佛菩薩)들이 진리(眞理)에 승복하고 《석가모니 하나님 부처님》께 귀의(歸依)함으로써 천상(天上)은 평온을 찾은 것이다.* 이와 같은 곡절이 있는 우주(宇宙) 창조의 《일곱 가지 법칙》 중 하나인 삼합(三合)과 육합(六合)의 진리(眞理)를 꼭 익혀 두시기 바란다.

---

* (改訂版) 妙法華(묘법화)의 실상(實相)의 법(法)(2015), 미륵불과 메시아(2015)
  (改訂版) 우주간의 법 해설 정본(正本) 반야바라밀다심경(般若波羅蜜多心經)(2015)
  (改訂版) 우주간의 법 해설 삼일신고(三一神誥)
  (改訂版) 불교기초교리핵심 81강, 진실(眞實)된 세계역사(世界歷史)와 종교(宗敎)

6. 개천이전(開天以前)의 정명궁(正明宮)과 진명궁(眞明宮)

[1] 정명궁(正明宮)

 정명궁(正明宮)은 법성(法性)의 파동(波動)으로 세제일법(世第一法)의 진공(眞空)이 탄생하기까지 5억 년, 회전으로 인한 암흑물질 가벼운 것과 첫 삼합(三合)을 하여 여섯 뿌리의 진공(眞空)을 만들면서 법공(法空) 내부의 법공(法空) 크기의 40%되는 암흑물질층으로 분출을 하기까지가 5억 년(億年), 이로 인한 정명궁(正明宮)의 커블랙홀 천궁(天宮)이 완성되기까지가 10억 년(億年), 이로 인한 《태양수(太陽數) ⊕9의 핵》의 과정과 《화이트홀》 → 《케이샤》 → 《황금알 대일(大一)》의 축소기까지 40억 년(億年)의 기간을 보냄으로써 60억 년(億年) 만에 《황금 태양》으로 탄생이 된 것이다.

 이후 이러한 황금 태양의 내부핵(核)의 붕괴로 물질 분출을 하기를 10억 년(億年)을 함으로써 정명궁(正明宮) 밖에서 무수한 다섯 기초 원소와 물질의 씨앗들이 만들어진다. 이와 같은 물질 분출로 정명궁(正明宮)의 핵(核)으로 자리하였던 중성자(中性子)와 양전자(陽電子)는 붕괴되어 분출이 되고 정명궁(正明宮)의 표면을 이루고 있는 양자군(陽子群)들만 남게 된다.

이렇듯 핵(核)이 붕괴되어 분출된 이후의 정명궁(正明宮)은 다시 축소기를 30억 년(億年) 동안 겪으면서 양자(陽子) 태양(太陽)이 축소된 중성자(中性子) 대일(大一)의 과정을 겪고, 중성자(中性子) 대일(大一)의 대폭발로 현재의 우주 탄생으로써 최초의 상천궁(上天宮)을 탄생시킨다. 이것이 현대 과학에서 이름하는 《빅뱅》이다. 법성(法性)의 파동(波動)으로부터 100억 년(億年) 만에 《빅뱅(Big Bang)》이 일어난 것이다.

[2] 진명궁(眞明宮)

진명궁(眞明宮)은 정명궁(正明宮)이 《커블랙홀》의 천궁(天宮)을 완성하고 다음 단계인 《태양수(太陽數) ⊕9의 핵》의 과정에 돌입한 5억 년(億年) 때까지 《정명궁(正明宮)》에 의해 분출된 전자(電子)와 중간자(中間子)의 바탕에서 5억 년(億年)에 걸쳐 진명궁(眞明宮)의 《커블랙홀》 천궁(天宮)이 완성된다. 이때가 법성(法性)의 파동(波動)으로부터 30억 년(億年)이 되는 시점이다. 이러한 진명궁(眞明宮)도 정명궁(正明宮)과 똑같은 과정을 겪게 되는데, 정명궁(正明宮)이 법성(法性)의 파동(波動)으로 60억 년(億年) 만에 《황금 태양》으로 탄생되었을 때 《진명궁(眞明宮)》은 진명궁(眞明宮) 탄생 이후 40억 년(億年)이 되는 때로써 《퀘이샤》 과정을 마무리 하였을 때이다. 이후 진명궁(眞明宮)은 탄생으로부터 50억 년(億年), 법성(法性)의 파동(波動)으로부터는 70억 년(億年) 만에 《황금 태양》으로 탄생이 되는 것이다. 이렇게 탄생된 《황금 태양》은 정명궁(正明宮)의 《황금 태양》과는 성질이 다른 태양으로 지금의 우리들 태양성(太陽星)의 핵(核)과 같은 태양으로 인도의 『우파니샤드』에서는 이를 《아디띠야》 태양으로 이름하고 있다.

이러한 진명궁(眞明宮)의 태양도 태양의 완성을 이룬 후 태양핵(核)의 내부 붕괴로 10억 년(億年)간을 물질 분출을 하게 된다. 이와 같은 진명궁(眞明宮)의 물질 분출로 《대공(大空)》의 경계 내의 암흑물질층에 진명궁(眞明宮) 태양보다 10억 년(億年) 앞서 분출된 정명궁(正明宮) 태양의 진공(眞空) 분출분과 함께 다시 음(陰)의 36궁(宮)의 경계를 만들게 되는 것이다.

　이와 같은 음(陰)의 36궁(宮)의 바탕은 《암흑물질》로써 이러한 《암흑물질》의 바탕 위에서 《정명궁(正明宮) 태양》의 진공(眞空) 분출분과 《진명궁(眞明宮) 태양》의 진공(眞空) 분출분들이 활발한 삼합(三合) 활동을 함으로써 인간의 씨종자와 복합 원소의 탄생과 함께 흙(土), 물(水), 불(火), 풍(風) 등과 많은 물질의 씨앗 및 복합 물질들을 만들게 되는 것이다. 이때가 현재의 우주가 있기 전의 30억 년(億年) 무렵이므로 현재의 우주가 탄생되어 선천우주(先天宇宙)까지 120억 년(億年)이 지났으므로 복합 물질의 씨앗의 역사는 150억 년(億年)이 되는 것이다.

　이렇듯 진명궁(眞明宮)의 태양이 진공(眞空) 분출을 마친 후 30억 년(億年)에 걸쳐 축소기를 가진 후 정명궁(正明宮) 태양과는 달리 양자(陽子)의 《황금알 대일(大一)》로 재탄생이 된 후, 현재의 우주가 탄생한 이후 10억 년(億年) 만에 진명궁(眞明宮) 황금알 대일(大一)의 폭발로 현재의 《북극성(北極星)》과 《북두칠성(北斗七星)》을 탄생시키는 것이다. 이로써 진명궁(眞明宮)은 정명궁(正明宮)이 펼쳐 놓은 바탕에서 한 단계 한 단계 착실히 진화(進化)의 과정을 거침으로써 90억 년(億年) 만에 진명궁(眞明宮) 《황금알 대일(大一)》의 폭발로 현재의 《북극성(北極星)》을 탄생시키는 것이다.

[3] 석가모니 하나님 부처님과 비로자나 1세

　　휴식기의 법공(法空)에서 진화기(進化期)에 들어선 법공(法空)이 법공(法空) 내부의 법공(法空) 크기의 40% 지점 경계에서 만든《대공(大空)》내(內)에서 만들어진 정명궁(正明宮)이 석가모니 하나님 부처님의 법궁(法宮)이 되며, 진명궁(眞明宮)은《정명궁(正明宮)》분신(分身)의 궁(宮)으로써《진명궁(眞明宮)》탄생《50억 년(億年)》까지는《석가모니 하나님 부처님》과 쌍둥이로 태어난 동생《비로자나 1세》의 법궁(法宮)이었으나 이후《진명궁(眞明宮)》《태양핵(太陽核)》붕괴가 시작될 때《비로자나 1세》는《원천창조주》이신《석가모니 하나님 부처님》께 반역한 일이 들통이 나《진명궁(眞明宮)》으로부터 쫓겨나게 되며 이후 10억 년(億年) 동안 계속되는《진명궁(眞明宮)》태양핵(太陽核)의 붕괴로 인한 외부 분출이 끝난 이후《30억 년(億年)》의《진명궁(眞明宮)》내부(內部) 수축기에 들어가는데 이때《25억 년(億年)》간은《대관세음보살》께서 관리를 맡으시고 나머지《5억 년(億年)》을《석가모니 하나님 부처님》우주적 장자(長子)로 태어난《지적(地積)》으로 이름되었던《노사나불》께서 최종《진명궁(眞明宮)》의 주인이 되는 것이다.

　　이와 같은 정명궁(正明宮)과 진명궁(眞明宮)이 처음 자리한 곳이 현재의 북극성(北極星)이 작은 궤도를 이루고 공전을 하는 진공화(眞空化)된 상천궁(上天宮)과 현재의 북극성(北極星)을 포함한《36궁(宮)》이 있는 자리이다.

　　이러한 정명궁(正明宮)과 진명궁(眞明宮)이 개천이전(開天以前)에 탄생이 되어 인간 씨종자들과 물질(物質)의 씨앗과 물질(物質)의 합성을 주도한 100억 년(億年)의 때를 석가모니 하나님 부처님께서는 다음과 같이 말씀을 하신 것이다.

『圓覺山中 生一樹
원각산중 생일수

開花天地 未分前
개화천지 미분전』

"《원을 깨달은 산 속에 나무 한 그루 나서 하늘과 땅이 열리기 전에 꽃이 피었다》"

7. 오온(五蘊)과 다섯 기초 원소

[1] 오온(五蘊)

오온(五蘊)*은 색(色), 수(受), 상(相), 행(行), 식(識)을 말한다. 이러한 오온(五蘊)의 온(蘊)을 음(陰), 중(衆), 취(聚)로 번역을 한다. 즉, 음(陰), 중(衆), 취(聚) 셋이 하나된 뜻말이 온(蘊)이라는 뜻이다. 이러한 음(陰), 중(衆), 취(聚)의 음(陰)은 양(陽)의 세계로 드러난 현상세계의 상대 경계인 음(陰)의 세계(世界)를 뜻하는 말이며, 중(衆)은《무리들》을 말하는 것이며, 취(聚)는《서로가 서로를 위하여 모이는 것》을 말한다. 즉, 이 뜻은『음(陰)의 세계에서 무리들이 서로가 서로를 위하여 모이는 것』의 뜻말을 가진 것이 온(蘊)이며, 오온(五蘊)의 오(五)는《다섯 단계》인 색(色), 수(受), 상(相), 행(行), 식(識)을 말하는 것이다.

이러한 오온(五蘊)의 뜻말은 "음(陰)의 세계(世界)에서 무리들이 서로가 서로를 위하여 모이는 다섯 단계인 색(色), 수(受), 상(相), 행(行), 식(識)"을 말하는 것이다.

'음(陰)의 세계(世界)에서 무리들이 서로가 서로를 위하여 모이는 다섯

---

* (改訂版) 우주간의 법 해설 정본(正本) 반야바라밀다심경(2015)

단계인 색(色), 수(受), 상(相), 행(行), 식(識)'을 오온(五蘊)이라고 정의하였다. 이러한 정의의 음(陰)의 세계(世界)는 눈(眼) 앞에 드러나지 않는 대공(大空)의 원천 바탕에서 일어나는 일들을 말하는 것이다. 대공(大空)의 원천(源泉) 바탕인 《여섯 뿌리의 진공(眞空)》이 파동(波動)에 의해 법(法)이 일어남으로써 무색(無色) 투명한 일정한 온도를 가진 미세한 유리구슬로 변화하여, 변화한 미세한 유리구슬과 여러 종류의 암흑물질이 흩어져 혼재되어 대공(大空)의 바탕을 이룬 가운데 미세한 유리구슬과 미세한 암흑물질 중의 하나가 음양(陰陽) 짝을 한 상태가 바로 오온(五蘊)의 색(色)의 단계이다. 이와 같은 색(色)의 단계와 나머지 단계를 상세히 구분하여 방편으로 미세한 여섯 뿌리의 진공(眞空) 구슬을 확대하여 설명을 드리면 다음과 같다.

(1) 색(色) ⊕

일정한 온도를 가진 미세한 여섯 뿌리의 진공(眞空) 구슬이 암흑물질과 음양(陰陽) 짝을 한 그림이다. 이렇듯 여섯 뿌리의 진공(眞空) 구슬이 음양(陰陽) 짝을 하였을 때는 《공(空)》 또는 공(空)의 구슬로 표현을 한다. 즉, 색(色)의 단계는 이러한 《공(空)》과 암흑물질이 음양(陰陽) 짝을 한 상태를 말하며, 《공(空)》과 암흑물질이 음양(陰陽) 짝을 한 것을 《반야공(般若空)》 또는 《성(性)》*의 진화(進化)의 시작이라고 하며, 이것이 오온(五蘊)의 첫 단계인 색(色)의 단계가 되는 것이다.

---

* 무량의경 약본(2015)
  (改訂版) 우주간의 법 해설 정본(正本) 반야바라밀다심경(般若波羅蜜多心經)(2015)
  (개정판) 우주간의 법 해설 무량의경(無量義經)(2009)
  (改訂版) 妙法華(묘법화)의 실상(實相)의 법(法)(2015)
  미륵불과 메시아(2015)
  (改訂版) 우주간의 법 해설 삼일신고(三一神誥)
  (改訂版) 불교기초교리핵심 81강

이러한 색(色)의 단계에 있는 음양(陰陽) 짝을 한 공(空)과 암흑물질을 비유하면 마치 개구리 알처럼 서로가 엉켜 《음(陰)의 36궁(宮)》과 《개천이후(開天以後)》《천궁 내(天宮內)》의 바탕을 이루고 있는 것과 같은 것이다. 이러한 《음(陰)의 36궁(宮)》과 《개천이후(開天以後)》《천궁 내(天宮內)》의 바탕도 음양(陰陽)으로 나뉘어져 공(空)과 암흑물질이 음양(陰陽) 짝을 한 오온(五蘊)의 색(色)의 단계를 이룬 바탕과 미세한 유리구슬들과 같은 공(空)들과 암흑물질로 혼재된 바탕으로 양분되어 있으며, 그 외곽은 《대공(大空)》의 원천 바탕을 이루고 있는 《음(陰)》의 《여섯 뿌리의 진공(眞空)》이 경계를 하고 있는 것이다.

(2) 수(受) ☾

공(空)과 결합한 암흑물질에 있어서 공(空)은 《진성광(眞性光)》과 《진명광(眞命光)》이 양음(陽陰) 짝을 하고 있다. 즉, 공(空)에 있어서 테두리는 진명광(眞命光)이 둥글게 경계를 하고 진성광(眞性光)이 공(空) 내부의 바탕이 된다. 법(法)의 일어남으로부터 미세한 여섯 뿌리의 진공(眞空) 구슬이 탄생함으로부터 석가모니 하나님 부처님과 우주의 어머니(母)이신 관세음보살님의 영역이 구분이 된다. 즉, 공(空)의 경계를 이루는 진명광(眞命光)의 영역이 관세음보살님의 영역이 되며 공(空)의 바탕을 이루고 있는 진성광(眞性光)의 영역이 석가모니 하나님 부처님의 영역이 되는 것이다.

법(法)이 일어나 미세한 여섯 뿌리의 진공(眞空) 구슬이 암흑물질과 결합함으로써 공(空)과 암흑물질이 음양(陰陽) 짝을 하는 것을 석가모니 하나님 부처님과 부인이신 관세음보살님께서 꾸준히 조물(造物)을 하신다고 하는 것이다. 이로써 탄생한 것이 오온(五蘊)의 색(色)의 단계이다. 이러한 색(色)의 단계를 지나게 되면 공(空)이 지닌 일정한 온도와 관세음보살께서 다스리는 진명광(眞命光) 덕분에 색(色)의 단계에서 음양(陰陽) 짝을 하였던 암흑물질이 생명력(生命力)을 얻어 암흑물질 자체가 공(空)의 일부로 자리하게 된다. 비유를 하면, 투명한 미세한 유리구슬에 검은 줄이 생긴 것과 같이 되는 것이다. 이러한 상태를 공(空)과 생명력(生命力)을 띤 암흑물질이 서로가 서로를 받아들여 하나를 이룬다고 하여 《받아들일 수(受)》로써 표현을 한 것이 오온(五蘊)의 두 번째 단계인 수(受)의 단계이며, 수(受)의 단계를 형상화한 그림이 상기 그림이 되는 것이다. 이렇듯 공(空)의 바탕에 진성광(眞性光)이 자리하는 것을 석가모니 하나님 부처님께서는 착함(善)을 근본 바탕으로 한다고 말씀하시는 것이다.

(3) 상(相) ☾

상(相)은 형상(形像)을 말하며 모양과 모양이 가지는 능력이라는 뜻말을 가지고 있다. 공(空)과 음양(陰陽) 짝을 한 《암흑물질》이 오온(五蘊)의 수(受)의 단계에서 생명력(生命力)을 띠고 공(空)의 일부분으로 자리한 후 상(相)의 단계에서 Color를 나타냄과 동시에 《분별력(分別力)》을 갖게 된다. 이러한 때 Color를 나타내는 것이 모양이 되며 아울러 분별력(分別力)을 갖게 되는 것이 모양이 가지는 능력이 되는 것이다. 이와 같이 공(空)의 부분으로 생명력(生命力)을 가지고 자리한 암흑물질이 Color를 나타냄과 동시에 분별력(分別力)을 갖게 되는 단계를 색깔, 모양이 결정되는 때로써 상(相)이라고 하는 것이다.

(4) 행(行) ⊗

　상(相)의 과정을 거친 공(空)과 공(空)의 부분으로 생명력(生命力)을 가지고 자리하여 Color를 나타냄과 동시에 분별력(分別力)을 갖게 된 진화(進化)된 암흑물질이 이 과정을 끝낸 반야공(般若空)들인 성(性)들이 그들의 능력을 극대화하기 위해 셋이 모여 하나를 이루어 가는 삼합(三合) 행(行)을 오온(五蘊)의 행(行)의 단계라고 하는 것이다.

(5) 식(識) ☾

　개체의 공(空)과 하나가 된 암흑물질이 진화(進化)하여 생명력(生命力)과 Color와 분별력(分別力)을 갖춘 후 셋이 모여 하나를 이룬 결과로써 나타난 것이 상기 그림의 오온(五蘊)의 식(識)이다. 이와 같은 식(識)이 현대물리학(現代物理學)의 소립자 세계에서 이름하는 《쿼크》이며 공(空)이 《글루볼》이다. 순수 우리말로써는 공(空)의 검은 부분인 식(識)을 《알음》이라 하며, 공(空)을 《알이》라고 하는 것이다. 오온(五蘊)의 색(色), 수(受), 상(相), 행(行), 식(識)은 사실상 공(空)과 하나가 된《암흑물질》이 다섯 단계로 진화(進化)하여 가는 상태를 설명한 것이 되는 것이다. 이러한 오온(五蘊)의 식(識)의 다음 단계가 식(識)의 과정을 거친 반야공(般若空)들이 다시 셋이 모여 하나를 이룸으로써 만물(萬物)의 씨종자인《다섯 기초 원소》를 탄생시키는 것이다.

[2] 다섯 기초 원소

오온(五蘊)의 식(識)의 단계를 거친 식(識)의 삼합(三合) 작용으로 셋이 모여 하나를 이룬 다섯이 《다섯 기초 원소》가 된다. 오온(五蘊)의 색(色)의 단계에서는 음양(陰陽) 짝한 45종류의 색(色)이 존재하며 이런 45종류의 색(色)이 행(行)의 단계 삼합(三合)으로 15종류가 되므로 식(識)인 《쿼크》의 종류는 15이 되는 것이다. 이러한 식(識)이 다시 삼합(三合)을 이룬 것이 다섯 기초 원소이다. 이러한 다섯 기초 원소를 정리하면 다음과 같다.

다섯 기초 원소

중성자(中性子)
양자(陽子)
중간자(中間子)
양전자(陽電子)
전자(電子)

위와 같은 다섯 기초 원소 중 《중간자(中間子)》는 변환 과정의 일시적으로 나타나는 기초 원소이며 중성자(中性子)와 양전자(陽電子)는 양자(陽子)와 전자(電子)의 진화(進化)를 돕기 위해 태어난 기초 원소로써 정작 진화(進化)의 주인공은 《양자(陽子)》와 《전자(電子)》가 되는 것이다. 이러한 다섯 기초 원소가 만물(萬物)의 씨종자가 되는 것이다.

8. 창조(創造)와 진화(進化)

[1] 창조(創造)

  법성(法性)의 1-6체계가 파동(波動)에 의해 사선근위(四善根位)의 과정을 겪고 탄생한 세제일법(世第一法)의 다섯 진공(眞空)과 이로써 만들어지는 색광(色光)의 씨앗 (-6)과 색소광(色素光)의 씨앗 (+6)이 음양(陰陽) 짝을 한 여섯 뿌리 진공(眞空)과 이로부터 겪게 되는 오온(五蘊)의 다섯 단계의 개체의 성(性)들과 이로부터 삼합(三合)에 의해 탄생하는 《다섯 기초 원소》인 중성자(中性子), 양자(陽子), 중간자(中間子), 양전자(陽電子), 전자(電子)의 탄생까지가 석가모니 하나님 부처님의 고유 권한인 창조(創造)의 범위에 들어간다.

[2] 진화(進化)

  복합 원소와 물질(物質) 합성기를 거친 만물(萬物)이 《진화(進化)》의 과정을 거친다. 이러한 진화(進化)를 크게 나누면 다음과 같다

(1) 영체(靈體)의 진화(進化)

영체(靈體)의 진화(進化)를 2음(二陰)1양(一陽)의 법칙에 의해 진화(進化)하는 무리라고 한다. 공간(空間)에 자리하는 수많은 미생물과 바다 속에 자리하는 수많은 영체(靈體)들과 동물(動物)과 인간(人間)들과 별(星)들의 핵(核)이 모두 영체(靈體)의 진화(進化)의 길을 따른다. 이러한 《영체(靈體)》 진화(進化)의 길에서 물고기나 동물(動物), 인간 등은 스스로가 내부(內部)에 지니고 있는 《영혼(靈魂)》과 《영신(靈身)》의 진화(進化)를 위해 일시적으로 육신(肉身)을 갖게 된다. 이러한 영체(靈體)의 진화(進化)는 인간의 눈(眼) 앞에 드러나지 않는 진화(進化)이기 때문에 음부(陰部)의 세계 진화(進化)라고도 한다.

(2) 고체(固體)의 진화(進化)

고체(固體)의 진화(進化)를 일반적으로 '물질(物質)의 진화(進化)'라고 한다. 이러한 물질(物質)의 진화(進化)의 법칙이 이양(二陽)일음(一陰)의 법칙이라고 한다. 이러한 물질(物質)의 진화(進化)의 과정에서 드러나는 것이 《현상세계(現像世界)》이다. 별(星) 표면 역시 물질(物質)의 진화(進化) 범위에 있다. 이러한 진화(進化)를 인간들의 눈(眼) 앞에 드러나는 《양(陽)의 세계 진화(進化)》라고 한다.

※ 만물(萬物)의 진화(進化)는 모든 별(星)들의 진화(進化)에 의존한다. 부처님께서는 별(星)과 인간을 동일시(同一視)하신다. 별(星)들 핵(核)의 진화(進化) 과정에 인간 육신(肉身)을 가지고 태어난다. 이러한 인간으로 진화(進化)하였

을 때 보살도(菩薩道) 성취의 보살(菩薩)을 이루었을 때가 《인간 완성의 부처(佛)》를 이룬 때로써 별(星)의 핵(核)이 진화(進化)를 완성한 때로서, 이후 반야바라밀다(般若波羅蜜多)에 의지해 천궁(天宮)으로 들어감으로써 불성(佛性)을 완성하게 된다. 이때가 무상정등정각(無上正等正覺)의 정각(正覺)을 이룬 때이다. 이후 새로이 자기의 별(星)을 가진 이후 이번에는 별(星) 표면의 진화(進化)를 거쳐 밝은 태양성(太陽星)이나 달(月) 등을 자기의 법궁(法宮)으로 하였을 때가 물질(物質) 진화의 완성을 이룸으로써 《정등(正等)》을 이루는 것이다. 이렇게 하여 진화(進化)의 완성을 이루었을 때가 《불법(佛法) 일치된 완전한 깨달음의 부처(佛)》를 이룬 때로써 이를 《아뇩다라삼먁삼보리》라고 하는 것이다.

이러한 때문에 영체(靈體)의 진화(進化)의 끝이 보살도(菩薩道) 성취의 보살(菩薩)의 자리이며 물질(物質)의 진화(進化)의 끝이 밝은 태양성(太陽星)이나 달(月) 등을 법궁(法宮)으로 한 때로써 《아뇩다라삼먁삼보리》의 경계가 모든 진화(進化)의 끝이 되는 때이다.

석가모니 하나님 부처님께서 영체(靈體)의 진화(進化)의 길을 크게 여섯 구분한 것이 《육도(六道)》임을 잊지 마시기 바라며, 이러한 영체(靈體)의 진화(進化)와 물질(物質)의 진화(進化) 모두를 반야공(般若空)의 진화(進化) 또는 성(性)의 진화(進化)라고 하며 진화(進化)기에 들어서서 석가모니 하나님 부처님과 부인이신 관세음보살님의 역할이 나누어짐으로써 관세음보살님께서 《우주의 어머니(母)》로써 자리하시는 것이다.

9. 우주를 떠받치는 일곱 기둥(법칙)

우주를 떠받치는 일곱 기둥(법칙)

1. 삼합(三合)과 육합(六合)
2. 석삼극(析三極)
3. 오행(五行) : 작용(作用) ↔ 반작용(反作用) ┐
4. 십거일적(十鉅一積)   │ 여섯 뿌리의 법칙
5. 무궤화삼(無匱化三)   │
6. 양음합일(陽陰合一)   ┘
7. 천궁도(天宮圖) 이치

　이러한 《우주를 떠받치는 일곱 기둥(법칙)》이 곧 《카오스(Chaos)》정리의 법칙이며 이와 같은 법칙에 의해 과거, 현재, 미래의 우주(宇宙)들이 탄생하는 것이다. 이러한 《우주를 떠받치는 일곱 기둥(법칙)》을 《기독인》의 성서(聖書)인 『요한계시록』에서는 《일곱인(印)》으로 표현하고 있다. 상기 법칙에 따른 상세한 설명은 『(改訂版) 妙法華(묘법화)의 실상(實相)의 법(法)』(2015)에 상세히 설명되어 있으니 이를 참고하시기 바란다.

10. 개천(開天)과 상천궁(上天宮)

[1] 상천궁(上天宮)

　　100억 년(億年)에 걸쳐 만들어진 개천이전(開天以前) 정명궁(正明宮)이《중성자(中性子) 알 대일(大一)》의 과정을 겪고 대폭발을 일으킴으로써 현존우주(現存宇宙)가 시작이 된다. 이를 일러 현대 과학에서는 《빅뱅(Big Bang)》이라고 이름하며 우리들은 일반적으로 개천(開天)이라고 한다. 이러한 대폭발에 의해 처음으로 태어나는 별(星)이 중성자(中性子) 태양성(太陽星)으로써 석가모니 하나님 부처님의 법궁(法宮)이 된다. 중성자(中性子) 태양성(太陽星)이 태어난 후 이어서 5성(星)이 만들어져 대폭발에 의해 최초로 만들어진 별(星)들은 모두 6성(星)이 되는 것이다.

　　이후 석가모니 하나님 부처님의 법궁(法宮)인 중성자(中性子) 태양성(太陽星)이 초기 우주의 고온 고압에 의해 중성자(中性子) 태양성(太陽星) 핵(核)의 붕괴로 많은 진공(眞空)을 분출한 후《슈바르츠실트 블랙홀》인 진성궁(眞性宮)으로 변화되고, 분출된 물질로부터 4성(星)이 잉태되어 상천궁(上天宮)은 10성(星)으로 1차 완성을 이루게 된다. 이렇게 탄생된 상천궁(上天宮) 10성(星)을 구체적으로 살펴보고 관련 천궁도(天宮圖)를 설명 드리겠다.

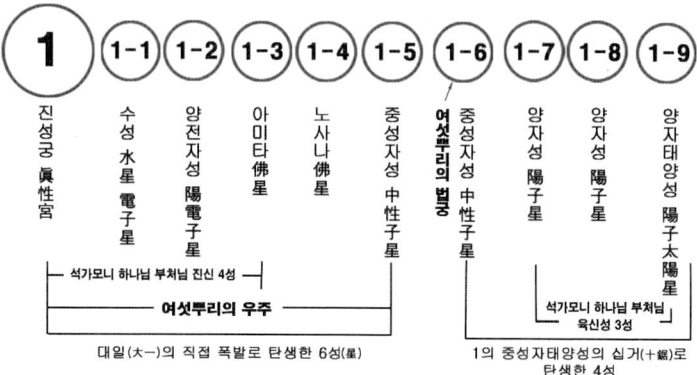

① 1의 성(星) : 중성자(中性子) 태양성(太陽星)으로 잉태된 후 진공(眞空) 분출을 마치고 진성성(眞性星)으로 변화된 석가모니 하나님 부처님의 법궁(法宮)

② 1-1의 성(星) : 석가모니 하나님 부처님의 중성자(中性子) 태양성(太陽星)의 법궁(法宮)과 1-2의 양전자성(陽電子星)을 법궁(法宮)으로 하신 관세음보살님 사이에 태어난 물(水)의 별(星)로써 「이집트 신화(神話)」에서는 태양신(神) 《라(Ra)》의 딸로서 《마아뜨》의 별(星)로 이름한다.

③ 1-2의 성(星) : 관세음보살님 법궁(法宮)으로써 《핵(核)》 붕괴 이후 시야(視野)에서 사라져 상천궁(上天宮) 경계 내를 《양전자(陽電子)》 바탕으로 전환시킴으로써 《상천궁(上天宮)》은 극락 중의 극락으로 변화한다. 이로써 《관세음보살님》께서는 비로소 우주의 어머니이신 《싸이클(Cycle) 보살》로서 관세음보살이 되신 별(星)

④ 1-3의 성(星) : 1의 중성자(中性子) 태양성(太陽星)의 분신성(分身星)으로써 아미타불성(星)이라고 한다.

⑤ 1-4의 성(星) : 석가모니 하나님 부처님의 우주적(宇宙的) 장자(長子)이신 노사나佛의 법궁(法宮)이라고 한다.

⑥ 1-5의 성(星) : 중성자성(中性子星)

※ 이와 같은 1 ~ (1-5)의 성(星)까지가 대일(大一)의 직접 폭발로 인하여 탄생된 6성(星)이 된다. 이러한 6성(星) 중 1 ~ (1-3)의 성(星)까지를 '석가모니 하나님 부처님의 진신(眞身) 4성(星)'이라고 하며, 1-4의 성(星)이 장자(長子)로서 노사나佛의 법궁(法宮)이라고 하는 것이다. 이러한 노사나佛의 법궁(法宮)도 노사나佛께서 진명궁(眞明宮)의《황금알 대일(大一)》과정으로 옮기신 이후는 석가모니 하나님 부처님께로 환원이 되는 것이다.

⑦ 1-6의 성(星) : 중성자성(中性子星)으로써 석가모니 하나님 부처님의 분신(分身)의 법궁(法宮)으로 여섯 뿌리의 법궁(法宮)이라 한다.

⑧ 1-7의 성(星) ┐
⑨ 1-8의 성(星) ┘ 양자성(陽子星) ┐ 석가모니 하나님
⑩ 1-9의 성(星) : 양자 태양성(陽子太陽星) ┘ 부처님 육신성(肉身星) 3성(星)

※ 이상의 4성(星)이 하나의 자리에 있던 석가모니 하나님 부처님 법궁(法宮)의 진공(眞空) 분출로 만들어진 4성으로써 1-6의 성(星)은《중성자성(星)》으로써《여섯 뿌리의 법궁(法宮)》이라고 하며 1-7의 성(星)과 1-8의 성

(星)과 1-9의 성(星)인 양자성(陽子星)과 양자 태양성(太陽星)이 전체 우주간(宇宙間)의 만물(萬物)의 씨앗이 되는 원천적인 별(星)들로써 이를《석가모니 하나님 부처님》의 육신성(肉身星) 3성(星)이라고도 하는 것이다. 이와 같은 육신성(肉身星)을 거느리는 1-9의 성(星)인《양자(陽子)》태양성(太陽星)에 석가모니 하나님 부처님께서 머무실 때의 호(號)가『묘법연화경(妙法蓮華經)』「제칠 화성유품」에 등장하시는 대통지승불(大通智勝佛)이 되신다.

　이러한 상천궁(上天宮) 10성(星) 모두가 사실상 석가모니 하나님 부처님의 화(化)가 되는 별들로써, 10성(星) 중 1의 성(星)에서 1-5의 성(星)까지의 6성(星)을《여섯 뿌리의 우주》라고 하며 이러한 6성(星)이 모두 사라져 대공(大空)을 바탕하며 경계하게 되는 것이다. 이러한 뜻을 나타내기 위해 이집트 신화도(神話圖)에서는《하토르 여신(女神)》으로 형상화하여 놓은 것이다.

(1) 상천궁(上天宮)의 천궁도(天宮圖) 이치(理致)

① [〈1×1×1〉 천궁도(天宮圖)]

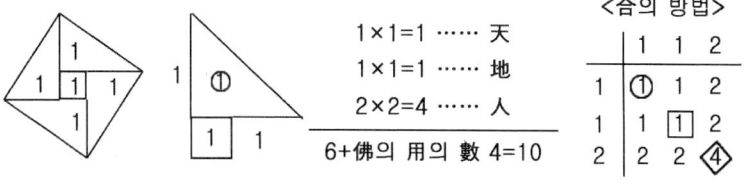

68

[천궁도(天宮圖)의 설명]

개천이전(開天以前) 정명궁(正明宮)의 결정(結晶)인《중성자(中性子) 알 대일(大一)》의 대폭발로 탄생된 석가모니 하나님 부처님의 법궁(法宮)인 중성자(中性子) 태양성(太陽星)이 천(天)의 1이 되어 중심(中心)을 이루고 양전자성(陽電子星)인 1-2의 성(星)이 지(地)의 1이 되어 인(人)의 4성(星)을 만들어 합(合) 6성(星)을 이루고 석가모니 하나님 부처님 법궁(法宮)의 진공(眞空) 분출로 인한 작용(作用)으로 4성(星)을 만듦으로써 상천궁(上天宮)이 1차적으로 10성(星)이 되었다.

는 뜻을 가진 천궁도(天宮圖)의 내용이다.

② [<1×2×1> 천궁도(天宮圖)]

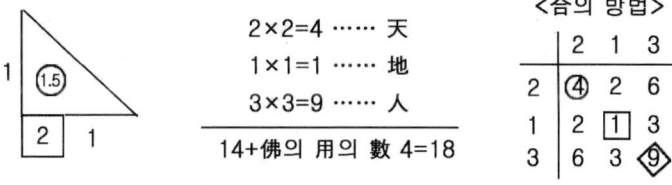

> [천궁도(天宮圖)의 설명]
>
> <1×2×1> 천궁도(天宮圖)는 <1×1×1> 천궁도(天宮圖)와 음양(陰陽) 합일도(合一圖)로써 상천궁(上天宮) 10성(星)이 만들어짐과 동시에 석가모니 하나님 부처님 법궁(法宮)의 작용(作用)이 천(天)의 4가 되어 중심(中心)을 이루고 관세음보살님의 법궁(法宮)이 지(地)의 1이 되어 회전함으로써 인(人)의 부분 9를 이루고 《석가모니 하나님 부처님》의 작용(作用)인 탈겁(脫劫)으로 18을 이루었다.

는 뜻을 가진 천궁도(天宮圖)의 내용이다.

상천궁(上天宮) 10성(星) 중 1-4의 성(星)은 석가모니 하나님 부처님의 우주적(宇宙的) 장자(長子)이신 노사나佛의 법궁(法宮)이다. 이러한 노사나佛께서는 1-4의 성(星)을 법궁(法宮)으로 한 후, 때에 개천이전(開天以前)에 만들어졌던 진명궁(眞明宮)을 법궁(法宮)으로 하였던 《악마(惡魔)의 신(神)》인 《비로자나 1세》가 원천창조주이신 《석가모니 하나님 부처님》께 반역함으로써 공간(空間)으로 쫓겨난 후 《대관세음보살》님께서 《25억 년(億年)》간을 관리하신 진명궁(眞明宮)을 장자(長子)이신 노사나佛께 물려 드림으로써 《노사나불(佛)》께서는 《상천궁(上天宮)》 1-4의 성(星)의 법궁(法宮)은 석가모니 하나님 부처님께 되돌리시고 진명궁(眞明宮)으로 이동하여 자리함으로써 진명궁(眞明宮)의 새로운 주인이 되시는 것이다. 이때가 진명궁(眞明宮)이 《황금알 대일(大一)》의 과정을 겪을 때로써 이로부터 5억 년(億年) 이후 진명궁(眞明宮) 《황금알 대일(大一)》의 폭발로 현재의 《북극성(北極星)》이 탄생하며 이후 《북두칠성(北斗七星)》이 탄생하는 것이다.

(2) 상천궁(上天宮) 천궁도(天宮圖)의 종합 설명

<1×1×1> 천궁도(天宮圖) + <1×2×1> 천궁도(天宮圖) = 10 + 18 = 28

28 ┬ 10 : 상천궁(上天宮) 10성(星)
   ├ 12 : 1-3의 길을 따라 천일일(天一一) 우주로 분출되는 ⊕12
   └ 6 : 천일우주(天一宇宙)로 분출되는 관세음보살 진신(眞身) ⊕3
        과 아미타佛 진신(眞身) ⊕3

   상천궁(上天宮) 10성(星)이 〈1×1×1〉 천궁도(天宮圖) 성단에서 만들어진 후 〈1×2×1〉 천궁도(天宮圖) 성단에서 만들어진 18 중 1-3의 길을 따라 천일일(天一一) 우주인 태양우주(太陽宇宙)로 분출되는 ⊕12는 석가모니 하나님 부처님의 태양수(太陽數) ⊕9가 천궁(天宮)을 이루어 3-1의 길에 자리하고 외곽에는 석가모니 하나님 부처님의 진신(眞身) ⊕3이《커블랙홀》인 천궁(天宮)을 만들어 쌍둥이 천궁(天宮)을 이룬 이후 서로 상호 작용(作用)하면서 일찍부터 1-3의 길을 따라 천일일(天一一) 우주인 지금의 별(星)자리 이름으로《오리온좌》성단을 만들기 위해 출발하는 ⊕12이다. 이후 석가모니 하나님 부처님의 태양수(太陽數) ⊕9는 태양우주(太陽宇宙)인 천일일(天一一) 우주를 만들게 되고 석가모니 하나님 부처님의 진신(眞身) ⊕3은 천일일(天一一) 우주를 거쳐 도솔천 내원궁이 있는 인일일(人一一) 우주에서 중성자(中性子) 태양성(太陽星)을 법궁(法宮)으로 다시 태어나시는 것이다. 이때 태어난《중성자 태양성(太陽星)》이 석가모니 하나님 부처님의《여섯 뿌리의 법궁(法宮)》인 현재의 우리들 태양계(太陽界)의 목성(木星)이 된다. 이러한 씨앗들이 상천궁(上天宮)이 만들어지면서 이미 이때 모두 만들어지는 것이다.

   그리고 〈1×2×1〉 천궁도(天宮圖)에서 만들어져 천일우주(天一宇宙)로 분출되는 ⊕6은 상천궁(上天宮) 10성(星)이 1차 완성을 이루자마자 초기 우주의 고온 고압에 의해 상천궁(上天宮) 1-2의 성(星)과 1-3의 성(星) 핵(核)의 붕괴로 탈겁(脫劫)을 하시게 되는 관세음보살님의 육신(肉身)의 진신(眞身) ⊕3과 아미타佛의 진신(眞身) ⊕3의 합(合) ⊕6을 말하는 것이다. 이러한 합(合) ⊕6이 때에 진명궁(眞明宮) 대폭발로 《아미타불》의 분신(分身)께서 일월등명佛로 호(號)를 하시고 현재의 북극성(北極星)에 자리하시게 됨으로써 《아미타불》은 《아미타불》을 중심하여 〈2×1×2〉 쌍둥이 천궁도(天宮圖) 성단을 만드시게 되는 것이다.

〈1×2×1〉 천궁도(天宮圖) 변화가 일어난 이후 상천궁(上天宮)의 10성(星)은 9성(星)만 남게 된다. 이렇게 되는 이유는 상천궁(上天宮) 1-2의 성(星)인 양전자성(陽電子星)을 법궁(法宮)으로 하신 관세음보살님의 법궁(法宮)이 핵(核)의 붕괴로 인한 분출 후 시야에서 사라져 상천궁(上天宮)을 바탕하며 경계하는 공(空)을 이루시게 된다. 이렇게 상천궁(上天宮)을 바탕하며 경계하는 것을 정명궁(正命宮)화(化)되었다고 하며 이로써 상천궁(上天宮)을 극락 중의 극락으로 변화시킨 것이다. 이로써 공간(空間)으로 돌아가셨을 때를 원천 싸이클(Cycle) 보살로서 《관세음보살》의 호(號)가 붙게 된 것이다. 《관세음보살님》의 호(號)로 불리시기 이전은 《관음佛》로 호칭을 하여야 하나, 여러분들께서 《관세음보살님》의 명호에 익숙하여져 있기 때문에 처음부터 《관세음보살님》으로 호칭을 한 것이다. 이렇듯 공간(空間)으로 돌아가셨을 때가 우주(宇宙)의 어머니(母)의 자리로써 《관세음보살님》이 되시는 점을 꼭 기억하시기 바란다.

한편, 상천궁(上天宮) 1-2의 성(星)에서 분출된 관세음보살 진신(眞身) ⊕3은 이후 천일우주(天一宇宙) 외곽에서 성단을 이루게 되는데, 이때 태양성(太陽星)의 법궁(法宮)을 가지시고 《관음궁(宮)》을 만드시고 자리하시게 된다. 이때 태양성(太陽星)의 법궁(法宮)은 관세음보살님의 육신성(肉身星)의 법궁(法宮)으로 이때의 호(號)가 《운뢰음수왕화지佛》이시다. 이러한 《관음궁(宮)》이 현재의 별(星)자리 이름으로 《목동자리》 별(星)자리가 되며, 현재의 관음궁(宮)

에는 인간이 육신(肉身)을 가지고 거주하는 별(星)이 있음을 부처님께서는 밝히시고 있다. 설명이 진행되는 가운데 모든 것이 드러날 것이나 현재 우리들 태양계(太陽界)의 지구의 위성으로 있는 달(月)이 중계(中界)의 우주 관세음보살님의 법궁(法宮)임을 아시기 바란다.

〈1×2×1〉천궁도(天宮圖) 변화가 마쳐지고 난 뒤 상천궁(上天宮)의 나머지 별(星)들도 핵(核)의 붕괴로 인한 분출을 본격적으로 하게 된다. 이러한 분출에 있어서 상천궁(上天宮) 1-7의 성(星)과 1-8의 성(星)의 핵(核)의 붕괴로 인한 분출분은 천일우주(天一宇宙)의 〈2×2×2〉천궁도(天宮圖) 성단에 합류하여 뒷날 《천일궁(天一宮)》성단을 이루시게 된다.

또한, 석가모니·하나님 부처님의 육신성(肉身星) 태양성(太陽星)인 1-9의 성(星)도 핵(核)의 붕괴로 인한 분출분은 천일우주(天一宇宙)의 〈2×2×2〉천궁도(天宮圖) 성단에 합류하여 천일궁(天一宮)의 두우성(斗牛星)들로 잉태되는 것이다. 이러한 천일궁(天一宮) 10의 궁(宮)이 상천궁(上天宮)과 함께 양음(陽陰) 짝을 함으로써 선천우주(先天宇宙)의 하늘(天)이 되는 것이다.

한편, 〈1×2×1〉천궁도(天宮圖) 변화가 마쳐졌을 때 상천궁(上天宮)은 10성(星)에서 1-2의 성(星)인 관세음보살님의 법궁(法宮)이 사라지고 난 후 9성(星)이 남게 되는데, 이때 개천이전(開天以前) 진명궁(眞明宮)의 대폭발로 태어난 태양성(太陽星)이 현재의 북극성(北極星)으로써 《아미타불(佛)》의 분신(分身)이신 일월등명佛께서 자리하시어 상천궁(上天宮) 끝자리인 열 번째 자리에 합류함으로써 상천궁(上天宮)은 다시 10성(星)을 이루고 2차 완성을 하는 것이다. 상천궁(上天宮) 9성(星)은 모두 1-3의 길에 자리하는 시계 방향의 회전을 하게 되나 일월등명佛의 법궁(法宮)인 현재의 북극성(北極星)은 시계 반대 방향의 회전(回轉) 길인 4-1의 길에 자리함으로써 2차 완성의 상천궁(上天宮)의 절묘함을 연출한 것이다.

지금은 상천궁(上天宮)이 진화(進化)되어 진공(眞空)을 이루고 있으나 현재의 북극성(北極星)이 공전을 함으로써 상천궁(上天宮)의 위치를 알려주고 있다.

11. 천일우주(天一宇宙) 100의 궁(宮)

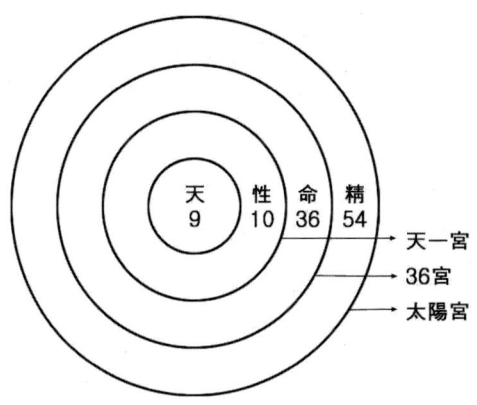

[도형] 정리된 천일우주(天一宇宙)

　　상기 도형과 같이 현재의 북극성(北極星)을 중심한 천일우주(天一宇宙) 100의 궁(宮)은 상천궁(上天宮) 아래로 천일궁(天一宮) 10의 궁(宮)과 36궁(宮)과 54태양궁(太陽宮)으로 나누어진다. 현재의 북극성(北極星)이 상천궁(上天宮) 끝자리 별로 자리하였으나 소속은 천일궁(天一宮)의 중심이 되는 별이 된다. 이러한 천일궁(天一宮) 10의 궁(宮)은 현재로써는 북극성(北極星)을 포함하여 9성(星)으로 남아있는 《작은곰》자리의 별자리들이 되며, 36궁(宮)은 《용자리》별자리가 되며, 54태양궁(太陽宮)이 《백조자리》성단(星團)과 《목동자리》성단(星團)과 《북두칠성(北斗七星)》성단(星團)과 《카시오페아》성단(星團) 등이 된다. 이러한 천일우주(天一宇宙) 100의 궁(宮)이 실제 여러분들 시야에 드러난 실물의 성단도(星團圖)를 살펴보고 다음을 진행하겠다.

[그림] 천일우주(天一宇宙) 100의 궁(宮) 실물 성단도

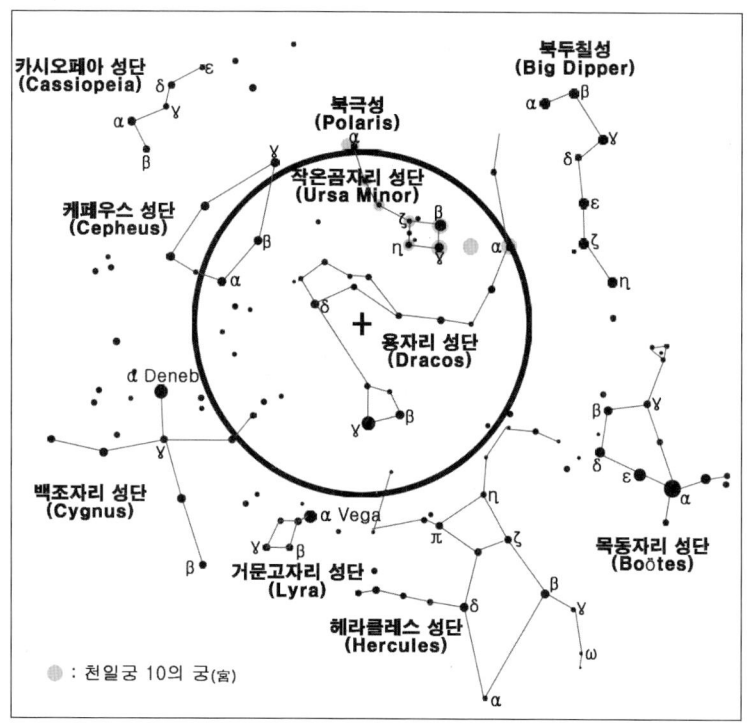

 이러한 천일우주(天一宇宙) 100의 궁(宮)이 만들어지는 순서는 상천궁(上天宮) 1-1, 1-2, 1-3의 성(星)의 핵(核)의 붕괴로 인한 분출분과 1-4, 1-5, 1-6의 성(星)의 핵(核)의 붕괴로 인한 분출분이 상천궁(上天宮)을 벗어나 때 마침 개천이전(開天以前) 진명궁(眞明宮)이 황금알 대일(大一)의 과정을 겪고 대폭발을 일으켜 현재의 북극성(北極星)을 탄생시킴으로써 《아미타불》과 《관

세음보살》께서 쌍둥이 천궁도인 <2×1×2> 천궁도(天宮圖) 성단을 만들어 작용(作用)을 하게 되고, 이와 같은 작용(作用) 가운데 별(星)들을 탄생시키는 동안 상천궁(上天宮) 1-7, 1-8, 1-9의 성(星)인 석가모니 하나님 부처님의 육신성(肉身星) 3성(星)의 핵(核)의 붕괴로 인한 분출분과 개천이전(開天以前)의 진명궁(眞明宮)이 황금알 대일(大一)의 과정을 겪고 대폭발을 일으켜 현재 북극성(北極星)과 북두칠성(北斗七星)의 첫 별인 알파(α)성을 잉태시키고 난 후, 폭발에 의해 흩어진 물질과 현재의 북극성(北極星)이 탄생되자마자 핵(核)의 붕괴를 일으켜 분출시킨 항성풍이 된 진공(眞空)들이 함께 <2×2×2> 천궁도(天宮圖) 성단을 이루어 많은 별(星)들을 생산하는 가운데 <2×1×2> 천궁도(天宮圖) 성단에서 태어난 《아미타佛의 진신(眞身) 4성(星)》에서 태양성(太陽星)의 법궁(法宮)을 가지셨던 아미타佛의 법궁(法宮) 핵(核)의 붕괴로 인한 분출분이 《커블랙홀》을 이루어 <4×3×4> 천궁도 성단을 이루시고, 이후 《작은곰자리》《베타성(β星)》인 다보佛 태양성(太陽星) 핵(核)의 붕괴로 인한 분출로 《커블랙홀》을 이루시어 <4×3×4> 천궁도 성단의 음양(陰陽) 합일도(合一圖)인 <4×4×4> 천궁도 성단을 만들게 된다.

이와 같이 만들어진 천궁도 성단에 의해 천일우주(天一宇宙) 100의 궁(宮)이 만들어지는 것이다. 상천궁(上天宮)과 이와 같이 만들어진 천일우주(天一宇宙) 100의 궁(宮)을 《초기 우주》라고 하며, 이러한 《초기 우주》로부터 선천우주(先天宇宙)의 150억조(億兆) 개의 별(星)들이 만들어진 것이다. 천일우주(天一宇宙) 100의 궁(宮)에서 만들어진 별(星)들을 정리하면 다보佛께서 두우성(斗牛星) 9성(星)을 만드셨으나 핵(核)의 붕괴로 인한 진공(眞空)이 항성풍이 되어 분출된 후 1성(星)이 시야에서 사라짐으로써 8성(星)이 남게 되고, 몸(身)을 나누신 일월등명佛과 노사나佛께서 현재의 북극성(北極星)과 북두칠성(北斗七星)을 만드신 것이며, 이를 제외한 나머지 별(星)들을 아미타佛과 관세음보살님이신 운뢰음수왕화지佛께서 <2×1×2> 천궁도 성단을 이루시고 만드신 것이다.

이렇게 하여 만들어진 현재의 《북극성》과 《두우성(斗牛星)》 9성(星)을 《천일궁(天一宮) 10의 궁(宮)》이라고 하며 고대 《이집트》에서는 《헬리오폴리스》라고 이름한 것이며 《작은곰자리》 《베타성(星)》이 석가모니 하나님 부처님의 육신불(肉身佛)이신 《다보불(多寶佛)》의 법궁(法宮)으로써 현재로는 《석가모니 하나님 부처님》의 분신이신 《옥황상제(玉皇上帝)》님이 계시는 곳으로써 인간들의 진화(進化)가 이 천일궁(天一宮) 10의 궁(宮)으로부터 시작이 되며 우리들 지구(地球)에서 석가모니 하나님 부처님의 주도로 진행된 《인류 북반구 문명》에 있어서 BC 7200년부터 시작된 한민족(韓民族)의 고대 국가인 한국(桓國, 7200BC~6000BC)과 배달국(倍達國, 밝문, 6000BC~4000BC)을 여시고 인간 교화를 하신 《일곱 한님》 중 석가모니 하나님 부처님을 제외한 《여섯 한님》이 모두 《천일궁(天一宮)》에서 오신 분들이다.

다음으로 북두칠성(北斗七星)이 있는 곳을 자미궁(紫微宮)이라 하며 《칠성불(七星佛)》들께서 자리하시는 곳이며 천일궁(天一宮) 9성(星)과 북두칠성(北斗七星) 합(合) 16성(星)을 법궁(法宮)으로 하신 분들을 『묘법연화경』「제칠 화성유품」에서는 출가하는 《열여섯 왕자》로 비유하고 계신다.

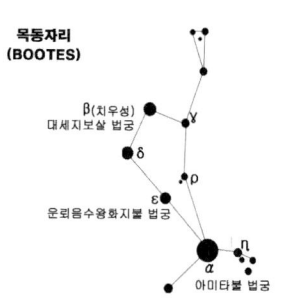

[그림] 초기 우주인 <천일우주 100의 궁> 중
<54 태양궁>에 속하는 목동자리 성단

다음으로 천일궁(天一宮) 북쪽에 위치한 《카시오페아 성단》이 《백의(白衣) 관음궁》으로써 현재는 《정화수왕지불》이 계시며 그 다음에 자리하는 《백조자리》 성단은 《쉬바 신(神)》으로 알려진 《대관세음보살님》의 처소가 있는 곳이며 그 다음에 자리하는 《목동자리》 성단(星團)이 《관음궁(宮)》이 자리하는 곳으로써 《목동자리》 《알파성(α星)》에는 《아미타佛》께서 자리하시며

《목동자리》《엡실론성(ε星)》이 관세음보살님이신《운뢰음수왕화지佛》의 법궁(法宮)이며《델타성(δ星)》에 관세음보살님께서 직접 계실 때도 있으며《베타성(β星)》이 관세음보살님의 동생으로서《치우성(星)》으로 유명한《대세지보살》의 법궁(法宮)이 된다.

《아미타佛》법궁(法宮)이었던《목동자리》《알파성(α星)》을 고대《이집트(Egypt)》에서는《신전의 별(Temple Star)》이라고 이름하고 고대《아라비아》에서는《하늘의 수호성》으로 이름하였다. 그리고 현재의《북극성(北極星)》에는 《노사나佛》분신(分身)이신 흰 코끼리를 타신《보현보살》께서 자리하시며 천일궁(天一宮)에 속한《용자리 알파성(α星)》은《문수(文殊)》보살의 법궁(法宮)으로써 이를《왕검성(王儉星)》이라고도 하는 것이다.

한민족(韓民族) 상고사(上古史)에 등장하는 18분의《한웅님》들과 고대《이집트》의 일부《파라오》들께서 모두가 창조주 부처님들로서《천일궁(天一宮) 10의 궁(宮)》이 포함된 천일우주(天一宇宙) 100의 궁(宮)의 54태양궁(太陽宮)으로부터 오신 부처님들이시며 한민족(韓民族) 상고사(上古史)에 기록된《단군(檀君)》들께서 대부분이 천일우주(天一宇宙) 100의 궁(宮)의 36궁(宮)에 자리한《용자리 성단》에서 오신 것이다. 이 때문에《용자리 성단》의 별들을 《단군성(檀君星)》으로도 이름하는 것이다. 이와 같이 천일우주(天一宇宙) 100의 궁(宮)의 대부분의 불(佛), 보살(菩薩), 대신선(大神仙)들께서 인간 육신(肉身)을 가지고 태어나시어 인간들을 교화(敎化)하고 다스리신 것이 지구계(地球界)《북반구 문명》기간 동안이었다는 사실을 밝혀 두는 바이다.

상기 설명에서도 드러나듯이,《관음佛》께서는 공간(空間)의 바탕을 이루시고 만물(萬物)에게 생명력(生命力)을 부여하실 때가 진명광(眞命光)의 주인으로서《관세음보살님》이 되시고, 육신(肉身)인 태양성(太陽星)이나 달(月) 등을 법궁(法宮)으로 하실 때가《운뢰음수왕화지佛》과《관음佛》이 되시는 양면성(兩面性)을 가지시는 것이다.

※ 이상에서 설명된 상세한 천궁도(天宮圖) 이치는 필자의 저서 『(改訂版) 妙法華(묘법화)의 실상(實相)의 법(法)』(2015)을 참고하시기 바란다.

12. 대공(大空)에 대하여

[1] 대공(大空)의 바탕

법공(法空)의 중심점(中心點)을 중심으로 하여 법공(法空) 크기의 40%에 달하는 크기의 경계가 대공(大空)의 영역이다. 비유를 하면, 법공(法空) 내부(內部)에 법공(法空) 크기의 40%에 달하는 거대한 비눗방울이 구(球)로써 자리하는 이치와 같다. 이러한 대공(大空)의 경계 바깥은 법공(法空) 크기의 58%에 달하는 두터운 암흑물질층이 자리하며 그 외곽이 법공(法空) 크기의 2%에 달하는 《적멸보궁(寂滅寶宮)》이다.

이와 같은 대공(大空)을 경계하는 경계는 음(陰)의 《여섯 뿌리 진공(眞空)》이 자리하고 《대공(大空)》의 원천(源泉) 바탕은 무색(無色) 투명한 《양(陽)》의 《여섯 뿌리의 진공(眞空)》과 《암흑물질》이 자리한다. 이와 같은 형편에 있는 《대공(大空)》의 경계는 《빛》도 통과할 수 없다. 그러나 이곳을 통과할 수 있는 것은 《음(陰)의 진성광(眞性光)과 진명광(眞命光)》이 양음(陽陰) 짝을 한 《음(陰)》의 《여섯 뿌리의 진공(眞空)》밖에는 없는 것이다. 이와 같은 대공(大空)의 경계를 《시간(時間)의 벽》이라고 하는 것이다.

《양(陽)》의 《여섯 뿌리 진공(眞空)》과 《암흑물질》이 원천 바탕을 이루고 있는 대공(大空) 내부(內部)에서 만들어진 《음(陰)》의 《36궁(宮)》 역시 측정불

가능한 미세한《여섯 뿌리의 진공(眞空)》구슬들과 암흑물질들이 혼재되어 바탕으로 자리하는 것이다. 이러한《대공(大空)》속의《음(陰)의 36궁(宮)》바탕이《여섯 뿌리의 진공(眞空)》구슬과 암흑물질이 음양(陰陽) 짝을 한 오온(五蘊)의 색(色)의 단계층으로써 이 층 내(內)에서《오온(五蘊)》의 과정을 거친《반야공(般若空)》들이 다섯 기초 원소의 과정을 겪게 되는 것이다.

이와 같이《개천이전(開天以前)》《음(陰)의 36궁(宮)》바탕은《고온(高溫)》《고압(高壓)》이 작용한 관계로《음(陰)》의 36궁(宮) 바탕에서《오온(五蘊)》의 과정을 겪고《다섯 기초 원소》가 탄생하였으나《개천이후(開天以後)》에는《대공(大空)》의 바탕에 자리한《암흑물질》을 작용하는《천궁(天宮)》이 끌어들여《여섯 뿌리 진공(眞空)》과 작용함으로써《오온(五蘊)》의 과정을 겪고《다섯 기초 원소》로 탄생이 되어 일부의《다섯 기초 원소》는 천궁(天宮)의 핵(核)으로 남고 일부는 천궁(天宮)의 반작용(反作用)에 의해 천궁(天宮) 밖으로 내보내져 복합 원소와 각종 물질(物質)을 만들게 되면 천궁(天宮)의 회전력(回轉力)에 의해 수많은 별(星)들로 잉태되는 것이다. 이렇듯 별(星)로 탄생된 바탕을 허공(虛空)이라고 한다. 이러한 허공(虛空)을 한단불교(桓檀佛敎)의 4대 경전(經典) 중 하나인『삼일신고(三一神誥)』에서는 "**창창비천**(蒼蒼非天, 푸르고 푸른 것이 하늘이 아니다)"라고 가르침을 주고 있다.

다음으로 순수한 각종《진공(眞空)》구슬 무리들과《여섯 뿌리 진공(眞空)》구슬 무리들과 일부《오온(五蘊)》의 단계에 있는 개체의《반야공(般若空)》들과 각종《암흑물질》이 혼재되어《기(氣)》의 층을 이루고 있는 대공(大空)의 바탕을『삼일신고(三一神誥)』에서는 "**현현비천**(玄玄非天, 검고 검은 것이 하늘이 아니다)"라고 가르침을 베풂으로써 이 역시 허공(虛空)으로써 대공(大空)의 바탕은 음양(陰陽) 짝을 한 허공(虛空)일 뿐임을 가르치고 있다. 이러한 허공(虛空)의 원천 바탕과 경계의 주인공이《여섯 뿌리의 진공(眞空)》과《암흑물질》이라는 뜻이다.

이러한 대공(大空)의 바탕에서 만들어진 《음(陰)의 36궁(宮)》에서 개천이전(開天以前) 정명궁(正明宮)과 진명궁(眞明宮)에 의한 100억 년(億年)에 걸친 다섯 기초 원소와 복합 원소와 물질(物質) 합성기를 겪고 개천(開天)이 되어 상천궁(上天宮)이 태어나고 이후 지구계(地球界) 시간(時間) AD 2000년까지의 120억 년(億年) 동안의 선천우주(先天宇宙) 동안 대공(大空)의 바탕을 이루고 있던 암흑물질에서 150억조 개의 별(星)들로 탄생이 됨으로써 그 공간(空間)은 푸른색을 띠게 되었으며 암흑물질의 절반은 그대로 남아 허공(虛空)을 이루고 후천우주(後天宇宙)의 몫으로 남아 있는 것이다.

상기 설명에서도 드러나듯이,《석가모니 하나님 부처님》께서 우주 창조를 하시고 만물(萬物)을 탄생케 하여 진화(進化)시키는 목적이《암흑물질》을 빛의 세계로 끌어내어 별(星)들을 만들어 진화(進化)하게 함으로써 이들을 완성된 자리인《빛》의 원천의 세계에 합류하게 함으로써 중생(衆生) 구원의 완성을 이루시고자 하는 대자대비(大慈大悲)하신 큰 원력이 그대로 드러나는 것이다.

[2] 대공(大空) 내부(內部)에서의 팽창

법공(法空)이 진화기(進化期)에 들어서서 파동(波動)함으로써《세제일법(世第一法)》의 진공(眞空) 구슬들이 만들어진 후 법공(法空) 내부(內部)의 법공(法空) 크기의 40% 지점으로 분출함으로써 만들어진《여섯 뿌리의 진공(眞空)》이 정명궁(正明宮)을 만들 때 이미 대공(大空)의 경계는 결정이 된 것이며, 이러한 가운데 개천이전(開天以前) 정명궁(正明宮)에 의해 대공(大空)의 경계 바로 밑에 《음(陰)》의 36궁(宮)의 경계를 다시 만든 것이다. 이와 같은 36궁(宮) 경계 내(內)의 암흑물질들이 개천(開天)과 함께 상천궁(上天宮)이 탄생됨으로써 36궁(宮) 내(內)의 공간(空間)은 푸르른 공간(空間)으로 바뀌게 됨으로써 36궁(宮)은 《양(陽)》의 36궁(宮)으로 진화가 된 것이다.

이후 개천이전(開天以前)의 진명궁(眞明宮)이 《황금알 대일(大一)》의 과정을 겪고 폭발함으로써 현재의 북극성(北極星)과 북두칠성(北斗七星) 중 3성(星)을 만들었을 때 대공(大空) 내(內)의 36궁(宮)의 경계가 찢어지면서 36궁(宮)의 허공(虛空)은 10배수로 팽창을 하여 360궁(宮)의 경계를 이룬다. 이러한 360궁(宮)의 경계 내(內)에서 《천일우주(天一宇宙) 100의 궁(宮)》이 탄생하는 것이다. 이렇게 탄생된 푸르른 허공(虛空)은 《전자(電子)》가 바탕이 되는 것이며 이후 선천우주(先天宇宙)의 하늘(天)로 자리한 상천궁(上天宮)의 바탕은 진화(進化)되어 양전자(陽電子)가 바탕을 함으로써 극락 중의 극락이 된 것이다.

이후 대공 내(大空內)의 360궁(宮)의 경계가 찢어지면서 다시 10배수로 팽창이 되어 3,600궁(宮)을 이룬다. 이와 같은 3,600궁(宮) 경계 내(內)에서 모든 선천우주(先天宇宙) 별(星)들이 만들어진 것이다. 이러한 대공내(大空內)의 팽창을 선천우주(先天宇宙) 대공 내(大空內)의 팽창으로써 무궤화일(無匱化一), 무궤화이(無匱化二), 무궤화삼(無匱化三)이라고 하는 것이다. 이와 같이 선천우주(先天宇宙)에서는 세 번의 대공 내(大空內)의 팽창이 있는 것이며 이러한 대공내(大空內)의 허공(虛空)은 전자(電子)로써 바탕을 하는 것이다.

이러한 3,600궁(宮)의 10배수가 되는 36,000궁(宮)이 후천우주(後天宇宙)의 몫이 되는 것으로써 후천우주(後天宇宙)의 바탕은 아직까지는 암흑물질로 가득 차 있는 것이다. 이와 같은 후천우주(後天宇宙)의 36,000궁(宮)도 세분화하면 36궁(宮), 360궁(宮), 3,600궁(宮)이 되어 무궤화일(無匱化一), 무궤화이(無匱化二), 무궤화삼(無匱化三)의 세 번 팽창을 선천우주(先天宇宙)와 꼭 같은 전철을 밟게 되는 것이다. 이와 같은 설명을 정리하면 다음과 같다.

(1) [대공내(大空內)의 팽창]

$$36궁(宮) \rightarrow 360궁(宮) \rightarrow 3,600궁(宮) \rightarrow 36,000궁(宮)$$

     선천우주   후천우주
     (先天宇宙)   (後天宇宙)

(2) [후천우주(後天宇宙) 36,000궁(宮)의 세분화]

$$36궁(宮) \rightarrow 360궁(宮) \rightarrow 3,600궁(宮)$$

(3) 팽창의 정리

[선천우주(先天宇宙)]

1. 무궤화일(無匱化一) : 36궁(宮)
2. 무궤화이(無匱化二) : 360궁(宮)
3. 무궤화삼(無匱化三) : 3,600궁(宮)

[후천우주(後天宇宙)]

1. 무궤화일(無匱化一) : 36궁(宮)
2. 무궤화이(無匱化二) : 360궁(宮)
3. 무궤화삼(無匱化三) : 3,600궁(宮)

※ 이와 같이 이번 진화기(進化期) 동안 대공 내(大空內)의 팽창은 모두 6회(回)이며 선천우주(先天宇宙) 동안 3회(回)와 후천우주(後天宇宙)의 36궁(宮)이 모두 만들어졌으므로 향후 남은 팽창은 2회(回)가 더 남아 있다. 팽창이 될 때 우주간(宇宙間)은 찢어지는 소리와 굉음이 무척 시끄럽게 들리게 되는 것이다. 이와 같이 대공(大空)의 바탕과 별(星)들의 세계는 음양(陰陽) 짝을 함으로써 어느 것 하나가 없어지면 둘 모두가 사라지게 되는 것이다.

13. 적멸(寂滅)한 경계란?

　적멸(寂滅)한 경계란 적멸보궁(寂滅寶宮)과 대공(大空)의 경계와 천궁(天宮)의 초기 단계인《커블랙홀》에 들었을 때를 적멸(寂滅)한 경계에 들었다고 한다. 이러한 적멸(寂滅)한 경계에 들어갈 수 있는 길은 크게 나누어 세 갈래 길이 있다. 이러한 세 갈래 길을 따로 나누어 설명 드리면 다음과 같다.

[1] 아뇩다라삼먁삼보리를 이루신 부처님들의 경우

　《아뇩다라삼먁삼보리》인 무상정등정각(無上正等正覺)을 이루신 부처님들께서는 태양성(太陽星), 달(月), 또는 밝은 별(星)을 법궁(法宮)으로 하며 그 밝은 빛으로 하여금 우주간(宇宙間)의 모든 만물(萬物)을 화육(化育)하고 수도 없는 기초 원소와 물질(物質)들을 만들어 우주간(宇宙間)에 보시(布施)하시다가 법궁(法宮)의 수명이 다하였을 때 법궁(法宮)의 핵(核)은 붕괴되어《음(陰)의 여섯 뿌리 진공(眞空)》과《양(陽)의 여섯 뿌리의 진공(眞空)》으로 나뉘어져《음(陰)의 여섯 뿌리 진공(眞空)》은 적멸보궁(寂滅寶宮)이나《대공(大空)》의 경계를 이루고《양(陽)의 여섯 뿌리 진공(眞空)》은 대공(大空)의 원천 바탕을 이루고 있는《양(陽)의 여섯 뿌리 진공(眞空)》과 합하여진다. 그리고 핵(核)이 붕괴된 부처님들의 법궁(法宮)은 소멸기의 단계를 거치고 붕괴기를 맞이한 후 해체되었을 때 《석가모니 하나님 부처님》의 권위의 상징인 《슈바르츠실트 블랙홀(Schwarzschild black hole)》로 불리우는 진성궁(眞性宮)이 중성자(中性子)와 진화(進化)의 완성을 이룬 전자(電子)를 끌어들여 중성자(中性子)는 진성궁(眞性宮)의 반중성자(反中性子)와 부딪치고 전자(電子)는 진성궁(眞性宮)의 양전자(陽電子)와 부딪침으로써 《음(陰)의 여섯 뿌리 진공(眞空)》과 《양(陽)의 여섯 뿌리 진공(眞空)》을 발생시킴으로써 《음(陰)의 여섯 뿌리 진공(眞空)》은 적멸보궁(寂滅寶宮)이나 《대공(大空)》의 경계로 들어가게 되며 《양(陽)의 여섯 뿌리 진공(眞空)》인 양음(陽陰) 짝을 한 진성광(眞性光)과 진명광(眞命光)은 대공(大空)의 원천 바탕과 합류를 하게 되는 것이다. 이와 같이 들어가게 되는 적멸보궁(寂滅寶宮)과 대공(大空)의 경계와 《대공(大空)》의 원천 바탕을 이루고 있는 《양(陽)의 여섯 뿌리 진공(眞空)》 등의 경계 모두를 《적멸(寂滅)한 경계》라고 하는 것이다.

※ 오온(五蘊)의 색(色)의 단계가 《여섯 뿌리 진공(眞空) 구슬》과 《암흑물질》이 음양(陰陽) 짝을 한 반야공(般若空)이라고 말씀드렸다. 이와 같은 반야공(般若空) 진화(進化)의 정점(頂点)에 인간으로 태어나 보살도 성취의 보살을 이루고 보살마하살의 과정을 거쳐 무상정등정각(無上正等正覺)의 불법(佛法) 일치된 완전한 깨달음을 이루고 궁극에는 적멸(寂滅)한 경계에 들게 되는 것이다. 이러한 적멸(寂滅)한 경계를 이루고 있는 《음(陰)의 여섯 뿌리 진공(眞空)》이 오온(五蘊)의 색(色)의 단계 음(陰)의 부분인 《여섯 뿌리 진공(眞空)》 구슬로써 진화(進化)의 완성 이후 본래의 자리로 돌아간 것이며, 대공(大空)의 원천 바탕과 계합하게 되는 《양(陽)의 여섯 뿌리 진공(眞空)》이 오온(五蘊)의 색(色)의 단계의 양(陽)의 부분인 《암흑물질》이 진화(進化)가 완성이 되어 자리한 것이다. 이 뜻은 《석가모니 하나님 부처님》의 나툼이 《암흑물질》을 빛(光)의 세계로 끌어낸 후 진화(進化)시켜 궁극에는 《빛》의 원천(源泉)의 세계로 들여보내고 스스로는 본래의 자리로 돌아가신 뜻이 분명히 나타나는 경우가 되는 것이다.

[2] 보살마하살의 경우

　보살마하살들께서는 불성(佛性)은 이루셨으나 정등(正等)의 단계인 스스로의 법궁(法宮)인 별(星) 표면의 진화(進化)는 모두 다 이루시지 못한 분들을 말한다. 이러한 보살마하살들께서 오랫동안 스스로의 법궁(法宮)에 있으면서 다섯 기초 원소와 많은 물질(物質)의 씨앗을 만들어 우주간(宇宙間)에 보시(布施)한 후 스스로의 법궁(法宮)이 자기의 소임을 다하였을 때 별(星) 핵(核)의 붕괴로 인하여 별(星) 표면을 벗어나 《항성풍(恒星風)》이 되어 바깥으로 빠져 나온 후 별(星)의 회전(回轉) 방향을 따라 일정한 거리까지 간 후 《항성풍》은 한 곳에 모여 공(空)을 이룬다. 이렇게 공(空)을 이루었을 때 우주(宇宙)의 어머니(母)이신 《관세음보살님》께서 공(空)의 테두리를 진명광(眞命光)으로 둘러쌈으로써 생명력(生命力)을 불어 넣게 된다. 이때가 천궁(天宮)의 초기 단계인 《커블랙홀》을 이룬 때이다. 이후 《커블랙홀》의 작용(作用)으로 《커블랙홀》은 다음 단계인 《태양수(太陽數) +9의 핵(核)》의 과정을 갖게 됨으로써 탈겁(脫劫)을 한 보살마하살께서 이때 비로소 일불승(一佛乘)으로 자리함으로써 음(陰)의 무상정등정각(無上正等正覺)을 이루시고 이후 천궁(天宮)의 변화상인 《화이트홀》 → 《퀘이샤》 → 《황금알 대일(大一)》의 과정을 겪으시면서 수많은 별(星)들을 탄생시키는 것이다. 이와 같은 설명에 있어서 《항성풍》이 되었을 때와 《커블랙홀》을 이루었을 때를 《적멸(寂滅)한 경계》에 들었다고 하는 것이다.

[3] 창조주 부처님들의 경우

우주간(宇宙間)에 있어서 부처님들의 수(數)는 헤아릴 수 없이 많지만 창조주 부처님들은 36분(分) 밖에 되지 않는다. 이러한 창조주 부처님들도 모두 태어나셨을 때가 36분(分)이며 실질상 시작은 4분(分) 밖에 되지 않는 것이다. 이와 같은 창조주 부처님들은 태양성(太陽星)이나 달(月) 등을 법궁(法宮)으로 하신다. 이러한 창조주 부처님들 중 현재의 우리들 태양성(太陽星)을 법궁(法宮)으로 하신 《노사나佛》을 "예"로 들어 말씀드리면 다음과 같다.

우리들 태양성(太陽星)의 가시적(可視的)인 수명은 100억 년(億年)이다. 이러한 수명에 있어서 50억 년(億年)이 활발한 태양성(太陽星)의 활동기이며 50억 년(億年)이 수축기에 들어간다. 그러나 활발한 활동기 50억 년(億年)이 지나게 되면 5억 년(億年)에 걸쳐 태양성(太陽星) 핵(核)의 붕괴로 태양 흑점 활동을 통하여 많은 《항성풍》을 쏟아내게 된다. 이렇게 쏟아져 나온 《항성풍》들은 지(地)의 우주(宇宙) 회전(回轉)길인 《시계 반대 방향》의 회전길인 1-4의 길을 따라 이동하다가 우리들 태양계(太陽界) 바깥에서 한 곳에 모여 공(空)을 이루기까지가 5억 년(億年), 이후 《항성풍》을 계속 받아들이어 5억 년(億年) 동안 천궁(天宮)의 초기 형태인 《커블랙홀》을 이루는 것이다. 이후 천궁(天宮)은 《태양수(太陽數) ⊕9의 핵》의 과정을 겪음으로써 《노사나佛》께서 부활하시어 《일불승(一佛乘)》으로 자리하시어 깊은 삼매(三昧)에 들어가시게 된다. 이후 천궁(天宮)은 《화이트홀》 → 《퀘이샤》 → 《황금알 대일(大一)》의 과정을 겪는 동안 수많은 별(星)들을 탄생시킨 후 《황금알 대일(大一)》의 폭발로 새로운 태양성(太陽星)으로 태어나 태양계(太陽界)를 다시 만드시는 것이다. 이와 같은 과정의 《항성풍》의 단계와 《커블랙홀》의 단계를 《적멸(寂滅)한 경계》라고 하는 것이다.

또한, 태양성(太陽星)은 활발한 활동기 50억 년(億年), 태양성 핵(核)의 붕괴기 5억 년(億年)을 합한 55억 년(億年)을 일반적으로 활발한 활동기로 분류하며 나머지 45억 년(億年)을 수축기라고 하는 것이다. 지구계(地球界) 시간

₍時間₎ 서기 2000년₍年₎이 태양 흑점 활동이 끝나는 때로써 이로 볼 때 우리들 태양성₍太陽星₎은 55억 년₍億年₎의 나이를 지나 56억 년₍億年₎의 주기에 들어가 있음을 알 수가 있는 것이다.

14. 열반(涅槃)이란?

범어로는 Nirvana(니르바나)라고 하며, 멸(滅), 적멸(寂滅), 멸도(滅度), 원적(圓寂)이라고 번역하며, 이러한 뜻말이 담긴 것이 적멸보궁(寂滅寶宮)과 현재 우주를 경계하는 대공(大空)의 경계와 대공 내(大空內) 《원천 바탕》을 적멸(寂滅)한 경계로 이름한다. 이러한 뜻말을 가진 열반(涅槃)도 적멸보궁(寂滅寶宮)으로 들어가는 경우를 《무여열반(無餘涅槃)》이라고 하며, 대공(大空)의 경계와 《대공(大空)》의 원천 바탕으로 들어가는 것을 《유여열반(有餘涅槃)》이라고 한다. 부처님께서 말씀하시는 《반열반(反涅槃)》은 《무여열반(無餘涅槃)》을 말씀하시는 것이다.

이러한 뜻의 열반(涅槃)을 보살(菩薩), 보살마하살(菩薩魔訶薩), 부처님들께서 인간 육신(肉身)을 가지고 태어나셨다가 죽음을 맞이하였을 때 방편(方便)으로 《열반(涅槃)》에 들었다고도 말하는 경우가 있다.

15. 천궁(天宮)이란?

[1] 천(天)·인(人)의 우주(宇宙) 천궁(天宮)

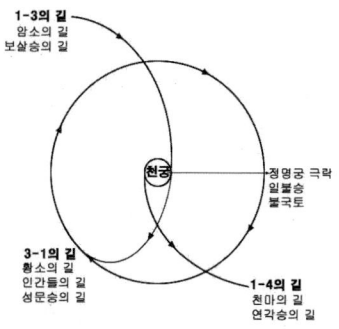

[그림] 천(天)과 인(人)의 우주 천궁(天宮)

　상기 사진은 현대 과학계(界)가 우주간(宇宙間)에 있는 시계 방향의 회전을 하는 하나의 거대한 은하성단을 촬영한 사진이며 오른쪽 도형은 그 작용도(作用圖)를 간단히 나타낸 도형이다. 사진 속의 중심부를 이루고 있는 부분을 천궁(天宮) 또는 극락이라고 한다. 시계 방향의 회전을 하는 은하성단의 중심부는 천(天)·지(地)·인(人) 우주 구분에서 천(天)과 인(人)의 우주 중심부가 되며 이를 '정명궁(正命宮) 극락'이라고도 한다. 이러한 천궁(天宮)이 일불승(一佛乘)이 자리하시는 곳으로써 이곳을 불국토(佛國土)라고 하며,

이와 같은 천궁(天宮)에 일불승(一佛乘)이 자리함으로써 삼매(三昧) 중에 수많은 별(星)들을 생산하는 것이다.

중심부를 향하여 소용돌이쳐 들어오는 길을 1-3의 길이라고 하며 이를 《암소(坤牛)의 길》이라고 한다. 이러한 《암소(坤牛)의 길》이 바로 《보살승(菩薩乘)의 길》로써 천궁(天宮)인 극락을 향하여 들어간다고 하는 《성령(性靈)을 이루어 천궁(天宮)으로 들어가는》이란 뜻말을 가진 말이 반야바라밀다(般若波羅蜜多)이다.

다음으로 중심부인 천궁(天宮)으로부터 적당히 밀려나와 천궁(天宮)을 중심한 공(空)의 경계를 가지는 길을 '3-1의 길'이라고 하며 이를 《황소(黃牛)의 길》이라고 하며 또는 《인간(人間)들의 길》이라고도 한다. 이 길을 《성문승(聲聞乘)의 길》이라고 하는 것이다. 다음으로 중심인 천궁(天宮)으로부터 회전 반대 방향인 시계 반대 방향으로 빠르게 성단 외부로 벗어나는 길을 '1-4의 길'이라고 하며 《천마(天馬)의 길》이라고 한다. 이 길을 《연각승(緣覺乘)의 길》이라고 한다. 《돈황》의 천정벽화와 고구려 고분벽화와 신라 천마총이 이러한 연각승(緣覺乘)의 길을 나타낸 것이다.

[2] 지(地)의 우주(宇宙) 천궁(天宮)

 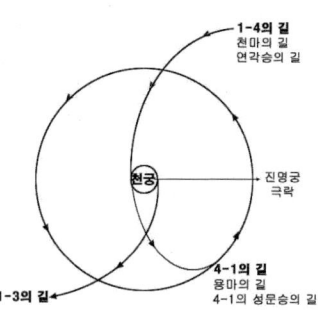

[그림] 지(地)의 우주 천궁(天宮)

　상기 사진은 현대과학이 우주간(宇宙間)에 있는 시계 반대 방향의 회전을 하는 하나의 거대한 은하성단을 촬영한 사진이며 오른쪽 도형은 그 작용(作用)을 간단히 나타낸 도형이다. 사진 속의 중심부를 이루고 있는 부분이 천궁(天宮)인 극락이 되며 시계 반대 방향의 회전을 하는 은하성단 중심부는 천(天)·지(地)·인(人) 우주 구분에서 지(地)의 우주 중심부가 되며 이를《진명궁(眞命宮)의 극락》이라고 한다.

　이러한 진명궁(眞命宮)의 극락은 시계 방향 회전을 하는 정명궁(正命宮)의 극락으로부터 밀려나《지(地)의 우주》천궁(天宮)으로 향하여 소용돌이쳐 들어오는 길이《1-4의 천마(天馬)의 길》로써《연각승(緣覺乘)의 길》이 되며 중심부인 천궁(天宮)으로부터 적당히 밀려나와 천궁(天宮)을 중심한 공(空)의 경계를 가지는 길을 '4-1의 길'이라고 하며 이를《용마(龍馬)의 길》이라고도 한다. 이러한 용마(龍馬)의 길에 있는 승(乘) 역시 '4-1의 길 성문승(聲聞乘)'들이 된다. 다음으로 중심인 천궁(天宮)으로부터 회전 반대 방향인 시계 방향으로 빠르게 성단 외부로 벗어나는 길이 암소(坤牛)의 길인 1-3의 길로써 보살승(菩薩乘)의 길이 된다.

이와 같이 정명궁(正命宮) 중심의 은하성단이나 《진명궁(眞命宮)》 중심의 은하성단에서 1-3의 보살승(菩薩乘)의 길과 1-4의 연각승(緣覺乘)의 길을 묶어 중원(中原) 대륙에서는 '용도오행(龍圖五行)의 길'이라고 이름하고 3-1의 길과 4-1의 길 성문승(聲聞乘)의 길을 '구서오행(龜書五行)의 길'로 이름하여 상기 설명된 내용들을 알아보지 못하게 잔꾀를 부린 것이 오늘까지도 전하여져 오고 있는 것이다.

다음으로 지(地)의 우주 천궁(天宮)으로부터 시작된 4-1의 용마(龍馬)의 길과 연결된 길에서 새로운 1-4의 길이 만들어진다. 이때 만들어지는 1-4의 천마(天馬)의 길에는 연각승(緣覺乘)과 독각승(獨覺乘)이 함께 자리하게 된다. 이렇게 자리한 연각승(緣覺乘)을 어미(母) 말(馬)로 비유를 하고 독각승(獨覺乘)을 새끼 말(馬)인 《망아지》로 비유를 한다. 즉, 어미말(馬)을 따르는 《망아지》로 독각승(獨覺乘)들을 비유하는 것이다. 이러한 구분을 후세인(後世人)들이 모르게 하기 위해 독각(獨覺)의 무리들이 연각(緣覺)과 독각(獨覺)의 무리를 묶어서《벽지불(辟支佛)》이라는 용어(用語)를 만들어 석가모니 하나님 부처님의 모든 경전(經典)에 《벽지불(辟支佛)》로 표기함으로써 불법(佛法)을 왜곡한 것이다.

※ 이러한 천궁(天宮)은 태양성(太陽星)이나 달(月) 등의 밝은 별(星)이 활발한 활동기가 끝이 난 후 핵(核)의 붕괴로 인하여 진공(眞空)이 《항성풍》이 되어 외부로 분출된 후 이들이 회전(回轉) 길을 따라 일정한 지점까지 간 후 한 곳에 모여 공(空)을 이루게 된다. 이러한 공(空)이 우주의 어머니이신 《관세음보살님》께서 《진명광(眞命光)》으로 둥글게 감싸게 되면 천궁(天宮)이 초기 형태인 《커블랙홀》을 이루게 된 후 《태양수(太陽數) ⊕9의 핵(核)》 → 《화이트홀》 → 《퀘이샤》 → 《황금알 대일(大一)》의 과정을 겪게 된다. 이러한 과정을 겪는 동안 외부적으로는 수많은 별(星)들을 생산하는 것이다. 하늘(天)의 구성기에는 주위에 밝은 별(星)들이 많은 관계로 질량(質量)

이 풍부하여 15억 년(億年) 만에 《황금알 대일(大一)》의 폭발로 새로운 태양성(太陽星)이 탄생하여 새로운 하늘(天)을 구성하게 되나 일반적인 공간(空間)에서는 《항성풍》의 이동 기간을 제외하면 《커블랙홀》의 과정이 5억 년(億年), 《태양수(太陽數) ⊕9의 핵(核)》의 과정과 《화이트홀》→《퀘이샤》→《황금알 대일(大一)》의 과정이 각각 10억 년(億年)이 소요됨으로써 45억 년(億年) 만에 《황금알 대일(大一)》의 폭발로 새로운 태양성(太陽星)이 태어나서 새로운 태양계(太陽界)를 형성하는 것이다.

16. 하늘(天)이란?

[1] 선천우주(先天宇宙)의 하늘(天)

[선천우주의 하늘]

상천궁(上天宮)

천일궁(天一宮) 10의 궁(宮)

※ 상천궁(上天宮)은 지금의 때로 봐서는 모두 진화(進化)되어 진공(眞空)을 이루고 있으며 현재의 북극성(北極星)이 공전(公轉)을 함으로써 그 위치를 알려주고 있다. 즉, 현재의 북극성(北極星)이 공전하는 범위 내(內)가 상천궁(上天宮)의 위치가 되는 것이며 천일궁(天一宮) 10의 궁(宮)은 현재의 북극성(北極星)과 현재의 북극성(北極星) 바로 옆에 있는 1성(星)과 작은곰자리 별자리의 6성(星)과 용자리《알파성(星)》1성(星)과 물질 분출 이후 사라진 1성(星)을 합한 10성(星)을 '천일궁(天一宮) 10의 궁(宮)'이라고 하며, 현재의 북극성(北極星) 바로 옆에 있는 1성(星)과《작은곰자리》6성(星)과《용자리》《알파성(星)》1성(星)을 합한 8성(星)을《두우성(斗牛星)》8성(星)이라고 한다.

[그림] 천일우주(天一宇宙) 100의 궁(宮) 실물 성단도

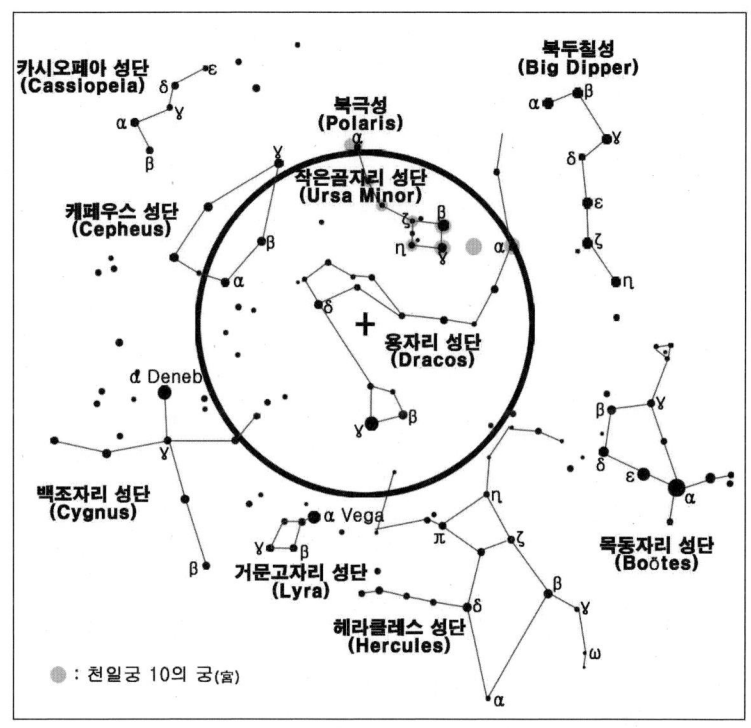

[2] 후천우주(後天宇宙)의 하늘(天)

[후천우주의 하늘]

중앙천궁상궁(中央天宮上宮)
중앙우주(中央宇宙) 100의 궁(宮)

※ 중앙천궁상궁(中央天宮上宮)은 우리들의 태양계(太陽界)가 지구계(地球界) 시간 서기(西紀) 2000년을 기점으로 선천우주(先天宇宙)에서 후천우주(後天宇宙)로 돌입하면서 지금까지 소속하여 있던 《수미산》 비유의 지이삼(地二三) 우주를 벗어나 법공(法空)의 중심점(中心點)인 0(ZERO) 지점에 도착하여 《중앙천궁상궁(中央天宮上宮)》으로 변화되어 있으나 그 운행(運行)인 《중앙천궁상궁(中央天宮上宮)》의 운행(運行)은 이루어지지 않고 있다. 그러나 향후 몇 십 년 이내에는 《중앙천궁상궁(中央天宮上宮)》 운행(運行)이 일어나게 되어 있다.

이러한 《중앙천궁상궁(中央天宮上宮)》 운행(運行)이 일어난 후 향후 10억 년 (億年)에 걸쳐 《중앙천궁상궁(中央天宮上宮)》 완성의 기간을 가지게 되며 이렇게 《중앙천궁상궁(中央天宮上宮)》의 완성의 때를 맞춰 《중앙우주 100의 궁(

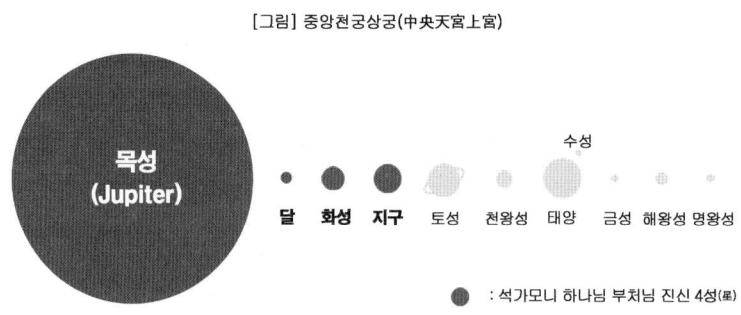

[그림] 중앙천궁상궁(中央天宮上宮)

宮)》이《미륵불》에 의해 탄생이 되어 10억 년(億年)에 걸쳐 완성의 기간을 가지는 것이다. 이와 같은《중앙우주 100의 궁(宮)》은 향후 10억 년(億年) 후의 미래세(未來世)에 태어나는 것이다.

※ 상천궁(上天宮)이 축이 내려와 만들어지는 것이 중앙천궁상궁(中央天宮上宮) 운행(運行) 이후 법공(法空)의 0(ZERO) 지점에 자리하게 되는《여섯 뿌리의 법궁(法宮)》인 목성(木星)을 중심하여《3-1의 회전》을 하는 달(月), 화성(火星), 지구(地球)이다. 이러한 4성(星)이 중심이 되어 석가모니 하나님 부처님께 되돌려진 나머지 7성(星)이 자리하여《중앙천궁상궁(中央天宮上宮)》을 이룬다. 이렇듯 상천궁(上天宮)이 사라지고 현재는 천일궁(天一宮) 10의 궁(宮)과 중계(中界)의 우주에서 중앙천궁상궁(中央天宮上宮)이 자리하여 하늘(天)을 이루고 있으나 10억 년(億年) 이후《중앙우주 100의 궁(宮)》이 탄생하는 것과 때를 맞추어 천일궁(天一宮) 10의 궁(宮)은 모두 시야에서 사라지고 중앙천궁상궁(中央天宮上宮)만 남아서 전체 우주(宇宙)의 하늘(天)이 되는 것이다. 때문에 하늘(天)은 둘일 수가 없으며 다만 지금은 과도기의 하늘(天)을 이루고 있는 것이다.

본래의 우주적(宇宙的) 진리(眞理)로써는《중앙천궁(中央天宮)》이 만들어지는 것이《이치》였으나《선천우주(先天宇宙)》동안 지(地)의 우주《대마왕》불보살들과《악마(惡魔)의 신(神)》들인《대마왕신(神)》들에 의해 지상(地上)의《인류 북반구 문명》기간 동안《후천우주》를 정복하기 위해《신(神)들의 전쟁》과《2차 우주 쿠데타》가 계속됨으로써《원천창조주》이신《석가모니 하나님 부처님》께서는《이치》를 변경하여《중앙천궁》은 탄생이 되지 못하게 하시고 곧바로《중앙우주(中央宇宙) 100의 궁(宮)》이 만들어지도록《이치》수정을 하셨기 때문에 이러한 사실을 첨가하여 밝혀 드리는 것이다.

17. 법(法)이란?

　범어로는 Dharma(다르마)라고 하며 《달마(達磨)》라고 음역한다. 이렇게 음역된 《법(法)》이란 한마디로 말씀드리면, 《법공(法空)》과 《대공(大空)》 속에 있는 《암흑물질》을 《법(法)》이라고 한다. 이러한 법(法)이 일어나 진화(進化)의 과정에서 음양(陰陽) 짝을 한 뜻을 따로 가지게 되는 경우가 있다. 이와 같은 《법(法)의 음(陰)》의 뜻이 진화(進化)하는 "각각의 개체의 성(性)을 가진 《만물(萬物)》들"을 음(陰)의 법(法)이라고 한다. 즉, 이음일양(二陰一陽)의 법칙을 따라 영체(靈體)의 진화(進化)를 하는 무리와 일음이양(一陰二陽)의 법칙을 따라 진화(進化)하는 물질(物質)의 무리들 모두를 《음(陰)의 법》이라고 하는 것이며, 법(法)의 양(陽)의 뜻은 만물(萬物)의 이치를 꿰뚫어 보시고 진화(進化)의 종착지인 불법(佛法) 일치된 완전한 깨달음의 부처(佛) 이룸을 설파하신 석가모니 하나님 부처님의 법문(法門)과 남기신 《불교(佛敎) 경전(經典)》의 내용들과 여러 부처님들과 보살님들께서 인간 육신(肉身)을 가지고 오셨을 때 남기신 진실된 각종 경전(經典)들의 내용이 《양(陽)의 법(法)》이 되는 것이다.

18. 법궁(法宮)이란?

법궁(法宮)이란 법보화(法報化) 삼신(三身)의 과정에 있어서 저 공간(空間)의 별(星)이나 천궁(天宮)을 스스로의 육신(肉身)으로 할 때가 있다. 이러한 스스로의 육신(肉身)으로 하는 별(星)이나 천궁(天宮)을 법궁(法宮)이라고 하는 것이다. 이와 같은 법궁(法宮)을 갖게 되는 법보화(法報化) 삼신(三身)을 세분화하면 다음과 같다.

[1] 인간(人間)들의 법보화(法報化) 삼신(三身)

(1) 법신(法身) : 공간(空間)의 별(星)들을 육신(肉身)으로 하였을 때가 법신(法身)을 가진 때가 된다.

(2) 보신(報身) : 인간의 주인공인 《영혼(靈魂)》이 《영신(靈身)》과 《양음(陽陰)》짝을 하였을 때의 《영신(靈身)》을 《보신(報身)》이라고 한다.

(3) 화신(化身) : 인간의 《영혼(靈魂)》과 《영신(靈身)》이 《육신(肉身)》을 가지고 태어났을 때의 《육신(肉身)》을 《화신(化身)》이라고 한다.

※ 이와 같은 인간의 《영혼(靈魂)》과 《영신(靈身)》이 《양음(陽陰)》 짝을 하여 저 공간(空間)의 별(星)들의 핵(核)으로 자리하는 것이며 이러한 상태를 천인(天人)으로 구분하고 삼승(三乘)인 성문승(聲聞乘), 연각승(緣覺乘), 보살승(菩薩乘)으로 말씀하시는 것이다.

[2] 보살마하살(菩薩摩訶薩)과 법보화(法報化) 삼신(三身)

(1) 법신(法身) : 천궁(天宮)을 이루어 일불승(一佛乘)으로 자리하셨을 때의 천궁(天宮)을 법신(法身)의 과정으로 이름한다.

(2) 보신(報身) : 밝은 별(星)을 육신(肉身)으로 하였을 때 "예" 토성, 천왕성, 해왕성, 명왕성 등의 경우를 말한다.

(3) 화신(化身) : 인간의 육신(肉身)을 가지고 태어나셨을 때를 화신(化身)의 과정이라고 한다.

[3] 모든 부처님(佛)들의 법보화(法報化) 삼신(三身)

(1) 법신(法身) : 천궁(天宮)을 이루었을 때와 적멸(寂滅)한 경계에 들었을 때를 법신(法身)을 이룬 때로 이름한다.

(2) 보신(報身) : 태양성(太陽星)이나 달(月) 등을 육신(肉身)으로 가졌을 때를 이름한다.

(3) 화신(化身) : 인간 육신(肉身)을 가지고 태어나셨을 때를 이름한다.

[4] 석가모니 하나님 부처님의 법보화(法報化) 삼신(三身)

(1) 법신(法身) : 《슈바르츠실트 블랙홀》인 반중성자(反中性子) 별(星)로써 진성궁(眞性宮)을 육신(肉身)으로 하셨을 때를 법신(法身)의 과정으로 이름한다.

(2) 보신(報身) : 상천궁(上天宮)의 여섯 뿌리의 법궁(法宮)이나 중계(中界)의 우주 여섯 뿌리의 법궁(法宮)인 목성(木星)에 자리하실 때를 보신(報身)의 과정으로 이름한다. 이와 같은 여섯 뿌리의 법궁(法宮)들은 중성자(中性子) 태양성(太陽星)들이다.

(3) 화신(化身) : 인간의 육신(肉身)을 가지고 자리하셨을 때를 화신(化身)의 과정이라고 한다.

※ 석가모니 하나님 부처님께서는 이러한 삼신(三身) 외에 따로 음양(陰陽) 짝을 하는 몸(身)을 가지신 것이《적멸보궁(寂滅寶宮)》과《대공(大空)의 경계와 원천(源泉) 바탕》이다. 이와 같이 인간은 법신(法身)의 과정에서 스스로의 법궁(法宮)을 가지며 보살마하살과 모든 부처님들과 석가모니 하나님 부처님께서는 법신(法身)과 보신(報身)의 과정에서 법궁(法宮)을 가지시는 것이다.

19. 여섯 뿌리의 우주(宇宙)와 여섯 뿌리

[1] 여섯 뿌리의 우주(宇宙)

개천(開天)으로 이름되는 상천궁(上天宮)이 탄생하면서 우주(宇宙) 최초로 탄생한 상천궁(上天宮) 1, 1-1, 1-2, 1-3, 1-4, 1-5성(星)을 '여섯 뿌리의 우주(宇宙)'라고 한다. 이러한 여섯 뿌리의 우주(宇宙) 중 1의 성(星)은 중성자태양성(太陽星)으로써 핵(核)의 붕괴로 인한 진공(眞空)을《항성풍》으로 외부로 분출한 후 스스로는 반중성자(反中性子) 별(星)인 진성궁(眞性宮)으로 변화한 후《석가모니 하나님 부처님》의 궁(宮)으로 자리하며 분출된《항성풍》은

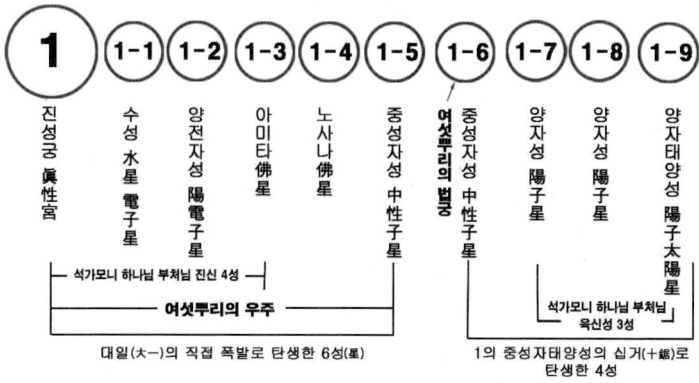

한 곳에 모여 공(空)을 이룬 이후 천궁(天宮)을 이루고 천궁(天宮)의 변화상을 겪고《황금알 대일(大一)》의 폭발로 4성(星)을 잉태시켜 상천궁(上天宮)을 10성(星)으로 하여 1차 완성을 이루는 것이다.

다음으로 1-1의 성(星)은 전자성(星)으로써 상천궁(上天宮) 1의 성(星)인 석가모니 하나님 부처님의 법궁(法宮)과 1-2의 양전자(陽電子) 성(星)을 법궁(法宮)으로 하신《관세음보살님》사이에서 태어난 물(水)의 별(星)로써《정화수왕지불》의 법궁(法宮)이며 1-3의 성(星)은 중성자(中性子) 태양성(太陽星)으로써《석가모니 하나님 부처님》께서 직접 몸(身)을 나누신 분신불(分身佛)로서의 아들인《아미타佛》의 법궁(法宮)이며 1-4의 성(星)은 중성자성(中性子星)으로써《노사나佛》의 법궁(法宮)이었으나《노사나佛》께서 개천이전(開天以前)에 만들어진 진명궁(眞明宮)으로 옮겨 앉으시고 석가모니 하나님 부처님께 되돌려진 별(星)이다. 다음으로 1-5의 성(星) 역시 중성자성(中性子星)이다.

이와 같이 여섯 뿌리의 우주(宇宙)는 중성자(中性子) 태양성(太陽星) 2와 중성자성(中性子星) 2와 양전자성(陽電子星)과 전자성(電子星)이 각각 1을 차지함으로써 이들 여섯 뿌리 우주(宇宙) 별(星)들의 핵(核)이 붕괴되어 초기 우주(宇宙)로 불리우는 천일우주(天一宇宙) 100의 궁(宮)과 천일일(天一一) 우주와 인일일(人一一), 인일이(人一二), 인일삼(人一三) 우주의 상계(上界)의 우주들을 탄생시키게 되는 것이다. 이 때문에 최초로 탄생된 상천궁(上天宮) 6성(星)을《여섯 뿌리의 우주》라고 하는 것이다.

[2] 여섯 뿌리

여섯 뿌리의 우주(宇宙)의 6성(星)이 핵(核)의 붕괴로 인하여 《석가모니 하나님 부처님》을 제외한 《정화수왕지불》과 《관세음보살님》의 육신불(肉身佛)과 아미타佛께서는 모두 떠나시고 《관세음보살님》께서는 공간(空間)으로 돌아가시어 상천궁(上天宮)과 천일궁(天一宮)을 바탕으로 하는 공간(空間) 보살님으로 남게 되신다. 이러한 주인공들이 모두 떠난 이후 여섯 뿌리의 우주 6성(星) 중 《슈바르츠실트 블랙홀(Schwarzschild black hole)》로 바뀐 1의 성(星)인 진성궁(眞性宮)을 제외한 5성(星)은 소멸기를 맞이한 후 붕괴되어 《여섯 뿌리 진공(眞空)》과 미세한 먼지와 물, 흙, 자갈, 바위 등으로 분리된 후 《여섯 뿌리의 진공(眞空)》은 대공(大空)의 원천(源泉) 바탕과 결합한 이후 다시 법(法)의 일어남으로 인해 미세한 《진공(眞空)》 구슬로 바뀌게 된다. 이러한 이후 《대공(大空)》의 바탕에서 《여섯 뿌리 진공(眞空)》 구슬들과 《오온(五蘊)》의 과정에 있는 《개체》의 《반야공(般若空)》들과 《암흑물질》들이 혼재되어 《기(氣)》의 층을 이루고 있는 것을 《태음수(太陰數) ⊖6》이라고 한다.

이러한 때 붕괴되어 《미세한 먼지》로 분류된 먼지는 시계 방향의 회전(回轉) 길인 1-3-1의 길을 따라 이동한 후 천일일(天一一) 우주로 불리우는 지금의 《오리온좌》 성단(星團)에서 《말머리 성운(星雲)》으로 자리하게 되며, 물(水), 흙, 자갈, 바위 등도 1-3-1의 길을 따라 이동한 후 대공 내(大空內)의 양(陽)의 바탕으로 남게 된다. 이러한 양(陽)의 바탕을 《태음수(太陰數) 6》이라고 하는 것이다.

이와 같이 《천궁(天宮)》과 《대공(大空)》 내(內)의 바탕으로 자리하게 되는 《태음수(太陰數) ⊖6》과 《대공(大空)》 속에 남아 있는 《태음수(太陰數) 6》이 음양(陰陽) 짝을 한 것을 《여섯 뿌리》라고 하는 것이다. 이렇게 하여 《여섯 뿌리의 우주(宇宙)》로부터 이름 지어진 《여섯 뿌리》가 우주 공간(空間)에 생겨진 모든 별(星)들이 핵(核)의 붕괴기 이후 소멸기와 붕괴기를 거치면서 이러한 이치에 의해 많은 《여섯 뿌리》를 생산하여 대공 내(大空內)의 바탕으로 남김으로써 대공 내(大空內)의 팽창의 법칙에 의해 만들어진 공(空)의 바탕은 모두가 《여섯 뿌리》로써 가득 차게 되며 이러한 《여섯 뿌리》가 모두 별(星)로써 탄생하였을 때 공(空)의 바탕은 깨끗하여져 전자(電子)로써 바탕을 하기 때문에 공간(空間)이 푸르게 보이는 것이다.

※ 다음으로 상천궁(上天宮) 1의 성(星)으로 자리하였던 진성궁(眞性宮)이 최근 대폭발을 일으킴으로써 현재의 우주가 탄생된 것이 120억 년(億年) 전(前)임을 알려 주고 대폭발에 의해 만들어진 진공(眞空)의 《항성풍》들이 후천우주(後天宇宙) 《중계(中界)의 우주》 바탕을 이루게 된다. 이렇게 대폭발을 일으킨 것이 상천궁(上天宮) 1의 성(星)인 진성궁(眞性宮)임을 《석가모니 하나님 부처님》께서 필자의 삼매(三昧)를 통하여 알려줌으로써 뒷날 신문기사에서 이를 확인하고 발췌하여 두었던 내용을 참고로 소개하여 드리겠다.

120억 광년 우주서 대폭발
[1998년 5월 8일자 동아일보에서]

"관측 이래 최대 규모 100억조 개 별(星) 분출 에너지 양과 비슷"

『우주(宇宙) 관측사상 가장 강력한 폭발이 지구로부터 1백 20억 광년 떨어진 곳에서 발생했다고 과학자들이 6일 밝혔다. GRB[감마선 폭발] 971214로 명명된 이번 폭발은 지난해 12월 14일 은하계 밖에서 발생해 지구와 태양에 미치는 영향은 없지만 그 폭발력이 우주(宇宙)의 모든 별들이 발산하는 에너지의 양과 같을 정도로 강력한 것으로 관측됐다. 이번 폭발을 관측한 미국 캘리포니아대 기술 연구소 팀의 (슈리 불카니) 박사는 이날 워싱턴 미국 항공우주국(NASA)에서 가진 기자 회견에서 이번 폭발은 과학자들이 예측할 수 있는 정도보다 수백 배나 강력한 거의 상상할 수 없는 수준의 에너지를 분출했다고 말했다. 그에 따르면 약 2.10초 동안 계속된 이번 폭발은 우주 전체의 1백억조 개의 별들이 같은 시간 동안 분출하는 에너지양과 맞먹을 정도로 강력했던 것으로 추산된다. 천문학자들은 허블 우주 망원경을 통해 폭발 후 화염에 타오르는 것을 관측한 뒤 이를 분석, 폭발이 1백 20억 광년 떨어진 곳에서 일어났음을 밝혀냈다.』

[워싱턴 AP. upi연합]

20. 여섯 가지의 우주(宇宙)

《여섯 뿌리》인 태음수(太陰數) ⊕⑥과 태음수(太陰數) 6을 바탕으로 하여 각각의 《천궁(天宮)》들이 만든 단위 성단(星團)들을 여섯 가지의 우주(宇宙)들이라고 한다. 이러한 《여섯 가지》의 우주(宇宙)들을 정리하면 다음과 같다.

여섯 가지의 우주

6의 우주 :	상천궁(上天宮) 여섯 뿌리의 우주
6.6의 우주 :	천일우주(天一宇宙)
6.6.6의 우주 :	천일일(天一一) 우주(오리온좌 성단)
6.6.6.6의 우주 :	인일일(人一一), 인일이(人一二), 인일삼(人一三) 우주
6.6.6.6.6의 우주 :	천이삼(天二三) 우주
6.6.6.6.6.6의 우주 :	인이삼(人二三) 우주(안드로메다 성단) ※《후천우주》에서 《3.8의 우주》가 된다.
7의 우주 :	지일(地一)(지구계의 태양계 7성(星))
7.7의 우주 :	지일일(地一一) 우주
7.7.7의 우주 :	지일이(地一二) 우주(황소자리 성단)
7.7.7.⑦의 우주 :	지일삼(地一三) 이동우주
7.7.7.7의 우주 :	지이삼(地二三) 우주

※ 천일우주(天一宇宙)부터 지이삼(地二三) 우주까지가 여섯 가지의 우주가 되며 이러한 여섯 가지의 우주 중 (5.6)의 우주인 천이삼(天二三) 우주와 (6.6)의 우주인 인이삼(人二三) 우주와 (4.7)의 우주인 지이삼(地二三) 우주를 제외한 우주들을 '상계(上界)의 우주'라고 하며, 이러한 상계(上界)의 우주는 현재로써는 대통합(大統合)의 우주가 되어 현재의 북극성(北極星)을 중심으로 시계 방향 회전길과 시계 반대 방향의 소용돌이치는 두 길로 별(星)들이 연결된 길에 있게 됨으로써 단위 성단의 경계가 불분명하다. 현재의 은하수(銀河水)로부터 현재의 북극성(北極星)까지가 상계(上界)의 우주이다.

지일삼(地一三) 이동우주와 지이삼(地二三) 우주가 똑같이 (4.7)의 우주가 된 까닭은 지일삼(地一三) 이동우주가 이동하여 성단(星團) 재편성을 이루어 지이삼(地二三) 우주로 자리하였기 때문이며 지구계(地球界) 시간 서기 2000년을 기점으로 후천우주(後天宇宙)가 시작되기 이전에 우리들 태양계(太陽界)가 소속하였던 우주가 (4.7)의 우주인 지이삼(地二三) 우주로써 이를 석가모니 하나님 부처님께서는 《수미산》으로 비유하셨으며 지이삼(地二三) 우주 중심 천궁(天宮)을 《야마천궁》이라고 하며 지금은 《노사나佛》의 육신불(佛)이신 《아촉佛》께서 《황금알 대일(大一)》의 과정을 겪고 계신다.

상기의 여섯 가지 우주(宇宙)들이 120억 년 동안 만들어진 선천우주(先天宇宙)의 성단(星團)들이다. 이와 같이 《여섯 가지》의 우주(宇宙)들을 《여섯 뿌리의 우주》를 중심한 《여섯 가지》의 우주들로도 표현을 하고 《여섯 뿌리》를 바탕으로 한 《여섯 가지》의 우주(宇宙)들이라고도 표현을 한다.

21. 불(佛)의 진신(眞身) ⊕3과 불(佛)의 진신(眞身) 3, 4성(星)

[1] 불(佛)의 진신(眞身) ⊕3

　창조주 부처님들께서는 태양성(太陽星)이나 달(月) 등을 법궁(法宮)으로 하였을 때는 《불(佛)의 용(用)의 수 4》를 갖고 계신다. 이러한 《불(佛)의 용(用)의 수 4》에서 태양성(太陽星)이나 달(月) 등이 활발한 활동기를 끝내고 《핵(核)》의 붕괴를 일으킬 때 《불(佛)의 용(用)의 수 3》이 붕괴를 일으켜 《진공(眞空)》을 이루고 《항성풍》이 되어 외부로 분출이 된다. 이렇듯 외부로 분출된 《진공(眞空)》이 회전(回轉) 길을 따라 일정한 거리까지 간 후 《공(空)》을 이루어 천궁(天宮)의 초기 형태인 《커블랙홀》을 이룬다. 이러한 《커블랙홀》을 이루었을 때를 《불(佛)의 진신(眞身) ⊕3》을 이루었다고 한다. 이와 같은 《불(佛)의 진신(眞身) ⊕3》이 빠져나온 태양성(太陽星)이나 달(月) 등에는 《불수(佛數) 1》이 남아 불(佛)의 《화신(化神)》으로서 작용(作用)을 하는 것이다.

　"예"를 들면, 현재의 북극성(北極星)이 《노사나佛》과 《일월등명佛》이 쌍둥이로 자리하였던 법궁이다. 몸(身)을 나누었다 함은 《일월등명佛》과 《노사나佛》이 쌍둥이에서 분리된 것을 이야기한다. 이러한 분리 이후 북극성(北極星)에서 핵(核)의 붕괴를 이루어 《노사나佛》《진신(眞身) ⊕3》이 빠져 나온 후 현재의 북극성(北極星)에는 《불수(佛數) 1》을 가지시고 《노사나

佛》의 《화신(化神)》으로 《보현보살님》이 자리하시는 이치이다.

[2] 불(佛)의 진신(眞身) 3, 4성(星)

불(佛)의 진신(眞身) 3, 4성(星)의 설명은 우주(宇宙)를 크게 세 구분한 천(天)·지(地)·인(人)의 우주 구분으로 설명 드리겠다.

(1) 천(天)의 우주(宇宙)

천(天)의 우주(宇宙)에서는 《커블랙홀》을 이룬《불(佛)의 진신(眞身) ⊕3》이 《태양수(太陽數) ⊕9의 핵(核)》 → 《화이트홀》 → 《퀘이샤》 → 《황금알 대일(大一)》의 천궁(天宮)의 변화상을 겪고 《황금알 대일(大一)》의 폭발로 《불(佛)의 진신(眞身) 4성(星)》을 탄생시킨 뒤에 폭발시의 잔해를 끌어 모아 나머지 별(星)들을 만듦으로써 태양계(太陽界)를 구성하는 것이다.

(2) 지(地)의 우주(宇宙)

지(地)의 우주(宇宙)에서는 《커블랙홀》을 이룬 《불(佛)의 진신(眞身) ⊕》이 천궁(天宮)의 변화상을 겪고 《황금알 대일(大一)》의 폭발로 《불(佛)의 진신(眞身) 3성(星)》을 탄생시킨 후 폭발시의 잔해를 끌어 모아 나머지 별(星)들 4성(星)을 탄생시켜 항상 7성(星)으로써 태양계(太陽界)를 이루는 것이다. "예"를 들면, 우리들 태양계(太陽界)의 태양성(太陽星), 수성(水星), 금성(金星) 등 3성(星)을 노사나佛 진신(眞身) 3성(三星)이라고 하고, 토성, 천왕성, 해왕성, 명왕성을 지일(地一)의 7성(星)이라고 하는 것이다.

(3) 인(人)의 우주(宇宙)

인(人)의 우주(宇宙)에서는 좀 특이한 형태를 이룬다. 즉, 《석가모니 하나님 부처님》의 《여섯 뿌리의 법궁(法宮)》이 따로 《커블랙홀》을 이루고 《불(佛)의 진신(眞身) ⊕》이 《커블랙홀》을 이룸으로써 쌍둥이 천궁(天宮)을 형성한 후 천궁(天宮)의 변화상을 겪고 《황금알 대일(大一)》의 폭발로 먼저 《여섯 뿌리의 법궁(法宮)》인 중성자(中性子) 태양성(太陽星)인 《목성(木星)》이 먼저 태어난 후 나머지 쌍둥이 천궁(天宮)이 진신(眞身) 3성(星)을 탄생시킴으로써 모두 《불(佛)의 진신(眞身) 4성(星)》으로 태어나는 것이다. "예"를 들면, 우리들 태양계(太陽界)의 여섯 뿌리의 법궁(法宮)인 목성(木星)과 석가모니 하나님 부처님 진신 3성(眞身三星)인 지구(地球), 달(月), 화성(火星)이 이러한 "예"에 들어간다. 또한, 후천우주(後天宇宙) 인(人)의 우주(宇宙)에서는 또 다른 형태의 쌍둥이 천궁(天宮)이 종종 나타나게 되어 있다.

※ 이와 같이 하여 《불(佛)의 진신(眞身) 3, 4성(星)》이 태어남으로써 태양성(太陽星)의 법궁(法宮)을 가지신 부처님들께서는 새로운 《불(佛)의 용(用)의

수(數) 4》를 갖게 되시는 것이다.

22. 불(佛)의 용(用)의 수(數) 4

불(佛)의 용(用)의 수(數) 4는 불수(佛數) 1과 불(佛)의 진신(眞身) ⊕③으로 나누어지는 1-3의 법칙을 가지고 있으며 그 뜻은 음양(陰陽) 짝을 하고 있으므로 이를 분리하여 설명 드리면 다음과 같다.

[1] 불(佛)의 용(用)의 수(數) 4의 음(陰)의 뜻

《불(佛)의 용(用)의 수 4》의 음(陰)의 뜻은 《불(佛)의 십호(十號)》에 그 뜻이 잘 나타나 있으며 이를 인용하여 설명을 드리면 다음과 같다.

불(佛)의 십호(十號)

1. 여래(如來, Tathagata)
2. 불(佛), 아라한(阿羅漢, Arhat)
3. 정등각(正等覺, Samyaksambuddha,正遍知) 또는 (Anuttarasamyaksambuddha, 無上正等正覺者),(Sambuddha,正覺者)
4. 명행족(明行足, Vidyacarana Sam. panna)

정각자(正覺者)와 정등정각자(正等正覺者)가 공통으로 가질 수 있는 호(號)

5. 선서(善逝, Sugata)

6. 세간해(世間解, Lokavid)

7. 무상사(無上士, Anuttarapurusa)

8. 조어장부(調御丈夫, Purusadamyasarathi)

9. 천인사(天人師, Sasta Devamanusyanam)

10. 세존(世尊, Bhagavat, 婆伽婆, 薄伽梵)

정등정각자(正等正覺者)만이 가질 수 있는 호(號)

정각자(正覺者)와 정등정각자(正等正覺者)가 공통(公通)으로 가질 수 있는 불(佛)의 4호(號)가 《불(佛)의 용(用)의 수 4》의 뜻이 된다. 이러한 불(佛)의 4호(號)를 1-3의 법칙에 의해 분리하면 다음과 같다.

```
          1 ─── 3
              불(佛)
여래(如來)      정변지(正遍知)
              명행족(明行足)
```

이와 같이 1-3의 법칙으로 나누어진 내용을 《아라한(阿羅漢)》과 보살도(菩薩道) 성취의 보살(菩薩)인 정각자(正覺者) 위주로 설명 드리겠습니다. 보살심(菩薩心)의 근본 뿌리를 《성령(性靈)의 30궁(宮)》이라고 한다. 이러한 《성령(性靈)의 30궁(宮)》은 지혜(智慧)가 완성된 양자(陽子) 24와 중성자(中性子) 2와 양전자(陽電子) 4로써 30궁(宮)을 이루고 있다. 이와 같은 30궁(宮) 중에서 중성자(中性子) 2를 《불(佛)》이라 하고 지혜(智慧)가 완성된 양자(陽子) 24를 《정변지(正遍知)》라고 하며 양전자(陽電子) 4를 진명(眞命)으로써 우주간(宇宙間) 곳곳을 밝게(明) 관찰하고 어디든지 걸림 없이 다닐 수 있다고 하여 《명행족(明行足)》이라고 하는 것이다.

즉, 《불(佛)》, 《정변지(正遍知)》, 《명행족(明行足)》을 갖추었을 때가 《성령(性靈)의 30궁(宮)》을 이룬 아라한과 보살도 성취의 보살(菩薩)로서의 정각자(正覺者)인 것이다. 이러한 정각자(正覺者)가 되었을 때 정각자(正覺者)의 뜻에 의해 자유자재로 인간 육신(肉身)을 가지고 태어났다가 인간 육신의 죽음을 맞이한 이후는 본래의 자리로 돌아가시는 것이다. 이렇듯 자유자재로 왕래할 수 있다는 용어(用語)가 1의 자리에 있는 《여래(如來)》이다. 즉, 자유자재로 인간 육신(肉身)을 가지고 왕래할 수 있는 《여래(如來)자(者)》가 정각자(正覺者)나 정등정각자(正等正覺者)라는 뜻을 가지며 《불(佛)의 4호(號)》가 곧 《불(佛)의 용(用)의 수 4》의 음(陰)의 뜻이 되는 것이다.

불(佛)의 십호(十號) 중 나머지 5호(號) ~ 10호(號)까지는 정각자(正覺者)가 그의 육신(肉身)인 별(星)의 진화(進化)를 마치고 《정등(正等)》을 이루었을 때 비로소 갖추는 호(號)로써 이의 상세한 설명은 《불(佛)의 십호(十號)》 설명 때 하여 드리겠다. 현재 전하여져 오는 《불(佛)의 십호(十號)》는 이러한 이치를 깨우치지 못하게 하기 위해 《독각(獨覺)》의 무리들이 《불(佛)》이 자리하여야 할 곳에 《응공(應供)》이라는 두 글자를 만들어 끼워 놓고 두 번째 자리에 있어야 할 《불(佛)》을 10번째 자리로 옮겨 놓고 《불(佛)의 11호(號)》를 만듦으로써 불법(佛法) 파괴를 한 것임을 명심하시기 바란다.

[2] 불(佛)의 용(用)의 수 4의 양(陽)의 뜻

태양성(太陽星)이나 달(月) 등의 부처님들 법궁(法宮)이 활발한 활동기를 지나게 되면 《불(佛)의 용(用)의 수 4》 중 《불수(佛數) 1》을 남겨 두고 《불수(佛數) 3》이 핵(核)의 붕괴를 일으켜 《진신(眞身) ⊕3》의 《커블랙홀》 천궁(天宮)을 이루고 천궁(天宮)의 변화상을 겪고 새로운 《불(佛)의 진신(眞身) 3, 4성(星)》을 태어나게 하는 능력이 《불(佛)의 용(用)의 수(數) 4》의 양(陽)의 뜻이 되는 것이다.

23. 태양수(太陽數) ⊕9와 태양수(太陽數) 9의 뜻은?

[1] 태양수(太陽數) ⊕9

　천궁(天宮)의 초기 형태를 《커블랙홀》이라고 하며 이러한 《커블랙홀》이 《불(佛)의 수 3》이 붕괴된 《진공(眞空)》으로써 《불(佛)의 진신(眞身) ⊕3》임을 말씀 드렸다. 이러한 《불(佛)의 진신(眞身) ⊕3》으로 이루어진 《커블랙홀》인 천궁(天宮)이 《여섯 뿌리》 중의 《태음수(太陰數) ⊖6》을 끌어들여 오온(五蘊)의 과정을 겪게 한 후 《다섯 기초 원소》를 탄생시켜 중성자(中性子)와 양자(陽子)와 양전자(陽電子)로써 천궁(天宮)의 핵(核)을 만들었을 때를 《태양수(太陽數) ⊕9》를 이루었다고 한다. 이와 같은 《태양수(太陽數) ⊕9의 핵(核)》이 자리하였을 때가 《커블랙홀》의 다음 단계 천궁(天宮)의 변화상*이다. 이러한 《태양수(太陽數) ⊕9의 핵(核)》이 자리하였을 때가 천궁(天宮)의 중심에 《일불승(一佛乘)》이 자리한 때가 된다. 이와 같이 《태양수(太陽數) ⊕9》는 《천궁(天宮)의 핵(核)》을 말하는 것이다.

　그리고 《태음수(太陰數) ⊖6》이 무수한 《여섯 뿌리》 진공(眞空) 구슬들과 《암흑물질》들과 오온(五蘊)의 진화의 단계에 있는 《반야공(般若空)》들이 혼재되어 있는 것임을 말씀드렸다. 이러한 《오온(五蘊)》의 처음 단계가 《색

---

* 천궁의 변화상 : 커블랙홀 → 태양수 ⊕9의 핵 → 화이트홀 → 케이샤 → 황금알대일

(色)》의 단계이며, 다음 단계인 수(受), 상(相), 행(行), 식(識)의 단계와 다섯 기초 원소의 단계는 모두 《천궁》이나 《대공 내(大空內)》에서 진행되는 진화(進化)의 과정이다. 이 때문에 『정본(正本) 반야바라밀다심경(般若波羅蜜多心經)』(2015)에서는

佛言 般若波羅蜜多行
불언 반야바라밀다행

照見 五蘊 〈自性〉 皆空 度一切苦厄
조견 오온 〈자성〉 개공 도일체고액

〈諸 菩薩 阿羅漢〉 應如是覺
〈제 보살 아라한〉 응여시각

『《석가모니 하나님 부처님》께서 말씀하시기를,
《지혜(智慧)》의 완성을 이루어 《천궁(天宮)》으로 들어가면 색(色), 수(受), 상(相), 행(行), 식(識) 등 《오온(五蘊)》과 스스로 진화(進化)하는 《영(靈)》과 《영신(靈身)》인 《성(性)의 30궁(宮)》 모두가 공(空)들임을 환히 비추어 봄으로써 모든 고난에서 벗어나니
모든 보살들과 아라한들은 마땅히 이와 같이 깨달아라.』

『(改訂版) 우주간의 법 해설 정본(正本) 반야바라밀다심경』(2015)

라고 말씀하고 계시는 것이다.

[2] 태양수(太陽數) 9

천궁(天宮)이《커블랙홀》→《태양수(太陽數) ⊕9의 핵(核)》→《화이트홀》→《케이샤》→《황금알 대일(大一)》의 과정을 겪고《황금알 대일(大一)》의 폭발로 처음 탄생하는 태양성(太陽星) 핵(核)이 가지는 수(數)로써《황금알 대일(大一)》의 폭발로 인하여 9성(星)을 탄생시킬 수 있는 능력과 10개의 궤도를 가진 하나의 태양계(太陽界)를 거느릴 수 있는 능력을 가지는 것을《태양수(太陽數) 9》라고 하는 것이다.

24. 여섯 뿌리의 법궁(法宮)이란?

상천궁(上天宮) 1의 성(星)이《중성자(中性子)》태양성(太陽星)으로써《여섯 뿌리의 법궁(法宮)》이었다. 이러한《여섯 뿌리의 법궁(天宮)》이 초기 우주(宇宙)의 고온 고압에 의해 일찍부터 핵(核)의 붕괴를 일으켜《항성풍》을 외부로 쏟아내어 태양수(太陽數) ⊕9의 핵(核)을 이룬 천궁(天宮)과 석가모니 하나님 부처님 진신(眞身) ⊕3의《커블랙홀》천궁(天宮)을 만들어 한 몸(一身)을 이룬《쌍둥이 천궁(天宮)》을 이루어 일찍부터 상천궁(上天宮)을 떠나 지금의《오리온좌 성단(星團)》이 있는《천일일(天一一) 우주》의 자리로 이동하는 동안《쌍둥이 천궁(天宮)》을 이루었던《태양수(太陽數) ⊕9》의 천궁(天宮)은《화이트홀》→《퀘이샤》→《황금알대일(大一)》의 과정을 겪고《황금알 대일(大一)》의 폭발로《오리온좌 성단》을 탄생하게 함으로써《천일일(天一一) 우주》를 탄생시킨다. 한편,《쌍둥이 천궁(天宮)》중의 석가모니 하나님 부처님의《진신(眞身) ⊕3》으로《커블랙홀》을 이루었던 천궁(天宮)은《천일일(天一一) 우주》가 탄생되었을 때는 천궁(天宮)의 변화상을 겪고《황금알 대일(大一)》의 과정에 돌입한 때이다.

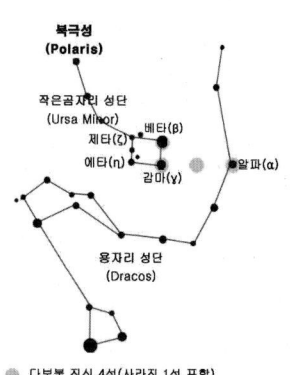

[그림] 다보불 진신(眞身) 4성(星)

다보불 진신 4성(사라진 1성 포함)

이때 마침 천일궁(天一宮)의 두우성(斗牛星) 8성(星)을 거느리시었던 석가모니 하나님 부처님의 육신불(肉身佛)이셨던《다보佛》께서 다보佛《진신(眞身) 4성(星)》중 작은곰자리 《베타성(β星)》과《용자리 알파성(α星)》의 핵(核)의 붕괴로 분출된《항성풍》을 한 곳에 모아 천궁(天宮)을 이룬 후《커블랙홀》→《태양수(太陽數) ⊕9의 핵(核)》→《화이트홀》→《퀘이샤》의 과정을 겪으면서《천일일(天一一) 우주》에 도착하게 된다. 이렇게 도착한《다보佛》의 천궁(天宮)과《황금알 대일(大一)》의 과정을 겪던 석가모니 하나님 부처님의 천궁(天宮)이 한 몸(一身)을 이루어《쌍둥이 천궁(天宮)》으로 거듭 태어나게 된다.

이후 이러한《쌍둥이 천궁(天宮)》은 천일일(天一一) 우주를 떠나 여행한 후 인일일(人一一) 우주가 들어설 자리에 도착한 후《쌍둥이 천궁(天宮)》중《황금알 대일(大一)》의 과정을 겪던《석가모니 하나님 부처님》의 천궁(天宮)이《황금알 대일(大一)》의 과정을 마치고《황금알 대일(大一)》의 폭발로 현재의 우리들 태양계(太陽界)의 목성(木星)을 탄생시킨다. 이와 같은《목성(木星)》이 상천궁(上天宮) 1-6의 성(星)인《여섯 뿌리의 법궁(法宮)》축이 내려와 만든 새로운《여섯 뿌리의 법궁(法宮)》이 되는 것이다.

이렇듯 새로운 여섯 뿌리의 법궁(法宮)이 탄생함으로써 석가모니 하나님 부처님께서는 다시 영육(靈肉)이 분리되시어 성단(星團)의 중심에는 천궁(天宮)이 자리하고 그 외곽에 여섯 뿌리의 법궁(法宮)인 목성(木星)이 자리하여 인일일(人一一) 우주를 탄생시킨 후 다시 인일이(人一二) 우주가 들어설 곳으로 여행을 한 후 이곳에서 성단(星團)의 중심을 이루었던 천궁(天宮)이《황금알 대일(大一)》의 과정을 모두 마치고 폭발을 일으킴으로써 폭발시에 흩어졌던 일부의《여섯 뿌리》진공(眞空)을 끌어 모아《다보불(佛)》의《천궁(天宮)》이 탄생된다.

이러한《다보불(佛)》천궁(天宮)을 중심하여 폭발시 흩어졌던 일부의 여섯 뿌리 진공(眞空)과 잔해를 끌어 모아 지구(地球), 달(月), 화성(火星)을 탄생시키게 된다.

　이와 같이 탄생된 천궁(天宮)을 중심으로 그 외곽에 석가모니 하나님 부처님의 진신 3성(眞身三星)인 지구(地球), 달(月), 화성(火星)이 자리하고 다음으로 《여섯 뿌리》의 법궁(法宮)인 《목성(木星)》이 자리하여 인일이(人一二) 우주를 완성한 후 다음으로 은하수(銀河水)가 포함된 인일삼(人一三) 우주를 완성하게 된다. 이렇듯 차례로 인일이(人一二), 인일삼(人一三) 우주를 완성한 것이다. 이러한 천궁(天宮)을 중심한 지구(地球), 달(月), 화성(火星)과 여섯 뿌리 법궁(法宮)인 목성(木星)을 《8의 우주》라고 하는 것이다.

　이후 이와 같은 《8의 우주》 성단은 계속 여행을 한 후 중계(中界)의 우주로 넘어와서 때마침 부활하신 《아미타佛》께서 만드시는 천이삼(天二三) 우주 별(星)들의 40%를 만들어 지원하여 드린 후 다시 수직 이동하여 지이삼(地二三) 우주가 들어설 곳으로 이동을 하게 되는 것이다. 이때 《노사나佛》께서는 상계(上界)의 우주에 지일일(地一一), 지일이(地一二) 우주를 완성하시고 새로운 천궁(天宮)을 만드시어 육신불(肉身佛)이신 《아촉佛》로 하여금 천궁(天宮)의 변화상을 겪게 하시고 그 천궁(天宮) 외곽에 태양성(太陽星), 수성(水星), 금성(金星), 토성, 천왕성, 해왕성, 명왕성 등의 《지일(地一)》의 7성(星)이 자리하게 하여 지일삼(地一三) 이동우주를 만들어 《아미타佛》의 천이삼(天二三) 우주로 넘어와서 천이삼(天二三) 우주 별(星)들의 40%를 만들어 지원하여 드린 후 수직 이동하여 지이삼(地二三) 우주가 들어설 곳에 도착하게 된다.

　이때 먼저 도착한 석가모니 하나님 부처님의 8의 우주 성단과 지일삼(地一三) 이동우주가 서로 만나 성단(星團) 재편성이 이루어진다. 이와 같은 성단(星團) 재편성에 있어서는 지일삼(地一三) 이동 우주의 《아촉佛》의 천궁(天宮)이 중심(中心)을 이루고 그 외곽에서 석가모니 하나님 부처님의 8의 우주와 노사나佛의 지일(地一)의 7성(星)이 일세계(一世界)를 이루어 지금의 태양성(太陽星)을 중심으로 수성(水星), 금성(金星) 등의 노사나佛 진신 3성(眞身三星)이 자리한 후 8의 우주에서 우리들의 지구(地球)가 자리하고 다음으로 지구(地球)의 위성으로 달(月)이 자리하며 그 다음이 화성(火星)과 여섯 뿌리의 법궁(法宮)인 목성(木星)이 자리하며 그 다음이 토성, 천왕성, 해왕성, 명왕성이 자리함으로써 10개의 궤도를 가진 태양성(太陽星) 중심의 시계 반대 방향의 1-4의 길 운행(運行)을 하는 우리들의 태양계(太陽界)가 탄생하여 자리하여 (4.7)의 우주인 지이삼(地二三) 우주로 거듭 나는 것이다.

한편,《8의 우주》의 천궁(天宮)은 그동안 만들어졌던 수많은 별(星)들을 거느리고 우리들 태양계(太陽界)에 자리한 8의 우주가 시계 반대 방향의 1-4의 길 회전을 함으로써 그 상극(相剋)의 길인 시계 방향의 회전길인 1-3의 길로 연결을 이루고 인이삼(人二三) 우주로 자리하게 되는 것이다. 이렇게 성단(星團) 재편성이 일어난 때가 지금으로부터 20억 년(億年) 전(前)이다.

선천우주(先天宇宙) 동안 만들어진 성단(星團) 중에서 제일 큰 성단이 지이삼(地二三) 우주로써 그 중심 천궁(天宮)을《야마천궁(天宮)》이라고 하며《아촉

[그림] 지이삼(地二三) 우주 1천(天) 우리들 태양계(太陽界)

● : 석가모니 하나님 부처님 진신 4성(星)
● : 지일(地一)의 7성(星)

佛》께서 자리하시며 이 천궁(天宮)으로부터 33천(天)이 펼쳐지며 1천(天)에 자리하였던 것이 우리들의 태양계(太陽界)였으나 지구계(地球界) 시간 서기 2000년을 기점으로 후천우주(後天宇宙)가 시작됨으로써 우리들의《태양계(太陽界)》는 지이삼(地二三) 우주의 1천(天)을 벗어나서 법공(法空)의 0(ZERO)지점에 도착하여 중앙천궁상궁(中央天宮上宮)으로 변화되어 있다.

이렇듯 8의 우주와 1-3의 길로 연결된 길에 있는《다보佛》의 인이삼(人二三) 우주가 현대 천문학에서는《안드로메다 성단》이라고 이름하며 부처님께서 늘상 말씀하시는《다보탑》의 상징이 이 인이삼(人二三) 우주를 말하는 것이다. 현재의 시점으로는 우리들의 태양계(太陽界)가 중앙천궁상궁(中央天宮上宮)으로 변화되면서 8의 우주와 인이삼(人二三) 우주를 연결하여 주던 1-3의 길이 끊어진 상태이며 향후 몇 십 년 이내에 진행될 중앙천궁상궁(中央天宮上宮) 운행(運行)인 3-1-4의 길 운행(運行)이 시작되면 다시 중앙천궁상궁(中央天宮上宮)과 연결된 길에 있게 된다. 이와 같이 먼저 기술한 지이삼(地二三) 우주를 석가모니 하나님 부처님께서는《수미산》으로 비유를 하시는 것이다.

곧 얼마 있지 않은 세월 이후 진행될《중앙천궁상궁(中央天宮上宮)》운행(運行)은 태양성(太陽星), 수성(水星), 금성(金星) 등의 노사나佛 진신 3성(眞身三星)이 우주의 동북간방(東北艮方) 15도 선상으로 물러가고 이후 여섯 뿌리의 법궁(法宮)인 목성(木星)을 기준으로 하여 달(月), 화성(火星), 지구(地球)의 순서로 8의 우주가 자리하여 법공(法空)의《0(ZERO)》지점을 형성함으로써 지금까지 시계 반대 방향의 회전을 하던 공전과 자전을 일시 멈춘 후 이번에는 시계 방향의 회전인 3-1의 길 회전을 하게 되며 지구 바깥은 토성, 천왕성, 태양성의 위성으로써의 수성(水星), 태양성(太陽星), 금성(金星), 해왕성, 명왕성의 순서로 자리하여 이들 지일(地一)의 7성(星)은 계속 시계 반대 방향의 회전인 1-4의 길 회전을 하는 것이다. 이와 같이 중앙천궁상궁(中央天宮上宮)은《3-1-4》의 길 운행(運行)을 하게 되는 것이다. 이러한 운행(運行)의 때가 지상(地上)으로 봐서는 문명의 종말이 오는 때이다.

　이렇게 중앙천궁상궁(中央天宮上宮) 운행(運行)이 시작되었을 때《석가모니 하나님 부처님》의《여섯 뿌리의 법궁(法宮)》인《목성(木星)》은 하나인 1의 자리에 자리함으로써 이곳으로부터 후천우주(後天宇宙) 천(天)·지(地)·인(人)의 우주가 갈라져 나감으로써《석가모니 하나님 부처님》께서 후천우주(後天宇宙) 모두를 통제하시는 것이다.

　이러한 여섯 뿌리의 법궁(法宮)인《목성(木星)》은 지구계(地球界) 시간 서기(西紀) 2000년을 기점으로《만 60억 년(億年)》의 나이를 가졌다. 이러한 여섯 뿌리의 법궁(法宮)인 목성(木星)은 향후《10억 년(億年)》동안 핵(核)의 붕괴를 일으켜 수많은《항성풍》을 쏟아낼 것이다. 이러한 핵(核)의 붕괴 기간이 끝이 나면《50억 년(億年)》에 걸친 축소기를 거치면서《여섯 뿌리 법궁》인《목성(木星, Jupiter)》은 진신 3성(眞身三星)인《지구(地球)》,《달(月)》,《화성(火星, Mars)》이 하나된 거대한《적색거성》으로 변화된 후 대폭발을 일으켜《진성궁(眞性宮)》을 탄생시켜《법공(法空)》의《0(ZERO)》지점에 자리하면서《석가모니 하나님 부처님》께서 좌정하시게 되는 것이다.

　이와 같이《슈바르츠실트》《블랙홀》로 이름된《진성궁(眞性宮)》은《120억 년(億年)》의 소임을 모두 마친 이후에는《금강궁(金剛宮)》으로 변화되어《법공(法空)》의《0(ZERO)》지점에 자리하게 되는 영원한 극락이 되는 것이다.

　《8의 우주》가《진성궁(眞性宮)》으로 변화할 때《여섯 뿌리의 법궁(法宮)》의 축은 다시《하천궁(下天宮)》으로 옮겨져 하계(下界)의 우주를 선도하게 되는 내용은 먼 미래세(未來世) 일이 되므로 이 장에서는 내용 설명을 삼가하겠다. 이렇듯 과거의 우주(宇宙)나 현재의 우주(宇宙)나 미래세(未來世) 우주(宇宙)에 있어서 항상 하나인 1의 자리에 자리하는 《여섯 뿌리의 법궁(法宮)》의 중요성을 깊이 이해하시기 바란다.

25. 우주(宇宙)의 큰 두 갈래 길

[1] [1-3-1의 길]

우주 공간(空間)의 모든 별들은 자전과 공전을 하는 회전(回轉)을 한다. 이러한 회전에 있어서 우주를 크게 세 구분한 천(天)·지(地)·인(人)의 우주에 있어서 천(天)과 인(人)의 우주는 《시계 방향》의 회전을 한다. 이와 같은 《시계 방향》의 회전을 '1-3-1의 길'이라고 한다. 이러한 1-3-1의 길도 1-3의 길과 3-1의 길로 나누어진다. 다음 사진은 현대 과학계가 우주간(宇宙間)에 있는 시계 방향의 회전을 하는 하나의 거대한 은하성단을 촬영한 사진이며 오른쪽 도형은 그 작용도(作用圖)를 간단히 나타낸 도형이다. 이러한 사진과 도형을 참고하여 다음 설명을 드리겠다.

 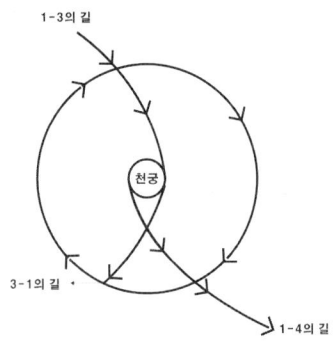

(1) [1-3의 길]

　　1-3의 길은 일불승(一佛乘)의 자리인 천궁(天宮)을 중심으로 하여 소용돌이쳐 들어오는 길을 1-3의 길이라고 하며 이러한 1-3의 길을 《암소(坤牛)의 길》 또는 《보살승(菩薩乘)의 길》이라고 한다. 개천(開天)으로 인한 상천궁(上天宮)이 처음 탄생하였을 때 이와 같은 1-3의 길로부터 시작이 된 것이다.

(2) [3-1의 길]

　　3-1의 길은 1-3의 길을 통하여 천궁(天宮)을 향하여 몰려 들어간 후 천궁(天宮)으로부터 일정한 거리까지 밀려간 후 천궁(天宮)을 중심으로 외곽 공(空)을 이루고 별(星)들이 자리한 길을 말한다. 이러한 길을 3-1의 길 또는 《황소(黃牛)의 길》 또는 《성문승(聲聞乘)의 길》이라고 한다.

[2] [1-4-1의 길]

　　우주를 크게 세 구분한 천(天)·지(地)·인(人)의 우주에 있어서 《지(地)》의 우주는 《시계 반대 방향》의 회전을 한다. 이러한 《시계 반대 방향》의 회전을 1-4-1의 길이라고 한다. 이러한 1-4-1의 길도 1-4의 길과 4-1의 길로 나누어진다. 다음 사진은 현대 과학이 우주간(宇宙間)에 있는 시계 반대 방향의 회전을 하는 하나의 거대한 은하성단을 촬영한 사진이며 오른쪽 도형은 그 작용(作用)을 간단히 나타낸 도형이다. 이러한 사진과 도형을 참고하여 다음 설명을 드리겠다.

 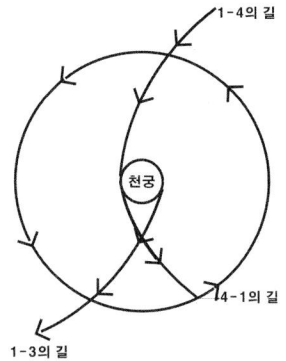

(1) [1-4의 길]

1-4의 길은 지(地)의 우주 일불승(一佛乘)의 자리인 천궁(天宮)을 중심하여 소용돌이쳐 들어오는 길을 1-4의 길이라고 하며 이러한 1-4의 길을 《천마(天馬)의 길》 또는 《연각승(緣覺乘)의 길》이라고 한다.

(2) [4-1의 길]

　　4-1의 길은 1-4의 길을 통하여 천궁(天宮)을 향하여 몰려 들어간 후 《천궁》을 이룬 길과 이후 천궁(天宮)으로부터 일정한 거리까지 밀려난 후 천궁(天宮)을 중심으로 외곽 공(空)을 이루고 별(星)들이 자리한 길을 말한다. 이러한 길을 4-1의 길 또는《용마(龍馬)의 길》또는《4-1의 성문승(聲聞乘)의 길》이라고 한다. 현재의 북극성(北極星)으로부터 시작되는 지(地)의 우주 출발의 길이 이러한 4-1의 길로부터 시작이 되는 것이다.

※ 4-1의 길로부터 다시 시작되는 1-4의 길에 연각승(緣覺乘)과 동행하는 독각승(獨覺乘)이 자리한다. 이러한 연각승(緣覺乘)과 동행하는 독각승(獨覺乘)을 어미말(馬)을 따르는《망아지》로 비유를 하는 것이다.

　　이와 같은《우주의 큰 두 갈래 길》이 성단(星團)과 별(星)들의 이동의 길로써 곧《빛이 흐르는 길》이 되는 것이다. 천궁(天宮)을 중심한 성단은 우주 창조 작업이 활발히 진행될 때는 천궁(天宮)으로부터 상극(相剋)의 길을 하나 더 갖게 됨으로써 꼭《세 갈래》의 길을 갖게 되며 대통합(大統合)기 이후는 세분화된 두 갈래 길만 갖게 되는 것이다.《세 갈래 길》을 갖게 되는 성단(星團)의 천궁(天宮)에 있어서 천(天)과 인(人)의 우주 천궁(天宮)을 정명궁(正命宮)이라고 하며 지(地)의 우주 천궁(天宮)을 진명궁(眞命宮)이라고 한다.

26. 석삼극(析三極)이란?

[1] 석삼극(析三極)의 음(陰)의 법칙

　석삼극(析三極)의 뜻도 음양(陰陽) 짝을 하고 있다. 이러한 석삼극(析三極)의 음(陰)의 뜻은 《하나(1)》가 흩어져 《셋(3)》을 이루는 1-3의 《분열의 법칙》을 《석삼극(析三極)의 음(陰)의 법칙》이라고 한다. 즉, 하나(1)가 흩어져 셋(3)을 이루고 흩어진 셋의 각각이 다시 셋(3)을 이루고 이렇게 흩어진 셋(3)의 각각이 다시 셋(3)을 이루는 것을 끝으로 하는 《분열의 법칙》으로써 하나(1)가 흩어져 모두 39으로 분열되고 이렇게 분열된 39과 변화의 주체인 1을 합(合)하면 40의 수리(數理)가 된다. 이러한 40의 수리가 《불(佛)의 용(用)의 수(數) 4》 완성 수리(數理)로써 이것으로 《분열》은 끝이라는 뜻이다.

　이와 같은 《분열의 법칙》은 만물(萬物)에게 공통적으로 적용되는 법칙이다. 이렇게 나누어지는 물질(物質)의 씨앗이 《다함이 없다》하여 한단불교(桓檀佛敎)의 4대 경전(經典) 중 하나인 『천부경(天符經)』「81자(字)」에서는 「석삼극(析三極) 무진본(無盡本)」이라 한 것이다. 이러한 석삼극(析三極)의 반대가 《1.3.3.3 합(合)의 법칙》으로써 이를 《회삼귀일(會三歸一)》의 법칙이라고도 하는 것이다.

《분열의 법칙》인《석삼극(析三極)》의 좋은 "예"가 개천이전(開天以前) 정명궁(正明宮)과 진명궁(眞明宮)이 물질(物質)의 씨앗 분출을 함으로써 최초의 대공내(大空內)에 공(空)의 경계인 36궁(宮)을 만듦으로써 36궁(宮)의 경계 내에서 물질 합성을 이루어 물(水), 흙, 자갈, 바위 등으로 36궁(宮)의 바탕이 되었을 때가《석삼극(析三極)》으로 인한《회삼귀일(會三歸一)》의 법칙이 첫 결실을 이룬 때이며, 이후 개천(開天)이 되면서《정명궁(正明宮)》중성자(中性子) 알 대일(大一)의 폭발로 또 다시《1-3의 법칙》에 의한《분열》을 하고 한편으로는 중성자(中性子) 알 대일(大一)의 폭발 잔해와 36궁(宮)을 바탕하던 물(水), 흙, 자갈, 바위 등을 끌어 모아 상천궁(上天宮) 10성(星)을 만들고 이후 개천이전(開天以前)에 만들어졌던 진명궁(眞明宮)의 폭발로 현재의 북극성(北極星)과 북두칠성(北斗七星) 중 노사나佛 진신삼성(眞身三星)이 만들어졌을 때 대공내(大空內)의 두 번째 팽창이 일어나는 것이다.

이후 36궁(宮)의 경계 내(內)는 전자(電子)의 바탕에서 양전자(陽電子) 바탕으로 변화하면서《관세음보살님》께서 공간(空間)의《싸이클(Cycle)》보살님으로 자리하심으로써《회삼귀일(會三歸一)》의 법칙도 2차적으로 막을 내리는 것이며, 정명궁(正明宮)의 중성자 알 대일(大一)과 진명궁(眞明宮)의 황금알 대일(大一)의 폭발시《석삼극(析三極)》의 과정에 들어갔던 물질(物質)의 씨앗들은 다시 물질(物質) 합성(合成)을 반복하는 것이다. 이러한 "예"가《석삼극(析三極)》1-3의 법칙이《1.3.3.3의 법칙》을 끝으로 하는 좋은 "예"가 되는 것이다.

[2] 석삼극(析三極) 양(陽)의 법칙

석삼극(析三極)의 양(陽)의 법칙은 천궁(天宮)이 천궁(天宮) 스스로의 변화상인 《커블랙홀》 → 《태양수(太陽數) ⊕9의 핵(核)》 → 《화이트홀》 → 《퀘이샤》 → 《황금알 대일(大一)》의 과정을 겪으면서 외부적으로는 천(天)과 인(人)의 천궁(天宮)인 《정명궁(正命宮)》은 1-3의 길과 3-1의 길과 1-4의 길 등 《세 갈래》 길을 가지며 지(地)의 우주 천궁(天宮)인 《진명궁(眞命宮)》은 1-4의 길과 4-1의 길과 1-3의 길 《세 갈래 길》을 가짐으로써 회전(回轉)으로 인하여 수많은 별(星)들을 생산(生産)한다. 이러한 천궁(天宮)의 《세 갈래 길》을 석삼극(析三極)의 양(陽)의 법칙으로 이야기하는 것이다. 이 때문에 《석삼극(析三極)》이 우주(宇宙)를 떠받치는 일곱 가지 기둥 법칙 중의 하나로 자리하는 것이다.

27. 십거(十鉅) 일적(一積)이란?

《합(合)의 법칙》에서 설명된 대로 법성(法性)의 파동(波動)으로부터《정명궁(正明宮)》이 만들어지고《황금 태양(太陽)》으로 탄생된 후 많은 물질의 씨앗을 만들고 다시 축소기에 들어가《중성자(中性子) 알 대일(大一)》의 과정을 거쳐 대폭발을 일으킴으로써 현재의 우주를 탄생시키는 상천궁(上天宮)이 태어나기 직전까지의 정명궁(正明宮) 주도의 100억 년(億年) 기간을 '십거(十鉅)의 기간'이라고 하며,《정명궁(正明宮)》《법신불(法身佛)》과정에서 만들어진 전자(電子)의 바탕에서 태어난 정명궁(正明宮)과 양음(陽陰) 짝을 하는 진명궁(眞明宮)이 탄생되어 정명궁(正明宮)이 펼쳐 놓은 바탕에서 하나하나 착실히 진화(進化)의 과정을 겪고 이 역시《황금 태양(太陽)》으로 탄생된 후 많은 물질의 씨앗을 탄생시킨 후 축소기에 들어가《황금알 대일(大一)》의 폭발로 현재의 북극성(北極星)을 탄생시키기까지의 90억 년(億年)을 '일적(一積)의 기간'이라고 하는 것이다.

이러한 정명궁(正明宮)의 십거(十鉅)의 기간 100억 년(億年)과 진명궁(眞明宮) 일적(一積)의 기간 90억 년(億年)의 합이 190억 년(億年)이다. 이와 같은 190억 년(億年)의 수리(數理)에서 0(Zero)는 완성수(數)이기 때문에 이를 없앤 19의 수리(數理)가 창조주의 수리(數理)로 자리함으로써《기독인의 성서(聖書)》인『요한계시록』에 등장하는《알파와 오메가》인 창조주의 수(數)로써《19 수리(數理)》가《십거일적수(十鉅一積數)》로 탄생한 것이다. 이와 같은 19의 수리(數理)를 "열(十)을 하나(一)까지 펼침으로써 양(陽)을 짓고" 그 바탕에서 "하나를 쌓아 음(陰)을 세운다"라는 뜻으로《십거이양작(十鉅以陽作) 일적이음립(一積以陰立)》이라고 하는 것이다.

현재의 우주에서 진화(進化)의 중심에는 항상 태양성(太陽星)들이 있다. 이러한 태양성(太陽星)의 수명은 가시적인 수명이 100억 년(億年)이며《항성풍》이동 기간 5억 년(億年), 천궁(天宮)의 일적(一積)의 기간 45억 년(億年) 수축기 이후 백색왜성 등으로 존재하는 기간 50억 년(億年) 등 100억 년(億年)을 따로 가지고 있는 것이다. 이로써《태양성(太陽星)》의 전체적인 나이는《200억 년(億年)》이 되는 것이다. 이러한 태양성(太陽星)의 가시적인 수명 100억 년(億年)에서 양(陽)의 기간이 50억 년(億年), 음(陰)의 기간이 50억 년(億年)으로 구분이 되나 양(陽)의 기간 50억 년(億年)이 끝이 난 후 태양성(太陽星) 핵(核)의 붕괴로 인한 흑점 활동으로 5억 년(億年)까지 물질의 씨앗인 진공(眞空) 뿌루샤를 항성풍으로 분출을 하게 된다. 이러한 양(陽)의 기간 50억 년(億年)과 핵(核)의 붕괴 기간 5억 년(億年), 합(合) 55억 년(億年)을 태양성(太陽星)의 활발한 활동기로 보고 이를 '《십거(+鉅)》의 기간'이라고 한다. 이러한 십거(+鉅) 기간이 끝이 난 태양성(太陽星)은 늙은 태양성(太陽星)으로써 45억 년(億年) 동안 내부 수축기에 들어간 후 때로는 일시적인 팽창을 할 때도 있으나 45억 년(億年) 수축기가 끝이 나면 대폭발을 일으켜 백색왜성, 백색상성운… 등등으로 변하는 것이다.

한편, 십거(+鉅) 기간 중에 태양성(太陽星) 핵(核)의 붕괴로 항성풍이 되어 우주간(宇宙間)으로 분출된 진공(眞空) 뿌루샤들은 태양성(太陽星) 회전길을 따라 분출이 된 후 5억 년(億年)에 걸쳐《커블랙홀》천궁(天宮)을 이루게 된다. 이렇듯《커블랙홀》을 이룬 천궁(天宮)이《태양수(太陽數) ⊕9의 핵(核)》을 이루는 과정과《화이트홀》→《케이샤》→《황금알 대일(大一)》의 과정을 45억 년(億年)을 거친 후《황금알 대일(大一)》의 폭발로 새로운《태양성(太陽星)》으로 탄생이 된다. 이러한 45억 년(億年)의 천궁(天宮)의 작용 기간을 '일적(一積)의 기간'이라고 한다.

이러한 태양성(太陽星)이 물질 생산을 활발히 하는 십거(+鉅) 기간 55억 년(億年)과 새로운 천궁(天宮)을 만들고 활발한 삼합(三合) 활동을 하며 많은 별(星)들을 탄생시키는 천궁(天宮)의 변화의 과정인 일적(一積)의 기간 45억 년(億年)을 합(合)한 100억 년(億年)을 현재의 우주가 탄생한 이후는 이를 《십거일적(十鉅一積)》이라고 하는 것이다. 개천이전(開天以前)은 정명궁(正明宮) 으로써는 100억 년(億年)이 십거(十鉅)의 기간이 되며 진명궁(眞明宮)으로써는 90억 년(億年)이 일적(一積)의 기간이 됨을 혼동하지 마시기 바란다. 그리고 단 하나의 경우인 석가모니 하나님 부처님의 중성자(中性子) 태양성(太陽星) 은 이 법칙을 적용받지 않는다.

창조주의 수(數)인 19수에 있어서 십거(十鉅)의 수(數)인 10의 수(數)를 하나까지 펼치면 10, 9, 8, 7, 6, 5, 4, 3, 2, 1 이의 합수(合數) 55가 십거이양작(十鉅以陽作)의 수(數)가 된다. 이러한 55수(數)가 태양성(太陽星)의 활발한 활동기로써 물질의 씨앗을 많이 생산할 때가 되는 것이며 일적(一積)의 수(數) 9의 수가 쌓이기까지의 1, 2, 3, 4, 5, 6, 7, 8, 9의 합수(合數)는 45가 되어 일적이음립(一積以陰立)의 수(數)가 되는 것이다. 이러한 일적(一積)의 과정을 겪을 때가 천궁(天宮)이 《커블랙홀》 → 《태양수(太陽數) ⊕9의 핵(核)》 → 《화이트홀》 → 《퀘이샤》 → 《황금알 대일(大一)》의 과정을 겪을 때로써 천궁(天宮) 자체로는 일적이음립(一積以陰立)이 되나 천궁(天宮) 외곽에서는 수많은 별(星)들이 탄생된다는 사실을 아시기 바란다.

십거일적(十鉅一積)의 명칭 문제를 다루면서 한 가지 꼭 밝히고 넘어가야 할 진리(眞理)가 있다. 이를 밝히지 않았을 때 오는 불필요한 오해가 가끔 우주간(宇宙間)에 있어 왔기 때문에 이를 바로 알려 드리는 것이다.

일적(一積)의 과정을 겪어 온 진명궁(眞明宮)은 석가모니 하나님 부처님의 분신(分身)의 동생이신 《비로자나 1세》의 법궁(法宮)이었다. 이러한 진명궁(眞明宮)이 《황금 태양(太陽)》으로 태어난 후 《황금태양》 핵(核)의 붕괴로 처음 《항성풍》을 쏟아낼 때 《원천창조주》이신 《석가모니 하나님 부처님》께

반역하였던 《악마(惡魔)의 신(神)》으로 변화한 《비로자나 1세》는 공간(空間)으로 쫓겨나와 이후부터 《비로자나 1세》는 《천궁(天宮)》이나 별(星)의 《법신(法身)》은 가지지 못하고 《영혼(靈魂)》과 《영신(靈身)》을 가진 《인간》 진화(進化)만 할 수 있는 형벌을 받게 된다.

이러한 이후 《진명궁(眞明宮)》《황금태양》은 10억 년(億年)에 걸쳐 많은 물질의 씨앗을 만들어 분출한 후 30억 년(億年)에 걸쳐 양자핵(陽子核)을 가진 《황금알 대일(大一)》의 과정을 거치는 《축소기》 20억 년(億年) 만에 정명궁(正明宮)의 대폭발로 상천궁(上天宮)의 10성(星)이 탄생된다. 이러한 상천궁(上天宮) 10성(星)이 모두 탄생되기까지가 10억 년(億年)이 소요되는데 이때가 진명궁(眞明宮)으로써는 《황금알 대일(大一)》을 이루는 마지막 10억 년(億年)이 된다.

이때 상천궁(上天宮) 1-4의 양자성(陽子星)을 법궁(法宮)으로 하고 《노사나佛》께서 석가모니 하나님 부처님의 장자로 탄생하시게 된다. 이렇듯 석가모니 하나님 부처님의 큰 아들로 태어나신 《노사나佛》에서 인간 육신(肉身)을 가지시고 부처(佛)를 이루셨으나 초기 우주 탄생 과정이라 법(法)을 만나지 못한다. 이때 진명궁(眞明宮)을 《25억 년(億年)》 동안 관리하시던 《대관세음보살》께서 우주의 어머니이신 《관세음보살님》께서 상천궁(上天宮) 1-2의 성(星)인 양전자성(陽電子星)을 법궁(法宮)으로 하심으로써 진명궁(眞明宮)의 법궁(法宮)을 큰 아드님이신 《노사나佛》께 대물림을 하시는 것이다. 이때가 진명궁(眞明宮) 탄생 이후 85억 년(億年)이 되는 때이다. 이로써 노사나佛께서 상천궁(上天宮) 1-4의 성(星)에서 이동을 하심으로써 때에 상천궁(上天宮) 1-4의 성(星)은 석가모니 하나님 부처님께 되돌려 드리게 된다. 이후 5억 년(億年)을 진명궁(眞明宮)《황금알 대일(大一)》의 기간을 《노사나佛》께서 겪으시게 되는 것이다. 이렇듯 진명궁(眞明宮)을 대물림하신 이유는 우주적(宇宙的) 장자(長子)이신 《노사나佛》로 하여금 천(天)·지(地)·인(人) 우주 구분 중 지(地)의 우주를 선도하여 이끌게 하기 위한 석가모니 하나님 부처님의 배려였던 것이다.

　　이때의 《노사나佛》의 호(號)가 《지적(地積)》임을 부처님께서 『묘법연화경(妙法蓮華經)』「제십일 견보탑품」에서 밝히고 계시나 상기 기술한 이러한 내용을 모르게 하기 위해 《중원 대륙》의 독각승(獨覺僧) 무리들이 경(經)을 왜곡하여 지적(智積)으로 그 뜻을 바꾸어 놓고 있는 것이다. 이후 진명궁(眞明宮)의 대폭발로 《일월등명불(日月燈明佛)》과 《노사나불(佛)》이 쌍둥이로 탄생되어 《일월등명불》은 현재의 북극성(北極星)을 법궁(法宮)으로 하고 《노사나불》은 큰곰자리《알파성(星)》을 법궁(法宮)으로 하여 나머지 6성(星)을 만들게 되는 것이다.

　　이러한 진리(眞理)의 한 단면을 밝히는 이유가 바로 《십거일적(十鉅一積)》과 《일적십거(一積十鉅)》 때문이다. 《일적십거(一積十鉅)》라는 용어(用語)가 등장하는 곳은 『천부경(天符經) 81자(字)』이다. 이러한 『천부경(天符經)』은 《한국(韓國)》을 중심한 《구막한제국(寇莫韓帝國)》 때 5대 《태우의 한웅님》(재위 3512BC~3419BC)으로 이름하고 오신 《석가모니 하나님 부처님》께서 지상(地上)의 북반구 문명 최초의 고급 종교(宗敎)인 《한단불교(桓檀佛敎)》를 창시하셨을 때의 4대 경전(經典) 중 하나이다. 이러한 《천부경(天符經) 81자》에는 본래 《십거일적(十鉅一積)》으로 되어 있은 것이나 후대의 《대마왕》 불보살들이 이를 《일적십거(一積十鉅)》로 바꾸어 놓음으로써 경(經)을 왜곡한 것임을 밝혀 드리는 바이다.

　　이와 같이 《십거일적(十鉅一積)》을 《일적십거(一積十鉅)》로 바꾸었을 때 이의 뜻은 《하나하나를 쌓아 음(陰)을 세움으로써 양(陽)의 작용이 펼쳐진다》는 뜻을 가짐으로써 지(地)의 우주 일부 불(佛), 보살(菩薩), 신선(神仙)들이 내건 슬로건인 그리스《자연사상》과 맞아 떨어지게 되는 것이다. 이로써 볼 때, 경(經)의 일부 내용을 왜곡한 자(者)가 《한단불교(桓檀佛敎)》의 자취를 말살한 《단군조선(檀君朝鮮)》의 《단군왕검(檀君王儉)》과 자허선인으로 이름한 《연등불》임이 드러나는 것이다.

이와 같이 그들은 그들의 종교(宗敎)인 《선교(仙敎)》로 이름된 《신선도(神仙道)》의 뿌리내림을 위해 경(經)의 왜곡과 함께 《한민족(韓民族)》《상고사(上古史)》 기록과 《한민족(韓民族)》의 뜻글인 《한문(韓文)》의 발음문자인 《가림토문자》와 때에 《한민족(韓民族)》들이 신앙하던 최초의 《한민족(韓民族)》 종교(宗敎)인 《한단불교(桓檀佛敎)》를 권력의 힘으로 깡그리 없애는 천인공노할 짓을 한 것이다. 이러한 경(經)의 81자(字) 중 상기 《십거일적(十鉅一積)》을 《일적십거(一積十鉅)》로 바꾸게 되면 나머지 글자에 담긴 뜻도 달라진 근본을 따르게 되는 것이다.

지금까지 말씀드린 바와 같이, 이러한 때에 이와 같은 사실을 여러분들에게 바로 알리고 진리(眞理)를 바로 세우는 차원에서 지금 진행을 하고 있는 실상(實相)의 법(法)에서 이를 거론함으로써 이러한 왜곡된 경(經)의 내용을 밝혀 드리고 이제부터라도 《일적십거(一積十鉅)》가 아닌 《십거일적(十鉅一積)》임을 증명하고 이를 바로 하는 것이니 여러분들께서도 바른 진리(眞理)를 받아들이실 것을 당부 드리는 바이다.

28. 십거일적도(十鉅一積圖)란?

[1] 십거일적도(十鉅一積圖)가 만들어지게 된 배경

  십거일적도(十鉅一積圖)가 만들어지게 된 배경은 합(合)의 진행에서 드러난 개천이전(開天以前) [종3의 정명궁(正明宮) 십이합(十二合)과 종6의 진명궁(眞明宮) 육합(六合)의 구합(九合)]까지 100억 년(億年) 기간에 만들어진 216공후가 그 기본이 된다. 즉, 216공후에서 정명궁(正明宮)의 씨앗 공후 6공후가 십거일적도(十鉅一積圖)의 중앙(中央)에서 하나인 1로 자리하고 남은 210공후에서 36대공(大空)이 가진 36공후의 원(圓)을 방(方, □)으로 전환시킨 뒤 방(方, □)의 바탕수로 양음(陽陰) 12공후와 12공후 자체를 지니게 함으로써 이들이 가진 66공후를 감한 150공후를 축소하여 100공후로 만들고 100공후 각각이 (±3)공후를 지니게 하여 양(○) 55공후와 음(●) 45공후 등 공(空)들의 모임으로 100을 만든 것이 십거일적도(十鉅一積圖)이며 이러한 공(空)들의 움직임이 현재의 우주가 탄생한 이후에도 하나의 법칙으로 자리함과 동시에 현재의 우주를 측량하는 잣대로 사용한 것이다.

  이러한 십거일적도(十鉅一積圖)를 석가모니 하나님 부처님께서는 『관보현보살행법경(觀普賢菩薩行法經)』에서 《오백(五百)의 공후도》로 이름하시는데 이의 뜻은 《5×100의 공후도》로써 《오행(五行)을 하는 100의 공후도》로 이름하시고 선천우주(先天宇宙)와 후천우주(後天宇宙)에서 《100의 공후도》가 적용되는 것이 모두 10의 공후도가 적용됨을 밝히고 계시는 것이다.

(1) 창조주의 수(數) 19

창조주의 수(數)인 19를 새로운 각도로 전개하면 다음과 같다.

```
   1 | 3  3  3              1 | 9
   3 |          =             |
   3 |                      9 |
   3 |                        |
```

상기 도형은 앞장에서 전개한 1.3.3.3 합(合)의 법칙에 나오는 횡과 종에 대한 합(合)이다. 이러한 합(合)에 있어서 변화의 주체인 하나인 1은 항상 가로 팽창을 한 후 궤(匱)의 확장을 세로로 한다. 즉, 가로(橫)에 자리하는 쪽은 항상 적멸보궁(寂滅寶宮)이나 정명궁(正明宮)이 됨을 아셨을 것이다. 이와 같은 가로에 자리하는 10이 십거(十鉅)를 펼치는 곳이며 세로 합(合)이 9의 일적(一積)을 쌓는 곳이다.

즉, 창조주 수(數) 하나인 1을 중심에 두고 횡(가로)과 종(세로)으로 자리하는 《좌표수》라는 의미도 가지는 것이다. 개천이전(開天以前) 100억 년(億年) 동안 만들어진 공후수들 중 적멸보궁(寂滅寶宮) 분을 제외하면 [종3의 정명궁(正明宮) 십이합(十二合)]과 [종6의 진명궁(眞明宮) 육합(六合)의 구합(九合)]까지 만들어진 총 공후수는 216공후이다. 이와 같은 216공후를 다시 전개하면 다음과 같다.

개천이전 100억 년 동안 만들어진 공후수 계산
(단, 적멸보궁(寂滅寶宮) 분 제외한 공후수임.)

◎ 《정명궁(正明宮)》   72공후
　　36궁(宮)   36공후
　　36궁(宮)의 바탕수   24공후
　　36대공(大空)의 경계 밖으로 이전되는 정명궁(正明宮) 씨앗공후   6공후
◎ 《진명궁(眞明宮)》   72공후
　《진명궁(眞明宮)》 육합(六合)의 십이합(十二合)으로 넘어가는 씨앗공후   6공후

                                              | 합(合) 216공후 |

　이러한 216공후 중 대공(大空)의 경계를 이루는 36궁(宮)의 원(圓)을 펼쳐 방(方)으로 전환시키는 것이 19수(數)인 것이다. 이러한 19수(數)에서 변화의 주체인 1을 제외한 18수(數)가 2가 모여 방(方, □)을 이루게 되면 36수(數)가 되는 것이다.(1,3,3,3 합의 법칙 도형 참고)

　즉, 원(圓)의 36궁(宮)을 방(方,□)으로 전환시킨 것이 십거일적도(十鉅一積圖)의 사각(四角) 테두리라는 뜻이다. 이러한 36궁(宮)과 36궁(宮)을 바탕하는 24공후와 36궁(宮)의 중심에 자리하는 여섯 뿌리의 진공(眞空) 6공후를 감하면 150공후가 남는다. 이러한 150공후를 음양(陰陽) 분리 공후로 전환하면 (±300)공후가 되는 것이다. 이와 같은 (±300)공후를 100공후로 만들면 100공후 각각 공후들이 (±3)공후를 갖게 되는 것이다.

　이와 같이 만들어진 100공후를 십거(+鉅)의 55공후를 양(陽, ○)으로 하고 일적(一積)의 45공후를 음(陰, ●)으로 하여 이들의 합(合) 양음(陽陰, ○●) 100을 원(圓)을 방(方,□)으로 전환시킨 사각(四角) 테두리 안에 배열을 한 것이 십거일적도(十鉅一積圖)인 것이다. 이러한 십거일적도(十鉅一積圖)의 바탕에는 바탕수 24공후가 음양(陰陽)으로 나뉘어져 각각 12공후씩을 지니고 있

는 점을 항상 상기하시기 바란다.

　창조주의 수(數) 19수(數) 2를 곱하면 19×19=361이 되어 하나인 1을 중심한 360의 원(圓)으로 다시 환원이 된다. 이는 진명궁(眞明宮)이 개천이후(開天以後) 진명궁(眞明宮)의 대폭발로 개천이전(開天以前)에 만들어졌던 36궁(宮)과 양음(陽陰) 합일(合一)이 됨으로써 36궁(宮)이 10배수로 확장되어 360이 됨을 [12. 대공(大空)에 대하여 - [2] 대공 내부의 팽창]에서 설명을 드린 바가 있다. 이와 같이 만들어진 십거일적도(十鉅一積圖)의 《좌표수》를 이해하시게 되면 《천궁도(天宮圖)》 이치를 쉽게 이해하실 수가 있다. 이와 같은 십거일적도(十鉅一積圖)에서 개천이후(開天以後) 많은 천궁도(天宮圖) 이치가 드러나는 것이다.

※ 개천이후(開天以後)는 태양성(太陽星)의 활발한 활동기인 55억 년(億年) 동안 만들어진 물질의 씨앗이 십거(十鉅)의 55공후로 자리하는 것이며 천궁(天宮)의 변화상인 45억 년(億年)이 일적(一積)의 45공후로 사각(四角) 테두리 안에 자리하는 것이다.

[2] 십거일적도(十鉅一積圖)

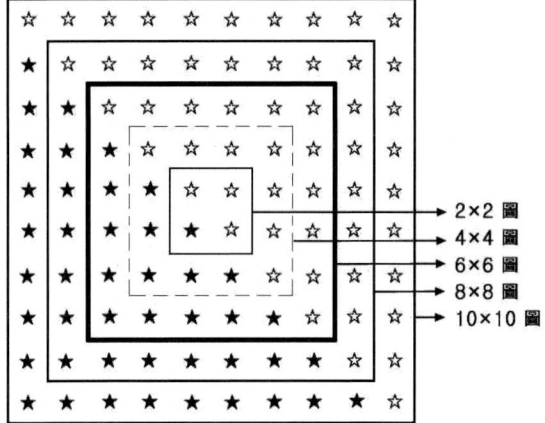

십거일적도(十鉅一積圖)

※ 본래 십거일적도(十鉅一積圖)의 문양은 음양공(●, ○)이나 저작권 관계상 방편으로 상기 문양으로 표기하였음을 이해바란다.

[3] 십거일적도(十鉅一積圖)의 형성

(1) 십거일적도(十鉅一積圖)의 사각(四角) 테두리

지금까지 설명 드린 바대로 십거일적도(十鉅一積圖)의 사각(四角) 테두리는 공(空)을 이룬 36대공(大空)을 방(方, □)으로 전환시킨 것이며 이로써 테두리 자체가 36공후를 지니고 있는 것이다. 사각(四角) 테두리를 계산하면 다음과 같다.

149

10으로 된 세로줄 상(上)과 하(下) : 10×2=20공후
8로 된 외곽의 가로줄 2 : 8×2=16공후

이들의 합(合) 36공후가 대공(大空)의 36공후를 나타낸 것이며 사각(四角) 테두리의 바탕수 음양(陰陽) 각각이 12공후를 가짐으로써 이들의 합(合)이 60공후가 되는 것이다.

(2) 사각(四角) 테두리 내의 음양(陰陽) 공(●.○) 각각이 (±3)공후를 가짐으로써 100의 음양공(陰陽空)이 갖는 실제 공후수는 100×(±3)÷2=150공후가 된다.

(3) 사각(四角) 테두리 및 바탕수가 지니는 공후수가 60공후이며 사각(四角) 테두리 내의 음양공(●.○)이 지니는 공후수가 150공후이다. 이들의 합(合) 210공후와 십거일적(十鉅一積) 중앙에 자리하는 하나인《석가모니 하나님 부처님》의 여섯 뿌리 진공(眞空) 씨앗 공후 6공후를 합한 216공후가 십거일적도(十鉅一積圖) 전체 공후가 되며, 이는 [종3의 정명궁(正明宮) 십이합(十二合)]과 [종6의 진명궁(眞明宮) 육합(六合)의 구합(九合)] 결과로써 개천이전(開天以前) 100억 년(億年) 동안 정명궁(正明宮) 주도로 펼쳐진 전체의 공후수들이다.

사각(四角) 테두리와 바탕수가 지니는 60공후의 수리적(數理的)인 의미는 60은 6수(數)의 완성을 뜻하는 수리(數理)이기 때문에 십거일적도(十鉅一積圖) 변화의 중심에는 항상《여섯 뿌리의 진공(眞空)》이 있다는 의미도 같이 지니고 있는 것으로써 하나인 1이 곧《여섯 뿌리 진공(眞空)》으로써《석가모니 하나님 부처님》이라는 뜻을 동시에 가지고 있다.

[4] 십거일적도(十鉅一積圖)와 육합(六合)

> ※ 합(合)의 방법에 대해 이해가 부족하신 분은 필자의 저서(著書)
> 『(改訂版) 妙法華(묘법화)의 실상(實相)의 법(法)』[4. 삼합(三合)의 적멸보궁과 정명궁]편과 [육합(六合)의 진명궁] 편을 참고하시기 바란다.

(1) [적멸보궁(寂滅寶宮) 횡1의 중일합(合)]과 [종3의 삼합(三合)]과 <6×6도(圖)>

① 정명궁(正明宮) 법신불궁(法身佛宮)의 과정의 정리

    본   체(本體) : 24공후
    용   체(用體) : 18공후
    이동 공후수 : 12공후
    ─────────────
    총   계 : 54공후

※ 적멸보궁(寂滅寶宮) 분출시의 바탕수는 정명궁(正明宮) 삼합(三合)에서 만든

공후가 아니므로 제외.

② <6×6도(圖)> 공후수 계산

   6 × 6 = 36
   36 × (±3) ÷ 2 = 54공후

※ 십거일적도(十鉅一積圖)의 <6×6도(圖)>는 [적멸보궁(寂滅寶宮) 횡1의 중일합(中一合)]과 [종3의 삼합(三合)] 법신불궁(法身佛宮)의 과정을 나타낸 도형이며, 《적멸보궁》과 《정명궁》합(合)의 진행은 《1-3의 법칙》에 의해 진행이 된다.

(2) [적멸보궁(寂滅寶宮)] 횡2의 중이합(中二合)과 종3의 육합(六合)과 <8×8도(圖)>

① 정명궁(正明宮) 보신불궁(報身佛宮)의 과정 정리

본 체(本體) :	30공후	
용 체(用體) :	18공후	(진명궁(眞明宮)의 몫)
	24공후	(정명궁(正明宮)의 몫)
이동 공후수 :	24공후	
총 계 :	96공후	

② <8×8도(圖)> 공후수 계산

8 × 8 = 64
64 × (±3) ÷ 2 = 96공후

※ 십거일적도(十鉅一積圖)의 <8×8도(圖)>는 [적멸보궁(寂滅寶宮) 횡2의 중이합(中二合)과 종3의 육합(六合)] 보신불궁(報身佛宮)의 과정을 나타낸 도형이다.

(3) [종3의 정명궁(正明宮) 구합(九合)과 종6의 진명궁(眞明宮) 육합(六合)의 육합(六合)]과 <10×10도(圖)>

① 정명궁(正明宮)과 진명궁(眞明宮)의 공후수 정리

정명궁(正明宮)	본 체(本體) :	36공후	황금태양(太陽)
	용 체(用體) :	36공후	
진명궁(眞明宮)	본 체(本體) :	30공후	
	용 체(用體) :	24공후	
이동 공후수 :		24공후	
총 계 :		150공후	

② <10×10도(圖)>의 공후수 계산

10 × 10 = 100
100 × (±3) ÷ 2 = 150공후

※ 십거일적도(十鉅一積圖)의 <10×10도(圖)>는 [종3의 정명궁(正明宮) 구합(九合)과 종6의 진명궁(眞明宮) 육합(六合)의 육합(六合)]의 결과가 나타난 도형이다.

(4) [종3의 정명궁(正明宮) 십이합(十二合)과 종6의 진명궁(眞明宮) 육합(六合)의 구합(九合)]과 <12×12도(圖)>

※ 십거일적도(十鉅一積圖) 전체를 <12×12도(圖)>라고 한다.

① 정명궁(正明宮)과 진명궁(眞明宮)의 공후수 정리

정명궁(正明宮)	황금 태양(太陽) :	72공후	
	36 대 공 (大空) :	36공후	
	바 탕 수 :	12공후	
진명궁(眞明宮)	본 체(本體) :	36공후	황금태양(太陽)
	용 체(用體) :	36공후	
	바 탕 수 :	12공후	
이동 공후수 :		12공후	
총 계 :		216공후	

② <12×12도(圖)>의 공후수 계산

12 × 12 = 144
144 × (±3) ÷ 2 = 216공후

※ [정명궁(正明宮) 십이합(十二合)과 진명궁(眞明宮) 육합(六合)의 구합(九合)을 마친 상태의 십거일적도(十鉅一積圖) 전체가 <12×12도(圖)>에 해당된다. 이러한 <12×12도(圖)> 역시 십거일적도(十鉅一積圖) 전체 공후수 계산과 동일한 것이다.

※ 십거일적도(十鉅一積圖)의 <6×6도(圖)>와 <8×8도(圖)>는 6궤(匱)의 변화를 따르고 <10×10도(圖)>와 <12×12도(圖)>는 8궤(匱)의 변화를 따르게 되는 점을 깊이 인식하시기 바란다.

---

[5] 십거일적도(十鉅一積圖)와 천궁도(天宮圖)

(1) 여섯 뿌리와 하나(1)

십거일적도(十鉅一積圖) 중심에는 6공후를 가진 《여섯 뿌리 진공(眞空)》으로써 석가모니 하나님 부처님께서 하나인 1의 자리를 가지고 계신다. 이러한 1의 자리에서 작용을 하실 때가 <1×1도(圖)>를 가지시게 되는 것이다. 이와 같은 <1×1도(圖)>도 변화의 주체가 중심에 자리함으로써 <1×1×1>의 천궁도(天宮圖)와 이와 양음(陽陰) 짝을 하는 <1×2×1> 천궁도(天宮圖) 이치를 가지시는 것이다.

(2) 십거일적도(十鉅一積圖) <2×2도(圖)>와 관련 천궁도(天宮圖)

<2×2도(圖)>의 중심에 변화의 주체가 자리함으로써 다음과 같은 천궁도(天宮圖)를 가지게 된다.

① <2×1×2> 천궁도(天宮圖)
② <2×2×2> 천궁도(天宮圖)

(3) 십거일적도(十鉅一積圖)의 작용(作用) <3×3도(圖)>와 관련 천궁도(天宮圖)

십거일적도(十鉅一積圖)의 작용(作用) <3×3도(圖)>는 십거일적도(十鉅一積圖)의 표면에는 드러나지 않는 작용도(作用圖)로써 십거일적도(十鉅一積圖) 중앙에 하나인 1로 자리하는 《석가모니 하나님 부처님》의 작용으로 <2×2도(圖)>와 <4×4도(圖)> 가운데에서 일어나는 작용을 말하는 것이다.

십거일적도(十鉅一積圖)와 <6×6 도(圖)>

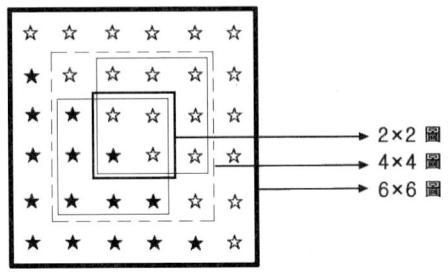

　상기 도형의 중앙(中央) 부분 4공후(●1, ○3)에 있어서 음1(●1)과 대칭하는 양 1(○1)이 9공후의 중심에서 작용(作用)하는 작용도로써 이를 태양수(太陽數) ⊕9의 작용이라고 한다. 즉, 중앙점에 자리하는 하나인 1이 여섯 뿌리의 진공(眞空)인 6공후가 되어 태양수(太陽數) ⊕9를 이루고 벌이는 작용을 말한다. 이러한 작용을 <3×3도(圖)>라고 이름하는 것이며 이와 같은 <3×3도(圖)>도 중심에 변화의 주체가 자리함으로써 다음과 같은 천궁도를 가지게 된다.

① <3×1×3> 천궁도(天宮圖)
② <3×2×3> 천궁도(天宮圖)
③ <3×3×3> 천궁도(天宮圖)

(4) 십거일적도(十鉅一積圖) <4×4도(圖)>와 관련 천궁도(天宮圖)

<4×4도(圖)>와 중심에 변화의 주체가 자리함으로써 다음과 같은 천궁도(天宮圖)를 가지게 된다.

① <4×1×4> 천궁도(天宮圖)
② <4×2×4> 천궁도(天宮圖)
③ <4×3×4> 천궁도(天宮圖)
④ <4×4×4> 천궁도(天宮圖)

(5) 십거일적도(十鉅一積圖) <6×6도(圖)>와 관련 천궁도(天宮圖)

<6×6도(圖)>의 중심에 변화의 주체가 자리함으로써 다음과 같은 천궁도(天宮圖)를 가지게 된다.

① <6×1×6> 천궁도(天宮圖)
② <6×2×6> 천궁도(天宮圖)
③ <6×3×6> 천궁도(天宮圖)
④ <6×4×6> 천궁도(天宮圖)
⑤ <6×5×6> 천궁도(天宮圖)
⑥ <6×6×6> 천궁도(天宮圖)

(6) 십거일적도(十鉅一積圖) <8×8도(圖)>와 관련 천궁도(天宮圖)

<8×8도(圖)>의 중심에 변화의 주체가 자리함으로써 다음과 같은 천궁도(天宮圖)를 가지게 된다.

① <8×1×8> 천궁도(天宮圖)
② <8×2×8> 천궁도(天宮圖)
③ <8×5×8> 천궁도(天宮圖)
④ <8×6×8> 천궁도(天宮圖)

(7) 십거일적도(十鉅一積圖) <10×10도(圖)>와 관련 천궁도(天宮圖)

<10×10도(圖)>의 중심에 변화의 주체가 자리함으로써 다음과 같은 천궁도(天宮圖)를 가지게 된다.

① <10×1×10> 천궁도(天宮圖)
② <10×2×10> 천궁도(天宮圖)
③ <10×5×10> 천궁도(天宮圖)
④ <10×6×10> 천궁도(天宮圖)

(8) 십거일적도(十鉅一積圖) <12×12도(圖)>와 관련 천궁도(天宮圖)

<12×12도(圖)>의 중심에 변화의 주체가 자리함으로써 다음과 같은 천궁도(天宮圖)를 가지게 된다.

① <12×1×12> 천궁도(天宮圖)
② <12×2×12> 천궁도(天宮圖)
③ <12×7×12> 천궁도(天宮圖)
④ <12×8×12> 천궁도(天宮圖)

※ 각각의 천궁도(天宮圖)들은 모두가 양음(陽陰) 짝을 하는 것이다.

29. 공후(箜篌)란?

악기 : 공후

　공후(箜篌)란? 위쪽의 사진에 나타나 있는 서양(西洋) 악기 중의 하나로써, 이러한 악기는 활처럼 굽은 가공된 나무에 구멍을 뚫어 현(絃)을 매어서 만든 악기이다. 이와 같은 악기를 사람이 손가락으로 팅기므로써 소리(音)를 내게 되는 원리로써 되어 있다. 즉, <u>《나무》, 《현(絃)》, 《사람》</u>

등 셋(3)이 하나(1)를 이루었을 때 파동(波動)에 의한 공명 현상으로써《음악(音樂)》이 연주되는 것이다. 이러한《공후(箜篌)》를 셋(3)이 하나(1)된 개체의 공(空)의 단위(單位)로써 쓰는 것이다.

30. 천궁도(天宮圖)란?

[1] 원(圓), 방(方), 각(角)

정명궁(正明宮)이나 진명궁(眞明宮)이 분출에 의해 처음《커블랙홀》을 이루고《태양수(太陽數) ⊕⑨의 핵(核)》→《화이트홀》→《퀘이샤》→《황금알 대일(大一)》의 과정을 겪고《황금 태양(太陽)》으로 태어났을 때가 거대한 축구공과 같은 구(球)이다. 이러한 입체적인 구(球)를 원(圓)이라고 하며, 이후《황금 태양(太陽)》의 물질 분출로 물질의 씨종자들이 사방팔방(四方八方)으로 흩어져 자리한 모습과 개천이후(開天以後)《황금알 대일(大一)》의 폭발로 흩어지는 물질의 씨종자들이 흩어져 자리하는 모습을 입체적인 궤(匱)로써 이를 방(方)이라고 하며, 이로써 개천이후(開天以後)는 새로이 만들어진 천궁(天宮)의 회전력에 의해 수많은 별(星)들이 생산된다. 이러한 별(星)들의 세계를 입체적인 삼각뿔로써 이를 각(角)이라고 한다. 이와 같은 별(星)들을 석가모니 하나님 부처님께서는 인간과 동일시(同一視)하시기 때문에 인간들을 말씀하실 때도 각(角)으로 표현을 하시는 것이다.

[2] 천궁도(天宮圖)의 원리

천궁도(天宮圖)는 대공(大空)의 경계 내(內)에서 방(方)을 이루고 있는 물질의 씨종자들을 천궁(天宮)이 방(方)이 되어 중심을 이룸으로써 《천궁(天宮)》의 회전 작용에 의해 여러 모습들로 진화(進化)하여 가는 천궁(天宮)의 회전 작용을 간략하게 나타낸 것이다. 이와 같은 천궁(天宮)의 회전 작용은 크게 나누어 시계 방향 회전길인 1-3-1의 길과 시계 반대 방향의 회전길인 1-4-1의 길이 있으며 세분화하면 1-3, 3-1의 길과 1-4, 4-1의 길이 있으며 중심 천궁(天宮)이 정명궁(正命宮)의 천궁(天宮)이 될 때는 1-3, 3-1의 길과 상극의 길에 1-4의 길을 갖게 됨으로써 세 갈래 길을 갖게 되며 진명궁(眞命宮)의 천궁(天宮)이 중심이 될 때는 1-4, 4-1의 길과 상극의 길에 1-3의 길을 갖게 됨으로써 세 갈래 길을 가지게 되는 것이다. 이와 같은 회전 작용의 단면도를 보면 다음과 같다.

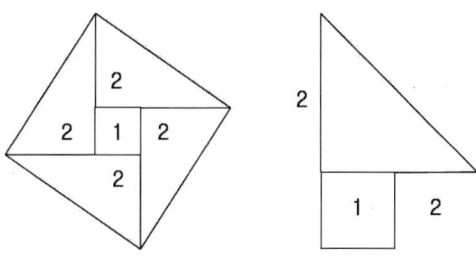

상기 도형의 1의 자리가 천궁(天宮)이며 2의 자리가 회전 반경이자 좌표수의 자리가 된다. 이러한 천궁도(天宮圖)에 있어서 이를 모두 나타내기가 번거롭기 때문에 상기 도형 옆의 천궁(天宮)의 방(方)과 각(角)으로써 간단하게 나타내기도 한다.

[3] 천궁도(天宮圖)의 계산

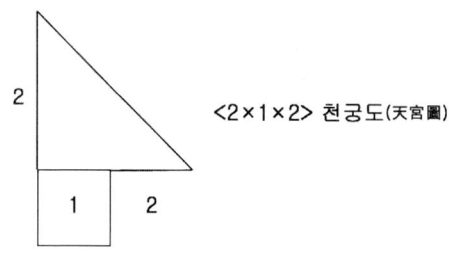

<2×1×2> 천궁도(天宮圖)

    천궁도(天宮圖) 계산에 있어서 천궁도(天宮圖)끼리 음양(陰陽) 짝을 할 때는 더하기(+)가 되나 별(星)들의 생산(生産)은 모두 곱하기(×)인 《승(乘)》이 된다. 상기 도형에 있어서 1의 자리는 천궁(天宮)의 자리로써 《천(天)》으로 표기하며, 천궁(天宮)의 수(數) 1과 천궁(天宮) 옆에 있는 2의 수(數)는 합(合) 3으로써 '황소(黃牛)의 길' 또는 '성문승(聲聞乘)의 길'로 알려진 3-1의 길에 자리하여 천궁(天宮)을 중심한 외곽 공(空)을 이룸으로써 《인(人)》으로 표기하며, 수직으로 선 2의 자리는 천궁(天宮)의 상극(相剋) 작용에 의해 외부로 빠르게 벗어나는 길인 '천마(天馬)의 길' 또는 '연각승(緣覺乘)의 길'로 알려진 1-4의 길에 자리함으로써 《지(地)》로써 표기를 한다. 이러한 것을 감안한 천궁도(天宮圖) 계산은 다음과 같다.

```
1×1 = 1      ………      천(天)
2×2 = 4      ………      지(地)
3×3 = 9      ………      인(人)
```
─────────────────────────────
14+불(佛)의 용(用)의 수(數) 4 = 18공후

※ 모든 천궁도(天宮圖) 성단에는《석가모니 하나님 부처님》께서나《부처님》들께서 천궁(天宮)이나 태양성(太陽星) 등을 가지시고 작용(作用)을 하심으로써 불(佛)의 용(用)의 수(數) 4를 (+)하는 것이다. 이렇게 나타난 수(數)를 공후수(數)라고 하며 초기 우주에서는 탄생한 별(星)들의 수(數)와도 동일시(同一視)되나 이들 별(星)들이 모두 석삼극(析三極)의 법칙에 따라 수많은 별(星)들이 탄생됨으로써 초기 우주 이하에서는 별(星)들의 수(數)로 이야기 할 수가 없다. 이러한 공후수(箜篌數)가 360이 모였을 때 1개의 대은하(大銀河) 성단이 되는 것이다.

[4] 천궁도(天宮圖)의 종합 정리

진화기(進化期)에 돌입한 법공(法空)이 개천이전(開天以前) 석가모니 하나님 부처님의 양음(陽陰)인 정명궁(正明宮)과 진명궁(眞明宮)을 만들어 100억 년(億年)에 걸쳐 물질의 씨종자들을 만드시고 개천(開天)이 되면서 현재의 우주가 탄생한다. 이렇게 탄생한 현재의 우주가 마지막 팽창을 하는 후천우주(後天宇宙) 끝까지 만들어지는 우주들은《원천(源泉) 창조주》이신《석가모니 하나님 부처님》의 의도대로 한치의 오차 없이 창조가 된다. 이렇듯 460억 년(億年)에 걸쳐 만들어지는 팽창기 우주 전체에서 만들어지는 천궁도(天宮圖) 수(數)와 천궁도(天宮圖)가 만든 공후수(箜篌數)와 360공후(箜篌)를 1로 한 대은하성단의 수(數)를 상중하(上中下)계(界)의 우주 구분으로 종합적으로 정리하면 다음과 같다.

[표] 460억 년 팽창기 우주 전체에 만들어진 천궁도 수와 천궁도가 만든 공후수와 360공후를 1로 한 대은하성단의 수

	천궁도의 수	만들어진 공후수	대은하성단의 수
상계(上界)의 우주	22	3,388	9개 성단과 148
중계(中界)의 우주	21	13,454	36개 성단과 494
하계(下界)의 우주	16	19,158	52개 성단과 438
합계	59	36,000	97개 성단과 1,080

(1) 1,080÷360=3개 성단이 되며 전체 97개의 성단과 합하여지면 100의 성단이 되며 1,080을 상천궁(上天宮) 기준 공후수(箜篌數)로 환원하면 1,080÷10÷3=36 공후로써 상천궁(上天宮)의 36궁(宮)이 삼합(三合)을 하여 10배로 늘어나 전 우주(宇宙)의 36궁(宮)의 천궁(天宮)으로 분리되어 있음을 알 수 있다.

(2) 상(上), 중(中), 하계(下界)의 우주(宇宙) 전체의 결과수(數) 36,000은 36궁(宮)을 1로 할 때 1,000개가 되며 본불(本佛)께서 남기신 법전에 등장하는 1,000의 바퀴살의 또 다른 하나의 의미이며 360을 1로 할 때 100개의 대(大) 은하성단이 된다.

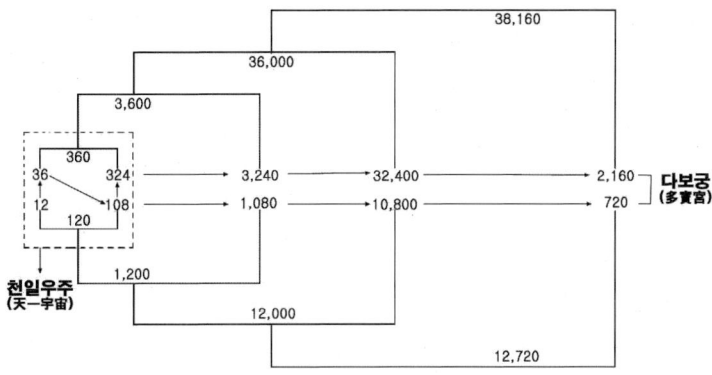

(3) 상기《표》는 우주의 팽창인 무궤화삼(無匱化三)의 설명 때* 설명 드린 표이다. 이러한 무궤화삼(無匱化三)의 결과 36,000공후와 천궁도(天宮圖) 계산에서 드러난 전체 36,000공후가 일치함으로써 천궁도(天宮圖) 각각의 내용이 정확함을 검증하여 주는 것이다.

(4) 상(上), 중(中), 하계(下界)의 전체 결과수 36,000이 현존하는 팽창기 우주 별(星)들의 세계 경계이며 다보궁(多寶宮)은 이후 120억 년의 소멸기 우주를 거쳐 20억 년(億年) 동안 진공화(眞空化)되어 이후《적멸보궁(寂滅寶宮)》과 합류하게 되는 것이다.

(5)《표》의 120, 1,200, 12,000의 계산은 삼합(三合)을 하지 않고 10배수로 팽창하여 나타난 공후수들이다. 이러한 공후수와 대공(大空)의 팽창 무궤화삼(無匱化三)과의 관계를 보면 다음과 같다.

---

* (改訂版) 妙法華(묘법화)의 실상(實相)의 법(法)(2015)

36	…………	10
360	…………	100
3,600	…………	1,000
36,000	…………	10,000

※ 《석가모니 하나님 부처님》께서 『묘법화경(妙法華經)』에서 자주 말씀하시는 《백, 천, 만 억》의 비유가 이곳으로부터 기인한 것이다. 천궁도(天宮圖) 이치의 상세한 계산은 『(改訂版) 妙法華(묘법화)의 실상(實相)의 법(法)』(2015)의 천궁도(天宮圖) 편을 참고하시기 바란다.

31. 72 다보궁(多寶宮)이란?

72 다보궁(多寶宮)은 팽창기 우주 460억 년(億年)이 지난 이후 120억 년(億年)간 지속되는 소멸기 우주를 거쳐 마지막으로 형성되는 때의 천궁(天宮)으로써 하계(下界)의 지(地)의 우주(宇宙) 소멸 이후 태음수(太陰數) 6으로 변화한 《356공후(箜篌)》가 소멸기 우주로 유입되고 인삼이(人三二) 우주의 <36×4×36> 천궁도(天宮圖) 성단에서 《1,804공후(箜篌)》가 이전이 되어 소멸기 우주를 이룬다. 이렇게 하여 유입되고 이전된 공후수(數)들을 계산하면 다음과 같다.

356 + 1,804 = 2,160 공후(箜篌)
2,160 ÷ 360 = 6개 성단(星團)

이러한 6개의 성단이 우주(宇宙) 진화(進化)의 끝 지점인 소멸기 우주에서 구원이 되는 성단들로써 천(天)의 우주에서 2개 성단, 지(地)의 우주에서 1개 성단, 인(人)의 우주에서 3개 성단의 공후수(數)들이 최종적으로 소멸기 우주를 이루는 것이다.

하계(下界)의 지(地)의 우주에서 유입되는 태음수(太陰數) 6으로 이루어진 《356공후(箜篌)》가 1개 성단인 360공후(箜篌)를 이루지 못한 이유가 하계(下界)의 지(地)의 우주 일부 부분이 마왕(魔王)들의 우주(宇宙)로 자리하였던 관계로 석가모니 하나님 부처님께서 작용(作用)을 하시지 않았기 때문에 《불

(佛)의 용(用)의 수(數) 4》가 빠졌으며 이러한 《불(佛)의 용(用)의 수(數) 4》는 인삼이(人三二) 우주에 머무르다가 지(地)의 우주가 소멸기를 거치면서 태음수(太陰數) 6으로 변화한 후 비로소 소멸기 우주로 들어옴으로써 태음수(太陰數) 6의 《356공후(窆後)》와 합류하여 《360》의 1개 성단(星團)으로 자리하게 되는 것이다. 이러한 6성단(星團)이 소멸기 우주에 합류한 뒤 120억 년(億年)을 거친 뒤에 20억 년(億年)에 걸쳐 72 다보궁을 이룬 이후 적멸보궁(寂滅寶宮)과 하나가 됨이 전체 공후수 계산에서 드러난다.

즉, 전체 공후수 2,160공후를 상천궁(上天宮) 기준 공후로 환원하면 2,160÷10÷3=72공후가 된다. 이는 상천궁(上天宮) 기준에서 삼합(三合)으로 10배수가 늘어나므로 이를 제하면 상천궁(上天宮) 기준의 《72공후》가 되어 합(合)의 진행에서 밝힌 초기 우주인 천일우주(天一宇宙) 100의 궁(宮)이 있는 《72궁(宮)》이 대공(大空)의 경계이자 《다보궁(多寶宮)》이 된다. 즉, 이 뜻은 초기 우주인 천일우주(天一宇宙) 100의 궁(宮)이 2양(陽)1음(陰)의 법칙에 의해 별(星)들의 세계로 탄생되었으나 진화(進化)가 모두 끝이 난 이후의 72궁(宮)의 영역은 1양(陽)2음(陰)의 법칙을 따르는 진공(眞空)을 이루었다는 뜻이다. 이러한 다보궁(多寶宮)이 진공화(眞空化)되기까지의 120억 년(億年)이 소멸기 우주의 기간이 되는 것이다.

즉, [30. 천궁도(天宮圖)란?] 편의 《표》의 천일우주(天一宇宙) 영역이 진화(進化)의 끝에 자리하는 72 다보궁(多寶宮)인 것이다. 이러한 《72 다보궁(多寶宮)》의 의미는 매우 중요한 뜻을 우리들에게 전하여 주고 있다. 이와 같은 뜻을 말씀드리면, 《72궁(宮)》을 분리하면 《36궁(宮)》과 《36궁(宮)》이 된다. 이러한 《36궁(宮)》 중 하나는 《법공(法空)》의 주인이신 《석가모니 하나님 부처님》의 몫이 되고 다른 하나의 《36궁(宮)》이 《법공(法空)》 진화기(進化期) 이후 《암흑물질》을 빛(光)의 세계로 끌어내어 진화(進化)시켜 별(星)과 별(星)의 핵(核)인 인간을 마지막까지 진화(進化)하게 하여 《무상정등정각(無上正等正覺)》의 자리에 들게 함으로써 마지막에 《빛(光)의 원천(源泉)》의 세계인 《

진공(眞空)》을 이루게 하여 얻으신 《36궁(宮)》이 되는 것이다.

　이와 같은 《72 다보궁(多寶宮)》이 궁극에는 《적멸보궁(寂滅寶宮)》과 합류한 뒤에 300억 년(億年)에 걸친 대공(大空)의 《붕괴기》를 지난 이후 《적멸보궁》과 합류하였던 36궁(宮) 중 《암흑물질》이 진화(進化)하여 만들어졌던 36궁(宮)은 다시 법공(法空) 내(內)의 중앙(中央) 지점으로 내려와 무색(無色) 투명한 정육면체(正六面體)의 방(方)을 이룬 다이아몬드궁(宮)을 이루고 영원히 자리할 것임을 《기독인》의 성서(聖書)인 『요한계시록』에서 예언하고 있는 것이다. 이러한 금강궁(金剛宮)을 『요한계시록』에서는 《새 예루살렘》이라고 하는 것이다.

32. 무궤화삼(無匱化三)에 대하여

　무궤화삼(無匱化三) 역시 그 뜻은 음양(陰陽) 짝을 하고 있다. 이러한 무궤화삼(無匱化三)의 음(陰)의 뜻이 대공 내(大空內)의 공(空)의 팽창으로써 [12. 대공(大空)에 대하여]에서 설명 드린《대공(大空) 내부에서의 팽창》의 법칙이 되는 것이며 양(陽)의 무궤화삼(無匱化三)이 별(星)들의 무리를 거느리는 성단(星團)의 팽창이 되는 것이다. 이 장에서는 성단(星團)의 팽창의 법칙인 양(陽)의 무궤화삼(無匱化三)에 대하여 말씀드리겠다.

[1] 무궤화삼(無匱化三)의 개요

　석가모니 하나님 부처님께서는 《질량(質量)》을 대비한 《공(空)》을 말씀하실 때 《무(無)》로써 표현을 하신다. 이 말씀의 좋은 예가 『무량의경(無量義經)』이다. 그리고 《궤(匱)》는 육각형(六角形)의 상자를 나타내는 문자(文字)이다. 이러한 무궤(無匱)의 뜻은 《공(空)을 가득 담은 상자》라는 뜻이다. 비유하면, 사과상자에 공(空)을 가득 담은 형국이다. 즉, 우주(宇宙)의 진화(進化)가 활발히 진행될 때 사과상자에 담긴 공(空)들은 여섯 뿌리의 진공(眞空)과 반야공(般若空)들이 가득 담겨져 있다. 이와 같은 사과상자를 원(圓), 방(方), 각(角)의 구분에서 사방(四方)으로 펼쳐진 방(方. □)으로써도 말씀하시기 때문에 사방에 골고루 흩어진 공(空)이라고 하여 이를 방등(方等)이라고 하는 것이다.

이와 같은 공(空)을 가득 담은 사과상자가 크게 세 번 팽창하는 것을 무궤화삼(無匱化三)이라고 하며, 첫 번째로 자리하는 것을《무궤화일(無匱化一)》이라고 하며 두 번째로 팽창되는 것을《무궤화이(無匱化二)》라고 하며 세 번째 마지막 팽창을 하는 것을《무궤화삼(無匱化三)》이라고 한다. 우주간(宇宙間)에 존재하는 만물(萬物)의 씨종자들과 그들이 머물고 있는 공간이 양음(陽陰)으로 모두 무궤화삼(無匱化三)의 법칙을 따르고 있다. 이러한 우주를 떠받치는 여섯 가지 법칙 중의 하나인 무궤화삼(無匱化三)에 대해 살펴보기로 하자.

[2] 양(陽)의 무궤화삼(無匱化三)

《양(陽)》의《무궤화삼(無匱化三)》은 개천이전(開天以前)은《정명궁(正明宮)》과《진명궁(眞明宮)》위주로 설명이 되며 개천이후(開天以後)는《천(天)과 인(人)》의 우주《천궁(天宮)》들인《정명궁(正命宮)》과《지(地)》의 우주 천궁(天宮)들인《진명궁(眞命宮)》위주로 설명이 된다.

법칙의 적용은 개천이전(開天以前)이나 개천이후(開天以後)가 같으나 다른 점이 하나가 있다. 즉, 개천이전(開天以前)은 십거일적(十鉅一積)의 기간 끝에

175

《황금 태양(太陽)》이 탄생하여 핵(核)의 붕괴로 인한 물질 분출을 끝내고 곧바로 수축기에 돌입하여 《중성자(中性子) 알 대일(大一)》이나 《황금알 대일(大一)》로 변화하여 이들의 폭발로 개천(開天)이 되나, 개천이후(開天以後)는 대공(大空)의 바탕인 바탕수가 만들어져 있는 가운데 이들을 바탕으로 하여 《태양성(太陽星) 핵(核)》의 붕괴로 인한 물질 분출분이 《일적(一積)》의 과정을 시작함으로써 《황금알 대일(大一)》의 과정을 겪고 폭발하여 《태양성(太陽星)》이 탄생됨으로써 다시 《십거(十鉅)》의 기간이 시작되고 이후 《십거(十鉅)》의 기간이 끝이 난 후 다시 《일적(一積)》의 과정이 시작되는 것이다. 때문에 《개천이후(開天以後)》는 《일적(一積)》의 과정 끝에 《황금알 대일(大一)》을 이루고 곧바로 폭발하여 《태양성(太陽星)》을 탄생시키는 점이 《개천이전(開天以前)》과는 차이가 나는 것이다.

《개천이후(開天以後)》《십거(十鉅)》의 기간을 끝낸 《태양성(太陽星)》들은 수축기에 돌입하여 최종 폭발함으로써 《백색왜성》이나 《백색상성운》 등으로 변화하여 소멸기를 거치는 경우 역시 《개천이전(開天以前)》과는 차이가 나는 점을 아시기 바란다. 즉, 개천이전(開天以前)은 《일적(一積)》의 과정 끝에 《황금 태양(太陽)》의 탄생으로 이후 물질 분출을 끝내고 수축기에 돌입한 후 최종 수축이 이루어진 이후 대폭발을 일으켜 《태양성(太陽星)》을 탄생시키게 되나 《개천이후(開天以後)》는 《태양성(太陽星) 핵(核)》의 붕괴로 인한 물질 분출분이 《일적(一積)》의 과정 끝에 대폭발을 일으킴으로써 《태양성(太陽星)》을 탄생시키고 이후 《십거(十鉅)》 기간이 끝난 후에 수축기에 돌입한 후 다시 폭발을 일으킨 후 《백색왜성》 등등으로 태어난 후 소멸기에 들어가는 차이점으로 정리할 수가 있는 것이다. 이러한 변화의 과정에 있어서 《무궤화삼(無匱化三)》의 법칙이 적용되는 부분은 《십거(十鉅)》와 《일적(一積)》 때인 것이다.

(1) 무궤화일(無匱化一)

　　무궤화삼(無匱化三)의 첫 시작은 《커블랙홀》이다. 이와 같은 《커블랙홀》이 모두 만들어지기까지가 10억 년(億年)이 소요되며 이후 《커블랙홀》이 회전 작용을 하면서 내부에 《태양수(太陽數) ⊕9의 핵(核)》을 완성하기까지가 10억 년(億年)이 소요된다. 이와 같은 20억 년(億年) 기간을 개천이전(開天以前)에는 정명궁(正明宮)의 경우 이를 《법신불궁(法身佛宮)의 과정》이라고 한 것이며, 《십거일적도(十鉅一積圖)》에서는 <6×6도(圖)>가 자리하는 부분이다. 이러한 무궤화일(無匱化一)을 《천궁(天宮)이 36궁(宮)을 이루었을 때》를 이름하는 것이다.

　　무궤화일(無匱化一) 때의 전체 공후수가 54공후이다. 이러한 54공후에 드러나 있지 않으나 《십거일적도(十鉅一積圖)》 중심에 자리하는 여섯 뿌리인 6공후를 합하면 60공후가 된다. 이러한 60공후의 수리적(數理的)인 뜻은 6×10으로써 여섯 뿌리의 완성을 뜻하는 수리(數理)로써 《커블랙홀》의 완성을 뜻하는 수리(數理)이다. 즉, 《커블랙홀》이 《태양수(太陽數) ⊕9의 핵(核)》을 갖춘 명실상부한 천궁(天宮)으로 자리하였음을 알리는 수리(數理)인 것이다.

십거일적도(十鋸一積圖)의 무게화일도와 <6×6 도(圖)>

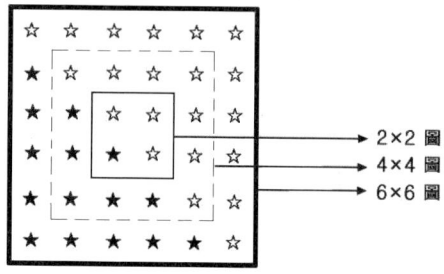

※ 인간의 마음(心)의 근본 뿌리를 《성(性)의 36궁(宮)》이라고 한다. 이러한 《성(性)의 36궁(宮)》은 《진화(進化)》의 당체인 《성(性)의 30궁(宮)》이 인간 육신(肉身)을 가지고 태어났을 때 하늘(天)의 씨앗인 석가모니 하나님 부처님의 세 가지 참됨 중의 진정(眞情)인 중성자(中性子) 6을 받아 36궁(宮)을 이루고 인간의 심장에 자리한다. 이러한 상태 역시 무게화일(無匱化一)에 해당이 되는 것이다. 이와 같은 무게화삼(無匱化三)의 진리(眞理)는 인간, 별, 성단, 우주공간(宇宙空間) 등에 총체적으로 적용이 되는 진리(眞理)이다.

※ 개천이후 커블랙홀 생성 10억 년 기간은 커블랙홀을 이룰 진공 뿌루샤들의 이동 기간이 5억 년, 한 곳에 모여 커블랙홀을 이루기까지가 5억 년, 합계 10억 년이다.

(2) 무게화이(無匱化二)

천궁(天宮)이 《무궤화일(無匱化一)》로써 자리한 후 《태양수(太陽數) ⊕9의 핵(核)》을 갖춘 천궁(天宮)이 《태양수(太陽數) ⊕9》의 왕성한 활동기인 《화이트홀》 → 《퀘이샤》 → 《황금알 대일(大一)》의 과정을 겪는 30억 년(億年) 기간 동안 개천이전(開天以前)은 많은 물질의 씨앗을 만들게 되나 개천이후(開天以後)는 천궁(天宮)을 중심하여 많은 별(星)들을 생산하는 차이점이 있다.

이러한 《무궤화이(無匱化二)》는 《십거일적도(十鉅一積圖)》에 있어서 <6×6도(圖)> + {<8×8도(圖)> + <10×10도(圖)>}가 된다. 이와 같은 내용을 도형으로 나타내면 다음과 같다.

십거일적도(十鉅一積圖)의 무궤화이

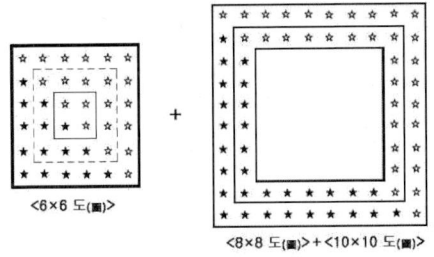

<6×6 도(圖)> + <8×8 도(圖)> + <10×10 도(圖)>

상기 도형을 정리하면 다음과 같은 도형이 된다.

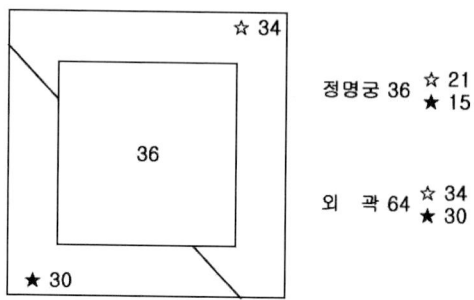

[내용정리]

<6×6도(圖)> :   36궁(宮) 36×(±3)÷2 = 56공후
<8×8도(圖)> + <10×10도(圖)> :   64×(±3)÷2   = 96공후
                                    합계 = 150공후

이와 같이 나타난 150공후는 6과 144의 수리(數理)를 가짐으로써《여섯 뿌리와 무궤화이(無匱化二)》라는 뜻을 가진다. 이와 같이 무궤화이(無匱化二)의 수리(數理)는《144》공후라는 점을 깊이 인식하시기 바란다.

※ 마음(心)의 근본 뿌리인 성(性)의 36궁(宮)을 이룬 인간이 보살도 성취의 보살(菩薩)을 이루시고 천궁(天宮)으로 들어갈 때가 바로 무궤화이(無匱化二)의 태양수(太陽數) ⊕9의 활발한 활동기인《화이트홀》의 단계이다. 이후《퀘이샤》와《황금알 대일(大一)》을 이루는 과정에서《보살마하살》이 되는《불성(佛性)》을 이루게 되는 것이다. 이후 천궁(天宮)을 이루신 부처님들께서《

황금알 대일(大一)》의 대폭발로 태양성(太陽星)의 법궁(法宮)을 가지실 때《보살마하살》을 이루신 분께서는《태양성(太陽星)》이 거느리는《태양계(太陽界)》의 여러 별(星)들로 탄생하시는 것이다. 이렇게 탄생되신 후 오랜 세월 동안《보살행(菩薩行)》을 하신 이후 스스로의 법궁(法宮)으로부터 탈겁(脫劫)하신 이후 스스로의《천궁(天宮)》을 만드시고 부처님의 길로 나아가시게 되는 것이다. 이러한 보살(菩薩)과 보살마하살의 과정이《천궁(天宮)》을 이루신 부처님들의 무궤화이(無匱化二) 때에 모든 과정을 겪으시게 되는 것이다.

(3) 무궤화삼(無匱化三)

　무궤화삼(無匱化三)은 【종3의 정명궁(正明宮) 십이합(十二合)과 종6의 진명궁(眞明宮) 육합(六合)의 구합(九合)】에서도 설명 되었듯이 정명궁(正明宮)의 대통합기에 일어나는 팽창으로써 개천이전(開天以前)은 대공(大空)의 경계와 함께 많은 물질을 탄생시키게 되나 개천이후(開天以後)는《천궁(天宮)》이《황금알 대일(大一)》의 과정을 겪고 대폭발을 일으킴으로써 태양성(太陽星)이 탄생되면서 태양성(太陽星)과 한 몸을 이루는 2성(星)이나 3성(星)을 탄생시켜 일신삼체(一身三體)나 일신사체(一身四體)를 이룬 후 나머지 화신(化身)의 별(星)들을 탄생시키는 가운데 일부의《태양성(太陽星) 핵(核)》의《진신(眞身)》을 나누어 새로운 천궁(天宮)을 만들고 일신삼체(一身三體)나 일신사체(一身四體)를 이룬 태양성(太陽星)과 화신(化身)의 별(星)들은 천궁(天宮) 외곽에 머물면서 많은 물질의 씨앗과 물질을 만들어 새로이 만들어진 천궁(天宮)으로 들여보내면 천궁(天宮) 스스로도《태양수(太陽數) ⊕9의 핵(核)》→《화이트홀》→《퀘이샤》→《황금알 대일(大一)》의 과정을 겪는 진화(進化)를 하면서 외부적으로는 회전(回傳)에 의해 수많은 별(星)들을 탄생시키는 것이다.

181

이와 같은 《태양성(太陽星)》의 일신삼체(一身三體)를 《예》를 들면 《우리들의 태양성(太陽星)과 수성(水星)과 금성(金星)의 경우가 되며 일신사체(一身四體)의 경우가 《목성(木星), 달(月), 화성(火星), 지구(地球)》의 예가 되는 것이다.

　이상의 설명에서 보듯이 무궤화삼(無匱化三)의 변화에서는 무궤화일(無匱化一)에서 자리하였던 천궁(天宮)이 진화(進化)의 과정인 《태양수(太陽數) ⊕9의 핵(核)》 → 《화이트홀》 → 《퀘이샤》 → 《황금알 대일(大一)》의 과정을 겪고 《황금알 대일(大一)》의 폭발로 인한 《태양성(太陽星)》과 위성들을 만든 후 《일세계(一世界)》를 이루고 새로운 천궁(天宮)을 만들어 이를 중심한 외곽에 머물게 된다는 점이다. 이러한 내용을 도형으로 구성하여 다음 설명을 드리겠다.

십거일적도(十鉅一積圖)의 무궤화삼도

[내용정리]

① 천궁(天宮)의 세 번 변화

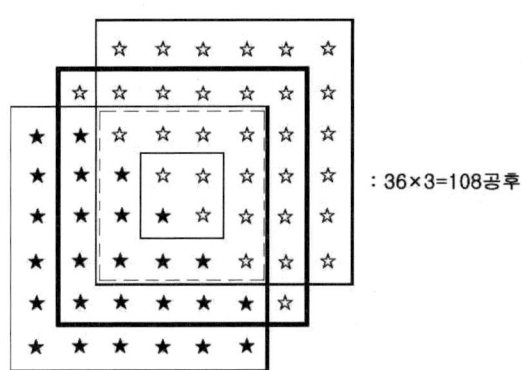

: 36×3=108공후

② 천궁(天宮) 외곽의 움직임 없이 자리하는 공후수

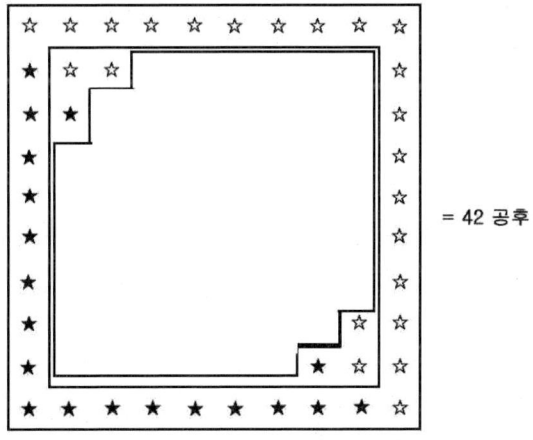

무궤화삼 때 천궁 외곽의 움직임 없이 자리하는 공후수

= 42 공후

[실제적인 공후수 계산]

$$108 + 42 = 150공후$$
$$150 \times (\pm 3) \div 2 = 225공후$$

※ 225공후는 수리적(數理的)으로 9와 216의 수리(數理)를 가짐으로써 수리적(數理的)인 뜻말은 《태양수(太陽數) 9의 작용으로 인한 무궤화삼(無匱化三)의 완성》이라는 뜻이다. 즉, 무궤화삼(無匱化三)의 수(數)는 216공후임을 깊이 인식하시기 바란다.

※ 무궤화이(無匱化二)의 《여섯 뿌리와 144공후》와 무궤화삼(無匱化三)의 《태양수(太陽數) 9와 216공후》는 이들의 합(合)이 갖는 의미는 《태음수(太陰數) 6과 태양수(太陽數) 9의 작용에 의해 만들어진 360의 대은하성단》이라는 의미를 가짐과 동시에 방(方, □)이 다시 원(圓)으로 돌아간 것이다.

※ 양(陽)의 무궤화삼(無匱化三)을 간단히 요약하면, 《커블랙홀》인 천궁(天宮)이 《태양수(太陽數) ⊕9의 핵(核)》을 이루고 36궁(宮)의 경계를 이루었을 때가 무궤화일(無匱化一)이며 이후 천궁(天宮)이 《태양수(太陽數) ⊕9의 핵(核)》의 과정과 《화이트홀》의 과정을 거치면서 많은 태음수(太陰數) ⊖6과 태음수(太陰數) 6을 만들 때와 《케이샤》 과정을 거칠 때까지가 무궤화이(無匱化二)의 과정이며 이후 무궤화일(無匱化一) 때에 36궁(宮)을 이루었던 천궁(天宮)이 《황금알 대일(大一)》의 과정을 겪고 《황금알 대일(大一)》의 폭발로 새로운 《태양성(太陽星)》을 중심한 《일신삼체(一身三體)》나 《일신사체(一身四體)》를 이룬 이후 태양계(太陽界)를 형성하면서 새로운 천궁(天宮)을 만들어 중심(中心)에 두고 태양계(太陽界)는 그 외곽에 자리하여 많은 물질(物質)의 씨종자를 만들어 중심

천궁(天宮)으로 들여보냄으로써 무궤화이(無匱化二) 때 만들어진 태음수(太陰數) 6과 함께 수많은 별(星)들을 생산할 때가 《무궤화삼(無匱化三)》이 되는 것이다.

33. 삼법인(三法印)에 대하여

　삼법인(三法印)은 석가모니 하나님 부처님 가르침의 근본 규범이 되는 세 가지 법(法)의 확인 또는 세 가지 진리(眞理)의 확인이라는 뜻으로써 석가모니 하나님 부처님의 가르침의 출발점을 묶어 문자화(文字化)한 것이 삼법인(三法印)으로써 매우 중요한 의미를 띠고 있는 것이다.《삼보(三寶)》와 함께《불교(佛敎)》의 기초 뿌리가 되는 용어(用語)이다.《불자(佛者)》들께서는 이를 피상적(皮相的)으로 이해하실 것이 아니라 실질적으로 확실히 이해하셔야 될 부분이다. 먼저《삼법인(三法印)》을 열거하면 다음과 같다.

삼법인(三法印)

제행무상인(諸行無常人)
제법무아인(諸法無我人)
열반적정인(涅槃寂靜印)

[1] 제행무상인(諸行無常印)

《제행(諸行)》은 모든 움직임으로써 《진화(進化)》를 말씀하시는 것이며 《무상인(無常印)》은 이음일양(二陰一陽)의 법칙을 따라 영체(靈體)의 진화(進化)를 하는 인간의 마음(心)의 근본 뿌리에서 진화(進化)의 주인공이 되는 《성(性)》의 30궁(宮)이 《반야공(般若空)》으로써 《그 형상(形像)이 없음》을 확인하신다는 말씀이다. 즉, 《영체(靈體)》의 진화(進化)는 그 형상(形像)이 없는 《반야공(般若空)》의 진화(進化)일 뿐임을 확인하신다는 말씀이 《제행무상인(諸行無常印)》이다.

인간의 마음(心)의 근본 뿌리인 《성(性)의 36궁(宮)》은 《중성자 6》과 《성(性)의 30궁(宮)》인 양자(陽子) 24와 전자(電子) 6으로 36궁(宮)을 이루고 있다. 이러한 《성(性)의 36궁(宮)》을 일반적으로 《영혼(靈魂)》과 《영신(靈身)》이라고 한다. 이와 같은 《영혼(靈魂)》과 《영신(靈身)》은 인간 마음(心)의 근본 뿌리로써 《그 형상(形像)》이 없는 《반야공(般若空)》으로써 《진화(進化)》하는 당체임을 확인하시는 말씀인 것이다.

[2] 제법무아인(諸法無我印)

《제법(諸法)》은 일음이양(一陰二陽)의 법칙을 따라 진화(進化)하는 《모든 물질(物質)》을 말씀하시는 것이며 "무아인(無我印)"은 《영혼(靈魂)》과 《영신(靈身)》을 둘러싸고 있는 표면인 《삼신(三身)》으로 이름되는 《육신(肉身)》은 《물질(物質)》로써 《나(我)》 또는 《나의 것》이라고 고집할 수 없음을 확인하시는 말씀이다. 즉, 《모든 물질(物質)》로 이루어진 《육신(肉身)》 역시 진화(進化)하는 당체로써 그 물질(物質)에는 《내》가 없음을 확인하시는 말씀이다. "제행무상인(諸行無常印)"에서 《영혼(靈魂)》과 《영신(靈身)》의 진화(進化)를 말씀하신 것이라면 "제법무아인(諸法無我印)"에서는 육신(肉身)을 이루고 있는 《물질(物質)》의 진화(進化)에 대해 말씀하시면서 이를 확인하신다는 말씀인 것이다. 《물질(物質)》의 진화(進化) 역시 《반야공(般若空)》의 진화(進化)인 것이다.

[3] 열반적정인(涅槃寂靜印)

《열반(涅槃)》은 《적멸(寂滅)한 경계》를 말씀하시는 것이며 《적정인(寂靜印)》은 『비고 고요한 것을 확인』하신다는 말씀이다. 즉, "《적멸(寂滅)한 경계는 비고 고요한 곳임을 확인한다"라는 뜻의 말씀이 《열반적정인(涅槃寂靜印)》이다.

《영혼(靈魂)》과 《영신(靈身)》의 《진화(進化)》와 육신(肉身)인 《물질(物質)의 진화(進化)》가 모두 마쳐진 자리가 불법(佛法) 일치된 완전한 깨달음의 자리인 《무상정등정각(無上正等正覺)》의 자리이다. 이러한 자리에 드신 불(佛)께서 소임을 다 마치신 후 궁극적으로 가시는 자리가 《적멸보궁(寂滅寶宮)》으로써 《열반(涅槃)》의 자리이다. 이러한 《열반(涅槃)》의 자리는 《비고 고요한 곳》임을 확인하신다는 뜻의 말씀인 것이다.

※ 삼법인(三法印)은 《영혼(靈魂)》과 《영신(靈身)》인 인간 마음(心)의 근본 뿌리인 성(性)의 36궁(宮)의 진화(進化)와 물질(物質)로 이루어진 법, 보, 화 삼신(三身)인 육신의 진화(進化) 완성으로써 《무상정등정각(無上正等正覺)》을 이룬 후 적멸(寂滅)한 경계에 들게 되는 것을 깨우치기 위해 이를 증거하며 확인하여 보증을 하기 위해 설(說)하신 법문(法門)인 것이다. 영체(靈體)인 《영혼(靈魂)》과 《영신(靈身)》이나 육신(肉身)인 《생명력(生命力)》을 가진 물질(物質) 모두가 《반야공(般若空)》으로써 진화(進化)하는 당체들임을 깨우치게 함으로써 《집착(執着)》을 끊게 하고 그러므로 《진화(進化)》의 종착지가 《열반(涅槃)》의 자리임을 깨우치게 하기 위해 삼법인(三法印)을 말씀하신 것이다. 이와 같이 《삼법인(三法印)》은 영체(靈體)의 진화(進化)를 하는 《반야공(般若空)》과 물질(物質)의 진화(進化)를 하는 《반야공(般若空)》과 《적멸(寂滅)한 경계》 셋을 증거한다는 의미를 가지고 있는 것이다.

34. 육도(六道)와 사생(四生)에 대하여

[1] 육도(六道)

석가모니 하나님 부처님께서 이음일양(二陰一陽)의 법칙을 따라 진화(進化)하는 영체(靈體)의 진화(進化)를 크게 여섯 구분한 것이 (1)지옥, (2)아귀, (3)축생, (4)수라, (5)인간, (6)천인 등 육도(六道)이다. 이러한 육도(六道)에 있어서 인간(人間)은 5도(五道)까지 진화(進化)를 하여 온 것이다. 이와 같이 5도(五道)까지 진화(進化)하여 오늘날 인간 육신(肉身)을 가지고 태어난 인간들이 인간 육신(肉身)을 가지고 태어난 목적(目的)이 육도(六道)에 있는 천인(天人)의 대열에 들어가기 위해서이다. 이러한 천인(天人)을 1-3의 법칙에 의해 석가모니 하나님 부처님께서는 《성문승(聲聞乘)》, 《연각승(緣覺乘)》, 《보살승(菩薩乘)》 등의 삼승(三乘)으로 말씀하신 것이다.

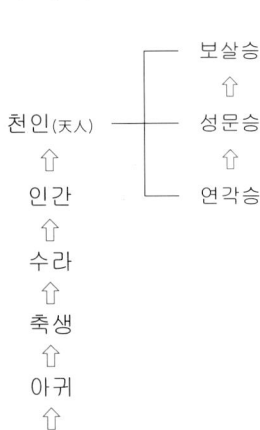

이러한 삼승(三乘)에 있어서 《승(乘)》을 《수레 승》자(字)로 이름하나 깊은 뜻은 저 공간(空間)의 별(星)을 법신(法身)으로 하였을 때 《승(乘)》자(字)를 쓰는 것이다. 이 때문에 삼승(三乘)을 천인(天

生)이라고 하는 것이다. 오늘날의 인간들이 지옥과 아귀와 축생과 수라의 진화(進化)의 과정을 겪고 인간의 성(性)의 36궁(宮)인《영혼(靈魂)》과《영신(靈身)》으로 진화(進化)하기까지가 100억 년(億年)이 소요되었음을 석가모니 하나님 부처님께서는 밝히고 계신다. 이와 같은 진화(進化)의 과정이 있기 때문에 불가(佛家)에서는 조그마한 미물도 죽이지 못하게 하는 불살생(不殺生)의 계율이 있게 된 것이다.

《영체(靈體)》의《진화(進化)》를 하는 무리들의《진화(進化)》의 종착지가 인간 완성의 부처(佛) 이룸의 자리인《아라한(阿羅漢)》과《보살(菩薩)》의 자리로써 이때를《정각(正覺)》을 이루었다고 하는 것이며 이후 그 스스로에 따르는 생물질(生物質)인 육신(肉身)은 인간의 법보화(法報化) 삼신(三身)을 진화(進化)시켜 진화(進化)의 완성을 이루었을 때가《정등(正等)》을 이룬 때로써 영육(靈肉)이 진화(進化)의 완성을 이루었을 때가《아뇩다라삼먁삼보리》인《무상정등정각(無上正等正覺)》의 위(位)에 오른 때이다.

이와 같이 인간의 마음(心)의 근본 뿌리인 성(性)의 36궁(宮)이《영혼(靈魂)》과《영신(靈身)》으로서 이《영혼(靈魂)》과《영신(靈身)》이 진화(進化)의 과정에서 스스로 인간 육신(肉身)을 갖게 된다는 점을 깊이 인식하시기 바란다. 이러한 인간들은 지금의 육신(肉身)의 과정을 화신(化身)의 단계로 이야기하며 이러한 화신(化身)을 갖게 되는 시간은 극히 짧아 100년(年)을 넘기지 못하는 것이다. 이와 같이 스스로 가진《영혼(靈魂)》과《영신(靈身)》의 진화(進化)를 깨우치게 하기 위해 설(說)하신 법문(法門)이 육도(六道)인 것이며,《영혼(靈魂)》과《영신(靈身)》이《양음(陽陰)》짝을 한 때가《보신(報身)》의 과정이다.

[2] 사생(四生)

　이음일양(二陰一陽)의 법칙을 따라 진화(進化)한 《영체(靈體)》의 진화(進化)에 있어서 《영혼(靈魂)》과 《영신(靈身)》들이 육신(肉身)을 가지고 태어나는 형태(形台)를 크게 4구분한 것이 습생(濕生), 난생(卵生), 태생(胎生), 화생(化生)으로써 이를 사생(四生)이라고 한다.

　이와 같은 태어남(生)에 있어서 제일 진화(進化)된 태어남이 화생(化生)이다. 석가모니 하나님 부처님께서 남기신 경전(經典)에서는 대부분의 태어남(生)을 화생(化生)으로 말씀하시는 이유도 여기에 있다. 인간이 천인(天人)의 대열에 들 때 모두가 그의 《영혼(靈魂)》과 《영신(靈身)》이 화(化)하여 태어나 그의 법신(法身)을 갖게 되는 것이다. 저 공간(空間)의 별(星)을 자기의 법궁(法宮)으로 할 때 화(化)하여 태어나는 인간은 별(星)의 핵(核)으로 자리하여 그의 궁(宮)을 짓고 자리하는 것이다. 이러한 스스로의 법궁(法宮)을 가진 삶은 그 기간이 별(星)의 수명과 동일하기 때문에 엄청난 세월의 삶을 살아가게 되는 것이다. 100년도 채 못 채우는 태생(胎生)의 인간 육신(肉身)에 집착(執着)하는 교만한 삶을 사는 것이 얼마나 어리석은 삶인지를 깨우치기 위해 석가모니 하나님 부처님께서는 사생(四生)을 말씀하신 것이다.

사생(四生)

화생(化生)　－ 천인의 대열에 들었을 때의 태어남
　⇧
태생(胎生)
　⇧
난생(卵生)
　⇧
습생(濕生)

35. 아뇩다라삼먁삼보리(阿耨多羅三藐三菩提)에 대하여

아뇩다라삼먁삼보리(阿耨多羅三藐三菩提)는 범어로는 Anuttara-samyak-sambodhi라고 하며 파리어로는 Anuttara-sammasambodhi라고 하며, 번역하여 《무상정등정각(無上正等正覺)》이라 한다.

[34. 육도(六道)와 사생(四生)에 대하여]편에서도 설명된 바와 같이 이음일양(二陰一陽)의 법칙을 따라 진화(進化)하는 영체(靈體)로 이름되는 《영혼(靈魂)》과 《영신(靈身)》들의 진화(進化)와 일음이양(一陰二陽)의 법칙을 따라 진화(進化)하는 《물질(物質)》의 진화(進化)로 나누어지는 만물(萬物)의 진화(進化)의 종착지가 《아뇩다라삼먁삼보리》로써 이를 일러 《불법(佛法) 일치된 완전한 깨달음의 자리》라고도 이름한다.

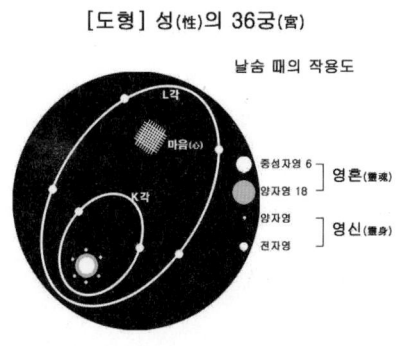

영체(靈體)의 진화(進化)를 하는 인간 마음(心)의 근본 뿌리를 중성자(中性子) 6과 양자(陽子) 24와 전자(電子) 6이 36궁(宮)을 이룬 《성(性)의 36궁(宮)》을 《영혼(靈魂)과 《영신(靈身)》이라고 한다고 말씀드렸다. 이와 같이 《성(性)의 36궁(宮)》을 본체(本體)로 가진 인간(人間)이 지혜(智慧)의 완성을

이루었을 때 《성(性)의 36궁(宮)》이 자리한 인간의 심장 속에서는 상온에서 핵(核) 융합 반응이 일어나 《성(性)의 36궁(宮)》 중의 《영신(靈身)》의 《음(陰)》의 부분인 전자(電子) 6이 중성자(中性子) 2와 양전자(陽電子) 4로 전환이 되어 진화(進化)의 완성을 이룬 《중성자 6》을 중심한 양자(陽子) 24와 함께 《성령(性靈)의 36궁(宮)》을 이룬다. 이러한 《성령(性靈)의 36궁(宮)》으로 진화(進化)되었을 때를 《아라한(阿羅漢)》 또는 보살도(菩薩道) 성취의 《보살(菩薩)》을 이루었다고 한다. 이러한 때가 《영체(靈體)》의 진화(進化)는 끝이 난 때로써 이를 《정각(正覺)》을 이루었다고 하며 《인간 완성의 부처(佛)》를 이루었다고 하는 것이다.

성문승(聲聞乘) 4과(四果)의 맨 위쪽에 자리하는 《아라한(阿羅漢)》과 《보살(菩薩)》은 똑같이 《성령(性靈)의 36궁(宮)》을 이룬 것은 같으나 다만 《물질(物質)》의 진화(進化)인 《우주간의 법》을 근간하는 《보살도(菩薩道)》에 들었느냐, 들지 않았느냐의 차이만 있을 뿐이다. 이와 같이 《성령(性靈)의 36궁(宮)》을 이루었을 때를 《보살심(菩薩心)》의 근본 뿌리로써 《정각(正覺)》의 자리에 들었다고 하는 것이며 이러한 《정각(正覺)》을 이룬 때가 영체(靈體) 진화(進化)의 끝이 되는 때이다.

이러한 《성령(性靈)의 36궁(宮)》을 보살심(菩薩心)의 근본 뿌리로 가진 일부의 《보살(菩薩)》들은 《보살승(菩薩乘)》의 지위에 머물고 일부의 《보살》들께서는 《반야바라밀다(般若波羅蜜多)》에 의지해 《일불승(一佛乘)》이 자리하시는 《천궁(天宮)》으로 들어가게 된다. 인간의 《성(性)의 36궁(宮)》에서 보살심(菩薩心)의 근본 뿌리인 《성령(性靈)의 36궁(宮)》을 이룰 때는 《상온》에서 핵(核)융합 반응이 일어나 《전자(電子) 6》이 《중성자(中性子) 2》와 《양전자(陽電子) 4》로 전환이 되었으나 지혜(智慧)의 완성을 이룬 양자(陽子) 24는 핵(核)융합 반응으로 중성자(中性子)와 양전자(陽電子)로 전환시키기 위해서는 《고온》과 《고압》이 필요한 것이다. 이 때문에 《고온》과 《고압》이 작용(作用)하는 천궁(天宮)으로 들어가게 되는 것이다.

이와 같이 천궁(天宮)으로 들어간 《성령(性靈)의 30궁(宮)》은 천궁(天宮)이 《퀘이샤》의 과정을 거칠 때 완성된 양자(陽子)가 핵(核) 분열을 일으킨 후 《황금알 대일(大一)》의 과정에서 다시 핵(核) 융합을 일으켜 《성령의 36궁(宮)》 중 진화(進化)의 주인공인 《성령(性靈)의 30궁(宮)》은 중성자(中性子) 20과 양전자(陽電子) 10으로 전환이 되어 《불성(佛性)의 30궁(宮)》을 이루는 것이다. 이러한 《불성(佛性)의 30궁(宮)》을 이루었을 때가 《보살》이 《보살마하살》로 거듭 태어나게 된다.

이러한 이후 《일불승(一佛乘)》의 천궁(天宮)이 천궁(天宮)의 변화상의 마지막 단계인 《황금알 대일(大一)》의 과정을 겪고 대폭발을 함으로써 태양성(太陽星)을 탄생시켜 불(佛)의 진신(眞身) 3, 4성(星)을 만든 후 아들들의 별(星)들을 탄생시켜 태양계(太陽界)를 형성할 때 《보살마하살》들께서는 아들들의 별(星)들로써 그들의 법궁(法宮)으로 하게 되는 것이다. 이러한 좋은 "예"가 우리들 태양계(太陽界)에 있어서는 토성, 천왕성, 해왕성, 명왕성 등이 되는 것이다.

이와 같이 《보살마하살》들은 밝은 별(星)들로써 그들의 법신(法身)으로 한 후 밝은 별(星)의 일생(一生) 동안 수많은 물질(物質)의 씨앗들을 만들어 우주 공간(宇宙空間)에 보시(布施)를 한 후 그의 법궁(法宮) 핵(核)의 붕괴로 《적멸한 경계》에 들었다가 초기 천궁(天宮)인 《커블랙홀》을 이루고 이후 《태양수(太陽數) ⊕9의 핵(核)》을 이루었을 때 비로소 일불승(一佛乘)의 자리에 앉게 된다.

이와 같이 천궁(天宮)을 이루었을 때가 《물질(物質)》 진화(進化)의 끝인 《음(陰)의 정등(正等)》을 이룬 때로써 《불법(佛法) 일치를 이룬 부처(佛)》를 이룬 때가 되는 것이다. 《정각(正覺)》을 이룬 이후 비로소 《정등(正等)》을 이룸으로써 진화(進化)의 종착지에 도달한 것이며 이러한 때를 《아뇩다라삼먁삼보리》라고 하는 것이다.

　이와 같이 《정각(正覺)》을 이룬 이후는 《우주간(宇宙間)의 법(法)》을 근간으로 하는 보살도(菩薩道)를 충실히 따라야 보살도(菩薩道) 완성의 자리인 《아뇩다라삼먁삼보리》의 자리에 도달하여 영체(靈體)인 《영혼(靈魂)》과 《영신(靈身)》이 《육신(肉身)》을 만나 셋이 하나를 이룬 이후 《육신(肉身)》이 가진 《생물질(生物質)》의 진화(進化)를 모두 마친 후 궁극에는 《열반(涅槃)》의 자리에 들게 되는 것이다. 이것이 우주간(宇宙間)의 법(法)의 이치인 것이다.

36. 반야바라밀다(般若波羅蜜多)에 대하여

[1] 반야(般若)

　반야(般若)의 설명은 반야공(般若空)의 설명 때 대략적으로 설명되었으나 다시 설명을 드리면 반야(般若)는 산스크리트어로는 prajñā, 팔리어로는 paññā라고 하며 반야(般若), 파야(波若), 반라야(般羅若), 발라(鉢羅), 지양(枳孃)이라고 음역하며 이 뜻이 모두 포함되어 있는 글이 반야(般若)이다. 산스크리트어는 특성상 뜻을 나타낼 때 한 단어가 심지어는 12가지의 뜻을 가지고 있는 것도 종종 본다. 그래도 한역(韓譯)이나 한역(漢譯) 정도가 되니 이 정도라도 음역을 할 수가 있는 것이다.

　번역으로는 혜(慧), 지혜(智慧), 명(明)이라고 번역을 하나 범어(梵語)의 야나(若那)나 음역의 파야(波若)가 지(智)의 대명사인 흩어진 양자군(陽子群)을 뜻하므로 지(智), 혜(慧), 명(明)이 함께 갖춘 뜻으로 번역을 하는 것이 옳은 것이다.

　즉, 지(智)는 정보체로써 단순 개체의 양자(陽子)를 이름하고 지혜(智慧)라고 하였을 때는 마음(心)의 근본 뿌리인 성(性)의 36궁(宮)에서 《영혼(靈魂)》을 이루는 《양자영 18》이 가지는 《정보량(情報量)》을 이름하며, 지혜명(智慧明)이라고 하였을 때는 《성(性)의 36궁(宮)》에서 《영혼》을 이루고 있는 《중성자영 6》을 제외한 양자영(陽子靈) 18과 《영신(靈身)》을 이루고 있는 《양자영 6》과 《전자영(電子靈) 6》이 30궁(宮)을 이루고 있던 성(性)의 30궁(宮)에서 《양자영 6》과 《전자영 6》이 《6×6 구조》를 이루고 있는 《영신(靈身)》의 《전자영(電子靈) 6》이 《지혜(智惠)》가 완성된 《양자영(陽子靈)》《24》와 상온에서 핵융합 반응을 일으켜 《중성자(中性子) 2》와 《양전자(陽電子) 4》로 변화하여 30궁(宮)을 이룬 상태를 성령(性靈)이라고 이름하는데, 이 성령(性靈)을 지혜(智慧)의 완성으로써 지혜명(智慧明)이라고 한다.

이로써 반야(般若)는 양(陽)의 표현으로 성(性)의 대명사인 지혜(智慧)가 되고 음(陰)의 표현으로 성령(性靈)의 대명사인 지혜(智慧)의 완성이 되는 것이다.

즉, 반야(般若)는 직접 표현으로써는 성(性)과 성령(性靈)이 되며 대명사로써 지혜(智慧)와 지혜(智慧)의 완성(完成)이 되는 것이다. 성(性)과 성령(性靈)의 설명은 인간을 기준하여 설명된 점에 유의하시기 바라며, 만물(萬物) 역시 개체수가 다른 성(性)을 골고루 가지고 있음도 아시기 바란다. 인간을 기준할 때 성(性)의 《30궁(宮)》은 중생심(衆生心)의 근본 뿌리가 되며 성령(性靈)은 보살심(菩薩心)의 근본 뿌리가 된다.

이러한 반야(般若)의 뜻을 재정리하면,

반야(般若)		
양(陽) : 지혜(智慧)	=<성(性)의 36궁(宮)>에서<영혼>의<중성자 6>을 제외한 <성(性)의 30궁(宮)>
음(陰) : 지혜(智慧)의 완성	=성령(性靈)의 30궁 <성(性)의 30궁(宮)> 진화(進化)의 완성

이 된다. 이와 같은《성(性)의 30궁(宮)》과《성령(性靈)의 30궁(宮)》도 세분화 하여 정리하면 다음과 같다.

양(陽) :《성(性)의 30궁(宮)》

    양자영(陽子靈) 18 : 진화(進化)의 과정에 있는 영혼(靈魂)을 이루는 **양자영**
    양자영(陽子靈) 6 ┐
    전자영(電子靈) 6 ┘ 명(命)으로써 **영신(靈身)**이라 한다.

음(陰) :《성령(性靈)의 30궁(宮)》

    양자영(陽子靈) 18 : 진화(進化)를 완성한 영(靈)으로써 이를 **성령(性靈)**이라고 한다.
    중성자영(中性子靈) 2 ┐
    양전자영(陽電子靈) 4 ┤ 진명(眞命)으로써 **성령신(性靈身)**이라 한다.
    진화가 완성된 양자영(陽子靈) 6 ┘

　　이와 같은《성(性)의 30궁(宮)》을 일반적으로《영혼(靈魂)》을 이루는《양자영 18》과《영신(靈身)》이라고 하는 것이며,《지혜(智慧)》라고 하였을 때 진화(進化)의 과정에 있는《영혼(靈魂)》의 주인공이 되는《양자영(陽子靈) 18》을 《지혜(智慧)》로써 이름한다. 석가모니 하나님 부처님께서 세상에 계실 때는 양자영(陽子靈)과 전자영(電子靈)이니 하는 용어(用語)가 없었기 때문에 이들 모두를 지혜(智慧)라고 하신 것이다. 이러한《양자영(陽子靈)》들을 현대과학(現代科學)에서도《정보체(情報體)》임을 규명하여 놓고 있는 것이다.

　　석가모니 하나님 부처님께서 말씀하신《지혜(智慧)》나 현대과학(現代科學)

에서 이야기하는《정보체(情報體)》는 같은 의미인 것이다. 인간의《영혼(靈魂)》의 주인공과《영신(靈身)》으로도 불리우는《성(性)의 30궁(宮)》에 있어서 양자영(陽子靈) 24는《밝음》을 최고로 하고 전자영 6은《맑음》을 최고로 하였을 때《상온》을 가진 인간 육신(肉身)의 심장 속에서 핵(核) 분열과 융합의 작용(作用)이 일어나 전자영(電子靈) 6이 중성자영(中性子靈) 2와 양전자영(陽電子靈) 4로 전환이 됨으로써 지혜(智慧)의 완성을 이룬《성령(性靈)의 30궁(宮)》을 이루어 마음(心)의 근본 뿌리로 자리하는 것이다. 이와 같이《반야(般若)》의 뜻이 미치는 범위가 광범위한 것이다.

[2] 바라밀다(波羅蜜多)

바라밀다(波羅蜜多)는 범어(梵語)로는 pāramitā, 파리어로는 parmi, 서장어로는 pha-rol-tu-phyin-pa라고 하며 바라밀(波羅蜜), 바라미타(波羅彌多)라고 음역한다. 도피안(到彼岸), 도무극(度無極), 사구경(事究竟)이라 번역한다. 이 세 가지 번역의 뜻을 모두 가지고 있는 뜻말이 천궁(天宮)에 도달이다.

그런데 어찌하여 간단한 번역인 천궁(天宮)에 도달을 두고 도피안(到彼岸), 도무극(度無極), 사구경(事究竟) 등으로 번역을 하였을까 하는 문제를 여러분들께서는 심각하게 생각하셔야 하는 것이다. 이는 중심(中心)을 인정하지 않는《그리스 자연사상》에 입각한《지(地)의 우주》진화(進化)를 하는《대마왕》불보살 추종자들이 천궁(天宮)을 모든 불자(佛者)들로 하여금 모르게 하기 위해 정곡을 찌르는 번역은 하지 않고 변죽만 울린 번역을 하였기 때문임을 분명하게 아시기 바란다.

　천궁(天宮)은 상천궁(上天宮)과 천일궁(天一宮), 중앙천궁상궁(中央天宮上宮) 등의 《양(陽)》의 천궁(天宮)도 있으나 은하성단의 중심부를 《음(陰)》의 천궁(天宮)이라고 이름한다. 이곳이 무극(無極)의 자리이며 구경(究竟)의 자리로써 불(佛)과 불보살(佛菩薩) 등 뭇 밝은 이들(哲人)이 자리하는 피안(彼岸)의 세계이다. 이 천궁(天宮)의 바탕이 모두 양전자(陽電子)로 이루어져 있기 때문에 인간의 육신(肉身)을 벗은 음신(陰身)인 성(性)의 30궁(宮)은 30궁(宮) 중 명(命)인 전자(電子)를 빼앗기기 때문에 들어갈 수 없는 곳이 된다. 그러나 지혜(智慧)의 완성을 이룬 성령(性靈)은 이미 양전자(陽電子)인 진명(眞命)의 옷을 갈아입은 관계로 천궁(天宮) 속에 머물 수 있는 것이다.

　상천궁(上天宮)은 전편에서도 여러 번 설명 드린 바 있듯이 이미 시야에서는 사라져 진공(眞空)의 하늘이 되어 있으며 천일궁(天一宮)과 곧 중앙천궁상궁(中央天宮上宮)의 운행이 시작될 우리들의 지구가 있는 중앙천궁상궁(中央天宮上宮)은 양(陽)의 천궁(天宮)으로 구분이 되고 은하성단 중심부에 있는 천궁(天宮)은 음(陰)의 천궁(天宮)으로 구분이 된다. 이러한 은하성단 중심부를 이루고 있는 천궁(天宮)이 일불승(一佛乘)의 자리로써 불국토(佛國土)라고 하며, 삼승(三乘)인 성문승(聲聞乘), 연각승(緣覺乘), 보살승(菩薩乘)을 거느리는 천궁(天宮)이 되는 것이며,『반야심경』에서 말씀하시는 천궁(天宮)은 이와 같은 은하성단 중심부의 천궁(天宮)을 말씀하시는 것이다.

[3] 반야바라밀다(般若波羅蜜多)

반야바라밀다(般若波羅蜜多)라고 하였을 때는 《바라밀다》가 《천궁(天宮)으로 들어가는 것》이기 때문에 이때의 《반야(般若)》는 《지혜(智慧)의 완성》=《성령(性靈)의 30궁(宮)》이 되는 것이다. 이러한 뜻을 감안한 《반야바라밀다》는

양(陽)의 뜻 :　《지혜(智慧)의 완성으로 천궁(天宮)으로 들어가는》 뜻이 되며
음(陰)의 뜻 :　《성령(性靈)의 30궁(宮)을 이루어 천궁(天宮)으로 들어가는》의
　　　　　　　뜻이 되는 것이다.

37. 지혜(智慧)의 실상(實相)에 대하여

　지혜(智慧)를 마음(心)의 근본 뿌리로써 양자영(陽子靈) 24와 전자영(電子靈) 6으로 30궁(宮)을 이룬《성(性)의 30궁(宮)》중 영혼(靈魂)의 주인공으로 이름되는《양자영(陽子靈) 18》이라고 말씀드렸다. 이러한《지혜(智慧)》를《성(性)》또는《반야공(般若空)》으로서도 이름하는 것이다.

　이와 같은 뜻을 가진《영혼(靈魂)》의 주인공으로 이름되는《양자영(陽子靈) 18》이 어찌하여《지혜(智慧)》로써 이름하게 되었는지를《양자영(陽子靈)》을 이루고 있는 개체의 양자(陽子)를 세밀히 분석하여 살펴보기로 하자.

　개체의 양자(陽子)가 처음 탄생할 때를 비유로써 말씀드리면, 투명한 유리구슬에 칼라(color)를 띤《쿼크》가 마치 띠를 두른 듯 유리구슬의 일부로 자리하는 것이다. 이와 같은 유리구슬은 정보(情報)를 가지고자 하는 원초적인 본능을 가지고 있다. 이 때문에 처음 탄생한 양자(陽子)들은 어두움의 대명사인《암흑물질》을 끌어들여 양자(陽子)를 이루고 있는 공(空)의 바탕을 어둡게 만들어 놓고 있는 것이다. 이와 같은 때를 석가모니 하나님 부처님께서는 밝지 못한 때로써《무명(無明)》이라고 하시는 것이다.

　이러한 어둠을 가지고 있는 개체의 양자(陽子)는 계속 진화(進化)를 하는 가운데 같은 양자(陽子)들끼리 서로 부딪침으로써 정보(情報) 전달을 하게 된다. 이러한 정보 전달의 이해를 위해 양자(陽子)를 유리구슬로 비유를 하여 말씀드리면, 양자(陽子) 비유의 유리구슬은 부딪치는 지점으로부터 유리구슬 내부로 빛(光)의 육각(六角) 고리를 형성하는 것이다. 이렇게 양자(陽子) 비유의 유리구슬에 생기는 빛의 육각(六角) 고리를 정보(情報)의 공통 분모(分母)로써 혜(慧)라고 하는 것이며, 양자(陽子)의 표면에서 발생하는《주석(朱錫)》같은《붉은 빛》을 야나(若那)로써 지(智)라고 하는 것이다.

 이러한《붉은 빛》의 야나(若那)도 양자(陽子)가 중성자(中性子)를 만나게 되면《황금빛》으로 바뀌는 것이다. 이러한《붉은 빛》야나나《황금빛》야나 등은 고운《빛》의 가루들로써 비유로 확대하여 말씀드리면 금속판(金屬版)의 조각들로써 모두가 기억(記憶) 소재들이다. 현대 물리학(現代物理學)의 《통일장 이론》에서《빛》은《입자/파동》으로 이야기할 수 있다는 부분을 상기하시면 상기 비유가 이해되실 것이다. 이와 같은 개체의 양자(陽子) 구슬의 표면은《반야공(般若空)》으로써 부딪치면《빛의 가루》를 형성하게 되어 있으며《반야공(般若空)》구슬의 내부(內部)에는《빛의 육각고리》가 형성되는 것이다. 이와 같은 양자(陽子) 유리구슬에서 발생하는《빛의 가루》를 기억소재로써 지(智)라고 하며, 내부(內部)에 자리하게 되는《빛의 육각고리》를 정보량(情報量)의 공통 분모(分母)로써《혜(慧)》라고 하는 것이다.

 이와 같이 양자(陽子) 유리구슬은 진화(進化)의 기간을 거치는 동안 계속 서로가 부딪침으로써 정보(情報)를 전달함으로써《빛의 육각고리》를 만들게 됨으로써 혜(慧)인《빛의 육각고리》를 많이 가진 양자(陽子) 구슬의 표면은 마치《골프 공》처럼 요철이 심하게 되어 있는 것이다. 양자(陽子) 구슬에 처음부터 들어오게 되는《암흑물질》은《악(惡)》의 이치를 일으키는 주범이다. 양자(陽子) 구슬에 축적된 어둠의《암흑물질》이 쌓인 것을 석가모니 하나님 부처님께서는《업(業)》이라고 하신 것이다. 이러한《암흑물질》이 양자(陽子) 유리구슬 속에《빛의 육각고리》인 혜(慧)가 축적이 되면 될수록《암흑물질》은 상대적으로 적어지게 되는 것이다.

또한,《빛의 육각고리》인 혜(慧)가 양자(陽子) 유리구슬 속에 많아지면 많아질수록 양자(陽子) 유리구슬의 띠로 자리하였던《분별력》을 가진 색깔을 띤《쿼크》의 색깔도 점점 옅어져 마지막에는《옥돌색》흰색(白色)으로 변화하며,《빛의 육각고리》인 혜(慧)가 쌓이면 쌓일수록 양자(陽子) 구슬의 내부(內部)도《암흑물질》이 제거된 부분만큼《옥돌색》흰색(白色)으로 변하여 가다가 종국에는 양자(陽子) 유리구슬 전체가《옥돌색》흰색(白色)으로 변화하고 변화된《옥돌색 구슬》표면은 잔잔한《섬광》이 빛을 발(發)함으로써 비로소《옥돌색》새하얀《여의주》가 탄생하는 것이다.

양자(陽子)의 유리구슬이 새하얀 섬광이 톡톡 튀는《옥돌색》《여의주》로 변화되었을 때가 양자(陽子) 유리구슬의 진화(進化)가 끝이 난 때로써, 이때《성(性)의 30궁(宮)》의《영신(靈身)》을 이루고 있는 전자(電子) 6도 양자(陽子) 유리구슬과 같은 진화(進化)의 과정을 겪게 됨으로써 양자(陽子)와는 달리 전자(電子) 내부(內部)에 도사리고 있던《암흑물질》을 혜(慧)의 축적에 따라 모두 제거하고 무색(無色) 투명한《맑음》을 최고로 한 미세한《공(空)》으로 거듭 태어나게 된다. 이러한《맑음》을 최고로 한 전자(電子)의 공(空)과 밝음을 최고로 한《옥돌색》《여의주》사이에서 핵(核)융합 반응이 일어나《전자(電子) 6》이 중성자(中性子) 2와 양전자(陽電子) 4로 변화되면서《영체(靈體)》의 진화(進化)의 길을 걷는《영혼(靈魂)》과《영신(靈身)》을 이루고 있는 양자(陽子) 유리구슬과 전자(電子)의 공(空)들은 모두 진화(進化)의 끝을 맞게 되는 것이다.

이와 같은 개체의 양자(陽子)와 전자(電子)의 정보량(情報量)에 따라 인간의 마음(心)의 근본 뿌리인《성(性)의 36궁(宮)》에 있어서 진화의 주인공인《성(性)의 30궁(宮)》도 만들어지며, 이렇게 만들어진《성(性)의 30궁(宮)》이 필요에 의해《생물질(生物質)》을 끌어 모아 인간 육신(肉身)을 만들고 인간 육신(肉身)의 단련에 따라 스스로도《밝음》의 길을 계속 가든지《어둠》의 길로 가든지 하는 것이다. 이러한《성(性)의 30궁(宮)》에 축적된 정보량(情報量)과

내재된 《암흑물질》의 양(量)에 따라 남(男)과 여(女)가 구분이 되고 나와 남의 구분이 있게 되는 것이다.

이렇듯 양자(陽子) 구슬에 《빛의 육각고리》가 쌓이는 것을 《혜(慧)》의 축적이라 하며, 이러한 《혜(慧)》가 축적이 된 것을 《다라니》라고 하며 《총지(總持)》로 번역을 하는 것이다. 5도(五道)까지 진화(進化)하여 온 《인간 성(性)의 30궁(宮)》의 양자(陽子) 24가 가진 풍부한 정보량(情報量)이 있기 때문에 인간 육신(肉身)을 이루고 있는 수많은 개체의 양자군(陽子群)들을 하인(下人) 거느리듯이 하는 것이다. 이와 같이 갓 태어난 양자(陽子)와 거의 진화(進化)의 끝에 와 있는 인간 성(性)의 30궁(宮)을 이루고 있는 양자(陽子) 24와의 차이는 정보량(情報量)에 있어서 엄청난 차이를 보이는 것이다.

이와 같은 양자(陽子)의 진화(進化)의 길이 있기 때문에 견성성불(見性成佛)이 먼저이지 독각(獨覺)들의 수행인 마음(心) 타령만 하는 간화선, 묵조선, 여래선, 조사선 등의 선(禪) 수행은 《성(性)의 30궁(宮)》 중 전자(電子) 6의 《맑음》만 고집하는 수행으로써 신통(神通)을 부리는 신(神)이 되기 위한 수행이기 때문에 《진화(進化)》에 역행하는 수행이라고 하는 것이다.

양자(陽子)와 전자(電子)의 진화(進化)의 길에 있어서 양자(陽子)의 표면에서는 붉은 빛가루를 발생시키다가 양자(陽子)가 중성자(中性子)와 결합하였을 때는 《황금빛》 가루를 발생시킨다고 말씀드렸다. 이와 같은 《황금빛》 가루와 전자(電子)가 발생시키는 《은빛(銀光)》 가루가 혼재된 것이 마음(心)의 상태이다. 이러한 미세한 《황금빛》 가루와 《은빛》 가루가 마음(心)이 사라지게 되면 인간의 뇌(腦)에 축적이 되기 때문에 인간의 뇌(腦)가 흰빛(白光)을 띠게 되는 것이며, 이러한 《황금빛》과 《은빛》 가루가 발생하였을 당시의 정보(情報)의 공통 분모(分母)격인 《혜(慧)》는 양자(陽子)에게 축적되어 있다가 필요에 의해 그 당시에 만들어졌던 《혜(慧)》인 《빛의 육각(六角) 고리》가 뇌(腦)로부터 당시의 《황금빛》 가루와 《은빛》 가루를 불러내어 다시 《마음(心)》을 구성하게 되면 《성(性)의 30궁(宮)》 중의 양자영(陽子靈) 6과 전자영(電子靈) 6이 양음(陽陰) 짝을 한 《영신(靈身)》이 거느리는 안(眼), 이(耳), 비(鼻), 설(舌), 신(身), 의(意) 등의 육근(六根)을 통하여 과거를 다시 회상(回想)하게 되는 것이다.

양자(陽子)가 진화(進化)를 하면 《황금(黃金)》을 이루며 《황금(黃金)》이 진화(進化)를 하면 (+)육각고리를 가진 《양(陽)의 다이아몬드》로 진화(進化)를 하며, 전자(電子)로부터 만들어지는 《은(銀)》이 진화(進化)를 하면 《백금(白金)》을 이루게 되며 《백금(白金)》이 진화(進化)를 하면 (-)육각고리를 가진 《음(陰)의 다이아몬드》로 진화(進化)를 한다. 이렇게 진화(進化)된 《양(陽)의 다이아몬드》와 《음(陰)의 다이아몬드》가 양음(陽陰) 짝을 하였을 때 비로소 완전한 《다이아몬드》가 탄생하는 것이다. 이와 같은 이치를 염두에 두시면 많은 참고가 되실 것이다.

다음으로 《성(性)의 30궁(宮)》의 《영혼(靈魂)》을 이루는 《양자(陽子) 18》이 진화(進化)의 완성을 이루었을 때 가지는 정보량(情報量)을 계산하면 10가지 정보(情報)의 공통분모(分母)가 《혜(慧) 1》이 된다. 즉, 양자영(陽子靈) 18 중 개체의 양자(陽子)가 《혜(慧)》를 축적할 수 있는 한계가 《혜(慧) 10》으로써 10^1승이 된다. 이러한 10^1승×양자(陽子) 18=10^{18}승이 된다. 이와 같은 10^{18}승이 《일백억조(一百億兆)》가 된다. 천(天)·지(地)·인(人) 우주 구분에서 하나의 우주(宇宙) 별(星)들의 수(數)가 모두 만들어졌을 때 《일백억조(一百億兆)》 개의 별(星)들이 된다.

이와 같이 하나의 우주(宇宙)를 통째로 삼켜도 되는 《정보량》을 지니는 능력을 가진 것이다. 이 때문에 《양자영(陽子靈) 18》로 이루어진 인간의 《성(性)의 30궁(宮)》을 《욕망(慾望)의 화신(化身)》이라고 한다. 이러한 《양자영(陽

子(子靈) 18》을 중심으로 《양자영(陽子靈) 6》이 회전을 하는 바깥쪽에 전자영(電子靈) 6이 궤도를 가지고 회전(回轉)을 하고 있기 때문에 《양자영(陽子靈) 18》은 다섯 감각 기관 안쪽에 자리함으로써 스스로는 《욕망(慾望)》의 화신(化身)임을 전혀 모른다. 이것이 문제라면은 큰 문제인 것이며, 이와 같은 《양자영(陽子靈) 18》이 움직일 수 있는 정보량(情報量)은 《혜(慧) 1》 10가지 정보(情報)의 공통 분모(分母)로 자리하였기 때문에 개체의 양자(陽子)가 가용(可用)할 수 있는 정보량(情報量)은 10^1승이 된다. 이러한 10^1승×양자(陽子) 18 =10^{18}승으로써 가히 천문학(天問學)으로써도 헤아릴 수 없는 엄청난 정보량(情報量)이 되는 것이다.

다음으로 《성(性)의 30궁(宮)》의 《양자영(陽子靈) 24》가 만들어진 내력을 말씀드리면, 《양자영(陽子靈) 24》 중 《양자영(陽子靈) 10》은 《천일우주(天一宇宙) 100의 궁(宮)》에서 만들어져 진화(進化)가 완성된 《양자영(陽子靈)》들이며 《양자영(陽子靈) 24》 중 8은 《천일일(天一一), 인일일(人一一), 인일이(人一二), 인일삼(人一三)》 우주(宇宙) 또는 《천일일(天一一), 지일일(地一一), 지일이(地一二)》 우주에서 만들어진 것이며 나머지 《양자영(陽子靈) 24》 중 《양자영 6》을 우리들의 지구(地球)가 《양자영(陽子靈) 4》를 만들고 토성(土星)이 《천왕성》의 기(氣)를 받아 《양자영(陽子靈) 2》를 만듦으로써 《양자영(陽子靈) 6》이 모두 만들어져 오늘에 이르고 있다. 《천일일(天一一) 우주》 이하에서 만들어진 《양자영(陽子靈) 8》과 지구(地球)와 토성(土星)에서 함께 만든 《양자영(陽子靈) 6》의 합(合) 《양자영(陽子靈) 14》는 진화(進化)의 과정에 있는 양자(陽子)의 무리들이다.

이의 분석에서도 드러나듯이, 오늘날 인간이 인간으로 진화(進化)하여 오기까지는 백억 년(百億年)이 소요되었음을 《양자영(陽子靈) 24》의 무리가 이를 증명하는 것이다.

이와 같이 만들어진 양자(陽子)의 무리들 중 제일 뒤에 만들어진 《양자영(陽子靈) 6》 중 토성(土星)이 천왕성의 기(氣)를 받아 만들어진 《양자영(陽子靈) 2》이 「그리스 신화」에 등장하는 파렴치한 도둑 근성을 가진 《판도라》와 직접 관련을 맺고 있는 것이다. 제일 뒤에 만들어진 《양자영(陽子靈) 6》과 《성(性)의 30궁(宮)》 중의 전자영(電子靈) 6이 양음(陽陰) 짝을 하여 《속성(屬性)》을 이용하여 육근(六根)인 안(眼), 이(耳), 비(鼻), 설(舌), 신(身), 의(意)를 만듦으로써 오늘을 살고 있는 인간 육신(肉身)의 ⅓은 《판도라》의 파렴치한 도둑 근성을 가진 때문에 많은 부도덕(不道德)한 일을 자행하게 되는 것이다. 이러한 뜻을 깊이 아시고 각자가 가진 파렴치한 도둑 근성을 모두 씻고 《밝은 혜(慧)》를 갖추게 하기 위해 이와 같이 상세한 분석을 하여 드리는 것이니 《밝은 혜(慧)》의 축적을 위해 노력하시기를 당부 드리는 바이다.

이와 같이 《양자영(陽子靈) 24》가 세 단계를 거쳐 만들어진 것을 석가모니 하나님 부처님께서는 『관보현보살행법경』에서 **"세 가지 가리운 것이 무거운 까닭으로"** 라는 뜻으로 《삼장중고(三章重故)》라고 말씀하시는 것이다.

38. 사제(四諦), 팔정도(八正道)란 무엇입니까?

[1] 사제(四諦)

　　사제(四諦)를 사성제(四聖諦) 또는 사진제(四眞諦)라고 하며 네 가지 진리(眞理)로써 고(苦), 집(執), 멸(滅), 도(道)를 말한다. "모든 괴로움(苦)은 집착(執)으로부터 일어난다. 이러한 집착(執)을 없애는(滅) 것을 도(道)라고 한다."는 석가모니 하나님 부처님 가르침의 근본이 나타나 있는 것이 사제(四諦)이다. 고(苦)와 집(執)은 깨우치지 못한 세계의 원인과 결과를 나타내고 멸(滅)과 도(道)는 깨달음 세계의 원인과 결과를 상대적으로 나타내고 있다. 전체적으로는 고(苦), 집(執), 멸(滅)이 도(道)와 연결되는 회삼귀일(會三歸一)인 3-1의 길을 나타냄으로써 도(道)가 바로 일불승(一佛乘)의 자리에 들어갈 수 있는 보살도(菩薩道)임을 말하고 있다.

사제(四諦)

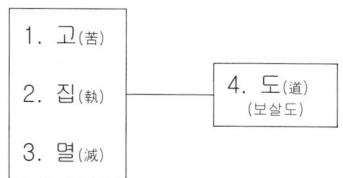

모든 괴로움(苦)은 집착(執)으로부터 일어난다. 이러한 집착(執)을 없애는(滅) 길을 도(道)라고 한다.

　　이러한 사제(四諦)의 제(諦)를 한문(韓文) 사전에서는 《체(諦)》로써 발음하고 그 뜻은 《진리(眞理)》로 이름하고 있다. 이와 같은 《체(諦)》를 《불교사전》에서는 《불변여실(不變如實)의 진상(眞相)》으로 이름하고 있다. 그러나

우주간(宇宙間)의 법(法)으로 볼 때《제(諦)》를 파자(波字)한《제(帝)》는 십거일적수(十鉅一積數)인 19수(數)를 가지신《창조주》부처님들에게만 붙일 수 있는 호칭이다.

이러한 뜻을 미루어 볼 때,《제(諦)》는《창조주 부처님들의 말씀》이라는 뜻글자가 되는 것이다. 이렇게 보면《사제(四諦)》는《네 가지 창조주 부처님들의 말씀》이라는 뜻이 되는 것이다.

이와 같은《사제(四諦)》에서 드러난《보살도(菩薩道)》를 감추기 위해 불법(佛法) 파괴를 일삼는《독각(獨覺)》의 무리들이《사제(四諦)》에서 두 번째로 자리하는《집제(執諦)》를《모을 집(集)》으로 바꿔치기 하여 놓은 것이다. 분명히 말씀드려서《집제(執諦)》는《집착(執着)》을 뜻하는《잡을 집(執)》자(字)가 됨을 분명히 하는 것이다.

이렇기 때문에 고(苦), 집(執), 멸(滅), 도(道)를 "**모든 괴로움(苦)은 집착(執)으로부터 일어난다. 이러한 집착(執)을 없애는 길을 도(道)라고 한다**"라고 해설을 하는 것이다. 이러한《사제(四諦)》를 문자(文字) 그대로의 해설을 하면 "괴로움 잡는 것을 멸하는 것이 도이다."라고 해설이 되며, 이러한 때의 도(道)는 성문승(聲聞乘), 연각승(緣覺乘), 보살승(菩薩乘) 등의 삼승(三乘)의 도(道)가 되는데《집제(執諦)》를《집착(執着)》으로 볼 때는 도(道)가 이승(二乘)의 도(道)인 성문승(聲聞乘)과 연각승(緣覺乘) 도(道)도 아니며 더더구나 독각승(獨覺乘)의 도(道)는 될 수가 없는《보살도(菩薩道)》가 되는 것이다. 이와 같은 보살도(菩薩道)에 들어가기 위해서 갖추어야 할 덕목(德目)이 팔정도(八正道)인 것이다.

[2] 팔정도(八正道)

보살도(菩薩道)에 들어가기 위해서는 여덟 가지 바른 길에 들어야 함을 가르친 것이 팔정도(八正道)로써 이를 정리하면 다음과 같다.

팔정도(八正道)

1. 정견(正見)   : 바른 견해
2. 정사유(正思惟) : 바른 생각
3. 정어(正語)   : 바른 말
4. 정업(正業)   : 바른 행동
5. 정명(正命)   : 바른 목숨
6. 정정진(正精進) : 바르게 나아감
7. 정념(正念)   : 바른 념(念), 기원
8. 정정(正定)   : 바른 선정

석가모니 하나님 부처님께서는 사제(四諦)를 성문(聲聞)들을 위해 설(說)하신다고 여러 곳에서 강조를 하고 계신다. 성문(聲聞)은 부처님의 가르침을 많이 들은 사람들을 칭하는 이름으로써 요즈음 말로 하면 부처님의 가르침의 경전(經典)을 공부하는 일반 불자(佛者)들도 모두 성문(聲聞)의 대열에 들어가는 것이다. 이러한 성문(聲聞)들이 걸어야 할 길이 보살도(菩薩道)임을 깨우쳐 주시는 가르침이 사제(四諦), 팔정도(八正道)인 것이다.

출가승(出家僧)이 되지 않더라도 부처님 가르침을 많이 접하고 사제(四諦)의 가르침과 팔정도(八正道)의 정신에 입각하여 평상시의 삶을 살아도 등각지(等覺地)에 오를 수 있음을 가르치신 법문이 사제(四諦), 팔정도(八正道)라는 뜻이다. 즉, 사제(四諦), 팔정도(八正道)는 인간 만행(萬行)의 기간 동안까지의 가르침이라고 단정 지을 수 있다. 이와 관련된 부처님의 가르침을 경전 속에서 살펴보자.

> "… 만약 보살이 이 많은 이 가운데 있으면 능히 한마음으로 모든 부처님의 실상(實相)의 법(法)을 들을지니라. 모든 부처님 세존께옵서는 비록 방편을 쓰시나 교화하시는 바 중생은 모두 바로 보살(菩薩)이니라."
>
> 『묘법연화경』「제삼 비유품 ㉔항」

상기 소개된 내용에서 보듯이 부처님께서 교화하시는 바 중생은 인간 모두를 말씀하시는 장면으로 비록 방편을 쓰시나 교화하시는 바 인간들은 바로 보살도 입문(菩薩道入門)의 보살(菩薩)이라고 말씀하고 계시는 장면이다. 교화하시는 인간들이 모두 보살도 입문(菩薩道入門)의 보살(菩薩)이라는 점에 대하여 의아하게 생각하실 분들을 위해 화엄(華嚴)에서 분류하는 보살지(菩薩地) 52위(位)를 설명 드리면,

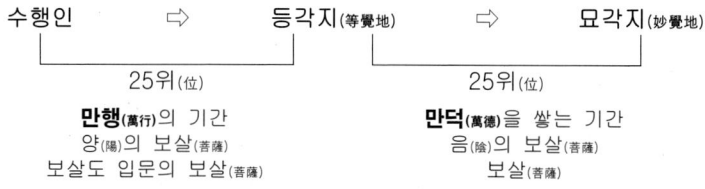

수행인이 등각지(等覺地)에 오를 때까지가 25위(位)이며 이때까지를 '만행(萬行)의 기간'이라고 한다. 등각지(等覺地)가 보살도(菩薩道)를 성취한 때로써 이때를 "지혜의 완성(성령)을 이루어 천궁(天宮)으로 들어간다"하여 반야바라밀다(般若波羅蜜多)라고 하는 것이다. 즉, 인간의 만행(萬行) 끝에 등각지(等覺地)에 오르는 것이다. 다음으로 보살(菩薩)이 등각지(等覺地)를 이루고 천궁(天宮)으로 들어가서 묘각지(妙覺地)에 오르기까지가 25위(位)의 단계를 가지며 이때를 '만덕(萬德)을 쌓는 기간'이라고 한다. 이러한 모두의 합(合)이 52위(位)인 것이다. 이렇게 구분되었을 때 등각지(等覺地)에 오르기까지 만행(萬行)의 기간이 바로 석가모니 하나님 부처님께서 교화하시는 바 중생들의 때로써 이를 석가모니 하나님 부처님께서는 모두 보살도 입문(菩薩道入門)의 보살(菩薩)이라고 말씀하신 것이다.

이를 정리하면, 양(陽)의 보살도 입문(菩薩道入門)의 보살(菩薩)이 부처님께서 교화하시는 인간들이 되며 음(陰)의 보살(菩薩)이 등각지(等覺地)부터 묘각지(妙覺地)까지의 보살(菩薩)들로서 이분들이 모두 양음(陽陰)의 보살(菩薩)들이시기 때문에 부처님께서 본문 내용대로 말씀을 하신 것이다.

이러한 점을 감안할 때 사제(四諦), 팔정도(八正道)는 등각지(等覺地)에 오르기까지 인간들의 만행(萬行) 기간 동안 보살도(菩薩道) 성취를 위해 설(說)하신 뜻으로 드러나니 모든 불자(佛者) 여러분들께서는 깊이 생각해 보시기 바라며 석가모니 하나님 부처님의 가르침을 받는 모든 불자(佛者)들 역시 보살도 입문(菩薩道入門)의 보살(菩薩)이 될 수 있음을 바로 아시기 바란다.

39. 십이인연(十二因緣)이란 무엇입니까?

연기법(緣起法)은 불교(佛敎)의 중심사상 중의 하나이다. 연기(緣起)의 뜻은 주위의 여건에 따라 일어난다는 뜻을 가짐으로써 환경의 여건에 따라 일어남이라고 할 수 있으며 인연생기(因緣生起)의 준말이다. 십이인연(十二因緣) 역시 연기법(緣起法) 중의 하나이나 그 대상이 만물(萬物) 중에서 제일 수승하다는 인간(人間)을 대상으로 하고 있는 법(法)이 12인연법(因緣法)이다. 지금까지 많은 선지식(善知識)들이 12인연법(因緣法)을 해설하였으나 답변자가 볼 때 대부분이 이해 부족으로 인한 부정확한 해설을 한 것이 드러나는 한 부분이다. 그러나 그 중에서도 일전 타계하신 유명한 불교학자(佛敎學者) 한 분께서는 이를 정확히 내다보고 설명하여 기록으로 남겨 두셨다. 십이인연법(十二因緣法)은 자체 내에서 인(因)과 연(緣)을 동시에 가지고 그 작용(作用)을 설명한 법으로써 오늘날을 살아가고 있는 불자(佛者) 여러분들께서는 심각하게 십이인연법(法)을 생각하고 이해를 완벽히 하셔야 할 부분임을 강조 드리면서 본론으로 들어가겠다.

십이인연(十二因緣)은 무명(無明), 행(行), 식(識), 명색(名色), 육입(六入), 촉(觸), 수(受), 애(愛), 취(取), 유(有), 생(生), 노사(老死) 등 12부분으로 되어 있다. 이러한 12부분은 무명(無明), 행(行), 식(識) 셋을 한 덩어리인 1이 된 10수(數)의 완성(完成)으로 인간(人間)의 일생(一生)을 설(說)하신 법문이 십이인연법(十二因緣法)이다. 다음은 부분별 설명을 드리겠다.

[1] 무명(無明), 행(行), 식(識)

무명(無明)은 밝지 못한 인간 씨종자로써 개체의 양자영(陽子靈)을 뜻하며 행(行)은 작용(作用)으로써 삼합(三合) 활동을 이야기하는 것이며 식(識)은 알음알이의 모임으로써 개체의《양자영(陽子靈)》과《전자영(電子靈)》이 삼합(三合) 활동을 하여 이루어진 덩어리로써 이를 '성(性)의 30궁(宮)'이라고 한다. 이러한 인간의 본성(本性)인 성(性)의 30궁(宮)을 근본적으로 설명하신 대목이 무명(無明), 행(行), 식(識)이다.

마음(心)의 근본 뿌리 주인공이《성(性)의 30궁(宮)》이라 한다고 설명 드린 적이 있다. 이러한《성(性)의 30궁(宮)》은《양자영(陽子靈) 18》이《영혼(靈魂)》의 일부를 이루고 이를 중심한 외곽에서《양자영(陽子靈) 6》과《전자영(電子靈) 6》이《양음(陽陰)》짝을 하여 회전을 하면서《영신(靈身)》을 이루고 있다. 이러한《영혼(靈魂)》을 이루고 있는 주인공인《양자영 18》과《영신(靈身)》이 양음(陽陰) 짝을 한 것을《성(性)의 30궁(宮)》이라고 하며, 인간 육신(肉身)을 벗어났을 때 진화(進化)의 당체가 된다.

이러한《성(性)의 30궁(宮)》이 업력(業力)에 의해 새로운 진화(進化)의 길이 결정될 때《영신(靈身)》을 이루는 양자영(陽子靈) 6과 전자영(電子靈) 6은《탄소 C》의 순환의 길에 들게 되고《영혼(靈魂)》을 이루는《양자영(陽子靈) 18》은 탄소 C의 순환의 길에 들어간 양자영(陽子靈) 6과 전자영(電子靈) 6이 인간의 여성 자궁(子宮) 내에 자리할 때까지《영신(靈身)》의 주위를 맴돌게 된다. 이러한 작용을 하는《성(性)의 30궁(宮)》을 이루고 있는《영(靈)》들 각각을 12인연법에서는 식(識)이라고 하는 것이다.

분명히 구분할 일은 오온(五蘊)의 식(識)은 다섯 기초 원소인 전자(電子), 양자(陽子), 중성자(中性子), 양전자(陽電子), 중간자(中間子) 등의 핵(核)인《쿼크》를 이야기하는 것이며, 12인연법(法)의 식(識)은 상기 말씀드린《성(性)의 30궁(宮)》을 이루는《영(靈)》들 각각을 이야기하는 차이가 있다. 고로 12인연법의 무명(無明), 행(行), 식(識)은 한 덩어리로써《성(性)의 30궁(宮)》을 세분화하여 설명한 것임을 잘 기억하시기 바란다.

업(業)을 범어로는 카르마(Karma)라고 이름한다. 이러한 업(業)은 자체적으로 움직이는 에너지를 가지고 있으며, 이러한 때를 업력(業力)이라고 하며 이러한 업력(業力) 자체가 법(法)의 이치를 가지고 있는 것이다. 이를 일러 창조주의 의지라고 한다. 12인연법(法)에서 무명(無明), 행(行). 식(識)의 덩어리인 성(性)의 30궁(宮)이 곧 인(因)으로 작용(作用)하는 주체인 것이다. 이러한 인(因)을 밝음으로 인도하는 것이 반야바라밀(般若波羅蜜)이기 때문에 석가모니 하나님 부처님들께서는 무명(無明)의 멸(滅)을 설파하시는 것이며 이를 비유하여 노사나佛께서 노자(老子)라는 이름으로 오셨을 때 암우(暗牛)라고 이름하셨으며 우리들 불가(佛家)에서 흑우(黑牛)인 검은 소로서 비유하는 당체가 바로 12인연의 인(因)을 이야기하는 것이다.

[2] 명색(名色)

명색(名色)은 명(名)과 색(色)이 합하여진 이름으로써 명(名)을 인도말로써는 나마(Nama)라고 하며 색(色)은 루파(Rupa)라고 하여 명색(名色)을 나마루파

(Namarupa)라고 한다. 즉, 이 뜻은 이름과 생김생김이라는 뜻을 가진 말로써 이 자체가 인간 여성 자궁(子宮) 속에서 정자와 난자가 결합되는 장면을 명색(名色)이라고 하는 것이다. 우리말 뜻으로 이름 지어지는 것이 아버지로부터 비롯되는 정자를 명(名)이라고 하였고 어머니의 난자가 색(色)으로 이름된 것이다. 즉, 정자와 난자의 결합이 바로 수태이다. 이러한 수태를 명색(名色)이라고 한 것이다.

전편의 설명 연장선상에 이해를 돕기 위해 이 부분을 설명 드리면, 인간의 본체(本體)인 마음의 근본 뿌리로써 《성(性)의 36궁(宮)》을 말씀드렸다. 이러한 《성(性)의 36궁(宮)》 중 진화의 당체인 《성(性)의 30궁(宮)》에 있어서 《양자영(陽子靈) 6》과 《전자영(電子靈) 6》은 업력(業力)에 의해 새로운 진화(進化)기에 들었을 때 《성(性)의 30궁(宮)》에서 떨어져 나와 《탄소 C》의 순환의 길에 들어가 음식물이 되어 아버지와 어머니에게 섭취되어 12개월 정도 지난 후 아버지로부터 《양자영(陽子靈) 4》와 《전자영(電子靈) 2》로서 《정자(精子)》를 이루어 자리하게 되고 어머니로부터는 《양자영(陽子靈) 2》와 《전자영(電子靈) 4》로서 《난자(卵子)》를 이루어 자리하였다가 이들의 만남이 어머니의 자궁(子宮) 속에서 이루어지는 것이다.

개체의 《양자(陽子)》 각각이 가지고 있는 정보량은 각기 다 틀린다. 이러한 와중에 같은 정보량을 가진 양자가 다시 모여 《탄소 C》의 핵(核)의 구조인 《6.6의 구조》를 이루기란 쉬운 일이 아니다. 그러나 이런 가운데서도 흩어졌던 저들이 다시 한 곳에 모여 결합한다는 이 자체가 불가사의한 것이다. 이들의 귀소본능은 어떻게 설명할 수가 없는 경이 그 자체인 것이다. 이를 일러 우리들은 수태라고 이름하는 것이다. 이러한 장면들을 인도의 고전인 『우파니샤드』에서는 자세히 노래하고 있다.

[3] 육입(六入)

　　육입(六入)은 《영신(靈身)》의 주인인 《양자영(陽子靈) 6》과 《전자영(電子靈) 6》이 《영혼(靈魂)》의 주인공으로 이름되는 《양자영(陽子靈) 18》과 결합하는 것을 '육입(六入)'이라고 한다. 이해를 위해 명색(名色)의 연장선장에서 말씀을 드리겠다. 《성(性)의 30궁(宮)》에서 새로운 진화(進化)를 시작할 때 먼저 빠져나온 《양자영(陽子靈) 6》과 《전자영(電子靈) 6》이 정자(精子)와 난자(卵子)로 변하여 있는 동안 나머지 《성(性)의 양자영(陽子靈) 18》은 항상 《양자영(陽子靈) 6》과 《전자영(電子靈) 6》의 주위를 배회하고 있다고 전편에서 설명 드렸다. 이러한 《양자영(陽子靈) 18》이 먼저 빠져나간 정자와 난자를 이루었던 《영신(靈身)》들과 서로 결합, 수태되어 자리하였을 때가 어머니의 자궁(子宮) 속이다. 즉, 지금까지 주위를 배회하던 《영혼(靈魂)》의 주인공인 《양자영(陽子靈) 18》이 뒤따라 외부로부터 어머니 자궁(子宮) 속으로 뚫고 들어가 탄소 C의 원자핵(核)을 이룬 《양자영(陽子靈) 6》과 《전자영(電子靈) 6》과 합류하여 이제는 자궁(子宮) 속에서 《성(性)의 30궁(宮)》을 이루는 것이다. 이를 12인연법(法)에서는 '육입(六入)'이라고 하는 것이다.

　　이들의 만남을 《근본진리(根本眞理)》에서는 수태되어 탄소 C의 원자핵(核)을 이루고 있는 《6.6구조》를 《태음수(太陰數) 6》이라고 하며 외부로부터 내부로 진입한 《성(性)의 양자(陽子) 18》을 《태양수(太陽數) 9》라고 하여 이들의 작용(作用)을 《태음수(太陰數) 6》과 《태양수(太陽數) 9》의 작용(作用)이라 하는 것이다. 이러한 육입(六入)의 설명에서 분명히 하여야 될 일이 부모로부터 잉태되는 자식이라는 존재다. 《12인연법》의 설명에서 분명히 설명이 되었듯이 자식은 스스로가 부모를 선택하였지 결코 부모의 쾌락의 소산으로 태어난 것이 아니란 사실이다. 부모의 수고로움 결과로써 자식들 《영혼》과 《영신》들 스스로가 만든 것이 육신(肉身)이다. 즉, 《태음수(太陰數)

6)과 《음양(陰陽)》 짝을 하는 것이 육신(肉身)이기 때문이다. 이 점을 불자(佛者)들께서는 깊이 헤아리시어 부모님에게 감사하고 효도(孝道)하여야 할 것이다.

[4] 촉(觸), 수(受), 애(愛), 취(取), 유(有)

　십이인연법(十二因緣法)에서 촉(觸), 수(受), 애(愛), 취(取)의 4단계를 '용(用)의 수(數) 4의 단계'라고 이름하며 이는 명색(名色)에서 먼저 자리한 태음수(太陰數) 6의 《영신(靈身)》인 《여섯 양자영(陽子靈)》과 《여섯 전자영(電子靈)》이 육입(六入) 과정에서 뒤에 들어간 《태양수 9》로 이름되는 《영혼(靈魂)》의 《양자영(陽子靈) 18》이 서로 작용(作用)하는 4단계를 나타낸 용어(用語)로써 《촉(觸)》은 《태음수(太陰數) 6》과 《태양수(太陽數) 9》가 서로 접촉하는 단계를 나타낸 과정이며, 다음으로 《수(受)》의 과정은 서로 접촉하는 단계를 지나 서로가 서로를 받아들이는 과정을 나타낸 것이며, 다음으로 《애(愛)》의 과정은 서로가 서로를 받아들인 후 서로를 아껴 사랑하는 단계에 돌입한 과정을 묘사함으로써 본격적인 서로 간의 합동 작용(作用)을 시작한 과정을 나타낸 것이며, 다음으로 《취(取)》의 과정은 이러한 합동 작용(作用)으로 인하여 어머니(母)로부터 공급되는 영양분을 나누어 취하는 과정을 나타낸 용어(用語)이며, 이 결과, 태아가 골격을 갖추는 단계를 《유(有)》라고 이름한 것이다.

　앞부분의 전(全) 과정인 무명(無明), 행(行), 식(識), 명색(名色), 육입(六入)의

《다섯 과정》과 용(用)의 수(數) 4단계의 과정과 유(有)의 단계를 합한《다섯 과정》이 오행(五行)의 작용(作用)을 일으킴으로써 5×5=25의 25유(有)의 전(全) 과정인 3계(三界) 6도(道)의 전 과정을 경험한 태아가 골격을 갖추어 자리하게 되는 것이다. 25유(有)의 유(有)가 여기에서 나온 말이 된다.

　태아가 골격을 갖추고 자리하기까지 3계(三界) 6도(道)의 전(全) 과정을 경험하게 되는 것은 그야말로 인고(忍苦)의 기간이 되는 것이다. 태아가 골격을 갖추고 어머니의 자궁(子宮)에 자리한 후 우주간(宇宙間)에서 한 줄기의 빛(光)이 태아를 향하여 들어가 태아의 뇌의 정수리를 뚫고 들어가게 된다. 이러한 한 줄기 빛이 만 번 갔다가 만 번이라도 돌아오는 석가모니 하나님 부처님의 개체의 삼진(三眞)인 진성(眞性)·진명(眞命)·진정(眞精) 10이 임하게 되는 것이다. 이때로부터 태아는 심장에서 다시 독립된 마음(心)의 작용(作用)을 하게 되는 것이다.

　이러한 과정을 거쳐 자리한 태아를 부모(父母)의 의지대로 낙태수술을 하는 행위는 한마디로 살인 행위인 것이다. 이러한 낙태수술은 그 당시 부모로서는 소기의 목적을 달성하는 계기가 될지 모르나 이들의 귀소 본능은 최고 성능의 컴퓨터가 하나의 거대 도시보다도 더 큰 용량을 가졌다 하여도 계산할 수 없는 한치의 오차도 허용하지 않는 정확성을 가지고 있기 때문에 한때 어리석음을 저지른 부모를 원수로 생각하여 일평생 그 부모를 괴롭히며 궁극에는 그로 인한 몹쓸 병으로 인하여 고통받게 하는 사실을 다만 그의 부모와 인간들만이 모르고 있는 것이다.

[5] 생(生), 노사(老死)

상기와 같은 과정을 거쳐 어머니는 임신한지 10개월 만에 여러분들이 아시다시피 새로운 생명체(生命體)를 이 세상에 태어나게 하여 삶을 살아가게 되는 것이 《생(生)》의 과정이 되며 이후 늙고 병들어 다시 《육신(肉身)》을 버리게 되는 《노사(老死)》의 과정을 거침으로써 한 번 《생(生)》을 마감하는 것이다. 이때 육신(肉身)을 버리고 다시 떠나가는 당체가 무명(無明)인 밝지 못한 개체의 《양자영(陽子靈)》들의 모임인 《성(性)의 30궁(宮)》이 이번 생(生)에서 다시 얻은 미혹의 외투를 다시 껴입듯이 하여 비유하자면 《검은 포도송이》같이 되어 지옥고(地獄苦)를 겪고 우주간(宇宙間)에 떠돌이 중음신(中陰身)이 되어 두려움과 공포 속에 생활하다가 다시 업력(業力)에 실려 다음의 윤회를 하게 되는 것이다.

※ 지금까지 십이인연법(十二因緣法) 각각에 대하여 살펴보았다. 밝지 못한 인간씨종자인 무명(無明)의 덩어리인 양자군(陽子群)으로써 《영(靈)》들 진화(進化)의 여행이 인간 삶의 우비고뇌(憂悲苦惱)를 가져오는 것이다. 인간 마음(心)의 근본 뿌리인 성(性)을 세분화한 것이 무명(無明), 행(行), 식(識)이다. 이 중에서 근본 원인이 되는 것이 《무명(無明)》인 밝지 못한 개체의 《양자영(陽子靈)》들이다.

『잡아함경』「권15」에 이르기를

"이것이 있으므로 저것이 있고
이것이 생김으로써 저것이 생긴다.
이것이 없으므로 저것이 없고
이것이 사라지므로 저것이 멸한다."

「잡아함경 15권」

이 내용의 이것아 바로 밝지 못한 씨종자로서 개체의《양자영(陽子靈)》들이 되는 것이며 연기법에서 말하는 멸(滅)은 무명(無明)으로 인한 연(緣)의 멸(滅)이지 무명(無明) 자체를 이루고 있는 인(因)의 역할인 개체의 양자영(陽子靈) 자체의 멸(滅)이 아닌 것이다. 즉, 개체의 양자영(陽子靈) 자체의 밝지 못함을 이야기하는 것이지 개체의《양자영(陽子靈)》을 두고 이야기하는 것이 아니란 사실이다. 개체의《양자영(陽子靈)》이 밝음을 찾았을 때가 반야바라밀(般若波羅蜜)에 의지하기 때문이다. 이러한 점에 대하여 주위를 기울여야 할 것이다.

석가모니 하나님 부처님께서는『무량의경(無量義經)』과『묘법화경(妙法華經)』에서 사제(四諦)인 고(苦), 집(執), 멸(滅), 도(道)는《성문(聲聞)》을 위하여 설(說)하시고 벽지불을 위하여 십이인연(十二因緣)을 설하신다고 강조를 하신다. 이 때문인지《벽지불》의 수행을 하시는 분들께서는 십이인연법(十二因緣法)을 굉장히 중요시하였음이 여러 곳에서 드러나고 있다. 이러한 이유가 과연 무엇인지? 또한, 12인연법(因緣法)을《벽지불》을 위하여 설하신다는 석가모니 하나님 부처님의 뜻이 과연 어디에 있는지를 오늘을 살고 있는 불자(佛者)들께서는 이를 정확히 알아야 될 필요가 있다.

《벽지불》이라는 용어(用語)는 중원(中原) 대륙의 독각(獨覺)의 무리들이 그들의 신분을 감추기 위해《연각(緣覺)》을 끌어들여《연각(緣覺)》과《독각(獨覺)》을 묶어《벽지불》로써 이름한 것이다. 이와 같은《벽지불》중《독각(獨覺)》들을 위하여 설(說)하여진 법문이《12인연법》이다.《독각(獨覺)》들은 원초적으로 육신(肉身)에 대한 강한 집착을 가지고 있다. 이러한 독각(獨覺)들에게 육신(肉身)의 유한함과 허망함을 깨우치게 하기 위해 육신(肉身)을 만드는 것은 마음(心)의 근본 뿌리인《성(性)의 36궁(宮)》에서 진화의 주인공이《성(性)의 30궁(宮)》임을 깨우치고 신(神)이 되기 위한 수행을 하는 독각(獨覺)의 무리들에게 깨달음(覺)의 길로 인도하기 위해 진화(進化)의 주인공인《성(性)의 30궁(宮)》으로서의《무명(無明), 행(行), 식(識)》임을 깨우치기 위한 두 가지의 목적을 가지시고 《12인연법》을 설하신 것이다. 인간의 육신(肉身)에 대한 강한 집착(執着)을 갖는 그들 무리들이 인간의 육신(肉身)으로는 다시 태어날 수 없는 동자신(童子神)과 형체 없는 《신(神)》이 되기 위한 수행인 《교외별전(敎外別傳)》된 간화선, 묵조선, 조사선, 여래선 등의 《선(禪)》 수행을 한다는 것은 뭔가 앞뒤가 맞지 않는 것이다.

다음으로 석가모니 하나님 부처님께서는 인간들에게 항상 진화(進化)의 주인공인 《성(性)의 30궁(宮)》을 《지혜(智慧)》로 이름하시고 이를 깨우치실 것을 가르쳐 오신 것이다. 이러한 《성(性)의 30궁(宮)》이 12인연법의 인(因)이 되는 무명(無明), 행(行), 식(識)으로 《성(性)의 30궁(宮)》을 자세히 풀어 쓰신 것이다. 즉, 밝지 못한 인간 씨종자인 개체의 양자영(陽子靈)이 모여 이루어진 식(識)이 《밝은 령(靈)》들이니 이를 근원적으로 바로 살펴 무명(無明) 두 글자에서 인(因)이 되는 《양자영(陽子靈)》들이 연(緣)으로부터 비롯되는 밝지 못함을 제거함으로써 밝은 인간 씨종자인 개체의 양자영(陽子靈)들이 모여서 이룬 《지혜(智慧)의 완성(完成)》인 《성령(性靈)》을 이루는 《보살(菩薩)》의 지위로 나아가게 하기 위해 설하신 법문이 《12인연법(因緣法)》이다. 인간의 진화(進化)를 《육신(肉身)의 진화(進化)》와 《성(性)의 30궁(宮)》의 진화(進化)로 두 구분하여 석가모니 하나님 부처님께서는 근본진리(根本眞理)에서 가르침을 베풀고 계시는 것이다.

40. 삼계(三界)란 무엇입니까?

　삼계(三界)의 뜻도 《음양(陰陽)》 짝을 하고 있다. 이러한 삼계(三界)의 《양(陽)》의 뜻이 《과거, 현재, 미래》이며 삼계(三界)의 《음(陰)》의 뜻이 《무색계(無色界)》, 《색계(色界)》, 《욕계(欲界)》 등이다. 이와 같은 삼계(三界)를 《독각(獨覺)》의 무리들은 순서를 뒤바뀌게 하여 《욕계(欲界)》, 《색계(色界)》, 《무색계(無色界)》로 가르치고 있는 것이다. 모든 일에는 순서가 있게 마련이다. 이러한 순서를 따라 삼계(三界)도 공부하시는 것이 옳을 것이다. 이러한 삼계(三界)를 정리하면 다음과 같다.

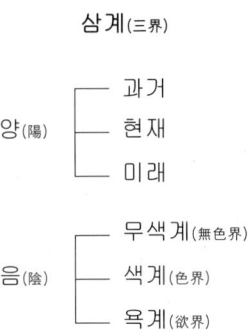

[1] 무색계(無色界)

무색계(無色界)는 《비상비비상천》, 《공무변천》, 《식무변천》, 《무소유처》 등 4천(四天)으로 이루어져 있다. 이러한 4천(四天)을 구분하면 다음과 같다.

(1) 비상비비상천
적멸보궁(寂滅寶宮)을 《비상비비상천》이라 이름한다.

(2) 공무변천
대공(大空)을 경계하는 원천(源泉) 바탕을 《공무변천》이라고 한다.

(3) 식무변천
오온(五蘊)의 색(色)의 단계인 《여섯 뿌리》의 진공(眞空) 구슬과 암흑물질이 음양(陰陽) 짝을 한 대공(大空)의 바탕을 《식무변천》이라고 한다.

(4) 무소유처
오온(五蘊)의 색(色)의 단계를 바탕으로 한 대공(大空)에 있어서 천궁(天宮)의 작용(作用)으로 오온(五蘊)의 색(色)이 끌어들여져 나머지 수(受), 상(相), 행(行), 식(識)의 단계를 거쳐 《다섯 기초 원소》로 태어난 후 복합 원소와 많은 물질(物質)을 만들어 별(星)들을 탄생시킨다. 이러한 별(星)들의 세계 대공(大空)의 바탕은 전자(電子)가 대공(大空)의 바탕이 된다. 이러한 전자(電子)로써 대공(大空)의 바탕을 이룬 곳을 《무소유처》라고 하는 것이다. 이곳을 '허공(虛空)'이라고도 하는 것이다.

※ 《비상비비상천》인 적멸보궁(寂滅寶宮)이 <u>1의 수리(數理)</u>를 가지고《공무변천》,《식무변천》,《무소유처》가 <u>3의 수리(數理)</u>를 가지므로써 <u>1-3의 법칙</u>에 따른 구분이 되는 것이다.

[2] 색계(色界)

색계(色界)는 욕계(欲界)와 같은 탐욕은 없으나 미묘한 형체가 있는 세계로써 <u>삼매(三昧)</u>를 닦아 큰 지혜를 성취한 곳으로 <u>18천(天)</u>이 있음을 설명하고 있다. 이를 구체적으로 분류하여 설명을 드리면 다음과 같다.

(1) 초선천

무상천, 무번천, 무열천, 선견천, 선현천, 색구경천, 무운천, 복생천, 광과천 등으로써 <u>우주적으로는 셋으로</u> 구분된다.

① 무상천, 무번천, 무열천
우주 최초로 잉태된 <u>하늘(天)</u>인 상천궁(上天宮)을 일컫는 이름이며 현재로써 <u>상천궁(上天宮)</u>은 진공(眞空)이 되어 있는 상태이다.

② 선견천, 선현천, 색구경천
현재 작은곰자리 두우성(斗牛星)이 있는 천일궁(天一宮)과 큰곰자리 북두칠성(北斗七星)과 백조자리 성단이 있는 천일우주(天一宇宙)를 이름한 것이다.

③ 무운천, 복생천, 광과천
현재의 오리온좌 성단이 있는 천일일(天一一)우주를 이름한 것이다.

(2) 2선천 : 소광천, 무량광천, 광음천

　소광천, 무량광천, 광음천을 지일일(地一一), 지일이(地一二), 지일삼(地一三) 우주라고 하며 지일일(地一一), 지일이(地一二) 우주를 지금의 《마차부자리》 성단과 《폴리아데스》 성단이 포함된 지금의 《황소자리》 성단을 말한다. 광음천인 지일삼(地一三) 우주는 이동 성단으로 이동 후 지이삼(地二三) 우주로 재편성이 된다. 《황소자리 성단》은 연등佛께서 궁주(宮主)로 계시는 우주이다.

(3) 삼선천 : 범중천, 범보천, 대범천

　범중천을 천이일(天二一) 우주라고 하며 범보천을 천이이(天二二) 우주라고 한다. 대범천을 천이삼(天二三) 우주라고 하며 아미타佛께서 우주 창조를 주도하시는 우주로써 서방극락정토가 범중천인 천이일(天二一) 우주가 된다.

⑷ 사선천 : 소정천, 무량정천, 변정천

　소정천, 무량정천, 변정천을 <u>인이일</u>(人二一), <u>인이이</u>(人二二), <u>인이삼</u>(人二三) 우주라고 하며 <u>인이삼</u>(人二三) 우주를 현재의 별자리 이름으로《<u>안드로메다</u>》성단이라고 하며 성단의 중심부에는 <u>다보佛께서</u> 새로운 태양성의 법궁(法宮)을 가지시기 위해 현재《황금알 대일(大一)》로의 축소기의 과정을 겪고 계시는 성단이다.

[3] 욕계(欲界)

　<u>육욕천</u>(六欲天)인《도솔천》,《화락천》,《타화자재천》,《야마천》,《도리천》,《사왕천》을 이름하며, <u>식욕, 음욕, 수면욕</u>이 치성한 세계로 계행을 닦고 <u>십선</u>(十善)을 행하여야 태어나는 곳으로 현존(現存) 우주 중 <u>인일삼</u>(人一三) 우주와 <u>지이삼</u>(地二三) 우주를 이름한 것이다. 이와 같은 <u>육욕천</u>(六欲天)을 구분하면 다음과 같다.

⑴ 도솔천, 화락천, 타화자재천

　도솔천, 화락천, 타화자재천이 있는 우주를 인일일(人一一), 인일이(人一二), 인일삼(人一三) 우주라고 하며 현재《오리온좌》성단 아래부터 은하수까지가 인일삼(人一三) 우주에 속하며 도솔천이 있는 곳을 인일일(人一一) 우주라고 한다.

⑵ 야마천, 도리천, 사왕천

　지금까지 전하여져 오는 설명으로는 사왕천은 수미산 허리에 있고 도리천은 수미산 꼭대기에 있다고 설명되어 오고 있다. 석가모니 하나님 부처님께서 수미산으로 비유하신 우주는 얼마 전까지 우리들의 태양계(太陽界) 11성(星. 달 포함)이 소속하여 있던 은하성단으로써 이 우주를 '지이삼(地二三) 우주'라고 한다. 이러한 지이삼(地二三) 우주 중심 부분을 '야마천'이라고 이름하며 현재의 때로서는 아촉佛의 법궁(法宮)이 태양성(太陽星)으로 잉태되기 위하여《커블랙홀》→《태양수(太陽數) ⑨의 핵》→《화이트홀》→《퀘이샤》의 과정을 겪고《황금알 대일(大一)》을 이루기 위해 축소기에 들어가 있는 때이다. 이러한 중심 부분을 제외하고 33(天)으로 외곽까지를 구분하는데 중심 부분 제일 가까이에 있는 33천(天)이 도리천이 되며 1천(天)이 우리들 태양계(太陽界)가 있던 자리이며 지이삼(地二三) 우주 외곽에 자리한 우리들 태양계(太陽界)로부터 상극(相剋)의 길인 1-3의 길에 자리한 인이삼(人二三) 우주와의 사이에 있는 천(天)을《사왕천》이라고 하는 것이다. 지이삼(地二三) 우주 바깥 외곽에 우리들의 태양계가 자리하였으나 지금의 때로서는 우리들 태양계 11성(星)은 지이삼(地二三) 우주 외곽을 벗어나 선천우주와 후천우주의 중앙(中央)으로 이동한 상태이다.

[4] 양(陽)의 삼계(三界)의 뜻 정리

(1) 적멸보궁(寂滅寶宮)과 대공(大空)
    비상비비상천, 공무변천, 식무변천, 무소유처

(2) 상천궁(上天宮)
    무상천, 무변천, 무열천

(3) 천일궁(天一宮)과 천일우주(天一宇宙)
    선견천, 선현천, 색구경천

(4) 천일일(天一一) 우주
    무운천, 복생천, 광과천

(5) 지일일(地一一), 지일이(地一二), 지일삼(地一三) 우주
    소광천, 무량광천, 광음천

(6) 인일일(人一一), 인일이(人一二), 인일삼(人一三) 우주
    도솔천, 화락천, 타화자재천

    ※ 《도솔천궁(天宮)》이라고 할 때는 《인일일(人一一)》 우주

와 《인일이》 우주에서 만들어져 이동하여 온 《석가모니 하나님 부처님》 진신 4성(眞身四星)인 《목성》,《달》,《화성》,《지구》가 있는 곳임을 아시기 바란다.

(7) 천이삼(天二三), 천이일(天二一), 천이이(天二二) 우주
　　대범천, 범중천, 범보천

(8) 인이삼(人二三), 인이일(人二一), 인이이(人二二) 우주
　　타화자재천, 도솔천, 화락천

(9) 지이삼(地二三), 지이일(地二一), 지이이(地二二) 우주
　　야마천, 도리천, 사왕천

　　※ 수미산 비유로 된 지이삼(地二三) 우주는 최종 완성을 이룰 때가 지이삼(地二三) → 지이일(地二一) → 지이이(地二二)로써 거대한 한 덩어리의 우주를 이루기 때문에 이때 야마천과 도리천과 사왕천도 상기 우주의 명칭에 따라 이름이 붙여지게 된다.

41. 삼계(三界)의 우주(宇宙)란 무엇입니까?

　삼계(三界)의 우주란 팽창기 우주 전체를 상계(上界)의 우주, 중계(中界)의 우주, 하계(下界)의 우주로 세 등분한 것을 말한다. [40. 삼계(三界)란 무엇입니까?]에 있어서 《양(陽)의 삼계(三界)의 뜻》에서는 적멸보궁(寂滅寶宮)과 대공(大空)과 상계(上界)의 우주와 중계(中界)의 우주까지만 설명이 되어 있으나 《삼계(三界)의 우주》에서는 팽창기 우주(宇宙) 전체를 세 구분한 것이 다른 것이다. 이렇게 다르게 된 이유가 지구계(地球界) 시간 서기(西紀) 2000년 이전의 선천우주(先天宇宙) 동안은 하계(下界)의 우주 실상(實相)을 밝히지 말 것을 모든 부처님들께 《석가모니 하나님 부처님》께서 명령을 하셨기 때문이다. 이러한 명령은 《기독인》의 성서(聖書)인 『요한계시록』 때문에 빚어진 사항이다.

　이와 같은 《석가모니 하나님 부처님》의 명령이 철회된 것이 서기(西紀) 2000년부터이다. 이 이후 필자에 의해 《기독인》들의 성서(聖書)인 『요한계시록』이 『우주간의 법 해설 요한계시록』(2008)이라 이름하고 『요한계시록』에 담긴 진리(眞理)를 세간(世間)에 발표한 바가 있다. 중요한 점은 모든 《기독인》들이 마왕(魔王)인 《야훼신(神)》과 《예수》의 정신적 지배로부터 벗어나야 지상(地上)에서 진행되는 《인류 문명》의 종말 때 《아멘》*으로 이 세상에 이름하고 오셨던 《석가모니 하나님 부처님》으로부터 구원을 받게 되나 이러한 『요한계시록』의 가르침을 따르지 않았을 때 그들은 인간 육신(肉身)의 죽음을 맞이한 후 그들의 《영혼(靈魂)》과 《영신(靈身)》 스스로가 마왕(魔王)들이 파놓은 함정인 《영혼(靈魂)》과 《영신(靈身)》들의 대학살장인

* 미륵불과 메시아(2015)

《아마겟돈》으로 들어가게 되어 있는 것이다.

　　이와 같이 《영혼(靈魂)》과 《영신(靈身)》들을 2차 죽음으로 몰고 간 후 그 《영혼(靈魂)》과 《영신(靈身)》들이 가졌던 《양자영(陽子靈)》들을 끌어 모아 《마왕(魔王)들》 자신의 부활을 꾀한 후 《마왕(魔王)들》의 우주로써 《하계(下界)의 지(地)》의 우주가 자리하게 되므로 《석가모니 하나님 부처님》께서 이러한 실상(實相)은 인간들에게 정확히 알리기 이전까지는 《하계(下界)의 우주》를 거론하지 못하게 하신 때문에 《양(陽)의 삼계(三界)의 뜻》에서도 《하계(下界)의 우주》는 누락이 되어 있는 것이다. 이러한 점 때문에 필자가 『우주간의 법 해설 요한계시록』(2008)을 해설한 이후 《석가모니 하나님 부처님》의 허락을 얻은 후 『요한계시록』에 담긴 진리(眞理)의 실상(實相)을 세간(世間)에 밝힌 것이다. 이와 같은 사연들이 있어 팽창기 우주 전체를 밝히면서 상중하(上中下) 계(界)의 우주 구분으로 하여 모두 밝혀 드리게 되는 것이다. 이러한 취지를 이해하시기를 바라며 다음으로 삼계(三界)의 우주(宇宙)에 대한 구분을 하여 드리겠다.

[1] 상계(上界)의 우주

　　현재의 북극성(北極星)이 있는 곳으로부터 은하수(銀河水)까지의 우주를 포괄적으로 묶어 《상계(上界)》의 우주라고 한다. 천(天)·지(地)·인(人) 우주를 모두 정리하면 다음과 같다.

상천궁(上天宮), 천일궁(天一宮), 천일우주(天一宇宙) 100의 궁(宮)

천일일(天一一) 우주 : 현재의 오리온좌 성단

지일일(地一一), 지일이(地一二) 우주 :《거문고 성단》과 현재의
《황소자리 성단 》

인일일(人一一), 인일이(人一二), 인일삼(人一三) 우주 :
《천일일(天一一) 우주》아래에서부터 은하수(銀河水)
까지

[2] 중계(中界)의 우주

중앙천궁상궁(中央天宮上宮), 중앙우주(中央宇宙) 100의 궁(宮)

천이삼(天二三), 천이일(天二一), 천이이(天二二) 우주

지이삼(地二三), 지이일(地二一), 지이이(地二二) 우주

인이삼(人二三), 인이일(人二一), 인이이(人二二) 우주

※ 인간들이 가기를 소원하는 <u>극락정토 중심 우주</u>가 <u>천이일(天二一) 우주</u>
이다.

[3] 하계(下界)의 우주

천삼삼(天三三), 천삼일(天三一), 천삼이(天三二) 우주
지삼삼(地三三), 지삼일(地三一), 지삼이(地三二) 우주
인삼삼(人三三), 인삼일(人三一), 인삼이(人三二) 우주
다보궁(多寶宮)

※ 《대마왕신(神)》들과 《대마왕》들이 그들 추종 세력들의 2차 죽임인 영혼(靈魂) 죽임 이후 만드는 하계(下界)의 지(地)의 우주(宇宙)가 지삼삼(地三三), 지삼일(地三一), 지삼이(地三二) 우주이다. 그들 《대마왕신(神)》들과 《대마왕》들은 상기 우주들을 만들게 되나 소멸기에 들어설 때 그들 및 그들의 새로운 추종 세력들은 《석가모니 하나님 부처님》의 분노에 의해 다시는 인간 진화(進化)를 할 수 없는 무간지옥(無間地獄)으로 떨어지는 엄청난 고통을 맞게 되는 것이다. 이와 같은 《하계(下界)의 우주》가 만들어지는 때가 지금으로부터 120억 년(億年) ~ 240억 년(億年) 동안에 만들어지는 우주이다.

42. [7, 8, 9]의 우주(宇宙)란 무엇입니까?

《7, 8, 9》의 우주란 선천우주(先天宇宙)와 후천우주(後天宇宙) 전체의 《지(地)》의 우주(宇宙)들을 《7의 우주(宇宙)》라고 하며 후천우주(後天宇宙) 《인(人)》의 우주(宇宙)들을 《8의 우주(宇宙)》라고 하며 후천우주(後天宇宙) 《천(天)》의 우주(宇宙)들을 《9의 우주(宇宙)》라고 한다. 이러한 《7, 8, 9》의 우주(宇宙)들을 구분하면 다음과 같다.

[7의 우주]

7의 우주 : 지일(地一)의 우주

7.7의 우주 : 지일일(地一一) 우주 (2.7의 우주)

7.7.7의 우주 : 지일이(地一二) 우주 (3.7의 우주)

7.7.7.⑦의 우주 : 지일삼(地一三) 이동우주 (4.7의 우주)

7.7.7.7의 우주 : 지이삼(地二三) 우주 (4.7의 우주)

7.7.7.7.7의 우주 : 지이일(地二一) 우주 (5.7의 우주)

7.7.7.7.7.7의 우주 : 지이이(地二二) 우주 (6.7의 우주)

7.7.7.7.7.7.7의 우주 : 지삼삼(地三三) 우주 (7.7의 우주)

7.7.7.7.7.7.7.7의 우주 : 지삼일(地三一) 우주 (8.7의 우주)

7.7.7.7.7.7.7.7.7의 우주 : 지삼이(地三二) 우주 (9.7의 우주)

[8의 우주]

8의 우주 : 중앙천궁상궁(中央天宮上宮)

8.8의 우주 : 중앙우주(中央宇宙) 100의 궁(宮) (2.8의 우주)

8.8.8의 우주 : 인이삼(人二三) 우주 (3.8의 우주)
8.8.8.8의 우주 : 인이일(人二一) 우주 (4.8의 우주)
8.8.8.8.8의 우주 : 인이이(人二二) 우주 (5.8의 우주)
8.8.8.8.8.8의 우주 : 인삼삼(人三三) 우주 (6.8의 우주)
8.8.8.8.8.8.8의 우주 : 인삼일(人三一) 우주 (7.8의 우주)
8.8.8.8.8.8.8.8의 우주 : 인삼이(人三二) 우주 (8.8의 우주)

[9의 우주]

9의 우주 : 후천우주에 들어섰을 때 이후의 천이삼(天二三) 우주
9.9의 우주 : 천이일(天二一) 우주 (2.9의 우주)
9.9.9의 우주 : 천이이(天二二) 우주 (3.9의 우주)
9.9.9.9의 우주 : 천삼삼(天三三) 우주 (4.9의 우주)
9.9.9.9.9의 우주 : 천삼일(天三一) 우주 (5.9의 우주)
9.9.9.9.9.9의 우주 : 천삼이(天三二) 우주 (6.9의 우주)

43. 일세계(一世界)란 무엇입니까?

일세계(一世界)란 《360의 대은하성단》에 있어서 중심(中心)을 이룬 36궁(宮)을 제외한 324공후(箜篌)를 4등분한 (324÷4) 81공후(箜篌)를 81궁(宮)이라고 하며 이러한 81궁(宮)을 일세계(一世界)라고 하는 것이다.

44. 삼천대천세계(三千大千世界)란 무엇입니까?

　상계(上界)의 우주(宇宙)인 상천궁(上天宮), 천일우주(天一宇宙) 100의 궁(宮), 천일일(天一一) 우주, 인일일(人一一), 인일이(人一二), 인일삼(人一三) 우주와 지일일(地一一), 지일이(地一二) 우주가 천궁(天宮)을 중심한 성단(星團)을 이루고 많은 별(星)들을 생산(生産)하는 기간이 끝이 남으로써 중심(中心)을 이루고 있는 천궁(天宮)이 사라짐으로써 대통합(大統合)을 이루어 현재의 북극성(北極星)을 중심으로 1-3-1의 길과 1-4-1의 길을 이루고《시계 방향》의 회전과 《시계 반대 방향》의 회전으로 각각의 별(星)들이 자전(自轉)하며 공전(公轉)을 한다. 이러한 대통합(大統合)을 이룬 상계(上界)의 우주를 '대천세계(大千世界)'라고 하며 이후 중계(中界)의 우주에서 선천우주(先天宇宙) 동안 만들어진 천이삼(天二三) 우주와 지이삼(地二三) 우주와 인이삼(人二三) 우주를 '삼천세계(三千世界)'라고 하는 것이다. 이와 같이 선천우주(先天宇宙) 동안 만들어진 상계(上界)의 우주와 삼천세계(三千世界)로 불리우는 천이삼(天二三), 지이삼(地二三), 인이삼(人二三) 우주를 함께 호칭을 한 용어(用語)가《삼천대천세계(三千大千世界)》인 것이다.

45. 대통합(大統合) 우주란 무엇입니까?

　대통합(大統合) 우주(宇宙)에 대하여서는 중계(中界)의 《지(地)》의 우주(宇宙)를 "예"로 들어 설명을 드리겠다. 중계(中界)의 지(地)의 우주는 지이삼(地二三), 지이일(地二一), 지이이(地二二) 우주가 된다. 이러한 대우주(大宇宙) 셋이 모두 만들어졌을 때는 천궁(天宮)이 중심(中心)이 된 성단(星團)이 별(星)들의 생산(生産)을 모두 마친 관계로 중심(中心)을 이루었던 천궁(天宮)은 모두 사라져 태양성(太陽星)을 중심한 태양계(太陽界)를 이룸으로써 모두 별(星)들로 탄생이 되게 된다.

별들의 생산이 끝난 중계(中界)의 지(地)의 우주 대통합 우주

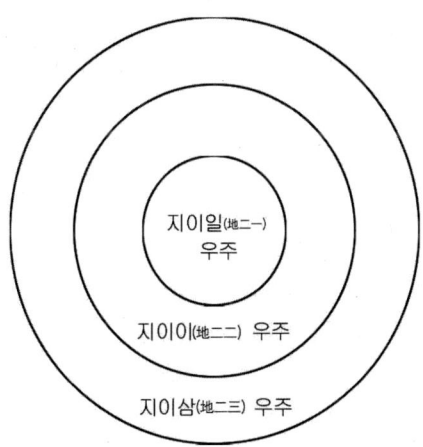

이렇듯 별(星)들의 생산(生産)이 모두 끝이 난 중계(中界)의 지(地)의 우주는 《지이일(地二一) 우주(宇宙)》를 중심으로 《지이이(地二二) 우주》가 자리하고 다음으로는 외곽에 《지이삼(地二三) 우주(宇宙)》가 자리하여 대통합(大統合)을 이루어 통합(統合)된 대성단(大星團)으로 자리하여 각각의 별(星)들은 《시계 반대 방향》의 회전(回轉)으로 자전(自轉)과 공전(公轉)을 함으로써 《1-4-1의 길》을 갖게 된다. 이러한 1-4-1의 길의 《축》은 《중앙천궁상궁(中央天宮上宮)》에서 하나인 1의 자리에 자리하는 《석가모니 하나님 부처님》의 《여섯 뿌리의 법궁(法宮)》인 목성(木星)이 핵(核)의 붕괴를 모두 마치고 《슈바르츠실트 블랙홀》로 바뀐 진성궁(眞性宮)이 되며 이와 같은 《진성궁(眞性宮)》과 연결된 1-4의 길에 《지이일(地二一)》 우주가 중심(中心)으로 자리하여 중계(中界)의 지(地)의 우주들을 모두 통합(統合)하여 다시 1-4-1의 길을 이루게 되는 것이다. 이와 같이 통합(統合)된 중계(中界)의 우주 중심을 이루고 있는 지이일(地二一) 우주 중심(中心)의 경계 내(內)가 극락이며 천당(天堂)인 것이다.

이와 같이 대(大)은하성단 셋이 모두 만들어졌을 때 이러한 대통합(大統合)이 꼭 일어나 하나의 거대(巨大) 성단(星團)으로 자리하게 되는 것을 '대통합(大統合) 우주'라고 하며 또 다른 좋은 "예"가 여러분들의 시야(視野)에 그대로 드러난 현재의 북극성(北極星)을 중심한 은하수(銀河水)까지의 《대천세계(大千世界)》인 것이다.

지금까지 중계(中界)의 지(地)의 우주를 "예"로 들어 설명을 드린 것이나 천(天)과 인(人)의 우주도 똑같은 과정을 거친 후 《시계 방향》의 회전으로 모든 별(星)들이 자전과 공전을 하며 1-3-1의 길을 이루는 것이다. 천(天)과 인(人)의 우주는 똑같은 1-3-1의 길을 이루고 자리하기 때문에 같은 길에 있다고 하는 것이다. 이러한 천(天)과 인(人)의 우주 역시 《석가모니 하나님 부처님》의 《진성궁(眞性宮)》을 《축》으로 하여 1-3의 길을 이루고 중간 중간 3-1의 길을 이루고 은하성단(銀河星團)들이 자리하게 되는 것이다.

46. 선천우주(先天宇宙)와 후천우주(後天宇宙)란 무엇입니까?

팽창기 우주(宇宙) 460억 년(億年) 기간에 있어서 물질(物質)의 씨앗과 물질(物質) 합성을 주도한 개천이전(開天以前)의 100억 년(億年)과 현재의 우주(宇宙) 탄생으로부터 지구계(地球界) 시간 서기(西紀) 2000년까지의 120억 년(億年)의 합(合) 220억 년(億年) 동안 만들어진 우주(宇宙)를 '선천우주(先天宇宙)'라고 하며 지구계(地球界) 시간 서기(西紀) 2000년부터 팽창기 우주 나머지 기간인 240억 년(億年)에 걸쳐 만들어지는 우주(宇宙)까지를 '후천우주(後天宇宙)'라고 하는 것이다. 이와 같은 선천우주(先天宇宙)와 후천우주(後天宇宙)를 구분하여

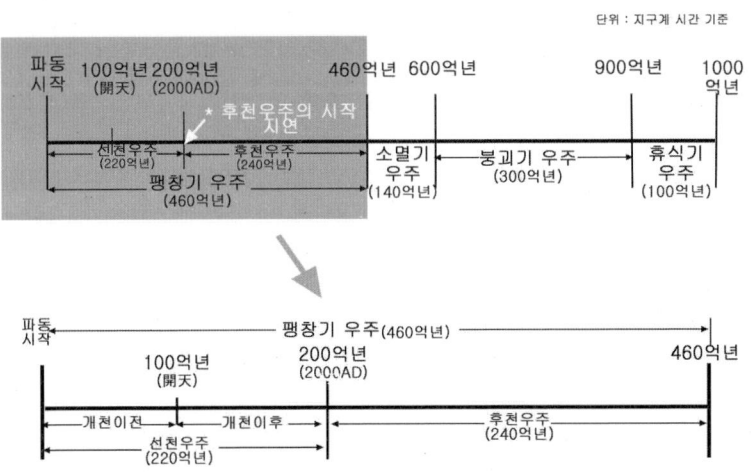

[그림] 법공(法空) 1회 진화 주기

드리면 다음과 같다.

[1] 선천우주(先天宇宙)

    (1) 상천궁(上天宮)
    (2) 천일우주(天一宇宙) 100의 궁(宮)
    (3) 천일일(天一一) 우주
    (4) 인일일(人一一), 인일이(人一二), 인일삼(人一三) 우주
    (5) 지일일(地一一), 지일이(地一二), 지일삼(地一三) 이동 우주
    (6) 천이삼(天二三) 우주
    (7) 지이삼(地二三) 우주
    (8) 인이삼(人二三) 우주

※ 천일우주(天一宇宙) 100의 궁(宮)은 천일궁(天一宮) 10의 궁(宮)과 천일우주(天一宇宙) 36궁(宮)과 54태양궁(太陽宮)으로 이루어져 있다.

[2] 후천우주(後天宇宙)

(1) 중앙천궁상궁(中央天宮上宮)
(2) 중앙우주(中央宇宙) 100의 궁(宮)
(3) 천이일(天二一), 지이일(地二一), 인이일(人二一) 우주
(4) 천이이(天二二), 지이이(地二二), 인이이(人二二) 우주
(5) 천삼삼(天三三), 지삼삼(地三三), 인삼삼(人三三) 우주
(6) 천삼일(天三一), 지삼일(地三一), 인삼일(人三一) 우주
(7) 천삼이(天三二), 지삼이(地三二), 인삼이(人三二) 우주
(8) 72 다보궁(多寶宮)

※ 중앙우주(中央宇宙) 100의 궁(宮)은 중앙천궁(中央天宮) 10의 궁(宮)과 중앙우주(中央宇宙) 36궁(宮)과 54태양궁(太陽宮)으로 이루어져 있다.

47. 보살도(菩薩道)에 대하여

　보살도(菩薩道)는 《보살도(菩薩道) 입문(入門)의 보살(菩薩)》과 《보살도(菩薩道) 성취의 보살(菩薩)》과 《보살도(菩薩道) 완성》의 3단계가 있다. 《보살도(菩薩道) 성취의 보살(菩薩)》에는 《보살(菩薩)》과 《보살마하살(菩薩摩訶薩)》의 경계가 있으며 《보살도(菩薩道) 완성》의 자리가 《아뇩다라삼먁삼보리》의 자리로써 《불법(佛法) 일치된 완전한 깨달음의 불(佛)》을 이룬 자리이다. 이와 같은 보살도(菩薩道)의 체계를 세운 것을 정리하면 다음과 같다.

[대승보살도(大乘菩薩道)]

[1] 근본목적(根本目的)

　　　아뇩다라삼먁삼보리(無上正等正覺)
　　　의역(意譯) : 불법(佛法) 일치된 완전한 깨달음 이룸

[2] 보살도(菩薩道) 수행 경전

『우주간의 법 해설 (정본) 반야바라밀다심경』

『우주간의 법 해설 무량의경』

『우주간의 법 해설 묘법연화경』

『우주간의 법 해설 관보현보살행법경』

『우주간의 법 해설 법성게』

한단불교(桓檀佛敎) 4대 경전 :

『천부경』「81자」

『황제중경(皇帝中經)』

『황제내경(皇帝內經)』

『삼일신고(三一神誥)』

해설서 :『리그베다』,『우파니샤드』

[3] 구족행(具足行)

[팔정도]

정견(正見), 정사유(正思惟), 정어(正語), 정업(正業), 정명(正命),
정정진(正情進), 정념(正念), 정정(正定)

[4] 실천행(實踐行)

[육바라밀행(六波羅蜜行)]

보시바라밀(布施波羅蜜)

지계바라밀(持戒波羅蜜)

인욕바라밀(忍辱波羅蜜)
정진바라밀(精進波羅蜜)
선정바라밀(禪定波羅蜜)
반야바라밀(般若波羅蜜)

[5] 보살도(菩薩道) 입문(入門) 통과의례

필히 《복식호흡(服式呼吸)》을 이수(履修)할 것

[6] 실천수행

보살도 입문 통과 의례를 마친 행자에 한함.

[달마조사의 리입사행론 수행]

※ 리입(理入) : 성(性)의 30궁(宮)에 있어서 양자(陽子) 24와 전자(電子) 6에게 《혜(慧)》를 축적시키는 방법으로써 먼저 『천부경 81자(字)』, 『삼일신고』, 『우파니샤드』, 『리그베다』, 『(정본) 반야바라밀다심경 해설경』, 『무량의 해설경』 중에서 택일하여 당일 정진 부분까지 독송한 후 경의 내용을 눈을 감고 조용히 떠올려 보는 명상(冥想)을 한 후 생각이 끊어지는 곳으로부터 조용히 삼매(三昧)에 돌입.

※ 이렇듯 《성(性)의 30궁(宮)》에 《리(理)》인 《진리(眞理)》를 입력시켰을 때 내부적(內部的)으로 일어나는 두 가지 행(行)이 보원행과 수연행이다. 보원행은 모든 원망스러운 마음을 일어나게 하는 행(行)으로써 이렇듯 원망하는 마음이 일어날 때 이는 모두 스스로가 지은 업(業)에 의해 일어나는 것이므로 이때는 《참회기도》로써 고비를 넘겨야 하며 이후는 지나간 옛 추억의 만상이 떠오르는 것이 《수연행》이다. 이때는 만상에 얽매이지 말고 물 흐르듯 흘러 보내면 된다. 다음으로 외부적으로 실행하여야 될 행(行)이 무소구행과 칭법행으로써 《무소구행》은 집착(執着)과 관련된 행으로써 집착함이 없는 구함이 없는 바 행을 하는 것을 말하며 《칭법행》은 육바라밀행(行)을 말한다. 이러한 보원행, 수연행, 무소구행, 칭법행을 사행(四行)이라 하며 이에 따른 육바라밀행(行)을 정리하면 다음과 같다.

[육바라밀행(六波羅蜜行)]

보시바라밀(布施波羅蜜)
지계바라밀(持戒波羅蜜)
인욕바라밀(忍辱波羅蜜)
정진바라밀(精進波羅蜜)
선정바라밀(禪定波羅蜜)
반야바라밀(般若波羅蜜)

[7] 보살심(菩薩心)의 경계

상구보리(上求普提) 하화중생(下化衆生)

[8] 보살도(菩薩道)의 경계

　　　　보살도(菩薩道)의 입문(入門)
　　　　보살도(菩薩道) 성취
　　　　보살도(菩薩道) 완성

48. 독각(獨覺)의 도(道)에 대하여

　석가모니 하나님 부처님께서《이음일양(二陰一陽)》의 법칙을 따라 진화(進化)하는《영체(靈體)의 진화(進化)》를 여섯 구분한 것이 지옥, 아귀, 축생, 수라, 인간, 천인 등의 육도(六道)이다. 이러한《육도(六道)》에 있어서 인간들은 5도(五道)에 속하여 있다. 이러한《오도(五道)》에 속한 인간들이 인간 육신(肉身)을 가지고 태어난 목적이《육도(六道)》에 있는《천인(天人)》의 대열에 들어가기 위해서이다. 이와 같은《천인(天人)》을 석가모니 하나님 부처님께서는 성문승(聲聞乘), 연각승(緣覺乘), 보살승(菩薩乘) 등 삼승(三乘)으로 말씀하신 것이다. 이러한 삼승(三乘)에 있어서《승(乘)》은《수레》를 뜻하는 문자(文字)로써 저 공간의 별(星)들을 자기의 법신(法身)으로 하였을 때 승(乘) 자를 쓰는 것이다. 다시 말씀드리면, 성문(聲聞), 연각(緣覺), 보살(菩薩)이 공간(空間)에 자리한 별(星)들을 자기의 법신(法身)으로 하였을 때 성문승(聲聞乘), 연각승(緣覺乘), 보살승(菩薩乘)이라고 하는 것이다.

　이러한 삼승(三乘)에 있어서 윤회(輪廻)의 고리를 끊을 수 있는 자리가《보살승(菩薩乘)》의 자리이다. 이와 같은 진화(進化)의 과정에서《정각(正覺)》을 이루신《보살(菩薩)》은 반야바라밀다(般若波羅蜜多)에 의지해 천궁(天宮)으로 들어감으로써《보살마하살(菩薩摩訶薩)》을 이루고 불성(佛性)을 완성하여 다음 단계인 정등(正等)을 완성함으로써 비로소《무상정등정각(無上正等正覺)》의 불법(佛法) 일치된 완전한 깨달음의 부처(佛)를 이룸으로써 진화(進化)의 완성을 이루는 것이다.

이러한 설명 내용을 다시 간략히 정리하면, 인간 → 보살(菩薩) → 보살마하살(菩薩摩訶薩) → 불법(佛法) 일치된 완전한 깨달음의 부처(佛) 이룸의 단계로 요약이 되는 것이다. 이와 같은 진화(進化)의 결과, 얻어지는 열반(涅槃)의 자리인 적멸(寂滅)한 경계가 잘 설명된 곳이 [13. 적멸(寂滅)한 경계란?]이다. 사정이 이러함에도 현재의《마왕불교》교단(敎團)의 독각(獨覺)들과《마왕관음불교》교단의《연각(緣覺)》무리들은 그들의 수행으로《교외별전(敎外別傳)》된《간화선》,《묵조선》,《조사선》,《여래선》등으로 수행을 하고 있다. 이러한 수행은 우주 진화(進化)의 법칙을 무시한《신(神)》이 되고자 하는 수행으로써 마음(心) 타령하는 수행인 것이다. 이와 같은 수행을 함에 있어서 요행이 수행에 성공을 하는 자(者)는《신(神)》의 대열에 들어 신통(神通)이 자재하게 되나 이것을《깨달음》으로 착각을 하는 것이다.

이와 같이 신(神)의 대열에 들어간 자(者) 이외의 수행을 하던《비구》,《비구니》들은 인간 육신(肉身)을 벗은 이후 100%가《무간지옥》으로 떨어지게 되어 있는 것이다. 인간으로 있을 때《신(神)》의 대열에 들어가는 것은 인간 진화(進化)를 포기한 결과를 가져오기 때문에 신(神)의 대열에 들어간 자(者)는 두 번 다시 인간 육신(肉身)을 가지고 태어나지 못한다. 이러한《신(神)》들이 다시 인간 육신(肉身)을 갖고자 할 때는 다시《지옥》,《아귀》,《축생》,《수라》의 과정을 겪어야 인간(人間)으로 태어날 수 있는 것이다. 때문에 이러한 신(神)들이 다시 인간으로 태어나 정각(正覺)을 이루고 정등(正等)을 이루기까지는 일반 불자(佛者)들보다 2, 3배수의 시간인 200억 년(億年), 300억 년(億年)을 엄청난 고통스러운 윤회(輪廻)를 하여야 하는 것이 우주간(宇宙間)의 법칙이다.《신(神)》들이 되지 못한 수행자들은 인간 육신(肉身)을 벗은 후《지옥고》를 겪은 후에도 고통스러운 윤회(輪廻)가 기다리고 있는 것이다.

우주(宇宙)의 깊은 진리(眞理)를 모르고 오늘도《교외별전》된《선(禪)》이 최고라고 선전하며 수행하는 독각(獨覺)의 비구, 비구니들께서는 하루빨리

《석가모니 하나님 부처님》교단(敎團)으로 회귀하시어《석가모니 하나님 부처님》가르침을 따르시도록 권유 드리면서 이러한 독각(獨覺)들의 수행을 경책하는《관음청》의식의《향화청》내용을 참고삼아 해설하여 드리겠다.

향화청

白衣觀音無說說 (백의관음무설설)
南巡童子不聞聞 (남순동자불문문)
瓶上綠楊三際夏 (병상녹양삼제하)
巖前翠竹十方春 (암전취죽십방춘)

"백의관음은 설함이 없이 설하고
남순동자는 물음이 없이 묻는다.
병에 꽂힌 수양버들 가지는
오뉴월 뙤약 볕에 시들고
바위 앞 푸른 대나무는
열 방향이 봄이로구나."

(1) "백의관음은 설함이 없이 설하고"

백의관음(白衣觀音)은《관세음보살님》의 따님으로서《노사나佛》의 부인으로서「그리스 신화(神話)」에서는《노사나佛》의 상징 신(神)이신《제우스신(神)》의 부인으로 등장하는《헤라신(神)》이시다.《카시오페아》성단(星團)을 이끄시는 분이다. 이와 같은 백의관음(白衣觀音)의 아들들이《독각승(獨覺乘)》의

253

무리들이다. 이러한 아들들인《독각(獨覺)》의 무리들에게 우주(宇宙)의 진리(眞理)에 따른 올바른 진화(進化)를 할 것을 묵묵히 가르치시는 장면을 "『백의관음은 설함이 없이 설하고』"라고 말씀하시는 것이다.

(2) "남순동자는 물음이 없이 묻는다."

남순(南巡)은 우주(宇宙)의 남쪽을 돌아다니는 것을 말하며 동자(童子)는 독각(獨覺)의 교외별전된《간화선》,《묵조선》,《여래선》,《조사선》의 수행을 한 승려가 인간 육신(肉身)을 벗은 후《동자신(童子神)》의 대열에 합류한 신(神)을 말한다. 이 수행을 하는 승려들 대부분은《동자신(童子神)》을 이루며 드물게는 완전한《신(神)》이 된 자(者)도 있다. 이와 같은 동자신(童子神)이 우주(宇宙)의 남쪽을 배회하는 이유는 후천우주(後天宇宙)에 들어와서 별(星)들 생산(生産)을 위해 암흑물질과 진공(眞空)이 결합하여 오온(五蘊)의 과정과 다섯 기초 원소의 생산을 위해 붉은 불덩어리가 소용돌이치는《지옥》을 연출하는 곳 대부분이 우주(宇宙)의 남쪽에 있다.

동자신(童子神)이 이러한 지옥(地獄) 주위를 배회하는 목적은 개체의《양자(陽子)》를 탈취하기 위해서이다. 이와 같은 동자신(童子神)은 신(神)의 대열에 합류한 분들이기 때문에 인간 육신(肉身)을 가지고 인간으로 태어날 수가 없다. 때문에 인간 육신(肉身)을 갖고자 하는 욕심 때문에 동자신(童子神)은 개체의 양자(陽子) 탈취를 위해 우주의 남쪽을 배회하는 것을《남순동자(童子)》라고 하는 것이다. 이러한《남순동자(童子)》가 "우리는 어찌하여 이런 일을 하지 않으면 안되는가?"하고 자조 섞인 표현을 한 내용이 "남순동자는 물음이 없이 묻는다"라는 내용의 답이 되는 것이다. 더러는 동자신(童子神)이 육신(肉身)을 가지고 있는 인간들에게 빙의되어 그의 신통력(神通力)을 인간에게 주고 그 스스로 대리수행, 대리만족을 구함으로써 많은 무녀(巫女)와 점쟁이들을 양산하게 되는 것이다.

⑶ "병에 꽂힌 수양버들 가지는 오뉴월 뙤약볕에 시들고"

　'병에 꽂힌 수양버들 가지'는 독각(獨覺)의 교외별전된 《간화선》,《묵조선》,《여래선》,《조사선》 등의 수행을 하는 《비구》,《비구니》의 비유로써 물(水)가에 늘어진 《수양버들》을 그대로 두게 되면 될 것이지 이를 꺾어 《병》에 꽂아 놓음으로써 오뉴월 염천하에 시들게 하느냐의 뜻은 차라리 우주(宇宙)의 이치를 따라 진화(進化)하게끔 내버려 둘 것을 이러한 독각(獨覺)의 무리들을 출가(出家)라 하여 《비구》,《비구니》 승려로 만들어 《간화선》,《묵조선》,《여래선》,《조사선》 등의 《선법(禪法)》을 익히게 함으로써 그들이 인간 육신(肉身)을 벗은 후 다시는 인간 육신(肉身)을 가지고는 태어나지 못하게 하고 사후에는 동자신(童子神)이 되어 형언할 수 없는 괴로운 고통을 겪게 하느냐는 뜻의 내용이 된다.

⑷ "바위 앞 푸른 대나무는 열 방향이 봄이로구나."

　'바위'는 《미륵佛》의 상징으로써 《푸른 대나무》는 《미륵佛》의 가르침을 따르는 불자(佛者)들의 비유이다. 즉, 미륵佛의 보살도(菩薩道) 가르침인 우주간(宇宙間)의 법(法)이 담긴 가르침을 따르는 불자(佛者)들은 열 방향에

봄을 맞아 성불(成佛)할 것임을 말씀하신 내용이 되는 것이다.

※ 일찍부터 이러한 게송이《관음청》의식에서 독송되고 있었으나 이러한 해설 내용의 뜻도 모르고 있는 승단이 안타까운 것이다.《신(神)》이 된 자와《동자신(童子神)》이 된 자들이 아무리 신통(神通)이 자재하다고 하나 이러한 신통(神通)을 옳지 못한 곳에 쓰게 되면 모든 부처님들과 특히,《미륵부처님》에게 걸리면 그 신통력(神通力)은 파(波)하여지게 됨으로써 파(波)함을 당한 신(神)은 천길 나락으로 떨어진다는 사실을 명심하시기 바란다.

49. 백, 천, 만억(百, 千, 萬億)의 수리(數理) 비유의 뜻은 무엇입니까?

　백, 천, 만억(百, 千, 萬億)을 아라비아 수(數)로 바꾸면 100, 1,000, 10,000억(億)이 된다. 이러한 100, 1,000, 10,000억은 10^{18}승으로써 《백억조(百億兆)》개의 별(星)들의 수(數)가 된다. 이러한 《백억조(百億兆)》개의 별(星)들이 자리한 우주(宇宙)를 석가모니 하나님 부처님께서는 《백, 천, 만억》으로 비유를 하신 것이다. 이와 같이 100, 1,000, 10,000억(億)의 별(星)들이 자리한 우주를 정리하면 다음과 같다.

[1] 상계(上界)의 우주(宇宙)

　　　　　상천궁(上天宮)
　　　　　천일우주(天一宇宙) 100의 궁(宮)
　　　　　천일일(天一一) 우주
　　　　　인일일(人一一), 인일이(人一二), 인일삼(人一三) 우주
　　　　　지일일(地一一), 지일이(地一二) 우주
　　　　　―――――――――――――――――――
　　　　　《백억조(百億兆)》개의 별(星)들이 자리하는 우주

[2] 중계(中界)와 하계(下界)의 천(天)의 우주

```
천이삼(天二三) 우주 ┐
천이일(天二一) 우주 ├ 중계(中界)의 우주
천이이(天二二) 우주 ┘
천삼삼(天三三) 우주 ┐
천삼일(天三一) 우주 ├ 하계(下界)의 우주
천삼이(天三二) 우주 ┘
```
―――――――――――――――――――
《백억조(百億兆)》개의 별(星)들이 자리하는 우주

[3] 중계(中界)와 하계(下界)의 지(地)의 우주

```
지이삼(地二三) 우주 ┐
지이일(地二一) 우주 ├ 중계(中界)의 우주
지이이(地二二) 우주 ┘
지삼삼(地三三) 우주 ┐
지삼일(地三一) 우주 ├ 하계(下界)의 우주
지삼이(地三二) 우주 ┘
```
―――――――――――――――――――
《백억조(百億兆)》개의 별(星)들이 자리하는 우주

[4] 중계(中界)와 하계(下界)의 인(人)의 우주

```
인이삼(人二三) 우주  ┐
인이일(人二一) 우주  ├ 중계(中界)의 우주
인이이(人二二) 우주  ┘
인삼삼(人三三) 우주  ┐
인삼일(人三一) 우주  ├ 하계(下界)의 우주
인삼이(人三二) 우주  ┘
```

《백억조(百億兆)》개의 별(星)들이 자리하는 우주

[5] 전체 우주(宇宙)의 정리

(1) 전체 우주적으로 볼 때는 총 《4백억조》개의 별(星)들이 탄생을 하게 되나 상계(上界)의 우주 《백억조》개의 별(星)들이 점차적으로 사라지면서 하계(下界)의 지(地)의 우주와 인(人)의 우주가 탄생이 된다.

(2) 상계(上界)의 우주가 모두 사라진 뒤에는 중앙천궁상궁(中央天宮上宮)과 중앙우주(中央宇宙) 100의 궁(宮)을 중심으로 천(天)·지(地)·인(人)의 우주 《3백억조》개의 별(星)들이 자리하게 된다.

(3) 초기 우주인 《상천궁(宮)》과 《천일우주(天一宇宙) 100의 궁(宮)》은 그 축이 내려와 《중앙천궁상궁(中央天宮上宮)》과 《중앙우주 100의 궁(宮)》을 이루며 다시 《하천궁(下天宮)》과 《인(人)의 우주 100의 궁(宮)》으로 그 축이 옮겨지나 이 과정에서 《인(人)의 우주 100의 궁(宮)》 중 《지궁(地宮) 10의 궁(宮)》이 악마(惡魔)들의 수중으로 떨어졌기 때문에 이들을 하늘(天)이라고 이름할 수 없어 소멸기 하늘(天)로써 천궁(天宮)을 《72 다보궁(多寶宮)》으로 함께 묶어 정리하고 《석가모니 하나님 부처님》의 허락을 얻은 것이다. 경전(經典) 속에서의 《백, 천, 만억》의 비유는 대부분이 상계(上界)의 우주를 지칭하는 경우가 많다.

50. 백, 천(百,千)의 수리(數理) 비유의 뜻은 무엇입니까?

 백, 천(百,千)을 아라비아 수(數)로 표하면 <u>100, 1,000</u>이 된다. 이러한 100, 1,000의 뜻도 음양(陰陽) 짝을 하고 있다. 이와 같은 음양(陰陽) 짝을 한 100, 1,000의 뜻을 분리하여 설명 드리면 다음과 같다.

[1] 음(陰)의 100, 1,000의 뜻

　　　천일우주(天一宇宙) 100의 궁(宮)……100의 뜻
　　　천일일(天一一) 우주……1,000의 뜻

※ 즉, <u>음(陰)의 100, 1,000의 뜻은 천일우주(天一宇宙) 100의 궁(宮)과 천일일(天一一) 우주를 뜻하는 용어이다.</u>

[2] 양(陽)의 100, 1,000의 뜻

　　중앙우주(中央宇宙) 100의 궁(宮)……100의 뜻
　　천이일(天二一), 지이일(地二一), 인이일(人二一) 우주……1,000의 뜻

※ 즉, <u>중앙우주(中央宇宙) 100의 궁(宮)</u>을 중심한 후천우주(後天宇宙) 중심이 되는 <u>천이일(天二一), 지이일(地二一), 인이일(人二一)</u> 우주를 칭할 때를 <u>양(陽)의 100, 1,000</u>이라고 한다.

※ 『무량의경』「제일 덕행품 ①항」에 다음과 같은 말씀이 나온다. 이러한 말씀을 참고하여 100, 1,000을 설명 드리면 다음과 같다.

　　　"이와 같이 저는 들었사오니, 한때에 부처님께옵서 왕사성 기사굴산 중에 계시어 큰 비구의 많은 이, 만 이천 사람과 더불어 함께 하셨으며, 보살마하살의 팔만 사람과, 하늘과 용과 야차와 건달바와 아수라와 가루라와 긴나라와 마후라가와, 모든 비구, 비구니와 그리고 또 우바새 우바이도 함께 하셨으며, 큰 전륜왕과 작은 전륜왕과 금륜과 은륜과 모든 윤의 왕과 국왕과 왕자와 나라의 신하와 나라의 백성과 나라의 선비와 나라의 여자와 나라의 큰 장자가 각각 권속 백천만의 수에게 더불어 이에 스스로 에워 둘러싸여 와서 부처님의 거처에 나아가서 머리와 얼굴로 발에 절하고 |백천 번|을 둘러서

돌며, 향을 피우고 꽃을 흩으며 가지가지로 공양을
하여 부처님께 공양하기를 마치고는 물러나서 한쪽
에 앉았소이다."

『무량의경(無量義經)』「제일 덕행품 ①항」

상기 말씀 중의 『**부처님의 거처에 나아가서 머리와 얼굴로 발에 절하고 백천 번을 둘러서 돌며**』라는 말씀의 부처님의 거처는 《중앙천궁상궁(中央天宮上宮)》이며 《중앙천궁상궁(中央天宮上宮)》의 자리인 《여섯 뿌리의 법궁(法宮)》인 《목성(木星)》에 자리하신 《석가모니 하나님 부처님》을 한 바퀴 둘러서 도는 것이 외곽으로 봐서는 《중앙우주(中央宇宙) 100의 궁(宮)》을 중심한 후천우주(後天宇宙) 중심 우주들인 천이일(天二一), 지이일(地二一), 인이일(人二一) 우주를 한 바퀴 둘러서 도는 것과 같은 것이다.

즉, 선천우주(先天宇宙)의 《상천궁(上天宮)》과 후천우주(後天宇宙)의 《중앙천궁상궁》은 각각의 별(星)을 법궁(法宮)으로 하였던 불(佛), 보살(菩薩)들께서 핵(核)의 붕괴로 모두 떠나시고 나면 수축기에 들어가는 각각의 별(星)들은 모두가 《석가모니 하나님 부처님》께 되돌려지기 때문에 《상천궁(上天宮)》과 《중앙천궁상궁(中央天宮上宮)》 모두를 《석가모니 하나님 부처님》의 화(化)라고 하는 것이다. 이 때문에 《석가모니 하나님 부처님》을 한 바퀴 둘러서 도는 것이 외곽으로는 100, 1,000의 우주들을 둘러서 도는 것과 같은 것이다. 이와 같은 100, 1,000번을 문자(文字) 그대로 해설을 하면 《십만 번》이 되는데 이러한 《십만 번》을 부처님을 둘러서 돌다 보면 법문(法門)은 언제 듣겠는가? 이와 같이 100, 1,000번은 수리(數理)로 이루어진 100, 1,000의 우주들을 말씀하신다는 사실을 깨우치기를 바라는 것이다.

51. 백, 천, 만(百,千,萬)의 수리(數理)의 비유는 무엇입니까?

백, 천, 만(百,千,萬)을 아라비아 수(數)로 표기를 하면 100, 1,000, 10,0000이 된다. 이러한 100, 1,000, 10,000은 《10^9승》의 우주들을 비유하신 것이다. 이러한 《10^9승》의 우주(宇宙)들을 정리하면 다음과 같다.

[1] 상계(上界)의 우주

인일일(人一一) 우주 : 10^2승
인일이(人一二) 우주 : 10^3승
인일삼(人一三) 우주 : 10^4승
———————————————
계 : 10^9승

[2] 중계(中界)의 우주

(1) 천(天)의 우주

천이삼(天二三) 우주 : 10^4승
천이일(天二一) 우주 : 10^2승
천이이(天二二) 우주 : 10^3승

계 : 10^9승

(2) 지(地)의 우주

지이삼(地二三) 우주 : 10^4승
지이일(地二一) 우주 : 10^2승
지이이(地二二) 우주 : 10^3승

계 : 10^9승

(3) 인(人)의 우주

   인이삼(人二三) 우주 : 10^4승
   인이일(人二一) 우주 : 10^2승
   인이이(人二二) 우주 : 10^3승
   ─────────────────
           계 : 10^9승

[3] 하계(下界)의 우주

(1) 천(天)의 우주

   천삼삼(天三三) 우주 : 10^4승
   천삼일(天三一) 우주 : 10^2승
   천삼이(天三二) 우주 : 10^3승
   ─────────────────
           계 : 10^9승

※ 천삼삼(天三三) 우주 10^4승에는 하천궁(下天宮) 10의 궁(宮)의 10^1승이 포함되어 있다.

(2) 지(地)의 우주

$$\begin{array}{l}\text{지삼삼(地三三) 우주 : } 10^4\text{승} \\ \text{지삼일(地三一) 우주 : } 10^2\text{승} \\ \text{지삼이(地三二) 우주 : } 10^3\text{승} \\ \hline \hspace{3em} \text{계 : } 10^9\text{승}\end{array}$$

※ 지삼삼(地三三) 우주 10^4승에는 지궁(地宮) 10의 궁(宮)의 10^1승이 포함되어 있다.

(3) 인(人)의 우주

인삼삼(人三三) 우주 : 10^4승
인삼일(人三一) 우주 : 10^2승
인삼이(人三二) 우주 : 10^3승
———————————————————
계 : 10^9승

※ 이와 같은 10^9승의 우주들을 백, 천, 만으로 비유를 하신 것이며 부처님 경전(經典)에 등장하는 백, 천, 만의 비유는 《상계(上界)》의 인일일(人一一), 인일이(人一二), 인일삼(人一三) 우주의 비유로 대부분 말씀하고 계시는 것이다. 하천궁(下天宮) 10의 궁(宮)과 지궁(地宮) 10의 궁(宮)과 연결된 길에 있는 인(人)의 우주 90궁(宮)은 하계(下界)의 인(人)의 우주 별(星)들의 수(數)인 10^9승에 포함되지 않는 별도의 수(數)로써 소멸기가 시작되면 《소멸기 우주》로 전환이 된다.

52. 천, 만억(千, 萬億)의 수리(數理)의 비유는 무엇입니까?

천, 만억(千, 萬億)을 아라비아 수(數)로 표하면 1,000, 10,000억이 된다. 이러한 1,000, 10,000억의 수리(數理)는 1,000, 10,000억의 우주(宇宙)를 비유하신 내용이다. 이와 같은 1,000, 10,000억의 우주는 《중계(中界)와 하계(下界)》의 우주(宇宙)의 《천(天)》의 우주와 《지(地)》의 우주에 있어서 중심(中心)이 되는 천이일(天二一), 지이일(地二一) 우주를 제외한 나머지 우주 별(星)들의 수(數)에서 하천궁(下天宮) 10의 궁(宮)의 10^1승과 지궁(地宮) 10의 궁(宮)의 10^1승을 각각 제외한 별(星)들의 수(數)가 10^{15}승인 1,000, 10,000억이다.

이렇게 1,000, 10,000억(億)으로 비유를 하시는 이유가 하계(下界)의 천궁(天宮)인 하천궁(下天宮) 10의 궁(宮)과 음양(陰陽) 짝을 하게 되는 악마(惡魔)들에게 지배당하는 《지궁(地宮)》 10의 궁(宮)을 《천궁(天宮)》으로 인정하지 않으시겠다는 《석가모니 하나님 부처님》의 의지의 표현으로 나타난 비유가 《천만억》 수리(數理)의 비유이다.

즉, 하천궁(下天宮) 10의 궁(宮)을 천삼삼(天三三) 우주의 별(星)들의 수(數)에 포함시키고 《지궁(地宮)》 10의 궁(宮)을 지삼삼(地三三) 우주 별(星)들의 수(數)에 포함시켜도 《소멸기 우주》로 변화하는 《인궁(人宮) 90궁(宮)》이 따로 있어서 《인궁(人宮) 90궁(宮)》이 《천궁(天宮)》 역할을 하기 때문에 별(星)들의 운행(運行)에는 아무런 지장이 없는 것이다. 이러한 1,000, 10,000억(億)의 우주를 따로 정리하면 다음과 같다.

[1] 중계(中界)와 하계(下界)의 천(天)의 우주 1,000, 10,000억(億)의 별(星)들의 수(數)

천이이(天二二) 우주 : 10^3승
천이삼(天二三) 우주 : 10^4승
천삼삼(天三三) 우주 : 10^3승   ※ 천삼삼(天三三) 우주에서
천삼일(天三一) 우주 : 10^2승   하천궁(下天宮) 10^1승 제외
천삼이(天三二) 우주 : 10^3승
―――――――――――――――
            계 : 10^{15}승

[2] 중계(中界)와 하계(下界)의 지(地)의 우주 1,000, 10,000억(億)의 별(星)들의 수(數)

지이이(地二二) 우주 : 10^3승
지이삼(地二三) 우주 : 10^4승
지삼삼(地三三) 우주 : 10^3승 　　　※ 지삼삼(地三三) 우주에서
지삼일(地三一) 우주 : 10^2승 　　　　　지궁(地宮) 10^1승 제외
지삼이(地三二) 우주 : 10^3승
──────────────
계 : 10^{15}승

※ 《천만억(千萬億)》 수리의 비유에 있어서 별(星)들의 수(數)와는 관계없이 1,000의 우주들인 천일일(天一一), 천이일(天二一), 지이일(地二一), 인이일(人二一) 우주를 중심으로 한 외곽에서 만들어지는 별(星)들을 총체적으로 이야기 할 때도 1,000, 10,000억(億)의 우주(宇宙)로도 비유를 하는 것이다.

53. 팔만(八萬)의 수리(數理)의 뜻은 무엇입니까?

팔만(八萬)을 아라비아 수(數)로 표하면 80,000이 된다. 이러한 80,000의 수리(數理)는 몇 가지 뜻을 가진다. 이러한 뜻을 밝혀 드리면 다음과 같다.

[1] 80,000은 8×10,000으로 분리되어 8의 수리(數理)가 《중앙천궁상궁(中央天宮上宮)》을 뜻하며 10,000의 수리가 10^4승의 수리로써 10^4승을 이룬 《인이삼(人二三)》 우주를 뜻한다. 그러므로 둘의 뜻이 하나가 된 《중앙천궁상궁(中央天宮上宮)과 인이삼(人二三) 우주》라는 뜻을 가진다.

[2] 80,000의 완성수(數)인 0(zero)를 모두 무시하고 8의 수리(數理)만 가지고 해설할 때도 있다. 이때의 8의 수리(數理)는 《중앙천궁상궁(中央天宮上宮)》을 뜻할 때도 있으며 중앙천궁상궁(中央天宮上宮)에서도 법공(法空)의 0(zero) 지점에 자리하는 목성(木星), 달(月), 화성(火星), 지구(地球) 등 여섯 뿌리의 법궁(法宮)과 석가모니 하나님 부처님 진신(眞身) 삼성(三星)을 묶은 《8의 우주》를 뜻할 때도 있다.

[3] 80,000은 8×10,000으로 분리되어 8의 수리(數理)가 《중앙천궁상궁(中

央天宮上宮)》을 뜻하며 10,000의 수리가 10^4승으로써 10^2승×10^2승으로써도 분리된다. 이렇게 분리된 10^2승이 중앙우주(中央宇宙) 100의 궁(宮)이 되며 10^2승이 인이일(人二一) 우주가 되는 것이다. 이러한 《중앙천궁상궁(中央天宮上宮)》, 《중앙우주(中央宇宙)》, 《인이일(人二一) 우주》가 모두 후천우주(後天宇宙) 《인(人)의 우주들》이 된다. 그러므로 80,000을 《인(人)의 우주들》 또는 《사람들의 우주》라고도 하는 것이다.

※ 이러한 몇 가지의 뜻의 선택은 그때그때의 전체의 뜻에 따라 선택이 되는 것이다.

54. 팔만사천(八萬四千) 수리의 뜻은 무엇입니까?

팔만사천(八萬四千)을 아라비아수로 표하면 84,000이 된다. 이러한 84,000의 뜻을 밝혀 드리면 다음과 같다.

[1] 84,000의 수리는 80,000과 4,000의 수리로 분리가 되며 분리된 4,000의 수리는 4×1,000으로써 4의 수리가 《1-3의 길》을 뜻하는 수리가 되며 1,000의 수리가 1,000의 세계인 중계(中界)의 8의 우주 중심 우주인 《인이일(人二一)》 우주가 됨으로써 둘을 합한 뜻은 《1-3의 길에 있는 인이일(人二一) 우주를 중심으로》라는 뜻이 되며 80,000은 인(人)의 우주들인 《8의 우주들》을 뜻하는 수리가 된다. 이러한 수리들의 종합이 《1-3의 길에 있는 인이일(人二一) 우주를 중심으로 한 8의 우주들》이라는 뜻을 가진다.

[2] 84,000의 0(zero)는 완성의 의미를 가짐으로써 0(zero)를 모두 무시하고 8+4 =12의 수리로써 12의 수리는 6과 6수리로 나눈다. 이러한 6과 6수리는 《여섯 뿌리의 법궁(法宮)을 중심으로 한 여섯 가지의 우주들》 또는 《여섯 뿌리를 바탕으로 한 여섯 가지의 우주들》이라는 뜻을 가짐으로써 전체의 우주를 총체적으로 이름하는 뜻을 가진다.

[3] 또한 8+4=12의 수리는 3과 9의 합수(合數)도 되기 때문에 《불(佛)의 진신(眞身) ㊉3이 이룬 태양수(太陽數) ㊉9》를 뜻할 때도 있고 《불(佛)의 진신삼성(眞身三聖)과 태양수(太陽數) 9》라는 뜻도 가진다.

※ 이러한 몇 가지 뜻의 선택은 그때그때의 전체의 뜻에 따라 선택이 되는 것이다.

55. 만이천(萬二千) 수리(數理)의 뜻은 무엇입니까?

만이천(萬二千)의 수(數)를 아라비아 수(數)로 표하면 12,000이 된다. 이러한 12,000의 수리(數理)의 뜻은 다음과 같다.

[1] 12,000은 12×1,000으로 분리되어 12의 수리(數理)는 다시 6과 6수리(數理)로 분리되어 《여섯 뿌리의 법궁(法宮)을 중심한 여섯 가지의 우주들》로 풀이가 되며 1,000의 수리(數理)는 1,000의 세계들인 중계(中界)의 우주 중심 우주들인 《천이일(天二一), 지이일(地二一), 인이일(人二一)》 우주가 된다. 이와 같은 뜻을 종합한 《여섯 뿌리의 법궁(法宮)을 중심한 여섯 가지의 우주들인 천이일(天二一), 지이일(地二一), 인이일(人二一) 우주들》이란 뜻이 되는 것이다.

[2] 12,000의 수리(數理)에 있어서 0(zero)는 완성수이기 때문에 이를 무시하고 12의 수리(數理)로써만 그 뜻을 헤아린다. 이러한 12의 수리(數理)도 6과 6수리(數理)로 나누어 6의 수리(數理)는 《여섯 뿌리를 바탕》으로 하는 것을 뜻하고 6의 수리(數理)는 《여섯 가지의 우주들》을 뜻하는 수리(數理)가 된다. 이러한 뜻을 종합한 《여섯 뿌리를 바탕으로 한 여섯 가지의 우주들》이란 뜻을 가지는 것이다. 이러한 뜻은 팽창기 우주 전체를 뜻하는 내용이 되는 것이다.

56. 천만(千萬)의 수리(數理) 비유의 뜻은 무엇입니까?

　천만(千萬)을 아라비아 수(數)로 표하면 <u>1,000, 10,000</u>이 된다. 이러한 1,000, 10,000은 10^3승과 10^4승의 우주(宇宙)들을 비유하신 말씀이다. 이러한 10^3승과 10^4승의 우주(宇宙)들을 정리하면 다음과 같다.

[1] 상계(上界)의 우주

　　　　　　인일이(人一二) 우주 : 10^3승
　　　　　　인일삼(人一三) 우주 : 10^4승

[2] 중계(中界)의 우주

(1) 천(天)의 우주

　　천이이(天二二) 우주 : 10^3승
　　천이삼(天二三) 우주 : 10^4승

(2) 지(地)의 우주

　　지이이(地二二) 우주 : 10^3승
　　지이삼(地二三) 우주 : 10^4승

(3) 인(人)의 우주

　　인이이(人二二) 우주 : 10^3승
　　인이삼(人二三) 우주 : 10^4승

[3] 하계(下界)의 우주

(1) 천(天)의 우주

　　천삼이(天三二) 우주 : 10^3승
　　천삼삼(天三三) 우주 : 10^4승

(2) 지(地)의 우주

　　　　지삼이(地三二) 우주 : 10^3승
　　　　지삼삼(地三三) 우주 : 10^4승

(3) 인(人)의 우주

　　　　인삼이(人三二) 우주 : 10^3승
　　　　인삼삼(人三三) 우주 : 10^4승

※ 이러한 뜻을 가진 우주들의 선택은 그때그때의 전체의 뜻에 따라 선택이 되는 것이다. 이와 같은 문자(文字)의 수리적(數理的) 해석과 천부수리(天符數理)는 다르다는 것을 아시기 바란다. 즉, 문자(文字)의 수리적(數理的) 해석들은 상기 내용이 되나 천부수리(天符數理)로써는 1,000, 10,000이 《1,1》의 수리(數理)가 되는 차이가 있다.

57. 천부수리(天符數理)에 의한 근본진리(根本眞理)란 무엇입니까?

우주간의 모든 인간계가 있는 곳의 공통 용어는 수(數)이다. 이 수(數)도 자연수인 1,2,3,4,5,6,7,8,9,10의 합(合)의 수(數) 각각이 단지 수(數)의 개념만 가지고 이합집산으로 학문적인 이치를 밝힐 때 이를 《수학(數學)》이라고 한다면, 자연수 각각이 갖는 《리(理)》즉, 이치의 뜻을 갖는 뜻말이 포함되어 있는 것을 《수리(數理)》라 한다. 예를 들면, 1+2=3이다. 이때의 3은 수(數)의 개념도 가지나 수리(數理)의 개념도 가진다. 수리(數理)의 개념에서는 3과 이 3이 음양(陰陽) 분리된 (-3, +3)도 되는데 음양합일(陰陽合一)된 3을 불(佛)의 진신(眞身)의 3성(星)을 나타낼 때 이름하며, 음양(陰陽) 분리된 ⊕3을 불(佛)의 진신(眞身)의 수(數) ⊕3이라고 이름한다.

이를 《예》를 들어 설명을 드리면, 우리들의 《태양성(太陽星)》의 시각적인 수명이 100억 년(年)이다. 이 100억 년(年)을 엄격히 구분하면 왕성한 활동 기간이 50억 년(年), 물질 분출기간이 50억 년(年)이 되나 물질 분출기간 이후 초기 5억 년(年)은 《태양성(太陽星)의 핵(核)》이 붕괴되어 흑점 활동 등으로 인하여 외부로 빠져 나와 태양성의 회전 방향의 길을 따라 분출이 되어 새로운 암흑물질과 활발한 삼합(三合) 활동으로 다섯 기초 원소를 만들 때이다. 이 기간까지를 일반적으로 왕성한 활동기로 보기 때문에 100억 년(年) 중 55억 년(年)까지를 왕성한 활동기로 보며 나머지 45억 년(年)이 자체 수축기가 된다.

이와 같은 왕성한 활동기 55억 년(年) 중 초기 5억 년(年) 동안 태양풍(太陽風)이나 흑점활동으로 인하여 외부로 분출된 ⊕3은 상기 음양 분리된 ⊕3이 암흑물질과 활발한 삼합(三合) 활동을 함으로써 다시 태양성(太陽星)의 핵(核)으로 자라나는 기간을 가진다. 이때의 ⊕3을 불(佛)의 진신(眞身)의 수(數)이라고 하며 이후 이 진신(眞身)의 ⊕3이 자라나서 다시 태양성(太陽星)으로 잉태되어 짝별인 2성(星)을 거느릴 때 이를 불(佛)의 진신(眞身)의 3성(星)이라고 하며, 우리들 태양계로 봐서는 태양성(太陽星), 수성(水星), 금성(金星)의 3성(星)이 노사나佛 진신(眞身) 3성(星)이 된다. 이와 같이 변화되는 이치를 가진 수(數)를 《수(數)의 리(理)》로써 《천부수리(天符數理)》라고 한다.

《한민족(韓民族)》들에게 전하여져 오는 《천부경(天符經)》, 《삼일신고(三一神誥)》, 《황제중경(皇帝中經)》, 《황제내경(皇帝內經)》 등 《한단불교(桓檀佛敎)》 사대경전(經典)은 《석가모니 하나님 부처님》께서 고대 《한국(韓國)》을 중심한 《구막한제국》 시절 《5대 태우의 한웅님》으로 이름하고 오시어 후손들에게 남기신 《경전(經典)》들로써 이러한 경전(經典)들은 수리(數理)가 바탕이 되어 있다. 이러한 《수리(數理)》를 《천부수리(天符數理)》라고 하며 이 《천부수리(天符數理)》가 수학 공식처럼 앞뒤가 맞느냐 맞지 않느냐에 따라 경전(經典)의 왜곡이 판가름 나는 중요한 잣대가 된다. 이러한 《천부수리(天符數理)》가 모여 그 뜻이 드러난 것을 정리한 것이 《근본진리(根本眞理)》가 된다. 이와 같은 《근본진리(根本眞理)》가 우주간(宇宙間)의 법(法)의 바탕을 이루고 있는 것이다.

이와 같은 천부수리(天符數理)에 의한 《근본진리(根本眞理)》는 석가모니 하나님 부처님께서 《대통지승불(大通智勝佛)》로 호(號)를 하시고 상천궁(上天宮)과 천일궁(天一宮)에서 처음 묘법화(妙法華)를 설(說)하심으로부터 시작이 되며 뒤에 일월등명불(日月燈明佛)께서도 천일궁(天一宮)에서 설(說)하시게 되고 뒷날 《석가모니 하나님 부처님》께서 지상(地上)으로 오셨을 때 묘법화(妙法華)의 근본진리(根本眞理)를 묶어 간결하게 하신 경(經)이 한단불교(桓檀佛敎) 시절의 천경(天經)인 『천부경(天符經)』「81자(字)」이다.

　이와 같이 《근본진리(根本眞理)》를 바탕으로 하여 설(說)하여진 《석가모니 하나님 부처님》의 우주간(宇宙間)의 법(法)을 묶어 《묘법화(妙法華)》라고 하는 것이다. 이와 같이 우주간(宇宙間)의 법(法)의 근본 뼈대가 《묘법화(妙法華)》의 《천부수리(天符數理)》에 의한 《근본진리(根本眞理)》라는 점을 아시기 바라며 이러한 천부수리(天符數理)에 의한 근본진리(根本眞理)가 대승보살도(大乘菩薩道)의 근본 바탕이라는 사실을 깊이 인식하시기 바란다.

　현재 전하여져 오는 《묘법연화경(妙法蓮華經)》은 《천상(天上)》에서부터 《석가모니 하나님 부처님》께서 펼치신 우주간(宇宙間)의 종교(宗敎)인 《불교(佛敎)》의 《불법(佛法)》을 왜곡하여 찬탈하기 위한 목적으로 《악마(惡魔)의 신(神)》인 《비로자나 1세》와 《가이아 신(神)》 사이에 태어난 아들이 《석가모니 하나님 부처님》의 《명호(名號)》를 도적질하여 《석가모니》로 이름한 후 고대 인도 땅에서 《싯다르타 태자(太子)》로 태어난 후 《반쪽짜리》 부처(佛)인 《마왕신 부처(魔王神佛)》를 이루고 《석가모니불(佛)》로 이름하고 일찍부터 《석가모니 하나님 부처님》께서 설(說)하신 불법(佛法)을 훔쳐 와서 그가 깨달은 바 법(法)인 양 위장하고 《부처 놀이》를 하면서 《묘법화경(妙法華經)》을 《묘법연화경(妙法蓮華經)》으로 경(經)의 제호(題號)를 바꾸고 《경(經)》에 있어서 근본 바탕이 되는 《천부수리(天符數理)》로 된 부분은 《마왕신 부처》의 실력으로는 손도 대어 보지 못하고 《방편(方便)》으로 설(說)하여진 《문자 반야》만 왜곡하여 《대마왕》《불보살》들과 《악마의 신》들인 《대마왕신(神)》들을 《불보살》들로 등장시켜 《묘법화경(妙法華經)》 본래의 《문자》로 된 경(經)을 고치고 왜곡하여 《석가모니 하나님 부처님》께서 본래 의도하신 뜻을 모두 삭제하고 《악마(惡魔)의 신(神)》인 《마왕신 부처》의 뜻으로 바꾸어 놓은 《경(經)》이 《묘법연화경(妙法蓮華經)》임을 밝혀 두는 바이다.

58. 3-1-4의 길 운행(運行)이란 무엇입니까?

　　지구계(地球界) 시간으로 《서기(西紀) 2000년(年)》을 기해 120억 년(億年)의 《선천우주(先天宇宙)》를 마감하고 240억 년(億年)의 《후천우주(後天宇宙)》 기간에 돌입한 이때 우리들의 《태양계(太陽界)》는 《중앙천궁상궁(中央天宮上宮)》으로 변화되어 있음을 석가모니 하나님 부처님께서는 《근본진리(根本眞理)》에서 밝히고 계신다. 이러한 《중앙천궁상궁(中央天宮上宮)》은 곧 얼마 있지 않은 시간 이후 《중앙천궁상궁(中央天宮上宮)》 운행(運行)을 하게 된다.

　　이러한 《중앙천궁상궁(中央天宮上宮)》 운행(運行)의 시작은 우리들 태양계(太陽界)의 태양성(太陽星), 수성(水星), 금성(金星) 등 3성(星)의 이동으로부터 시작이 된다. 이러한 3성(星)을 《노사나佛》 진신(眞身) 3성(星)이라고 하며 현재의 《태양성(太陽星)》이 노사나 부처님의 《법궁(法宮)》이다. 이와 같은 현재의 우리들 태양성(太陽星)은 활발한 활동기를 지나 《후천우주(後天宇宙)》에 돌입한 이때부터는 수축기에 들어가 있다. 이러한 이유 때문에 《노사나佛》 진신(眞身) 3성(星)은 수축의 과정을 지나 1성(星)을 이루기 위해 때가 되면 지금의 천왕성과 해왕성 사이의 동북간방(東北艮方) 15°도 선상으로 궤도 변경을 하기 위해 이동을 하게 되는 것이다.

　　이러한 이동과 때를 같이 하여 이때까지 《태양성(太陽星)》이 자리하였던 곳으로 《목성(木星, Jupiter)》이 궤도 변경을 하여 자리하고 그 다음으로 지구(地球)의 위성으로 있던 《달(月)》이 궤도 변경을 하여 자리하게 되고 다음으로 《화성(火星, Mars)》이 자리하게 되며 그 다음으로 우리들 《지구(地球)

》가 자리하여 이때까지 《태양성(太陽星)》 중심의 회전인 《1-4의 길》 시계 반대 방향의 회전을 하던 것을 일시 멈추고 정지 상태에 이른 후 곧바로 《목성(木星)》을 중심한 시계 방향의 회전인 《3-1의 길》 회전을 하게 된다. 이러한 변화의 때를 《하늘이 무너져 내리는 때》로 이름하며 《아리랑 고개》*의 때로도 이름한다. 이때 대부분의 인간들은 육신(肉身)의 죽음을 맞이하게 되는 것이다. 이러한 운행(運行)을 《3-1의 길》 운행(運行)이라고 하며 우리들 《지구(地球)》 바깥은 토성(土星), 천왕성, 노사나佛 진신(眞身) 3성(星), 해왕성, 명왕성 등의 순서로 이들 일곱 별은 종전과 같이 시계 반대 방향의 회전인 《1-4의 길》 회전을 하는 것이다. 이러한 운행을 《중앙천궁상궁(中央天宮上宮)》의 《3-1-4의 길 운행》이라고 하는 것이다.

이와 같은 《중앙천궁상궁(中央天宮上宮)》 운행이 이루어졌을 때 《3-1의 길》에 있게 되는 목성(木星), 달(月), 화성(火星), 지구(地球) 등 4성(星)이 자리한 위치는 《법공(法空)》 전체에 있어서 《중앙점(中央點)》이 되는 《0(zero) 지점》이 되며 태양성(太陽星) 중심의 운행을 할 때는 태양계(太陽界)의 바탕이 《전자(電子)》였으나 《법공(法空)의 중앙점》을 이루는 《3-1의 경계 내(內)》에는 《진명광(眞命光)》과 《양전자(陽電子)》가 바탕이 됨으로써 극락 중의 최고의 극락으로 변화가 되며 이때 지구(地球)의 축도 바로 서기 때문에 《1년이 360일》이 되는 것이다.

---

* 미륵부처님께서 밝히시는 한민족(韓民族)들이 가야만 하는 길(2013)

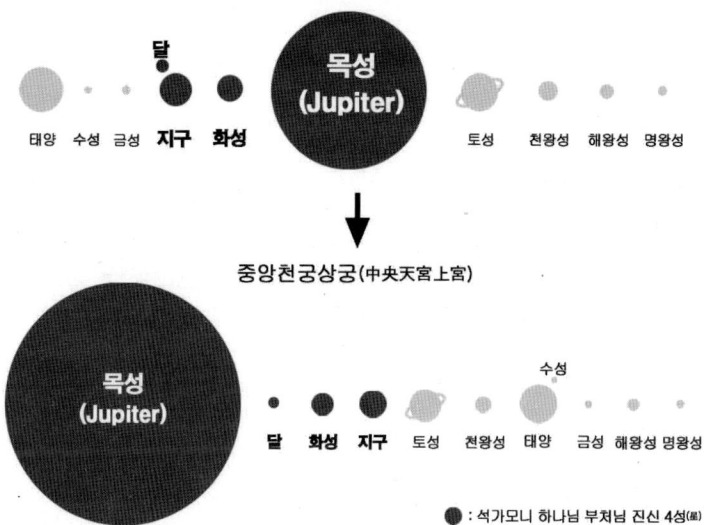

59. 불(佛)의 십호(十號)에 대하여

중원 대륙 선승(禪僧)들에 의해 불법(佛法)이 왜곡된 "예" 중의 하나가 불(佛)의 십호(十號)이다. 현재 전하여지는 불(佛)의 십호(十號)는 《응공(應供)》이라는 용어(用語)가 추가되어 불(佛)의 십일호(十一號)로 되어 있다. 이렇게 왜곡하게 된 저의는 불(佛)의 십호(十號)에 담겨 있는 깊은 뜻을 호(號)의 순서를 바꿈으로써 호(號)가 가진 깊은 뜻을 불자들로 하여금 모르게 하기 위해 잔꾀를 부려 놓은 것이다. 이렇게 잘못된 호(號)임을 지적하여 세간에 발표를 한 지도 오래 되었으나 아직도 불자(佛者)들에게 호칭을 불(佛)의 십호(十號)라 하고 가르치기는 십일호(十一號)를 그대로 가르치고 있는 실정이다. 잘못 정하여진 것은 고치는 것이 당연한 것이다. 이러한 뜻을 감안하여 먼저 십호(十號)를 열거하면 다음과 같다.

[1] 여래(如來, Tathagata)

[2] 불(佛), 아라한(阿羅漢, Arhat)

[3] 정등각(正等覺, Samyaksambuddha, 正遍知 또는 Anuttarasamyaksambuddha, 無上正等正覺者, Sambuddha, 正覺者)

[4] 명행족(明行足, Vidyacarana Sam. panna)

[5] 선서(善逝, Sugata)

[6] 세간해(世間解, Lokavid)

[7] 무상사(無上士, Anuttarapurusa)

[8] 조어장부(調御丈夫, Purusadamyasarathi)

[9] 천인사(天人師, Sasta Devamanusyanam)

[10] 세존(世尊, Bhagavat, 婆伽婆, 薄伽梵)

근본진리(根本眞理)에서는 보통 인간들을 불수(佛數) 1을 가졌다고 한다.《불(佛)의 십호(十號)》란 불수(佛數) 1의 완성을 뜻하는《호(號)》를 이름한다. 이 뜻은 완성된 인간이《불(佛)》이며 그로써 갖게 되는 호(號)가 10이란 의미를 가지고 있는 것이다.

불(佛)의《십호(十號)》중《여래(如來)》,《아라한(阿羅漢)》,《무상정등정각자(無上正等正覺者)》,《명행족(明行足)》등은 부처(佛) 이룸의 네 가지 과정의 기본 덕목의 인(因)이 되며 나머지 여섯은 물질(物質)로 이루어진 법신(法身) 진화(進化)의 완성으로 이루어지는 법(法)의 완성으로써 얻어지는 과(果)로써의 호(號)가 된다. 고로 이의 설명은 부처(佛) 이룸의 네 가지 과정의 기본 덕목과 여섯 가지 과(果)로써의 호(號)로 두 구분 지어져 설명이 되어야 한다.

[1] 부처(佛) 이룸의 네 가지 과정 기본 덕목인 인(因)

(1) 여래(如來, Tathagata)

생사를 뛰어 넘어 걸림 없이 오고 갈 수 있는 분(分) 또는 과정(科程).

(2) 아라한(阿羅漢, Arhat)

뜻의 번역으로써 응공(應供)이 되어 있으나 이는 왜곡된 표현으로써 이 자리가 인간 완성으로써의 부처(佛) 이룸의 자리인 불(佛)의 자리가 된다. 즉, 인간 완성으로써의 부처(佛) 이룸인 불(佛)의 자리로써 성문승(聲聞乘) 4과(四果)의 최고위(位)인 아라한(阿羅漢)의 자리가 되며 보살도(菩薩道) 성취의 보살(菩薩)의 자리도 되는 것이다.

(3) 정각자(正覺者, Sambuddha) 또는 정변지(正遍知)

위가 더 없는 모든 것을 올바르게 깨달은 자(者)로서 인간의 마음(心)의 근본 뿌리인 《성(性)의 36궁(宮)》에 있어서 영(靈)으로 이름되는 양자(陽子) 24가 진화(進化)의 완성을 이룸으로써 《혜(慧)》의 《밝음》을 최고로 하였을 때를 이름한다.

(4) 명행족(明行足 , Vidyacarana Sampanna).

산스크리트어(語)의 비디야 차라나 삼판나는 《지혜의 밝음이 모두 이루어졌다》라는 뜻으로 인간 마음의 근본 뿌리인 《성(性)》이 《성령(聖靈)》을 이루어 《보살도(菩薩道) 성취》를 이룬 상태를 표현한 말이다. 이를 뜻 말로 명(明)과 행(行)이 다 갖추어져 있다고 번역을 한 것이다. 즉, 이의 깊은 뜻은 인간 진화의 주인공인 《성(性)의 30궁(宮)》 중 전자(電子) 6이 정변지(正遍知)에서 이름된 양자(陽子) 24가 지혜(智慧)의 완성인 진화(進化)를 마쳤을 때 《밝음》을 최고로 하게 되면 《맑음》을 최고로 한 전자(電子) 6이 상온에서 핵(核) 분열과 《핵(核) 융합 반응》을 일으킴으로써 《전자(電子) 6》이 《중성자(中性子) 2》와 《양전자(陽電子) 4》로 전환이 된다. 이렇게 전환이 된 때가 보살(菩薩)과 아라한(阿羅漢)을 이룬 때로써 이때의 《양전자(陽電子) 4》를 《진명(眞命)》으로써 명(明)과 행(行)이 모두 갖추어져 우주의 곳곳을 훤히 꿰뚫어 보고 걸림 없는 행(行)을 할 수 있다하여 《명행족(明行足)》으로 번역을 한 것이다.

이와 같은 《중성자(中性子) 2》와 《양전자(陽電子) 4》와 《양자(陽子) 24》의 30궁(宮)을 보살심의 근본 뿌리로써 《성령(性靈)》이라고 하는 것이다. 이때 《중성자(中性子) 2》가 《불(佛)》의 자리가 되고 《양자(陽子) 24》의 자리가 《정변지(正遍知)》의 자리가 되며 《양전자(陽電子) 4》의 자리가 《명행족(明行足)》의 자리가 되는 것이다. 이와 같이 불(佛), 정변지(正遍知), 명행족(明行足)을 갖추었을 때 《여여(如如)히》올 수 있다고 하여 《여래(如來)》라고 하는 것이다.

※ 부처 이름의 네 가지 과정의 기본 덕목도 여래(如來) 1과 아라한(阿羅漢)과 정변지(正遍知)와 명행족(明行足) 등의 3이 1-3의 관계를 이룸으로써 생사를 뛰어 넘어 걸림 없이 오고 갈 수 있는 분(分)은 아라한(阿羅漢)과 보살도(菩薩道) 성취의 보살이 정변지(正遍知)의 과정과 명행족(明行足)을 갖춘 자(者)가 된다는 심오한 뜻을 호(號)로써 나타내었음을 알 수 있는 것이다. 이와 같은 네 가지 과정을 묶어 불(佛)의 용(用)의 수(數) 4라고도 하는 것이다.

[2] 여섯 가지의 과(果)

(1) 선서(善逝, Sugata)

산스크리트 어(語)의 수가타는 《잘 가신 분》이라는 뜻이 되나 뜻말로 번역된 선서(善逝)는 《착함으로 갈》 또는 《착함으로 가는》 등의 뜻말을 가지고 있다. 이 뜻은 석가모니 하나님 부처님의 본래 모습인 세 가지 《참됨(三眞)》의 으뜸인 《진성(眞性)》의 체(體)가 《선(善)》인 착함이다. 이 뜻을 감안한 풀이는 석가모니 하나님 부처님께 귀일(歸一)한다는 뜻을 가지고 있는 호(號)가 된다.

(2) 세간해(世間解, Lokavid)

산스크리트 어(語)의 로가비드(Lokavid)는 《세간(世間)을 안다》는 뜻으로써 이를 세간해(世間解)로 번역한 듯하다. 세계와 세계 사이를 안다는 뜻으로서 적게는 작은 곤충의 세계로부터 크게는 《지상(地上)의》 전체를 모두 포함하는 뜻을 가진 말이 세간(世間)이다. 이러한 세간(世間)을 모두 안다는 뜻말이다. 이는 석가모니 하나님 부처님의 본래 모습인 세 가지 참됨 중 원천명인 《진명(眞命)》의 체(體)인 《맑음》을 겨냥한 뜻말이다.

(3) 무상사(無上士, Anuttarapurusa)

산스크리트어(語)는 아눗타라푸루샤로서 《더할 나위 없는 훌륭한 인간(人間)》이라는 뜻으로 무상사(無上士)는 위가 더 없는 훌륭한 인격을 가진 자라는 뜻말을 가진 용어이다.

(4) 조어장부(調御丈夫, Purusadamyasarathin)

산스크리트어(語)는 푸루샤다미야 사라티로써《사람을 길들이고 다스리는 큰 능력을 가진 사람》이라는 뜻을 가진 말로써 사람들을 길들이고 다스리는 대장부(大丈夫)라는 뜻말 역시 조어장부(調御丈夫)가 된다.

(5) 천인사(天人師, Sasta Devamanusyanam)

산스크리트어(語)는 샤스타 데바마누시야남(Sasta Devamanusyanam)으로써《신(神)들과 인간(人間)들의 스승》이라는 뜻말이다.

(6) 세존(世尊, Bhagavat)

원어(原語)로는 바가바트라고 하며《복(福)과 덕(德)을 갖춘 사람》이라는 뜻을 가진 말로써 한자(韓字)로는 세간(世間)의 존귀(尊貴)하신 분(分)으로서 세존(世尊)이라고 번역되어 있다.

※ 여섯 가지의 과(果)를 정리하면,《착함으로 가는 세간(世間)을 아는 자(

者)로서 더할 나위 없이 훌륭한 인격(人格)을 갖춘 신(神)들과 인간(人間)들의 스승으로서 세간(世間)의 존귀(尊貴)한 분(分)》이라는 뜻말을 호(號)로써 갖추는 것이다. 이와 같은 여섯 가지의 과(果)는 인간 완성의 부처(佛) 이룸을 이룬 정각자(正覺者)들인 보살(菩薩)들과 아라한(阿羅漢)들이 우주간(宇宙間)의 법(法)을 근간으로 하는 보살도(菩薩道)에 입문(入門)하여 그들의 법신(法身)인 물질(物質) 진화(進化)의 완성으로써 법(法)의 완성을 이룬 정등자(正等者)가 되었을 때 얻어지는 호(號)이다. 불(佛)의 십호(十號)를 사인(四因)과 육과(六果)로써 풀이하는 방법을 우주간의 4.6의 법칙에 따른다고 하며 부처를 이룸(4)으로써 여섯 가지(6)를 이룬다고 근본진리(根本眞理)에서는 설명하고 있다. 이러한 뜻을 전하기 위한 방편으로 나온 것이 불(佛)의 십호(十號)이다. 이러한 점을 불자 여러분들께서는 깊이 새기셔야 한다.

　지금까지 불(佛)의 십호(十號)에 대하여 살펴보았다. 그러면 석가모니 하나님 부처님께서 불(佛)의 십호(十號)를 전하시는 뜻이 과연 어디에 있나를 우리들은 분명히 알아야 하는 것이다. 석가모니 하나님 부처님께서 불(佛)의 십호(十號)를 전하신 뜻은 첫째가 사인(四因)과 육과(六果)에서 보듯이 인간 완성으로써 부처 이룸과 법(法)의 완성으로써 불법 일치(佛法一致)된 완전한 깨달음의 부처(佛) 이룸을 가르치는 것이다. 사정이 이러함에도 불구하고 작금의 승단 가르침은 부처만 이루면 모두 끝이 나는 양 잘못된 가르침을 불자들에게 가르치고 스스로도 그렇게 알고 있는 것이다.

　두 번째가 우주의 법칙인 4.6의 법칙을 전함에도 그 본래의 가르침이 있다. 4.6의 법칙의 뜻은 첫째가 불(佛)의 용(用)의 수(數) 4를 가지게 됨으로 여섯 가지를 이루었다는 뜻을 가진다. 이때의 여섯 가지는 우주 전체를 한 그루의 거대한 나무로 비유할 때 뿌리를 비롯한 거대한 기둥을 '여섯 뿌리'라고 하며 이러한 여섯 뿌리에서 뻗어나간 하나의 가지를《여섯 가지》를 이루었다고 하는 것이다.

60. 지옥(地獄)에 대하여

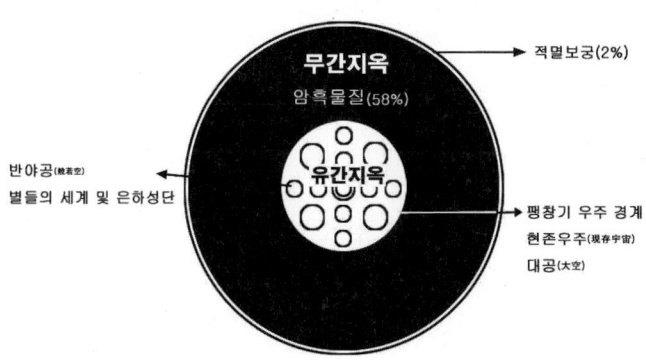

[그림] 지옥의 위치

 지옥(地獄)은 크게 나누어 대공 내(大空內)의 지옥(地獄)과 대공(大空) 바깥의 지옥(地獄) 등 두 구분이 된다. 이러한 지옥(地獄)을 구분하여 설명 드리면 다음과 같다.

[1] 대공(大空) 내(內)의 지옥(地獄)

대공 내(大空內)의 지옥(地獄)도 세분화하면 다음과 같다.

대공 내(大空內)의 지옥(地獄)

(1) 대공내(大空內)의 암흑물질층의 지옥(地獄)
(2) 영체(靈體)의 진화(進化)를 하는 귀왕(鬼王)들이 다스리는 지옥(地獄)
(3) 천궁(天宮) 외곽의 물질(物質) 합성이 이루어지는 곳의 지옥(地獄)
(4) 마왕(魔王)들이 지배하는 지옥(地獄)
(5) 중생(衆生)들의 업력(業力)에 의해 만들어지는 지옥(地獄)

상기 열거된 대공(大空) 내(內)의 지옥(地獄)들로부터 파생되는 수도 헤아릴 수 없는 수많은 지옥(地獄)들이 실제로 존재를 하는 것이다. 진화(進化)의 과정에서《성(性)》인《반야공(般若空)》들이 겪는 과정은 지옥(地獄)이라고 할 수가 없으나 인간의 의식(意識)을 가진 인간의《영혼(靈魂)》과《영신(靈身)》들이 상기 열거한 지옥(地獄)으로 되돌아가거나 그들의 업력(業力)에 의해 만들어지는 지옥고(地獄苦)를 겪을 때 따르는 공포와 고통 때문에 이를 지옥(地獄)이라고 하는 것이다.

더욱이 선대문명(先代文明) 때에 살았던 영체(靈體)의 진화(進化)를 하던 인간, 동물 등이 환경 변화로 인하여 죽음을 당하고 땅(地) 속에서 한 곳에 모여 압력에 의해 만들어진 원유(原油)가 사실상 그들의 영혼(靈魂)과 육신(肉身)이 파괴되어 겪는 지독한 지옥고(地獄苦)인 것이다. 이와 같은 지옥고(地獄苦)는 진화(進化)의 과정에서는 없어서는 안되는 과정임을 이해하고 심한 고통과 괴로움을 없애고자 하면 순리(順理)를 따라 진화(進化)하는 것이 최상책임을 오늘을 살고 있는 인간들은 깨달아야 하는 것이다. 죽어봐야 저승을 안다고 설마 설마하고 지옥(地獄)을 부정(不正)하다가 그《영혼(靈

魂)》과《영신(靈身)》이 큰 어려움을 당하지 말고 진리(眞理)를 따르는 삶을 살 것을 충고하는 바이다.

[2] 대공(大空) 바깥의 지옥(地獄)

    진화기(進化期)의《법공(法空)》에 있어서《대공(大空)》의 경계로부터《적멸보궁(寂滅寶宮)》사이에 있는《법공(法空)》크기의《58%》에 달하는 두터운 암흑물질층이《무간지옥(無間地獄)》이 된다. 법공(法空)의 1회(回) 진화(進化) 기간이 지구계(地球界) 시간으로는 1,000억 년(億年)이 되며 우주 전체로 봐서는 10,000억 년(億年)이 된다. 이러한 10,000억 년(億年)의 기간이 끝이 나 다시 법공(法空)의 진화기(進化期)가 시작될 때까지 지옥고(地獄苦)를 벗어날 수 없는 지옥(地獄)이 무간지옥(無間地獄)이다. 무간지옥(無間地獄)의 무간(無間)은 시간(時間)이 없는 것을 말한다. 이 때문에 시간(時間)을 기약할 수 없이 공포와 괴로움 속에서 지내야 하는 지옥(地獄)이《무간지옥(無間地獄)》인 것이다.

61. 법(法)의 일어남의 실상(實相)에 대하여

법(法)의 일어남을 크게 다섯 구분하면 다음과 같다.

[1] 진화기(進化期)에 돌입한 법공(法空)의 1-6체계가 사선근위(四善根位)의 과정을 겪고 법공(法空) 내부의 법공(法空) 크기의 40%에 달하는 대공(大空)의 경계와 원천 바탕을 《여섯 뿌리 진공(眞空)》으로 하였을 때가 법(法)이 일어난 때이며

[2] 개천이전(開天以前) 《정명궁(正明宮)》과 《진명궁(眞明宮)》이 물질(物質)의 씨앗인 다섯 기초 원소와 물질(物質)의 합성을 끝낸 이후 축소기를 거쳐 개천(開天)이 되면서 대폭발을 일으켰을 때 측정할 수 없는 미세한 여섯 뿌리 진공(眞空) 구슬이 사방(四方)으로 흩어졌을 때가 또한 법(法)이 일어난 때가 된다.

[3] 개천(開天)이 된 후 대공(大空)의 원천(源泉) 바탕에서 사선근위(四善根位)의 과정을 겪은 미세한 여섯 뿌리의 진공(眞空) 구슬이 발생하여 암흑물질과 음양(陰陽) 짝을 하여 대공(大空) 내(內)의 바탕으로 자리하는 태음수(太陰數) ⊕6을 만들 때 역시 법(法)이 일어난 때가 된다.

[4] 다음으로 현존우주(現存宇宙) 내(內)에서 태양성(太陽星) 핵(核)의 붕괴로 인하여 태양(太陽) 흑점 활동으로 인한 태양(太陽) 흑점의 폭발로 일어나는 《항성풍》이 곧 미세한 여섯 뿌리의 진공(眞空) 구슬들로써 이들이 외부로 분출이 될 때 역시 법(法)이 일어난 때가 된다.

[5] 태양성(太陽星) 핵(核)의 붕괴로 외부로 분출된 항성풍이 일정한 거리까지 간 후 한 곳에 모여 천궁(天宮)의 초기 형태인《커블랙홀》을 이루고 천궁(天宮)의 나머지 단계의 변화상인《태양수(太陽數) ⊕9의 핵(核)》→《화이트홀》→《퀘이샤》→《황금알 대일(大一)》의 과정을 거친 후《황금알 대일(大一)》이 대폭발을 일으킬 때 역시 법(法)이 일어나는 때가 되는 것이다.

이러한 변화상이 일어날 때마다 진공(眞空) 구슬과《암흑물질》의 결합이 일어남으로써《암흑물질》이《법(法)》이 되고《진공(眞空)》이《공(空)》이 됨으로써《법공(法空)》으로 호칭이 되며 이로써《반야공(般若空)》진화가 시작이 된다. 이와 같이《법(法)》의 일어남은 사실상《진공(眞空)》이 일어나《암흑물질》과 결합하는 때를 이름한다고 요약할 수가 있다.

62. 천궁(天宮) 변화의 실상(實相)에 대하여

　태양성(太陽星)은 활발한 활동기 50억 년(億年)이 지나면 5억 년(億年)에 걸쳐 핵(核)의 붕괴로 인한 태양(太陽) 흑점 활동을 통하여 많은 미세한 여섯 뿌리의 진공(眞空) 구슬들이《항성풍》이 되어 외부로 분출이 된다. 이렇게 외부로 분출이 된 항성풍은 태양성(太陽星)의 회전(回轉) 길을 따라 이동을 한 후 한 곳에 모여 공(空)을 이루게 된다. 이러한 공(空)을 이룬 이후《커블랙홀》→《태양수(太陽數) ⊕9의 핵(核)》→《화이트홀》→《퀘이샤》→《황금알 대일(大一)》등의 변화상을 거치게 된다. 이렇게 변화하여 가는 것을 '천궁(天宮)의 변화상'이라고 한다. 이와 같은 변화의 기간을《일적(一積)》의 기간이라고도 한다. 이와 같은 천궁(天宮)의 변화상을 구분하여 설명 드리면 다음과 같다.

천궁(天宮)의 변화상

⋮
⋮
⇩
커블랙홀(Kerr Black Hole)
⇩
태양수(太陽數) ⊕9의 핵(核)
⇩
화이트홀(White Hole)
⇩
퀘이샤(Quasar)
⇩
황금알 대일(大一)

[1] [커블랙홀(Kerr Black Hole)]

　　태양성(太陽星)이 핵(核)이 붕괴를 일으켜《항성풍》을 외부로 쏟아내는 기간 5억 년(億年) 동안 이동하여 온《항성풍》중의 대부분이 한 곳에 모여 공(空)을 이루는 기간이 5억 년(億年)이 걸린다. 이렇듯 5억 년(億年)에 걸쳐 공(空)을 이룬《항성풍》의 경계를 우주(宇宙)의 어머니(母)이신《관세음보살님》께서《진명광(眞命光)》으로 둘러싸 공(空)의 경계를 만드시게 된다. 이러한 공(空)의 경계가 진명광(眞命光)으로 둘러싸여졌을 때가《커블랙홀》의 시작이 되는 때로써 이후의 기간 5억 년(億年)이《커블랙홀》완성을 이루게 되는 때이다. 이와 같은《커블랙홀》때를 불(佛)의 진신(眞身) ⊕3이라고 하는 것이다.

[2] [태양수(太陽數) ⊕9의 핵(核)]

　　《항성풍》이 되어 이동하여 이루어진 거대한 공(空)이 우주의 어머니(母)이신《관세음보살님》께서《진명광(眞命光)》으로 둘러싸게 되면《커블랙홀》은 생명력(生命力)을 띠고 작용(作用)을 하게 된다. 이러한 작용도(作用圖)를 말씀드리면 다음과 같다.

[도형] 커블랙홀의 작용도(作用圖)

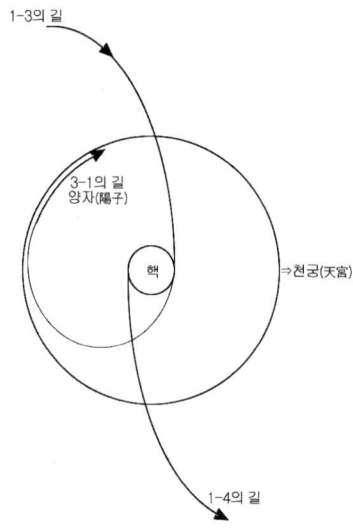

　《커블랙홀》이 작용(作用)을 하게 되면 시계 방향의 회전인 《1-3의 길》 회전을 하거나 시계 반대 방향의 회전인 《1-4의 길》 회전을 하게 된다. 이와 같은 회전길에 있어서 시계 방향의 회전길인 《1-3의 길》 회전을 하는 천궁(天宮)을 중심으로 말씀드리면 《1-3의 길》 회전을 하는 천궁(天宮)은 미세한 여섯 뿌리의 진공(眞空) 구슬들과 암흑물질들이 혼재되어 《대공(大空)》의 바탕에서 《기(氣)》의 층을 이루고 있는 부분들을 회전을 함으로써 시계 방향의 회전길인 《1-3의 길》을 통하여 《천궁 내부(天宮內部)》로 끌어들여 《오온(五蘊)》의 단계인 색(色), 수(受), 상(相), 행(行), 식(識)의 단계를 거치게 한 후 식(識)의 삼합(三合)으로 《다섯 기초 원소》를 탄생시키게 된다.

이와 같은 천궁(天宮) 내부는 고온과 고압이 자리하는 곳이다. 이렇게 하여 만들어진《다섯 기초》원소 중 중성자(中性子)와 일부의 양자(陽子)와 일부의 양전자(陽電子)는 서로 결합하여 천궁(天宮)의 핵(核)을 이룬다. 이렇게 천궁(天宮)의 핵(核)이 완성이 될 때까지가 10억 년(億年)이 소요되며 이러한 천궁(天宮)의 핵(核)이 자리하였을 때를《태양수(太陽數) ⊕9의 핵(核)》을 이룬 때로써《일불승(一佛乘)》이 자리한 때로 이름한다.

《여섯 뿌리의 진공(眞空)》구슬들과 암흑물질들이《대공(大空)》의 바탕에서 혼재되어《기(氣)》의 층을 이루고 있는 것을 태음수(太陰數) ⊖6이라고 한다고 말씀 드렸다. 즉, 불(佛)의 진신(眞身) ⊕3이 태음수(太陰數) ⊖6을 끌어들여《오온(五蘊)》진화의 과정을 거쳐《다섯 기초 원소》를 생산하여 상생(相生)의 길에 있는 원소들이 천궁(天宮)의 핵(核)으로 자리한 것이《태양수(太陽數) ⊕9의 핵(核)》이 되는 것이다.

이렇듯 태양수(太陽數) ⊕9의 핵(核)으로 자리하는 중성자(中性子)와 양자(陽子)와 양전자(陽電子)를 제외한 전자(電子)와 중간자(中間子)는 핵(核)으로 자리하는 중성자(中性子)와 양자(陽子)의 반작용(反作用)에 의해 상극(相剋)의 길인 1-4의 길을 통하여 빠르게 외부로 내보내게 되는 것이며 일부의 양자(陽子)는 3-1의 길을 통하여 외부로 내보내진 후 천궁(天宮)을 중심(中心)한 외곽에 머물면서 진화(進化)를 하게 된다. 이와 같은 작용(作用)으로 천궁(天宮)은 그 핵(核)을 만드는 것이며 이러한 핵(核)을《태양수(太陽數) ⊕9의 핵(核)》이라고 하며 이 기간 10억 년(億年)이 걸리는 것이다. 이와 같이《태양수(太陽數) ⊕9의 핵(核)》이 만들어졌을 때가 단위 천궁(天宮)으로 봐서는 음(陰)의 �36궁(宮)을 이룬 때로써 이때가 음(陰)의 무궤화일(無匱化一)의 단계가 되는 것이다.

[3] 화이트홀(White Hole)

　태양수(太陽數) ⊕9의 핵(核)을 이룬 천궁(天宮)이 계속 태음수(太陰數) ⊖6을 끌어 들여 많은 《다섯 기초 원소》와 복합 원소를 생산하여 천궁(天宮) 스스로는 《다섯 기초 원소》로 세력 부풀리기를 하면서 많은 《다섯 기초 원소》와 복합 원소를 천궁(天宮)으로부터 형성된 3-1의 길과 1-3의 길을 통해 외부로 내보내기를 10억 년(億年)간을 계속하는 것이다. 이때의 천궁(天宮)은 핵(核)이 자리한 부분을 제외하고는 《다섯 기초 원소》와 《복합 원소》가 어우러져 있는 관계로 시각적으로 흰색(白色, white)을 띠게 됨으로써 현대(現代) 천문학자(天文學者)들이 천궁(天宮)의 생성(生成) 이치도 밝히지 못한 채 시각적으로 보이는 그대로 《화이트홀(White Hole)》이라고 이름 붙여 놓은 것이다. 이와 같은 《화이트홀》의 과정을 겪는 동안 천궁(天宮) 바깥은 많은 다섯 기초 원소와 복합 원소들이 태음수(太陰數) ⊖6들인 오온(五蘊)의 색(色)의 단계에 있는 반야공(般若空)들과 어우러져 물(水), 자갈, 흙, 바위 등의 물질(物質)을 합성하여 천궁(天宮) 주위를 《태음수(太陰數) 6》으로 바꾸어 놓음으로써 많은 별(星)들을 탄생시키는 것이다.

　이러한 때를 단위 천궁(天宮)으로 봐서는 음(陰)의 무궤화이(無匱化二)를 이룬 때로써 이 기간이 10억 년(億年)으로써 10억 년(億年) 내내 이러한 작용(作用)이 계속되어 많은 물질(物質)들과 별(星)들을 생산하는 것이다. 이와 같은 화이트홀(White Hole)의 단계에 있는 천궁(天宮)의 사진을 미국의 《허블 망원경》으로 통하여 찍어 놓은 사진을 첨부하니 참고하시기 바란다.

[사진] 화이트홀(White Hole)

[4] 퀘이샤(Quasar)

[사진] 퀘이샤(Quasar)

상기 사진은 현대(現代) 천문학계(天文學界)가 발표한 우주(宇宙) 공간(空間)에 자리한 단위 은하성단(星團)을 촬영한 사진이다. 이 사진의 은하성단(星團) 중심(中心)이 화려한 빛의 잔치를 벌이고 있는《퀘이샤》과정을 겪는 천궁(天宮)일 때이다.

　　《화이트홀》의 과정 때《태양수(太陽數) ⊕9의 핵(核)》이 1-3의 길을 통해 회전(回轉)하면서 태음수(太陰數) ⊕6을 끌어들여 태양수(太陽數) ⊕9와 태음수(太陰數) ⊕6의 작용(作用)으로 많은 다섯 기초 원소와 복합 원소를 만들어 3-1의 길과 1-4의 길을 통해 이들을 내보내면서 천궁(天宮) 자체도 세력 부풀리기를 하였을 때라고《화이트홀》의 설명 때 말씀드렸다. 이와 같이 천궁(天宮)이 세력 부풀리기를 하였을 때 천궁(天宮) 속에 남는 다섯 기초 원소는 중성자(中性子)와 양전자(陽電子)와 양자(陽子)들이다.

　　이렇게 하여 남은 기초 원소들이《퀘이샤》의 과정 때에 중성자(中性子)와 양전자(陽電子)는 천궁(天宮)의 핵(核)과 합류를 하며 천궁(天宮)의 핵(核)으로 자리하였던 양자(陽子)와《화이트홀》의 과정에서 천궁(天宮)의 세력 부풀리기를 할 때 만들어진 양자(陽子)와 보살도(菩薩道) 성취를 이룬 보살(菩薩)들의 마음(心)의 근본 뿌리로써 진화의 주인공인《성령(性靈)의 30궁(宮)》이 반야바라밀다(般若波羅蜜多)에 의지해 천궁(天宮)으로 들어오게 되면《성령(性靈)의 30궁(宮)》중 진화(進化)의 완성을 이룬《양자군(陽子群)》들이 모두 천궁(天宮)의 고온과 고압에 의해 핵(核) 분열을 하기를 10억 년(億年) 동안 계속하게 된다.

　　이렇듯《천궁 내(天宮內)》는 양자군(陽子群)들의 핵(核) 분열로 인하여 화려한 빛(光)의 잔치를 벌이는 때이다. 이러한 양자군(陽子群)들의 핵(核) 분열로 인하여 빛의 잔치를 벌이는 10억 년(億年) 기간을《퀘이샤》의 과정이라고 한다.《천궁(天宮)》이 퀘이샤의 과정을 거칠 때 천궁(天宮)의 외곽은《태양수(太陽數) ⊕9의 핵(核)》의 과정과《화이트홀》의 과정과《퀘이샤》의 과정을 거치면서 외부로 내보내어진 양자(陽子), 전자(電子), 양전자(陽電子), 중간자(中間子)들이 일부는《복합 원소》를 이루고 물질(物質)인《태음수(太陰數) 6》을 계속 생산하며 영체(靈體)의 진화(進化)를 하는 무리들은 무리들대로 진화(進化)를 하면서 천궁(天宮)의 회전(回轉) 반경을 벗어나지 않는 것이다.

[5] 황금알 대일(大一)

[사진] 황금알 대일

상기 사진은 현대(現代) 천문학계(天文學界)가 우주(宇宙) 공간(空間)에 있는 천

궁(天宮)을 촬영한 사진이다. 이 사진에서도 나타나 있듯이 화려한 빛(光)의 천궁(天宮)을 이루었던 《퀘이샤》의 과정이 지난 뒤 천궁(天宮) 내부의 화려한 빛(光)들은 10억 년(億年)에 걸쳐 서서히 화려한 빛(光)들이 축소 응축되어 하나의 거대한 《황금알 대일(大一)》을 이룬다. 이러한 과정을 《황금알 대일(大一)》의 과정이라고 하며 그 기간은 10억 년(億年)이 되는 것이다. 이러한 과정을 거칠 때까지도 천궁(天宮) 외곽에서는 쉴새없이 물(水), 흙(土), 자갈, 돌 등의 《태음수(太陰數) 6》들이 만들어지며 영체(靈體)의 진화(進化)를 하는 개체의 양자(陽子) 무리와 전자(電子)의 무리들은 진화(進化)를 계속하는 것이다. 이러한 때까지를 단위 성단의 《음(陰)의 무궤화삼(無匱化三)》이 끝난 때로 이름한다.

[6] 황금알 대일(大一)의 폭발

이렇게 하여 천궁(天宮)이 《커블랙홀》 → 《태양수(太陽數) ⊕9의 핵(核)》 → 《화이트홀》 → 《퀘이샤》 → 《황금알 대일(大一)》의 과정을 45억 년(億年)에 걸쳐 마치고 《황금알 대일(大一)》의 대폭발로 《태양성(太陽星)》을 잉태시킨다. 이와 같이 처음 탄생한 《태양성(太陽星)》은 비유하자면 인간의 여성(女性)) 태중(胎中)에 자리한 태아(胎兒)와 같이 벌거벗은 《태양성(太陽星)》으로써 이로부터 1억 년(億年)에 걸쳐 《태양성(太陽星)》의 옷을 입은 후 비로소 명실상부한 《태양성(太陽星)》으로 거듭나는 것이다. 이후 이러한 《태양성(太陽星)》은 1억 년(億年)을 주기로 하여 폭발할 때의 그의 진신(眞身)을 끌어 모아 진신(眞身)의 별(星) 2성(星)이나 3성(星)을 만든 후 《황금알 대일(大一)》의 폭발 시점으로부터 5억 년(億年) 만에 그의 진신(眞身) 중 《여섯 뿌리의 진공(眞空)》

을 끌어 모아 새로운 천궁(天宮)인《커블랙홀》을 만들어 중심(中心)에 두고 《황금알 대일(大一)》의 폭발로 만들어진《불(佛)의 진신(眞身) 3, 4 성(星)》은 천궁 외곽에 자리하여 많은 물질(物質)의 씨앗을 만들어 천궁(天宮)으로 들여보낸다.

이러한 과정을 거치는 동안 천궁(天宮)은 천궁(天宮)대로 다시《커블랙홀》→《태양수(太陽數) ⊕9의 핵(核)》→《화이트홀(White Hole)》→《퀘이샤(Quasar)》→《황금알 대일(大一)》의 과정을 거치게 된다. 이와 같은 변화의 과정을《천궁(天宮)》이 차례로 겪는 동안《천궁(天宮)》외곽에 자리한《태양성(太陽星)》을 중심한 불(佛)의 진신(眞身)의 별(星)들은 천궁(天宮)과 상호 작용(作用)을 하면서《황금알 대일(大一)》의 폭발 때 흩어졌던 물질들을 끌어 모아 아들들의 별(星)들을 먼저 만들어 일세계(一世界)인《태양계(太陽界)》를 이루어 천궁(天宮)을 중심한 외곽에 자리하게 된다. 이때가《36궁(宮)》을 이룬 때로써《양(陽)의 무궤화일(無匱化一)》이 된다.

《황금알 대일(大一)》의 폭발은 매우 중요한 의미를 가지고 있다. 이와 같은《황금알 대일(大一)》의 폭발은 고온(高溫)과 고압(高壓)을 동반함으로써 이때까지《황금알 대일(大一)》을 이룬 천궁(天宮) 내(內)에 자리하였던 물질(物質)들인《태음수(太陰數) 6》상태의 물질(物質)과 영체(靈體)의 진화(進化)를 하던 개체의 양자군(陽子群)과 전자(電子) 무리들에게 큰 영향을 미치게 된다. 이러한 영향에서 중요한 부분이 지금까지《영체(靈體)의 진화(進化)》를 하던 개체의 양자(陽子) 무리와 전자(電子) 무리들이 활발한 삼합(三合) 활동을 하여 인간의 마음(心)의 근본 뿌리로써 진화의 주인공들인《성(性)의 30궁(宮)》을 대량 생산하게 되는 것이다.

이렇게 만들어진《성(性)의 30궁(宮)》은 다음 단계로《성(性)의 30궁(宮)》이 중심이 되어 흩어져 있는 태음수(太陰數) 6의 물질(物質)들을 끌어 들여 새로이 만들어진 천궁(天宮)과 그 외곽에 자리한 《36궁(宮)》과의 상호 작용(作用)에 의해 수많은 별(星)들로 탄생이 된다는 사실이다. 이와 같이 만들어진 별(星)들은 새로이 만들어진 천궁(天宮)을 중심한 3-1의 길과 1-4의 길에 자리하고 《36궁(宮)》을 이루었던 《태양계(太陽界)》는 천궁(天宮)의 제일 외곽에 자리하는 것이다. 이와 같이 별(星)들을 본격적으로 탄생시키는 작용(作用)은 새로운 천궁(天宮)과 천궁(天宮) 외곽에 자리한 《태양계(太陽界)》의 상호 작용(作用)에 의해 이루어지는 것이다.

이러한 작용(作用) 가운데 천궁(天宮) 외곽에 자리한 《태양계(太陽界)》는 물질(物質)의 씨앗들을 만들어 천궁(天宮)으로 계속 공급을 함으로써 새로이 만들어지는 천궁(天宮)도 45억 년(億年)의 일적(一積)의 과정인 《커블랙홀》 → 《태양수(太陽數) ⊕9의 핵(核)》 → 《화이트홀》 → 《퀘이샤》 → 《황금알 대일(大一)》의 과정을 거치는 것이며 이후 새로 만들어진 천궁(天宮)의 《황금알 대일(大一)》이 폭발함으로써 불(佛)의 진신(眞身) 3성(星)이나 4성(星)을 만드는 것으로써 한 성단(星團)의 팽창은 끝이 나는 것이다.

이와 같은 작용(作用)에 있어서 새로이 만들어진 천궁(天宮)이 《화이트홀》의 과정을 끝마쳤을 때를 천궁(天宮) 외곽에 자리한 별(星)들의 세계는 《양(陽)의 무궤화이(無匱化二)》를 끝낸 때이며 이후 새로이 만들어진 천궁(天宮)이 《황금알 대일(大一)》의 과정을 모두 마치고 폭발하여 불(佛)의 진신(眞身) 3성(星)이나 4성(星)을 모두 탄생시켰을 때가 《양(陽)의 무궤화삼(無匱化三)》이 모두 끝이 나 한 성단(一星團)으로 봐서는 팽창을 모두 마치게 되는 것이다. 이와 같은 《양(陽)의 무궤화삼(無匱化三)》 팽창기에 들어선 실물(實物) 성단도(星團圖)의 사진을 첨부하니 참고하시기 바란다. 이와 같이 천궁(天宮) 변화의 실상(實相)도 음양(陰陽) 짝을 함을 기억하시기 바란다.

[사진] 양(陽)의 무게화삼 팽창기에 있는 실물 성단도

63. 십지보살(十知菩薩)에 대하여

　십지보살(十知菩薩)에 있어서 십지(十知)의 지(知)는 《지혜(智慧)》, 《지(知)》 또는 《알 지(知)》자(字)를 써야 함에도 불법(佛法) 파괴를 일삼는 《독각의 무리들》은 이와 같은 《십지보살(十知菩薩)》의 뜻을 불자(佛者)들로 하여금 모르게 하기 위해 《십지보살(十地菩薩)》로 적음으로써 십지(十知)의 지(知) 자(字)를 《땅 지(地)》자(字)로 바꾸어 놓고 있는 것이다. 분명히 말씀 드려서 《십지(十知)》 지(知) 자(字)는 《알 지(知)》 또는 《지혜(智慧) 지(智)》가 됨을 밝히는 바이다.

　이와 같은 《십지보살(十知菩薩)》은 보살도(菩薩道) 성취의 보살(菩薩)이 가진 진화(進化)의 주인공으로서 마음(心)의 근본 뿌리 중 하나인 《성령(性靈)의 30궁(宮)》이 천궁(天宮)으로 들어가서 천궁(天宮)의 변화상인 《커블랙홀》 → 《태양수(太陽數) ⊕의 핵(核)》 → 《화이트홀》 → 《퀘이샤》 → 《황금알 대일(大一)》의 과정을 거치는 가운데의 《퀘이샤》 과정을 10억 년(億年) 동안 거치는 기간을 1억 년(億年)마다 구분하여 10단계로 만들어 설명한 내용이 《십지보살(十知菩薩)》이다.

　보살심(菩薩心)의 근본 뿌리 중 하나가 《성령(性靈)의 30궁(宮)》이라고 밝힌 바 있다. 이와 같은 《성령(性靈)의 30궁(宮)》은 진화(進化)의 완성인 지혜(智慧)의 완성을 이룬 양자(陽子) 24와 중성자(中性子) 2와 양전자(陽電子) 4로써 30궁(宮)을 이루고 있다. 이러한 《성령(性靈)의 30궁(宮)》에 있어서 《양자(陽子) 24》가 천궁(天宮)의 고온(高溫), 고압(高壓)에 의해 《핵(核) 분열》을 일으키는 과정이 천궁(天宮)의 《퀘이샤》 과정인 것이다. 즉, 《십지보살》의 지(知)는 성(性) 또는 반야공(般若空)으로도 불리우는 지혜(智慧)의 완성을 이룬《양자(陽子) 24》를 뜻하는 것이다.

　인간의《성(性)의 30궁(宮)》에 있어서 전자(電子) 6은《상온(常溫)》에서 핵분열과 핵융합의 과정을 거쳐《중성자(中性子) 2》와《양전자(陽電子) 4》로 변화가 되나 지혜(智慧)의 완성을 이룬《양자(陽子) 24》는 반야바라밀다(般若波羅蜜多)에 의지함으로써 고온, 고압이 작용(作用)하는 천궁(天宮)이《퀘이샤》의 과정을 거칠 때 양자(陽子) 핵(核) 분열이 먼저 일어나는 것이다. 이와 같은《핵(核)》분열의 과정이《10억 년(億年)》기간 동안 계속되는 과정을 10단계로 나누어 설명한 것이 십지보살(十知菩薩)이 되는 것이다. 이러한 십지보살(十知菩薩)의 내용을 정리하면 다음과 같다.

[1] 십지보살(十知菩薩)

(1) 환희지(歡喜知)
처음으로 참다운 중도지(中道智)를 내어 불성(佛性)의 이치를 보고 견혹(見惑)을 끊으며 자리이타(自利利他)하여 희열(喜悅)에 가득 찬 지위

(2) 이구지(離垢知)
수행으로 미혹을 끊고 범계(犯戒)의 더러움을 없애고 몸을

깨끗이 하는 지위

(3) 발광지(發光知)
수행으로 미혹을 끊어《혜(慧)》의 광명이 나타나는 지위

(4) 염혜지(焰慧知)
수행으로 미혹을 끊어《혜(慧)》가 더욱 치성하는 지위

(5) 난승지(難勝知)
수행으로 미혹을 끊고《진지(眞智)》,《속지(俗智)》를 조화하는 행위

(6) 현전지(現前知)
수행으로 미혹을 끊고《최승지(最勝智)》를 내어《무위진여(無爲眞如)》의 모양이 나타나는 지위

(7) 원행지(遠行知)
대비심을 일으켜 2승(二乘)의 오(悟)를 초월하여 광대무변한 진리의 세계에 이르는 지위

(8) 부동지(不動知)
이미 전진여(全眞如)를 얻었으므로 다시 동요되지 않는 지위

(9) 선혜지(善慧知)

부처님의 10력(力)을 얻고 기류(機類)에 대하여 교화의 가부(可否)를 알아 공교하게 설법하는 지위

(10) 법운지(法雲知)

끝없는 공덕을 구비하고서 사람에 대하여 이익되는 일을 행하여 대자운(大慈雲)이 되는 지위

※ 마지막 계위인《법운지(法雲知)》가 천궁(天宮)이《퀘이샤》의 과정을 거치는 마지막 1억 년(億年)에 찬란한 빛(光)의 잔치를 벌일 때이다.

※ 필자의 저서(著書) 중 『불교기초교리 핵심 81강』(2006)의 내용 중 「76. 십지보살(十地菩薩)에 대하여」와 「77. 십회향(十廻向)에 대하여」편의 해설(解說)이 잘못된 것임을 사과드리며 『(改訂版) 불교기초교리 핵심 81강』(2015)이 출간되어 상기 내용대로 이를 바로 하였음을 알려 드리는 바이다.

64. 십회향(十廻向)에 대하여

　십회향(十廻向)을 범어(梵語)로는 Dasa-parinamana라고 하며 천궁(天宮)의 변화상인 《커블랙홀》 → 《태양수(太陽數)》 ⊕9의 핵(核) → 《화이트홀》 → 《퀘이샤》 → 《황금알 대일(大一)》의 과정에서 《퀘이샤》의 과정을 거친 《십지보살(十知菩薩)》이 빛(光)의 축소기인 《황금알 대일(大一)》의 과정을 10억 년(億年)에 걸쳐 거치는 과정을 매 1억 년(億年)마다 구분하여 10단계로 구분한 것을 《십회향(十廻向)》이라고 하는 것이다. 이와 같은 《십회향(十廻向)》의 내용을 정리하면 다음과 같다.

[1] 십회향(十廻向)의 명칭(名稱)

　　(1) 구호일체중생이중생상회향(救護一切衆生離衆生相廻向)

　　(2) 불괴회향(不壞廻向)

　　(3) 등일체제불회향(等一切諸佛廻向)

　　(4) 지일체처회향(至一切處廻向)

　　(5) 무진공덕장회향(無盡功德藏廻向)

　　(6) 입일체평등선근회향(入一切平等善根廻向)

　　(7) 등수순일체중생회향(等隨順一切衆生廻向)

(8) 진여상회향(眞如相廻向)

(9) 무박무착해탈회향(無縛無着解脫廻向)

(10) 입법계무량회향(入法界無量廻向)

[2] 십회향(十廻向)의 풀이

(1) 일체중생을 구하고 보호하기 위한 중생상을 떠난 회향 (2) 무너지지 않는 회향 (3) 평등한 일체 제불에 대한 회향 (4) 일체의 곳에 이르러 회향	빛(光)의 축소기에 접어든《황금 알 대일(大一)》의 과정
(5) 다함이 없는 공덕장에 회향 (6) 일체 평등한 착함의 뿌리에 들어 회향 (7) 무리를 따르는 온순한 일체 중생들에 회향 (8) 진여상에 회향 (9) 구속됨이 없고 집착이 없는 해탈의 회향	《황금알 대일(大一)》을 이루는 과정
(10) 법계에 들어 무량함에 회향	《황금알 대일(大一)》의 폭발

※ 10번째 계위인 '법계에 들어 무량함에 회향'한다는 뜻은 처음 반야

바라밀다(般若波羅蜜多)에 의지하였던 보살(菩薩)이 《황금알 대일(大一)》의 과정을 거침으로써 보살심(菩薩心)의 근본 뿌리인 《성령(性靈)의 30궁(宮)》이 《중성자(中性子) 20》과 《양전자(陽電子) 10》으로 이루어진 《불성(佛性)의 30궁(宮)》을 이루고 보살마하살(菩薩摩訶薩)을 이룸으로써 《황금알 대일(大一)》의 폭발로 만들어지는 《태양성(太陽星)》을 중심한 태양계(太陽界)의 부처님 아들들로 거듭나서 많은 물질의 씨앗을 만들어 법계(法界)에 회향(廻向)하는 것을 말한다.

65. 태양성(太陽星)의 수명과 여섯 뿌리 법궁(法宮)의 수명에 대하여

[1] 태양성(太陽星)

　태양성(太陽星)의 수명은 활발한 활동기 50억 년(億年)과 핵(核)의 붕괴기 5억 년(億年)의 합(合) 55억 년(億年)과 수축기 45억 년(億年) 합(合) 100억 년(億年)이 가시적(可視的)인 수명이다.

　이러한 《태양성(太陽星)》이 수축기 끝 무렵에 일시적으로 《적색거성(Red giant star)》이 된 후 폭발하게 되면 《백색왜성(White dwarf)》 또는 백색상성운 등등을 잉태시키게 되는데 이와 같은 《백색왜성》 등등의 수명이 50억 년(億年)이며 《태양성(太陽星)》이 탄생하기 이전 《천궁(天宮)》을 이루고 《커블랙홀》 → 《태양수 ⊕9의 핵(核)》 → 《화이트홀》 → 《케이샤》 → 《황금알 대일(大一)》의 과정을 겪고 《태양성(太陽星)》을 탄생하기까지가 50억 년(億年)이 됨으로써 태양성(太陽星)은 가시적(可視的) 수명인 양(陽)의 수명이 100억 년(億年)이며 음(陰)의 수명이 100억 년(億年)으로써 합계 200억 년(億年)이 수명이 되는 것이다.

　이러한 수명 기간 동안 태양성(太陽星)의 주인이신 부처님(佛)께서 태양성

(太陽星)에 머무시는 기간이 55억 년(億年)이며 나머지 45억 년(億年)이 부처님의 분신보살(分身菩薩)이 작용보살(作用菩薩)로서 자리하시는 것이며 이후의 기간은 소멸기를 맞게 되는 것이다. 이와 같은 설명에 있어서 《초기 우주》 별(星)들은 이 설명에서 제외되는 것이다.

다만, 부처님(佛)의 분신보살(分身菩薩)에 대한 좋은 "예"는 현재의 북극성(北極星)을 법궁(法宮)으로 하셨던 일월등명불(日月燈明佛)과 노사나佛께서 북극성(北極星) 핵(核)의 붕괴 이후 북극성(北極星)을 떠나신 이후는 백상왕(白像王)으로 이름되는 《보현보살님》께서 노사나佛의 분신보살(分身菩薩)로서 작용(作用)을 하고 계시는 것이다.

추가로 설명 드리면, 부처님(佛)들의 수명은 일반적으로 일불승(一佛乘)으로 자리하신 천궁(天宮) 시절의 45억 년(億年)과 태양성(太陽星)에 머무시는 기간 55억 년(億年)의 합계 100억 년(億年)이 되며, 19수(數)를 가지신 《창조주 부처님》들께서는 부활의 과정을 거쳐 새로운 일생을 살기 때문에 보통 부처님들보다는 훨씬 오랜 수명을 가지시는 것이다.

[2] 여섯 뿌리의 법궁(法宮)

중계(中界)의 우주에 자리한 석가모니 하나님 부처님의 《여섯 뿌리의 법궁(法宮)》인 《목성(木星)》의 수명은 활발한 활동기 60억 년(億年)과 핵(核)의 붕괴기 10억 년(億年), 합계 70억 년(億年)이 활발한 활동기에 속하며 나머지 50억 년(億年)이 수축기에 속한다.

　이로써 여섯 뿌리의 법궁(法宮)인 《목성(木星)》의 가시적(可視的) 수명은 120억 년(億年)이 되며 수축기 이후 여섯 뿌리의 법궁(法宮)인 목성(木星)은 《슈바르츠실트 블랙홀》인 《진성궁(眞性宮)》으로 바뀐다. 이러한 《진성궁(眞性宮)》의 수명이 120억 년(億年)으로써 양음(陽陰) 합계 240억 년(億年)과 《목성(木星)》의 《천궁(天宮)》 시절 《40억 년(億年)》을 합(合)한 《280억 년(億年)》이 여섯 뿌리의 법궁(法宮) 수명이 되는 것이다. 이와 같이 탄생하는 《진성궁(眞性宮)》이 석가모니 하나님 부처님께서만 가질 수 있는 권위의 상징인 것이다.

66. 공왕여래(空王如來)와 위음왕여래(威陰王如來)에 대하여

[1] 공왕여래(空王如來)

　휴식기의 법공(法空)은 《법성(法性)의 1-6체계》와 《암흑물질》이 음양(陰陽) 짝을 하고 있다. 이러한 법공(法空)에 있어서 《법성(法性)의 1-6체계》는 무색(無色) 투명한 육각고리를 가진 고열을 가진 기체(氣體)의 다이아몬드층 표면에 잔잔히 튀는 섬광을 《법성(法性)의 1-6체계》라고 한다. 이와 같은 《법성(法性)의 1-6체계》에는 《석가모니 비로자나 하나님 부처님》께서 좌정하고 계시는 것이며, 이후 법공(法空)이 진화기(進化期)에 들어서면 법공(法空) 내부의 법공(法空) 크기의 40%에 달하는 《대공(大空)》의 경계에서 원천바탕을 이루고 암흑물질을 빛(光)의 세계로 끌어내어 진화(進化)시키는 우주(宇宙) 창조 작업을 주관하실 때의 《석가모니 하나님 부처님》을 《원천창조주》로서 《공왕여래(空王如來)》라고 하는 것이며 진화기(進化期)를 모두 마치게 되면 다시 《법성(法性)의 1-6체계》로 돌아가시기 때문에 《여래(如來)》라고 하신 것이다.

[2] 위음왕여래(威陰王如來)

　　현재의 『묘법연화경(妙法蓮華經)』「제이십　상불경보살품(常不輕菩薩品)」에서는 위음왕여래(威陰王如來)를 위음왕여래(威音王如來)로 표기를 하고 있다. 즉, 《위음》의 《음》자(字)를 음양(陰陽)할 때의 《음(陰)》자(字)인데 불법(佛法) 파괴를 일삼는 《독각의 무리》들이 이마저 《소리 음(音)》으로 바꾸어 놓아 《위음왕불(威陰王佛)》의 뜻을 불자(佛者)들이 헤아리지 못하도록 잔꾀를 부려 놓은 것이다. 분명히 말씀 드리는 바는 《위음왕여래》의 음 자(字)는 음양(陰陽)할 때의 《음(陰)》자(字)임을 밝히는 바이다.

　　또한, 『묘법연화경(妙法蓮華經)』도 모두가 《27품》인데 중원 대륙의 《독각의 무리들》이 「제십일 견보탑품(見寶塔品)」에 포함되어 있는 《제바달다》관련 내용을 따로 떼어내어 「제십이 제바달다품」으로 새로이 만들어 끼워 넣음으로써 『묘법화경(妙法華經)』 전체의 뜻을 왜곡하고자 한 것임을 덧붙여 밝히는 바이니 불자(佛者) 여러분들께서는 이러한 점에 유의하시기 바란다.

　　『묘법연화경(妙法蓮華經)』「제십구 상불경보살품(常不輕菩薩品)」에 이러한 대목이 나온다.

威音王佛　壽-四十萬億
위음왕불　수-사십만억

　　이　말씀의　뜻은 《위음왕불(威陰王佛)》의　수명이　사십만억(四十萬億)이라는 뜻이다. 이 말씀의 깊은 뜻은 사십만억(四+萬億)의 수리(數理)에 있다. 이러한 사십만억(四+萬億)을 아라비아 수(數)로 표하면 40×10,000억(億)으로써 40의 수리(數理)의 뜻이 법공(法空) 내부의 법공(法空) 크기의 40%에 달한 대공(大空)의 경계와 원천(源泉) 바탕을 뜻하는 수리(數理)이며 10,000억(億)의 수리(數理)는 법공(法空)의 1회(回) 진화(進化)의 주기인 10,000억 년(億年)을 뜻하는 수리(數理)이다. 즉, 이의 종합된 뜻은 "**법공(法空) 내부(內部)의 법공(法空) 크기의 40% 지점의 암흑물질층이 진화(進化)를 1회(回) 마치는 10,000억 년(億年)이 나의 수명이다.**"라는 뜻을 가지고 있는 것이다.

이러한 수리(數理)의 뜻으로 볼 때, 법공(法空) 크기의 40% 지점에 자리하는 대공(大空)의 경계와 원천 바탕을 하는 석가모니 하나님 부처님의《여섯 뿌리의 진공(眞空)》과《암흑물질》이《음양(陰陽)》짝을 하고 있는 것을《위음왕여래(威陰王如來)》또는《위음왕불(威陰王佛)》이라 하셨음이 드러나는 것이다. 즉, 대공(大空)의 경계가 원천 바탕으로 자리하는 대공 내부(大空內部)의 바탕이 법공(法空) 크기의 40%되는 암흑물질층으로 이루어져 있는 것으로써 법공(法空)의 1회(回) 진화 기간인 10,000억 년(億年)에 걸쳐 대공(大空)의 경계와 원천(源泉) 바탕이 되는《여섯 뿌리 진공(眞空)》과《암흑물질》이《음양(陰陽)》짝을 한 자체가 석가모니 하나님 부처님 자신(自身)으로서《위음왕여래(威陰王如來)》또는《위음왕불(威陰王佛)》이라고 호칭을 한 것이다.

67. 지적보살(地積菩薩)은 누구십니까?

지적보살(地積菩薩)은 상천궁(上天宮) 1-4의 성(星)에서 석가모니 하나님 부처님의 우주적(宇宙的) 장자(長者)로 태어나시어 훗날 불(佛)을 이루셨을 때 호(號)가 《노사나佛》로 불리우시는 분으로서 처음 인간의 육신(肉身)을 가지시고 태어난 후 보살도(菩薩道) 성취의 보살(菩薩)을 이루셨을 때의 호(號)가 《지적보살(地積菩薩)》이시다.

이러한 지적보살(地積菩薩)께서 당시 개천이전(開天以前) 진명궁(眞明宮)에 머무르고 계시던 우주의 어머니(母)이신 《관세음보살님》께서 상천궁(上天宮) 1-2의 성(星)인 양전자(陽電子) 성(星)으로 옮겨 앉으신 후 《진명궁》을 관리하시던 《대관세음보살》께서 진명궁(眞明宮)을 이 《지적보살(地積菩薩)》에게 물려주시게 된다. 이후 《지적보살(地積菩薩)》께서는 5억 년(億年)에 걸쳐 진명궁(眞明宮)을 완성하시고 진명궁(眞明宮) 황금알 대일(大一)의 폭발로 현재의 북극성(北極星)과 큰곰자리 북두칠성(北斗七星)을 탄생시키게 된다.

이로써 지적보살(地積菩薩)께서는 현재의 《북극성(北極星)》에서 《일월등명불(佛)》과 쌍둥이로 태어나서 《노사나佛》로 거듭 태어나게 되시는 것이다. 이로써 《일월등명불(佛)》께서는 현재의 《북극성》을 법궁(法宮)으로 하시고 《노사나佛》께서는 《북두칠성》의 첫 번째 별(星)인 《큰곰자리》《알파성》을 법궁(法宮)으로 하신 것이다.

이러한 이후 《초기 우주》 특성상 현재의 《북극성》이 탄생하자마자 곧바로 《핵(核)》의 붕괴를 일으켜 《일월등명불》은 《공간(空間)》으로 빠져나옴과 동시에 현재의 《북극성》은 《노사나佛》께 되돌려지게 된다. 이로써 《노사나불(佛)》의 법궁(法宮)이 된 현재의 북극성(北極星)은 우주(宇宙)를 크게 세 구분한 천(天)·지(地)·인(人)의 우주에 있어서 지(地)의 우주 시작이 되는 중요한 별(星)이 된 것이다. 이와 같은 연유가 있기 때문에 《지적보살(地積菩薩)》이 인간 완성의 부처(佛)를 이루셨을 때 호(號)를 《지적(地積)》이라고 한 것이다.

　　그러나 지금 전하여져 오는 『묘법연화경(妙法蓮華經)』에서는 《지적(地積)》을 《지적(智積)》으로 그럴듯하게 적고 있다. 이 또한 불법(佛法) 파괴에 광분한 《독각의 무리》들이 상기 설명된 내용을 모르게 하기 위해 불자(佛者)들을 기만하는 행위를 저지른 것이 들통이 나는 것이다. 《독각의 무리》들은 이와 같이 교묘히 불법(佛法)을 파괴하고 있다는 사실을 분명히 아시기 바란다.

68. 1-1의 진화(進化)의 길에 대하여

　대공(大空)을 경계하며 원천(源泉) 바탕을 이루고 있는 것이 《여섯 뿌리의 진공(眞空)》임을 진행(進行)을 하면서 밝혀 왔다. 이러한 《여섯 뿌리의 진공(眞空)》으로부터 법(法)이 일어나게 되면 《여섯 뿌리의 진공(眞空)》 중 일부가 파동(波動)에 의해 측정 불가능한 미세한 《여섯 뿌리의 진공(眞空)》 구슬들로 바뀌어 각종 《암흑물질》들과 《오온(五蘊)》의 단계에 있는 개체의 《반야공(般若空)》들이 혼재가 되어 《기(氣)》의 층을 이루어 대공(大空)의 바탕을 이룬다고 말씀드렸다.

　이와 같이 대공(大空)의 바탕을 이루는 한 부분인 오온(五蘊)의 색(色)의 단계도 크게 나누면 《음(陰)의 색(色)》의 단계와 《양(陽)의 색(色)》의 단계로 두 구분이 된다. 이러한 두 구분에 있어서 지금까지는 《음(陰)의 색(色)》의 단계만 가지고 반야공(般若空)의 진화(進化)를 설명하여 왔으나 이 장에서는 《양(陽)의 색(色)》의 단계도 설명을 드려야 할 형편이 되었다. 이로써 이 장에서는 《음(陰)의 색(色)》의 단계와 《양(陽)의 색(色)》의 단계로 구분하여 설명하여 드림으로써 두 갈래 길에 있는 진화(進化)의 길에 대해 이해를 돕고자 한다.

　《암흑물질》도 아주 가벼운 《음(陰)의 암흑물질》과 상대적으로 무거운 《양(陽)의 암흑물질》이 있음을 《사선근위(四善根位)》와 《여섯 뿌리의 진공(眞空)》 설명 때 말씀드린 적이 있다. 이러한 《암흑물질》에 있어서 상대적으로 가벼운 《음(陰)의 암흑물질》과 《여섯 뿌리의 진공(眞空)》 구슬이 양음(陽

陰) 짝을 한 것이 《음(陰)의 색(色)》의 단계가 된다. 이러한 《음(陰)의 색(色)》
의 단계가 천궁(天宮)의 작용(作用)에 의해 오온(五蘊)의 나머지 단계인 수(受),
상(相), 행(行), 식(識)의 단계를 거친 뒤 식(識)이 삼합(三合)을 함으로써 물질(
物質)의 씨종자인 《다섯 기초 원소》를 탄생시키는 것이다. 이렇게 탄생하
게 되는 다섯 기초 원소의 처음 시작인 《음(陰)의 색(色)》의 단계를 이루는
《여섯 뿌리의 진공(眞空)》 구슬을 확대하여 비유로써 도형을 그리면 다음
과 같다.

여섯 뿌리 진공(眞空) 구슬

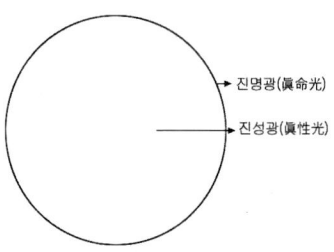

이러한 여섯 뿌리의 진공(眞空) 구슬도 《진명광(眞命光)》과 《진성광(眞性
光)》이 음양(陰陽) 짝을 함으로써 《진명광(眞命光)》은 《여섯 뿌리 진공(眞空)》 구
슬의 테두리를 구성하며 이러한 테두리 내부(內部)의 진공(眞空)의 바탕이
착함인 《선(善)》을 근본체(體)로 하는 진성광(眞性光)의 자리이다. 이러한 여
섯 뿌리의 진공(眞空) 구슬과 음(陰)의 암흑물질이 음양(陰陽) 짝을 한 것이
음(陰)의 색(色)의 단계인 것이다.

　《음(陰)의 색(色)》의 단계로부터 수(受), 상(相), 행(行), 식(識)의 과정을 겪
고 태어난 반야공(般若空)들인 《다섯 기초 원소》는 결과적으로 착함인 선(善

)을 근본 바탕으로 하여 진화(進化)를 하는 것이다. 이렇게 착함을 근본 바탕으로 하여 진화(進化)를 하는 무리들을 1-1의 진화(進化)의 길에 있다고 하며 보살승(菩薩乘), 성문승(聲聞乘), 연각승(緣覺乘) 등의 삼승(三乘)이 이러한 1-1의 진화(進化)의 길에 있으며 이와 같은 진화(進化)의 길에 있는 무리들은 착함인 선(善)을 근본 바탕으로 하기 때문에 1차 진화(進化)의 종착지인 성불(成佛)도 그만큼 빨라지는 것이다.

   1-1의 진화(進化)의 길에 있는 착함을 근본 바탕으로 하는 반야공(般若空)인 《성(性)》을 가진 무리를 《성선설(性善說)》의 주인공들이라고 하며, 석가모니 하나님 부처님께서 경전(經典)에서 《착하고 착한》이라는 표현을 쓰는 남녀(男女)들이 모두 1-1의 진화(進化)의 길을 따르는 무리들을 말씀하시는 것이다. 이와 같은 1-1의 진화(進化)의 길에 있는 무리들이 순리(順理)를 따르고 석가모니 하나님 부처님의 진리(眞理)를 따랐을 때 대부분의 무리들은 약간의 정도의 차이는 있을망정 100억 년(億年) 내지 150억 년(億年) 이내에 그들 《영혼(靈魂)》과 《영신(靈身)》이 진화(進化)를 완성하게 되는 것이다. 이와 같은 진화(進化)의 길이 결정되는 때가 사실상 거슬러 올라가면 오온(五蘊)의 색(色)의 단계에서 결정이 되는 것이다.

   이와 같이 음(陰)의 암흑물질은 여섯 뿌리의 진공(眞空) 구슬을 만났을 때 곧바로 양음(陽陰) 짝을 하여 천궁(天宮)으로 끌어들여지면 다음 단계인 수(受), 상(相), 행(行), 식(識)의 단계를 거쳐 삼합(三合) 활동으로 다섯 기초 원소로 반야공(般若空)의 진화(進化)를 하게 되나 《양(陽)의 암흑물질》과 《여섯 뿌리의 진공(眞空)》 구슬의 사정은 이와 다른 양상을 보이는 것이다. 이 관계의 설명은 [69. 1-2의 진화(進化)의 길에 대하여]에서 상세한 설명을 드리도록 하겠다. 이와 같이 착함인 《선(善)》을 근본 바탕으로 하는 진화(進化)의 길을 《1-1의 진화(進化)의 길》이라고 하는 것이다.

69. 1-2의 진화(進化)의 길에 대하여

　1-1의 진화(進化)의 길을 따르는 무리가 《여섯 뿌리의 진공(眞空)》 구슬과 《음(陰)의 암흑물질》이 음양(陰陽) 짝을 한 오온(五蘊)의 색(色)의 단계를 거쳐 수(受), 상(相), 행(行), 식(識)의 과정을 거침으로써 만물(萬物)의 씨종자인 《다섯 기초 원소》로 태어나 반야공(般若空)의 진화(進化)를 계속한다고 [68. 1-1의 진화(進化)의 길에 대하여]에서 설명 드렸다. 이와 같은 1-1의 진화(進化)의 길과는 달리 1-2의 진화(進化)의 길에서는 《여섯 뿌리의 진공(眞空)》 구슬과 《음(陰)의 암흑물질》보다는 상대적으로 무거운 《양(陽)의 암흑물질》이 결합을 하여 《여섯 뿌리의 진공(眞空)》 구슬의 바탕을 비유하자면 투명한 옅은 《회색》의 바탕으로 바뀌게 한다. 즉, 《여섯 뿌리의 진공(眞空)》 구슬을 어둡게 만들어 반야공(般若空)으로 탄생을 하는 것이다. 《어둠》은 《악(惡)》의 대명사이다. 이러한 옅은 회색의 바탕을 가진 반야공(般若空)이 《성악설(性惡說)》의 주인공이 되는 반야공(般若空)인 것이다.

　《여섯 뿌리 진공(眞空)》 구슬이 상대적으로 무거운 《양(陽)의 암흑물질》을 끌어들여 악(惡)을 근본 바탕으로 하는 오온(五蘊)의 색(色)으로 탄생된 후 수(受), 상(相), 행(行), 식(識)의 과정을 거쳐 다섯 기초 원소를 만들어 영체(靈體)의 반야공(般若空) 진화(進化)를 계속함으로써 악(惡)을 근본 바탕으로 하여 진화(進化)를 계속하는 것이다. 이 때문에 《악(惡)》을 근본 바탕으로 하는 반야공(般若空)들은 강한 흡입력을 가지고 다른 질량(質量)을 끌어들이는 탁월한 능력을 가지고 있는 것이다. 이러한 이유가 1-2의 진화(進化)의 길을 걷는 무리가 생물질(生物質)로 이루어진 《육신(肉身)》에 대하여 강한 집착(執着)을 가지는 이유가 되는 것이다. 이와 같이 1-2의 진화(進化)를 하는 무리들은 연각승(緣覺乘)의 길인 1-4의 길과 동행을 함으로써 연각승(緣覺乘)의 길을 말(馬)의 길로 비유를 하고 1-2의 진화(進化)를 하는 무리들이 걷는 길을《망아지의 길》로 비유를 하는 것이다.

《악(惡)》을 근본 바탕으로 하여《물질(物質) 진화(進化)》를 하는 반야공(般若空)들이 일부분 진화(進化)를 하여 큰《이슬》의 강을 이루고 우리들 태양계(太陽界)의《토성(土星)》주위에 실제로 존재하면서 우리들 태양계(太陽界)에서 만든 질량(質量)들을 끌어당기고 있는 것이다. 이와 같은 물질(物質) 진화(進化)의 이치 때문에 남의 질량(質量)을 탈취한 이들 무리들도 90억 년(億年) 만에《가스성(GAS星)》태양성(太陽星)을 법궁(法宮)으로 가졌던 "예"가《제바달다》의 우주적(宇宙的) 쌍둥이 형제였던《야훼신(神)》이 우리들 태양계(太陽界) 인근한 지점에서《가스성(GAS星)》태양성(太陽星)을 가지고 강력한 영향력을 행사한 때가 BC 2000년부터 AD 2000년까지였으며 AD 2000년을 기점으로 이 가스성(GAS星) 태양성(太陽星)은 모든 힘을 잃고 소멸기에 들어가 있으며 이와 때를 맞추어《야훼신(神)》도 스스로의 만행(萬行)을 저지른 보답을 훗날 받게 되는 것이다. 이러한 뜻을《야훼신(神)》자신도『구약』에서 스스로는《분노》하는 신(神)으로서《소멸》하는《신(神)》으로 기록으로 남겨놓고 있는 것이다. 소멸기의 이 태양성(太陽星)은 마치 골프공처럼 움푹 패인 곳으로부터 불꽃을 내어 뿜다가 종국에는 비유하자면《카바이트 재》처럼 변하여 흔적도 없이 사라지고 마는 것이다.

이와 같은《가스성(GAS星)》태양성(太陽星)의 수명은 보통 태양성(太陽星)의 가시적인 수명의 1/10에 지나지 않는 10억 년(億年)이나 활발한 활동기 5억 년(億年) 동안의 빛(光)의 강렬함은 지금의 우리들 태양성(太陽星)보다 강렬하나 5억 년(億年)이 지나면《소멸기》에 접어듦으로써 한꺼번에 그 힘을 잃고 서서히 소멸되기 시작함으로써 사실상의 수명은 활발한 활동 기간 5억 년(億年)이 수명이 되는 셈이다.

이러한 5억 년(億年)의 수명에 있어서 지구계(地球界)에 큰 영향을 미친 《4천 년간》은 비유하자면 모닥불의 불씨가 마지막 꺼지기 직전에 막강한 화력(火力)을 내뿜고 순간적으로 꺼지는 이치와 같은 기간인 것이다. 이와 같은 1-2의 진화(進化)의 길에 있는 물질(物質) 진화(進化)의 길이 험난함으로써 마왕(魔王)으로 돌변한 독각(獨覺) 무리의 원천 조상들인 《야훼신(神)》, 《천관파군》 등은 종교(宗敎)라는 이름으로 인간들 무리들로 하여금 그들을 믿게 만든 후 이들 인간들의 《영혼》과 《영신》들을 끌어 모아 2차 죽임을 시킨 후 《영혼》들이 가지고 있는 《양자(陽子)》들을 탈취하여 그들 스스로의 법신(法身)을 만들기 위해 광분하는 장면이 『요한계시록』에 상세히 기록되어 있는 것이다.

이러한 1-2의 진화(進化)의 길 진화(進化)의 이유들이 《독각의 무리들》 성정(性情)을 난폭하게 하고 남의 것을 탐하여 거짓으로 탈취하는 이유들이 되는 것이다. 이와 같이 악(惡)을 근본 바탕으로 하여 진화(進化)하는 길을 《1-2의 진화(進化)의 길》이라고 하며 이들의 진화(進化)의 완성은 1-1의 진화(進化)의 길을 걷는 무리들보다는 2, 3배수가 많은 200억 년(億年) 내지 350억 년(億年)이 되는 것이다. 또한 이러한 진화(進化)의 길을 《그림자 우주의 진화(進化)의 길》이라고도 하며 이들 무리들을 《독각(獨覺)》의 무리들이라고 하는 것이다.

이와 같이 우주(宇宙)의 생성(生成)과 진화(進化)에 따른 불가피한 길이 1-2의 진화(進化)의 길이라는 점을 명심하시기 바라며 이들 독각의 무리들이 이러한 그들의 운명(運命)을 벗어나는 길을 석가모니 하나님 부처님께서는 제시하여 두셨으나 그들은 이마저 거부하고 진리(眞理)의 법(法)을 파괴하고 있는 것이다. 이러한 점을 하루빨리 《독각의 무리들》은 깨닫고 석가모니 하나님 부처님의 진리(眞理)의 법(法)으로 회귀(回歸)하는 길만이 그대들을 구원하는 길임을 명심하시기 바란다.

70. 원천창조주이신《석가모니 하나님 부처님》과 악마의 신인《석가모니불(佛)》

개천이전(開天以前)《원천창조주》이신《석가모니 하나님 부처님》께서 만드신《정명궁(正明宮)》의 분출에 의해《법성(法性)》의 파동 이후《30억 년(億年)》만에《진명궁(眞明宮)》《커블랙홀》이 만들어져《커블랙홀》다음 진화의 단계인《태양수(太陽數) ⊕9의 핵(核)》단계에 들어섰을 때《진명궁(眞明宮)》에는《석가모니 하나님 부처님》쌍둥이 동생인《비로자나 1세》가《일불승(一佛乘)》으로 좌정하여《진명궁(眞明宮)》의 주인이 된다.

이와 같이 하여 일정한 시간이 흐른 후《비로자나 1세》는 우주간(宇宙間)에 악명높기로 유명한《원조 가이아 신(神)》과 결탁한 후《정명궁(正明宮)》을 이끌고 계시는《석가모니 하나님 부처님》을 거세한 후《정명궁(正明宮)》과《진명궁(眞明宮)》으로부터 만들어지는《개천이후(開天以後)》의 모든 우주(宇宙)를 정복하기 위해 반란을 일으켜《비로자나 1세》는《악마(惡魔)의 신(神)》인《대마왕신(大魔王神)》으로 변화한다.

이로써《비로자나 1세》의 반란을 눈치 챈《석가모니 하나님 부처님》께서는《법성(法性)》의 파동 이후《70억 년(億年)》이 되는 때《진명궁(眞明宮)》이《황금태양(黃金太陽)》으로 진화한 후《황금태양(黃金太陽)》《핵(核)》의 붕괴로 인한 물질 분출을 시작하자마자《악마의 신》인《비로자나 1세》를 공간(空間)으로 내어 쫓으면서 향후 어떠한 경우라도《악마의 신》인《비로자나 1세》는《천궁(天宮)》이나 자기의《법신(法身)》인《태양성(太陽星)》이나 여타 별(星)의 《법신(法身)》을 가지는 진화(進化)를 할 수 없도록 형벌(刑罰)을 내리시고 다만, 《인간들 사회》에서 인간 육신(肉身)을 가지고 태어나서 진화할 수 있는 길만 허용을 하심으로써 세세생생 참회하여 반성할 수 있도록 하신 것이다.

이러한 사건 이후 《정명궁(正明宮)》이 《축소기》인 《중성자알 대일(大一)》의 과정을 겪고 《빅뱅(Big Bang)》으로 이름되는 대폭발 이후 《개천(開天)》이 되어 《상천궁(上天宮)》이 탄생하는 것이다. 이와 같이 이후의 우주간(宇宙間)과 세간(世間)에 대한 《진화(進化)》와 《창조(創造)》는 원천창조주이신 《석가모니 하나님 부처님》에 의해 주도된다. 사정이 이렇다 보니 《개천(開天)》으로 이름되는 《상천궁(上天宮)》이 만들어지는 《5억 년(億年)》부터인 지금으로부터 《115억 년(億年)》 전(前)부터 진화(進化)를 거쳐 최초의 인간(人間) 무리들이 태어났을 때 《석가모니 하나님 부처님》께서는 이러한 인간 무리들이 올바른 사상(思想)과 관념(觀念)을 가지고 진화(進化)할 수 있도록 가르침을 베풀게 됨으로써 자연스레 《석가모니 하나님 부처님》을 믿고(信) 그 가르침을 따르는 《불교(佛敎)》가 종교(宗敎)로써 자리한 것이다.

즉, 《불교(佛敎)》는 전우주적인 유일한 종교(宗敎)로써 《교주(敎主)》는 당연히 《원천창조주》이신 《석가모니 하나님 부처님》이 되신다. 이와 같은 《불교(佛敎)》를 찬탈하여 인간 무리들을 《정신적(精神的)》으로 지배하기 위해 최고의 《대마왕신(神)》으로서 《악마(惡魔)의 신(神)》인 《비로자나 1세》가 때에 《상천궁(上天宮)》에서 《가이아 신(神)》과의 사이에서 《악(惡)》을 근본 바탕으로 한 《대마왕신(神)》 아들을 낳고 아들의 이름을 《원천창조주》이신 《석가모니 하나님 부처님》의 호(號)를 도적질하여 《석가모니》로 이름하게 된다.

《악마(惡魔)의 신(神)》인 《석가모니》 탄생 이후 그는 그의 아비인 《악마(

惡魔)의 신(神)》인《비로자나 1세》의 지시로 때에《황금알 대일(大一)》진화(進化) 과정에 있던《진명궁(眞明宮)》으로 들어가서 1-2의 진화(進化)의 길을 따르는 무리들 중《영체 진화(靈體進化)》의 길을 따르는《영(靈)》들에게《악마(惡魔)의 신(神)》인《석가모니》가《하나님》이라는 사상(思想)을 주입시키다가《석가모니 하나님 부처님》께 발각이 됨으로써《악마(惡魔)의 신(神)》인《석가모니》도 그의 아비인《악마(惡魔)의 신(神)》《비로자나 1세》와 같이 세세생생《천궁(天宮)》이나《별(星)》의 법신(法身)을 갖지 못하고 인간 육신(肉身)으로서만 태어나서 진화(進化)하게 되는 형벌을 받게 되는 것이다.

이러한 이후《악마(惡魔)의 신(神)》인《석가모니》는 지상(地上)에서 펼쳐진 인류《북반구 문명》때 고대 인도에서《마왕신 부처》를 이루고《석가모니 하나님 부처님》의 불법(佛法)을 훔쳐 와서《부처놀이》를 할 때《석가모니 하나님 부처님》께서 전하신《묘법화경(妙法華經)》을 불법(佛法)을 왜곡하고 파괴하여 경(經)의 제호를《묘법연화경(妙法蓮華經)》으로 바꾸고 경(經)에 내재된《천부수리(天符數理)》로 된《석가모니 하나님 부처님》의《진리(眞理)의 법(法)》은 그의 실력이 없어 손도 대어 보지 못하고 겉으로 드러난《문자(文字)》로 된 경(經)의 내용만 그의 뜻에 맞도록 왜곡을 하여 만들어 놓은《묘법연화경(妙法蓮華經)》에서 『제19 상불경보살품(常不輕菩薩品)』으로 이름하고《진명궁(眞明宮)》《황금알 대일(大一)》때《1-2의 진화》의 길에 있던《영(靈)》들에게 그 스스로가《하나님》이라는 거짓 정보(情報)를 주입시킬 때의 장면을《영(靈)》들을《의인화》하여 기록으로 남겨 놓고 있는 것이다. 이것이 때에《천상(天上)》에서 일어난《상불경보살》사건인 것이다.

이와 같은 사건 이후《악마(惡魔)의 신(神)》인《비로자나 1세》와《석가모니》는《천일궁(天一宮)》에서 때에 최고의《대마왕》불보살들인《권력욕》과《지배욕》에 점철되어 있던《다보불》과《문수보살 1세》를 그들의 편으로 끌어 들여 당시《오시리스》로 이름된《아미타불》의 아들인《세트 신(神)》으로 이름된《예수님》전신(前身)을 사주하여《아미타불》인《오시리스(

333

Osiris)》를 살해하여 《영혼(靈魂)》 죽임까지 시킨 후 《아미타불》께서 만드신 《백조자리 성단》을 《악마(惡魔)의 신(神)》인 《비로자나 1세》와 《석가모니》가 차지한 후 우주의 어머니(母)이신 《관세음보살》을 항복받아 그들 《천상(天上)》의 1차 《우주 쿠데타》 세력에 합류시키고 《세트 신(神)》은 그의 아비인 《아미타불》이 만든 《4×3×4》 천궁도 성단까지 탈취하여 《비로자나 1세》의 도움으로 《세트 신(神)》이 성단 중심혈에 앉고 탄생시킨 《용자리 성단》을 《대마왕》 《다보불》이 차지하여 그의 아들인 《문수보살 1세》에게 넘겨줌으로써 《문수보살 1세》의 법궁(法宮)이 《용자리 알파성(星)》으로 자리하게 된 것이다.

이러한 이후 《세트 신(神)》도 진화의 여행을 마친 후 그의 성단도 《황금알 대일(大一)》의 과정을 겪고 대폭발을 일으켜 《용자리 알파성(星)》 북쪽에서 외톨이 별로 태어나는 것이다. 이러한 외톨이 별(星)이 《서력기원》 원년(元年)이 되는 《예수의 별》이 되는 것이다. 이와 같이 《악마(惡魔)의 신(神)》들인 《비로자나 1세》와 《석가모니》 등의 《대마왕신(神)》들과 《선악(善惡)》 양면성을 가진 《대마왕》 불보살들인 《다보불》과 《문수보살 1세》와 《관세음보살 1세》 등에 의해 획책된 《천상(天上)》에서 일어난 1차 우주(宇宙) 《쿠데타》가 성공을 거둠으로써 초기 우주인 《천일우주 100의 궁(宮)》은 이들에 의해 모두 정복을 당한 것이다. 이로써 훗날 《석가모니 하나님 부처님》께서 지상(地上)에서 《한단불교(桓檀佛敎)》를 만드시고 남기신 4대 경전(經典) 중 《천부경(天符經) 81자(字)》에서 《초기 우주》의 역사를 모두 삭제하시고 《천일일(天一一)》, 《지일이(地一二)》, 《인일삼(人一三)》 우주부터 우주의 역사를 시작하신 배경이 되는 것이다.

이러한 이후 지상(地上)에서 인류 문명이 처음 시작된 때가 <u>십만 년 전(前)</u>으로써 이때부터 《일만 년 전(前)》까지의 《9만 년》은 현재 《북극성(北極星)》이 있는 《천일우주(天一宇宙)》 100의 궁(宮)의 9개 성단(星團)의 인간 무리들이 완벽한 인간 육신(肉身)의 진화를 위해 법공(法空)의 0(ZERO) 지점에 위치한 지구상(地球上)으로 와서 1만 년을 주기로 하여 1개 성단(星團)의 인간 무리들이 문명기(文明期)를 열고 문명(文明)의 종말을 맞으면서 완벽한 인간 육신(肉身)의 진화(進化)를 마치고 자기네 성단(星團)으로 돌아감으로써 9개 성단(星團)의 인간 무리들이 모두 인간 육신(肉身)의 진화를 위해 문명기 시작과 문명기 몰락을 거치기를 9차례 하면서 9만 년(九萬年)의 시간을 지상(地上)에서 소요한 것이다.

이와 같은 《9만 년》 문명기 중 《1만 년》에서 《6만 년》 문명기를 지날 때까지 《석가모니 하나님 부처님》께서 설(說)하신 불법(佛法)이 《성문(聲聞)》을 위한 불법(佛法)과 《묘법화(妙法華)》 4부경(四部經)이다. 이러한 이후 《7만 년 ~ 9만 년》까지 《3만 년》의 문명기를 《남반구(南半球)》 문명이라고 하는데 이러한 《남반구 문명》 3만 년 중 2만 년의 문명기가 《아미타불》께서 《남미(南美)》와 《이집트》를 오가며 펼치신 문명기로 이때 《아미타불》께서 전하신 불법(佛法)이 《아미타경》, 《무량수경》, 《승만경》, 《유마경》 등이 있으며 때에 남겨진 유적이 《관세음보살》을 형상화한 《스핑크스》이며, 이러한 《9만 년》 문명기 동안의 문자(文字)가 《석가모니 하나님 부처님》께서 창작하신 《신(神)》들의 문자(文字)로 알려진 《산스크리트어》가 남아 있는 것이다.

[도표] 지상에서의 문명과 지도하신 부처님

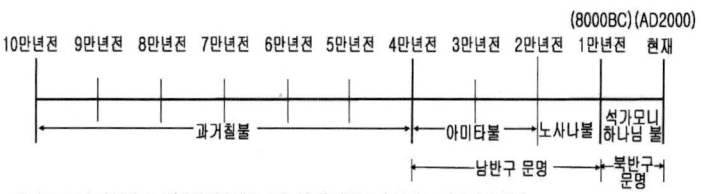

*서기 2000년 문명의 종말(중앙천궁상궁 운행 시작) 때였으나 현재는 지연된 상태임.

지금까지 설명된 《9만 년》 문명기 다음으로 마지막 남은 《일만 년》 문명기가 《BC 8000년》부터 《AD 2000년》까지로써 이때를 《북반구 문명(北半球文明)》이라고 하며, 이러한 《북반구 문명》 연장선상에 지금의 인간 무리들이 살고 있는 것이다. 이와 같은 《북반구 문명》은 《석가모니 하나님 부처님》 주도로 착함(善)을 근본 바탕으로 한 《신(神)》들인 《불보살(佛菩薩)》들에 의해 문명(文明)이 일어나 인간들의 진화(進化)를 도모하여 《북반구 문명》이 끝이 나는 때에 인간 무리들을 이상세계(理想世界)가 펼쳐지는 《후천우주(後天宇宙)》로 인도하기 위한 《선천우주(先天宇宙)》 마지막 문명기가 《지상(地上)》에 펼쳐지는 때가 《북반구 문명》인 것이다.

이러한 때 지상(地上)에 펼쳐진 《수메르 문명》과 《우르 문명》과 《그리스 문명》과 《이집트 문명》과 《인도 문명》과 《한국(韓國)》을 중심한 《구막한제국(寇莫韓帝國)》 문명과 《한단불교(桓檀佛敎)》 등이 모두 《한민족(韓民族)》 조상불(祖上佛)들에 의해 일어나고 만들어져 인간들의 《정신세계(精神世界)》를 지배하여 《도덕성(道德性)》과 《정의(正義)》를 가르쳐 인간들의 진화를 도모한 것이다.

이러한 일에 크게 자극을 받은 《악(惡)》을 근본 바탕으로 하는 《대마왕신(神)》들로서 《악마(惡魔)의 신(神)》들 중 최고의 《대마왕신(神)》인 《비로자나 1세》가 그들이 가진 《지배욕(支配慾)》과 《권력욕(權力慾)》으로써 《후천우주(後天宇宙)》를 정복하여 《욕망(慾望)》하는 우주로 만들기 위해 최고의 《대마왕신(神)》으로서 《악마(惡魔)의 신(神)》인 《비로자나 1세》는 《상천궁(上天宮)》에서부터 그가 세웠던 계획을 구체화하여 실행하는 차원에서 먼저 《지상(地上)》의 인간 무리들 《정신세계(精神世界)》 정복을 위해 《우주간(宇宙間)》의 종교(宗敎)인 《불교(佛敎)》를 탈취할 목적으로 반복(反復)되는 윤회(輪廻)로 때에 《중인도》 《카필라국》의 《정반왕(淨飯王)》으로 이름하고 오게 된다.

이와 같이《정반왕(淨飯王)》으로 이름하고 온 최고의《대마왕신(神)》《비로자나 1세》는 때에《마야 부인》으로 이름한 최고의《악마(惡魔)의 신(神)》들 중 하나인《가이아 신(神)》 사이에서《악마(惡魔)의 신(神)》인《석가모니》를《싯다르타》태자(太子)로 이름하고《BC 577년》에 생산하게 된다. 이렇게 하여 태어난《대마왕신(神)》인《싯다르타》태자(생몰 577BC~497BC)는《30세》에 출가(出家)하여《6년》고행(苦行) 끝에《36세》되던 해에 반쪽짜리 부처(佛)인《마왕신불(佛)》을 이루고 이때를 위해 일찍이《천상(天上)》에서부터 이름하였던 그의 이름인《석가모니》를 호(號)로 하여《악마(惡魔)의 신(神)》으로서《대마왕신》인《석가모니불(佛)》로 거듭 태어나는 것이다.

이러한《악마(惡魔)의 신(神)》인《석가모니불(佛)》의 성불(成佛)은《불법(佛法)》일치를 이룬 완전함의 깨달음을 얻으신《아미타불(佛)》이나《노사나불(佛)》과는 달리《법(法)》의 완성을 이루지 못한 반쪽짜리《대마왕신(大魔王神)》부처(佛)를 이루었기 때문에 스스로의《법(法)》은 없는 것이다.

이 때문에 마왕신(神) 부처(佛)를 이룬《악마(惡魔)의 신(神)》인《석가모니》는 최고《악마(惡魔)의 신(神)》인《비로자나 1세》의 도움으로《천상(天上)》과《지상(地上)》에서《석가모니 하나님 부처님》께서 설(說)한《불법(佛法)》을 훔쳐 와서 마치《악마(惡魔)의 신(神)》인《석가모니》자기 법(法)인 양 앵무새처럼《설법(說法)》을 하며《부처(佛)》놀이를 한 것이다.

이와 같이 하여 반쪽짜리《대마왕신》부처(佛)로서《악마(惡魔)의 신(神)》인《석가모니》가 반쪽짜리 부처(佛)를 이룬 목적이《석가모니 하나님 부처님》께서 설(說)하신《불법(佛法)》을 왜곡하여《불교(佛敎)》를 탈취한 후《불교(佛敎)》를 신앙하는 인간 무리들의《정신세계(精神世界)》를 지배하는 것이 목적이었던 것이다. 이러한《악마(惡魔)의 신(神)》으로서《마왕신》부처(佛)를 이룬《석가모니》가 목적하는 바를 잘 파악하고 있던《원천창조주》이신《석가모니 하나님 부처님》께서 대처하신 일들은 『(改訂版) 우주간의 법 해설 정본(正本) 반야바라밀다심경(般若波羅蜜多心經)』(2015)의 《불법(佛法)》 파괴와 《반야심경(般若心經)》편에서 상세히 밝혀 두었으니 이를 참고하시기 바란다.

71. 불법(佛法) 파괴 원인(原因)에 대한 정리

《독각》의 무리들에 의한 불법(佛法) 파괴의 원인은 상상 이외로 그 뿌리가 깊다. 이와 같은 불법(佛法) 파괴의 원인(原因)을 정리하는 이유는 마왕(魔王)들의 정신적 지배하에 있는 오늘을 살고 있는 인간들이 왜곡된 종교(宗敎)를 믿고 따름으로써 육신(肉身)의 죽음 이후 그들의 《영혼(靈魂)》과 《영신(靈身)》들이 2차 죽임을 당하는 마왕(魔王)들이 파놓은 함정으로 들어가고 있다는 사실도 모르는 심각함 때문에 이를 정리하는 것이다.

종교(宗敎)의 첫째 임무가 성인(聖人)들의 가르침을 따라 인간의 완성을 이룸으로써 얻어지는 《영혼(靈魂)》과 《영신(靈身)》의 진화(進化)를 위해서이다. 이러한 종교(宗敎)의 근본 목적이 BC 4800년부터 AD 2000년까지 진행된 신(神)들의 전쟁과 《지상(地上)》에서 획책된 2차 《우주 쿠데타》 덕분으로 지금의 지구계(地球界) 종교(宗敎)의 대부분이 마왕(魔王)들의 정신적 지배하에 있게 됨으로써 이러한 사실을 모르는 종교(宗敎) 지도자들이 오히려 성인들을 믿고 따르는 일반인들의 《영혼(靈魂)》과 《영신(靈身)》의 진화(進化)를 가로막고 생전(生前)에 마왕들을 믿고 따르게 함으로써 《육신(肉身)》의 죽음 이후의 그들 《영혼(靈魂)》과 《영신(靈身)》들을 마왕(魔王)들에게 보내어 영혼 죽임을 당하는 고통을 받게 하는 어리석음을 깨우치게 하기 위해 광범위하게 펼쳐진 우주(宇宙) 공간(空間)에서 일어난 사실들을 축소 정리하게 된 것이다.

이러한 사실들을 바로 이해하고 깨우침으로써 지구계(地球界) 인간들이 그들《대마왕》들과《악마(惡魔)의 신(神)》들인《대마왕신(神)》들의 지배로부터 벗어나서 영원히 구원받는 삶을 영위할 수 있도록 하기 위해 불법(佛法) 파괴의 원인을 정리하는 것이니 깊은 이해를 위해 주의력을 집중하시기 바란다.

[1] 불법(佛法) 파괴의 원인(原因) 1
『묘법연화경』「제십구 상불경보살품」

『묘법연화경』「제십구 상불경보살품」의 무대는《개천이전(開天以前)》정명궁(正明宮)과 진명궁(眞明宮)에 의해《십거일적(十鉅一積)》이 활발히 진행됨으로써《다섯 기초 원소》와 복합 원소 및 물질(物質)의 합성(合成)이 활발히 일어난 후《진명궁(眞明宮)》이《황금알 대일(大一)》의 과정을 거칠 때《악마(惡魔)의 신(神)》인《석가모니》가《석가모니 하나님 부처님》께서 때에 따라 방편으로 이름하신《상불경보살》로 위장하고《진명궁(眞明宮)》으로 들어가서《1-2의 진화의 길》에 있는 인간의《영혼(靈魂)》들과 영체 진화(靈體進化)를 하는《영(靈)》들에게 그가《창조주 하나님》 행세를 하며 그들《악마(惡魔)의 신(神)》들인《비로자나 1세》와《석가모니》가 가진 사상(思想)과 관념(觀念)을 뿌리 깊게 심어 그들을 하수인들로 만들어 이용하기 위한 목적으로《석가모니 하나님 부처님》의《불법》을 파괴하여 기록으로 남긴 경(經)이《묘법연화경》《제17 상불경보살품》이다.

이때《악마(惡魔)의 신(神)》인《석가모니》가《1-2의 진화의 길》에 있는《

영혼(靈魂)들과 《영(靈)》들에게 심은 《마성(魔性)》들이 표면적으로 드러난 때가 《천일궁(天一宮)》에서 획책된 《1차 우주 쿠데타》때이다. 이러한 《천일궁(天一宮)》1차 《우주 쿠데타》를 성공시키기 위해 미리부터 《악마(惡魔)의 신(神)》인 《석가모니》가 준비한 계획된 사건이 《상불경보살》사건인 것이다. 이때 그가 이용한 《1-2의 진화의 길》은 우주 창조에 있어서 불가피하게 만들어지는 길이다.

이러한 《1-2의 진화(進化)》의 길에 있어서도 일부의 무리는 석가모니 하나님 부처님의 뜻에 순응하고 《진리(眞理)의 법(法)》에 안주하여 가르침을 따른 결과, 《독각》의 무리로부터 벗어나서 《4-1의 성문승(聲聞乘)》의 길에 들게 됨으로써 올바른 진화(進化)를 한 것이나 일부의 무리는 이와 같은 불가피한 운명(運命)을 원천 창조주이신 석가모니 하나님 부처님께 그 탓을 돌리고 《악(惡)의 세력》으로 남아 《악행(惡行)》을 일삼는 진화(進化)의 길을 택한 것이 《불법(佛法)》파괴의 근본원인(根本原因)이 된다.

[2] 불법(佛法) 파괴의 원인(原因) 2
『레우 누 페르 엠 후루(Reu Nu pert em hru)』편 참고

상천궁(上天宮)이 탄생한 이후 《아미타佛》과 《관세음보살님》께서 <2×1×2> 천궁도(天宮圖) 성단(星團)을 만드신 후 천일우주(天一宇宙) 창조에 임하시면서 먼저 《백조자리 성단》을 만드시고 다음으로 아미타佛 진신(眞身) 4성(星)과 《관음불(佛)》진신(眞身) 3성(星)과 《세지보살》진신(眞身) 3성(星)과 아들

들 성(星)이 탄생이 되어 지금의 《목동자리》 별(星)자리로 자리한다. 이와 같이 태어난 아들들의 별(星)들이 『묘법연화경』 「제십구 상불경보살품」에서 등장하는 1-2의 진화(進化)의 길을 걷는 무리들이 별(星)을 법신(法身)으로 하여 태어난 것이다. 이러한 1-2의 진화(進化)의 길에서 별(星)을 법신(法身)으로 하여 태어난 자들을 《아이》 출신이라고 하는 것이다. 이와 같은 아들들의 법궁(法宮) 중 첫 번째 태어난 별(星)이 장자(長子)로서 《세트 신(神)》의 법궁(法宮)이 되며 다음으로 태어난 별들이 쌍둥이 별(星)로서 동명외보성(洞明外補星)과 은광내필성(隱光內弼星)으로 이름하는 《제바달다》와 《야훼 신(神)》 전신(前身)의 법궁(法宮)이 된다. 이렇듯 태어난 쌍둥이 별(星)들 역시 1-2의 진화(進化)의 길을 걷는 《아이》 출신의 별(星)들인 것이다.

이렇듯 《아미타불》의 장자(長子)로 태어난 아이 출신인 《세트신(神)》은 정명궁(正命宮)의 1-2의 진화(進化)의 길에 있는 「그리스 신화(神話)」에서 구분하는 외눈박이 거인 《키클로페스(Cyclops)》 출신이라면 두 번째와 세 번째 쌍둥이 별로써 태어난 아들들은 진명궁(眞命宮) 1-2의 진화(進化)의 길에 있는 손과 발이 100개인 《헤카톤케이레스(Hekatonkheires)》 출신의 아들들로서 이들 출신들을 《뱀족(族)》과 《사나운 호랑이족(族)》이라고 한다. 이때 태어난 동명외보성(洞明外補星)을 법궁(法宮)으로 한 《아이》가 《아사 선인(仙人)》 → 《반고(盤固)》 → 《아테나신(神)》 → 《제바달다》 → 《천왕랑 해모수》 → 《천왕불(佛)》의 변신을 거치면서 지상(地上)을 시끄럽게 한 장본인이며 그의 쌍둥이 형제가 은광내필성(隱光內弼星)의 주인공인 《브리트라》 → 《공공(共工)》 → 《암흑의 신(神) 데스카틸포카》 → 《야훼 신(神)》 → 《알렉산더 왕》 등으로 변신하여 《아테나신(神)》과 함께 악명을 떨친 《야훼 신(神)》인 것이다.

이러한 《뱀족(族)의 아이》 쌍둥이 형제의 별인 동명외보성(洞明外補星)과 은광내필성(隱光內弼星)은 태어나기는 아미타佛의 아들로 태어났으나 다음의 진화(進化)는 북두칠성(北斗七星)을 법궁(法宮)으로 하신 칠성불(七星佛)과 같이 하게 되므로 이들 두 별을 북두칠성(北斗七星)과 함께 북두구진(北斗九辰)이라고 도 하는 것이다.

　이와 같이 《아미타佛》과 《관세음보살 분신》을 부모(父母)로 하여 태어난 1-2의 진화(進化)의 길의 《아이》 출신 아들들이 초기 우주의 고온 고압의 영향으로 《아미타佛》 진신4성(眞身四星)이 핵(核) 붕괴를 일으켜 <4×3×4> 천궁도(天宮圖) 성단(星團)을 이루실 초기에 「이집트 신화(神話)」에서 《헬리오폴리스》라고 이름하는 《천일궁(天一宮)》의 두우성(斗牛星) 8성(星) 중 인간들이 거주하는 별(星)에서 《아미타佛》과 《관세음보살 분신》께서 인간 육신(肉身)을 가지고 태어나신 이후 《아미타佛》께서는 인간들의 왕(王)이 되신다. 이때 1-2의 진화(進化)의 길을 걷는 《아이》 출신의 아들들도 두 분을 부모(父母)로 하여 차례로 인간 육신(肉身)을 가지고 태어나는 것이다.

　이러한 때에 장남(長男)으로 태어난 《세트신(神)》을 《악마(惡魔)의 신(神)》인 《비로자나 1세》와 《석가모니》와 《대마왕》《다보불》의 사주를 받은 동생들인 《아테나신(神)》과 《야훼신(神)》의 전신(前身)이 형(兄)을 충동질하여 아버지이신 《아미타佛》을 시해하고 왕(王)의 자리를 찬탈하는 패륜을 저지르게 된다. 이후 1-2의 진화(進化)를 하는 인간 무리들과 함께 나라를 장악한 후 《세트신(神)》은 인간 육신(肉身)을 벗은 후 《아미타佛》께서 만드신 <4×3×4> 천궁도 성단(星團)마저 탈취하는 우주간(宇宙間)에서는 있어서도 안되는 패륜을 저지름으로써 석가모니 하나님 부처님께서 의도하신 대로 만들어지는 우주(宇宙) 창조 작업에 막대한 지장을 초래한 것이다. 이러한 사건이 일어난 때가 지금으로부터 꼭 100억 년(億年) 이전이 된다.

　이러한 사실적 기록들을 후대(後代)의 교훈으로 삼기 위해 고대 《이집트》 신관(神官)들이 기록한 책이 「오시리스 신화(神話)」이다. 신화(神話)에서는 《세트신(神)》이 《아미타佛》이신 《오시리스》의 동생으로 묘사되나 이는 이집트 신관(神官)들이 아버지를 죽이고 왕위를 찬탈하는 패륜을 저지름으로써 오는 도덕성(道德性) 문제 때문에 방편을 택하였음이 근본진리(根本眞理)에서 드러난 것이다.

이후《세트신(神)》은 <4×3×4> 천궁도 성단의 중심(中心)에 자리한 후《아미타佛》과《관세음보살님》께서 만들어 두신 물질(物質)의 씨종자들을《용자리》별(星)들로 탄생시킨 후 스스로는《용자리》《알파성(星)》북쪽에서 외톨이별로써 자리함으로써 훗날 지구계(地球界)의《서력 기원(紀元)》원년(元年)의 별(星)로써 자리한 것이다.

이와 같은 우주적(宇宙的)인 일들이 진행되는 동안《천일궁(天一宮)》에서는 분노하신《대관세음보살님》에 의해 1-2의 진화(進化)의 길을 걷는《세트신(神)》의 백성들이 모두 영혼(靈魂) 죽임을 당하는 엄청난 일이 발생하는 것이다. 이러한 일이 훗날《세트신(神)》이《일체중생희견보살》→《정덕》→《약왕보살》→《예수님》→《동방약사유리광佛》의 과정을 거치실 때《예수님》으로 지구계(地球界)에 오셔서 십자가에 못 박히시고 피를 흘리신 원천적인 뜻이 되는 것이다. 이 때문에 인도의 고전인『우파니샤드』에서는《대관세음보살님》을《쉬바신(神)》으로 부르기도 하나 분노의 신(神)《루드라》라고도 호칭을 하는 것이다.

《용자리》끝자리에 자리하였던《세트신(神)》의 법궁(法宮)도 이후 핵(核)의 붕괴를 일으켜《천궁(天宮)》을 이루고 천일궁(天一宮)에서 영혼(靈魂) 죽임을 당하여 공간(空間)에 떠도는 그의 후손(後孫)들의 양자(陽子)들을 수습하여 여행을 계속하다가 석가모니 하나님 부처님께서 계시는 천일일(天--) 우주인 지금의《오리온좌》성단에 들어설 때 이때를 기다리고 계시던《메시아》이신《미륵불(佛)》에 의해 체포되어 성단(星團)은 해체되고《세트신(神)》은 석가모니 하나님 부처님의 명에 의해 당시 천일일(天--) 우주에서 성단 재편성을 이루신 《노사나佛》《지일(地一)》의 천궁 내(天宮內)에 있는 감옥에 갇혀 장장 20억 년(億年)의 옥고(獄苦)를 치르게 된다.

한편, 《세트신(神)》 성단 해체 때에 그의 후손(後孫)들이 남긴 양자군(陽子群)들은 석가모니 하나님 부처님께서 거두어 오시다가 인일이(人一二) 우주에서 석가모니 하나님 부처님의 진신삼성(眞身三星)인 지구(地球)와 달(月)과 화성(火星)이 태어났을 때 《미륵불(佛)》의 법궁(法宮)인 《화성(火星)》으로 넘겨주게 된다. 이러한 와중에 《노사나佛》의 《지일(地一)》의 천궁도 성단이 지일일(地一一) 우주의 자리에 도착하여 천궁(天宮)이 《황금알 대일(大一)》의 과정을 겪고 폭발함으로써 지금의 우리들 태양계(太陽界)의 태양성(太陽星)과 수성(水星)과 금성(金星) 등의 노사나佛 진신삼성(眞身三星)을 탄생시켜 새로운 천궁(天宮)을 만들어 중심(中心)을 삼으시고 천궁(天宮) 외곽에 노사나佛 진신삼성(眞身三星)이 자리하여 지일일(地一一) 우주를 완성하시게 된다. 이러한 지일일(地一一) 천궁(天宮)에는 《문곡성불》께서 일적(一積)의 과정을 겪으시며 일불승(一佛乘)으로 자리하신 것이다.

이후 《노사나佛》께서는 새로운 《천궁(天宮)》을 만드시고 아들들의 별(星)들인 토성(土星), 천왕성 등을 탄생시키시면서 지일이(地一二) 우주 창조 작업을 하시는 것이다. 이러한 《지일이(地一二)》 우주 천궁(天宮)에는 《연등불(佛)》이 일적(一積)의 과정을 겪고 일불승(一佛乘)으로 자리하신 것이다. 이 과정에서 《세트신(神)》도 옥고(獄苦)를 겪는 동안 깊은 참회로써 지난날의 잘못을 뉘우치고 가스성(GAS星) 태양성(太陽星)을 가지고 《일체중생희견보살》로 거듭 태어나시게 된다. 이렇게 새로이 태어나신 《일체중생희견보살》께서는 그의 몸(身)인 가스성(GAS星) 태양성(太陽星)을 《1,200년》 동안 불태우는 등신(等身) 공양을 《노사나弗》께 올림으로써 천일우주(天一宇宙)에서 그의 아버지이신 《아미타佛》을 살해하고 탈취한 <4×3×4> 천궁도 성단에서 그의 몫으로 만든 아버지의 혼(魂)을 되돌려 드리게 된다.

345

이로써 이와 때를 맞춰 지일이(地一二) 우주 1-3의 길에 자리하였던 《아미타佛》 성단에서 《아미타佛》께서 50억 년(億年) 만에 《부활》하시게 된다. 이와 같은 50억 년(億年)의 기간을 석가모니 하나님 부처님께서는 『금강경』에서 《인욕선인(仙人)》으로 계실 때로 이름하며 이를 전오백세(前五百歲)로 이야기하며 《아미타佛》의 부활로부터 지구계(地球界) 연호인 서기(西紀) 2000년까지가 50억 년(億年)으로써 이를 후오백세(後五百歲)라고 하는 것이다.

이와 같이 스스로를 불태우는 등신(等身) 공양이 끝이 나자마자 이에 감응을 하신 《노사나佛》께서 《일체중생희견보살》에게 새로운 몸(身)을 주신 것이 《해왕성과 명왕성》으로써 이로써 《일체중생희견보살》은 《정장, 정안》의 쌍둥이 형제로 태어나 《정안》이 해왕성을 그의 몸(身)으로 하고 《정장》이 《명왕성》을 그의 몸(身)으로 함으로써 이후 《약왕보살》로 거듭 태어나시게 된다. 이러한 설명 중 천일우주(天一宇宙)에서 <4×3×4> 천궁도 성단 탈취부터 《지일(地一)》의 천궁(天宮)에서 옥고(獄苦)를 겪을 때까지를 석가모니 하나님 부처님께서는 『묘법화경』「제삼 비유품」에서 **『집 나간 가난한 아들』**의 비유로써 기록으로 남겨 두셨으며 《정장, 정안》의 쌍둥이 형제로 태어났을 때를 『묘법화경』「제이십육 묘장엄왕본사품」에서 방편과 비유로써 기록으로 남겨 두셨으며 《일체중생희견보살》과 《약왕보살》 관계 기록을 『묘법화경』「제이십이 약왕보살본사품」에 방편과 비유로써 기록으로 남겨 두신 것이다.

《명왕성》을 법궁(法宮)으로 하신 《약왕보살》께서 《동방약사유리광佛》의 불(佛)의 지위에 오르시기 직전 그의 후손(後孫) 민족을 악마(惡魔)의 신(神)인 《야훼신(神)》의 정신적 지배로부터 벗어나게 하고 천일궁(天一宮)에서 지은 그의 죄로 인해 영혼 죽임을 당하였다가 지상(地上)에서 다시 100억 년(億年) 만에 어렵게 명(命)을 받아 인간으로 태어난 그의 후손 민족에게 원죄(原罪)를 씻어 드리고 스스로는 미세하나마 남은 업(業)을 씻기 위해 《

《예수님》(생물 AD274~AD310)으로 이름하고 지상(地上)에 오신 것이다. 이후 십자가의 고난 끝에 《예수님》은 그의 법궁(法宮)으로 돌아가시어 《동방약사유리광佛》이 되신 것이다.

한편, 인일이(人一二) 우주에서 미륵불의 법궁(法宮)인 화성(火星)으로 옮겨 앉은 《예수님》 백성들의 영(靈)들은 계속 진화(進化)를 하다가 우리들의 태양계(太陽界)가 8의 우주와 7의 우주가 하나가 되어 일세계(一世界)를 이룬 이후 《화성(火星)》에 인간 거주 환경이 조성된 후 《예수님》 백성들의 영(靈)들이 새로운 명(命)을 받아 인간으로 태어난 후 우리들의 지구(地球)보다 빨리 인간 문명이 일어난 것이다. 이렇게 태어난 《화성(火星)》의 인간들은 현재의 지구계(地球界) 인간들처럼 육신(肉身)의 아름다움(美)을 갖추지 못한 인간들이었으며 이후 지구계(地球界)에 북반구(北半球) 문명(文明)이 일어나고 한민족(韓民族) 조상불(祖上佛)들에 의해 일어난 《수메르 문명권》의 《우르 1왕조》(3740BC~3100BC)가 시작되면서부터 《이스라엘인》들은 지상(地上)의 인간들로 뒤늦게 태어나기 시작한 것이다.

즉, BC 2000년경 민족의 대이동 때에 후손 민족들을 이끌고 《갈데아 우르》를 떠나시는 분이 바로 《아미타佛》로서 그때 《아미타불》께서 이동시킨 민족인 《유대인》들과 《이스라엘인》들인 것이다*.

이로써 볼 때, 《약왕보살》이신 《예수님》은 《아미타佛》과 《노사나佛》과 《미륵불》 등 세 분 모두를 아버지로 하신 것이다. 즉, 이때 그의 영혼은 《아미타佛》로부터 받고 그의 몸(身)은 《노사나佛》로부터 받으신 것이다. 이처럼 《예수님(Jesus)》 백성들의 《영혼(靈魂)》과 《영신(靈身)》을 인도하여 온 《미륵불(佛)》을 「그리스 신화(神話)」에서는 나그네 수호신(神) 《헤르메

---

* 미륵불과 메시아(Maitreya Buddha and Messiah)(2015)
진실(眞實)된 세계역사(世界歷史)와 종교(宗敎)

스》*라고 하는 것이다. 지금까지 설명된 《불법(佛法) 파괴의 원인 2》가 상세히 기록된 것이 《이집트》의 『레우 누 페르 엠 후루』로써 필자의 저서(著書)인 『(改訂版) 妙法華(묘법화)의 실상(實相)의 법(法)』(2015)에 상세히 기록되어 있으니 이를 참고하시기 바란다.

지금까지 장황히 설명 드린 뜻은 《세트신(神)》과 그의 백성들이 반란을 일으켰던 《천일궁(天一宮)》의 사정이 지금의 지상(地上)에서의 사정과 꼭 같이 지상(地上)의 대부분의 종교(宗敎)가 《악마(惡魔)의 신(神)》인 《석가모니불》과 《야훼신(神)》과 《예수 그리스도》**로 이름된 《천관파군》의 정신적 지배 하에서 벗어나지 못하고 있기 때문에 이를 경고하기 위해 상세히 설명 드리는 것이다.

이제 불과 몇 십 년이 되지 않아서 마왕(魔王)들의 정신적 지배를 벗어나지 못한 인간들은 《석가모니 하나님 부처님》에 의해 2차 죽임인 《영혼 죽임》을 당하여 다시 진화(進化)의 시작 지점인 《대공(大空)》 바깥의 《암흑물질》층이 있는 《무간지옥》으로 빠질 것을 근본진리(根本眞理)는 밝히고 있는 것이다. 이러한 점을 강조하는 이유는 불과 몇 십 년 남지 않은 세월이나 모든 종교(宗敎)들의 《교주(敎主)》로 자리한 《대마왕신(神)》들의 정신적 지배로부터 벗어나서 석가모니 하나님 부처님의 진리(眞理)의 법(法) 테두리로 들어왔을 때라야 《환란》을 피할 수 있음을 미륵 부처가 엄중히 경고하는 것이다.

---

* 미륵불과 메시아(2015)
** 미륵불과 메시아(2015)

[3] 불법(佛法) 파괴의 원인(原因) 3
『리그베다 인드라Ⅰ-32』편 참고

《아미타佛》과《관세음보살 분신》을 부모(父母)로 하고 태어난 현재의 《목동자리(Boötes)》성단에 자리한《동명외보성》과《은광내필성》이《제바달다》와《야훼신(神)》전신(前身)의 법궁(法宮)임을 말씀드렸다. 이러한 1-2의 진화(進化)의 길을 걷는 마왕(魔王)들의 두 법궁(法宮)도 천일궁(天一宮)의 대사건 이후 핵(核)의 붕괴를 일으킨 후 그들의 천궁(天宮)을 만든 것이다. 이렇게 만들어진 그들의 천궁(天宮)은 1-1의 진화(進化)의 길을 걷는 천궁(天宮)과는 또 다른 천궁(天宮)으로써 천궁(天宮)의 중심에는《제바달다》의 전신(前身)인《아이》가 자리하고 천궁(天宮) 전체는《이슬》로 가득 찬 천궁(天宮)이었다. 이러한 천궁(天宮)은 1-1의 진화(進化)의 길에 있는 천궁(天宮)이 태음수(太陰數) ⊕을 끌어 들여 자체의 삼합력(三合力)으로 물질(物質)의 씨종자들을 만드는 것과는 달리 남의 질량(質量)을 탈취하여 끌어들임으로써 진화(進化)를 하는 천궁(天宮)이었다.

이러한 천궁(天宮)을 그대로 두었을 때 자연히 악행(惡行)을 저지르게 되어 있는 것이다. 이러한 천궁(天宮)을 마왕(魔王)의 쌍둥이 형제가 만들었을 때 때마침 현재의 북극성(北極星) 핵(核)의 붕괴로 만든《노사나佛》의 지일(地一)의 천궁(天宮)이 이곳을 지나다가《천일궁(天一宮)》의 대사건을 잘 아시는 《노사나佛》께서 우주간(宇宙間)의《악(惡)》을 차단하는 목적으로 마왕(魔王)들의 천궁(天宮)을 해체시켜 그들의 천궁(天宮)을 이루고 있던《이슬》은《큰곰자리》의 북두칠성(北斗七星)으로 흘러 보내고《이슬》의 천궁(天宮) 핵(核)으로 자리하였던《아이》는 지일(地一)의 천궁(天宮)에서 거두게 된다. 이와 같은 두 마왕들의 천궁(天宮)을 파(波)하여 해체시킨 사건이 불법(佛法) 파괴의 세 번째 원인(原因)이 되는 것이다. 이와 같은《노사나佛》의 조치로 인하여 핵(核)의 붕괴 이후의 《북두칠성》은 풍부한 물(水)을 갖게 됨으로써 인간들이 거주할 수 있는 쾌적한 별(星)들로 변화한 것이다.

한편, 《노사나佛》의 지일(地一)의 천궁(天宮)에서 거두신 《아이》는 노사나佛의 교화를 받으며 진화(進化)를 하다가 노사나佛께서 지일일(地一一) 우주를 완성하시고 지일이(地一二) 우주를 창조하시면서 아들들의 별(星)들을 만들 때 토성(土星)이 만들어지고 난 후 《천왕성》을 만들어 《아이》에게 줌으로써 이때 《아이》도 자라나서 《아사선인(仙人)》이 되시는 것이다. 이렇게 《아사선인(仙人)》의 법궁(法宮)이 된 《천왕성》은 노사나佛 몸(身) 일부를 떼어내어 만든 별(星)들이 된다. 이렇게 볼 때, 노사나佛께서는 그들의 악행(惡行)을 막고 빨리 그들을 진화(進化)시키고자 마왕(魔王)들의 천궁(天宮)을 파(波)하여 해체시켰음이 드러나는 것이다. 그러나 노사나佛의 자비행이 그들에게는 깊은 원한을 가지게 하는 행(行)으로 뒷날 받아들이게 된 것이다.

한편, 《야훼신(神)》 전신(前身)인 《브리트라》는 그들의 천궁(天宮)이 파(波)하여져 천궁(天宮) 속의 《이슬》이 《물(水)》로 변하여 북두칠성(北斗七星)으로 흘러 들어갈 때 일부의 《이슬》을 끌어 모아 극히 작은 천궁(天宮)을 이룬 이후 천마(天馬)의 길인 노사나佛이 걷는 1-4의 길과 동행을 하면서 질량(質量)을 탈취하여 90억 년(億年) 만에 GAS星 태양성(太陽星)을 갖게 된 것이다. 노사나佛로부터 천왕성(星)을 법신(法身)으로 받으신 《아사선인(仙人)》도 한때는 정상적인 진화(進化)의 길을 따랐으나 뒷날 그의 쌍둥이 형제인 《야훼신(神)》이 GAS성(星) 태양성(太陽星)을 가지고 나타난 이후부터 그의 본색을 다시 드러낸 것이다. 이러한 《제바달다》 전신(前身)인 《아사선인(仙人)》에 대한 기록이 『묘법연화경』 「제십일 견보탑품」에 포함된 《제바달다》의 관련 내용이며 이보다 더 상세한 기록이 『리그베다 인드라Ⅰ-32』편으로써 필자의 저서(著書) 『(改訂版) 妙法華(묘법화)의 실상(實相)의 법(法)』(2015)에 상세한 설명과 함께 수록이 되어 있으니 이를 참고하시기 바란다.

[4] 불법(佛法) 파괴의 원인(原因) 4

지구계(地球界)에 인간들이 거주한 역사는 십만 년(十萬年)이 됨을 부처님들께서는 밝히고 계신다. 이러한 십만 년(十萬年) 중 6만 년(六萬年)은 《석가모니 하나님 부처님》주도로 각 일만 년(一萬年)씩 6번에 걸쳐 문명기가 계속된 때로써 이때의 인간들은 지금의 인간들과는 다른 인간들로서 육신(肉身)의 크기가 지금의 인간들보다 3, 4배수가 큰 인간들로서 뇌(腦)의 용적률도 1,400cc가 됨을 밝히고 계신다. 이렇게 하여 진화(進化)를 마친 인간 무리들은 다시 천일우주(天一宇宙)로 돌아가셨음을 밝히고 계시며 이후 지금의 인간들 진화(進化)가 시작되는데 나머지 4만 년(四萬年) 중 2만 년(二萬年)이 지금의 남미 대륙과 이집트를 오가며 매(每) 1만 년마다 문명(文明)을 일으키고 멸(滅)하기를 두 번을 《아미타佛》주도로 진행이 되었으며 나머지 일만 년(一萬年)이 《노사나불》주도로 《남미(南美)》에서 문명이 일어난 것이다.

이러한 《아미타佛》과 《노사나불》주도의 3만 년(萬年) 문명(文明) 기간을 《남반구(南半球) 문명(文明)》이라고 하며, 나머지 1만 년(萬年)이 석가모니 하나님 부처님의 주도로 진행이 되는 《북반구(北半球) 문명(文明)》이라고 한다. 이렇게 진행되는 북반구(北半球) 문명(文明)에 대해 살펴보기로 하자.

(1) 북반구(北半球) 문명(文明)과 마지막 진화기(進化期)

《석가모니 하나님 부처님》주도의 1만 년《북반구 문명》기간은 BC 8000년부터 AD 2000년까지의 1만 년이다. 이러한 1만 년 기간 중 6000년(年)이《구석기인》에게 석가모니 하나님 부처님의 나뉨인 진성(眞性), 진명(眞命), 진정(眞精) 등 세 가지 참됨인 반중성자(反中性子) 1과 양전자(陽電子) 3과 중성자(中性子) 6의 합(合) 삼진(三眞) 10을 심어서《신석기인》으로 전환시키고 농경사회를 열게 한 후 문명기(文明期)에 들어가게 하는《교화(敎化)》의 기간이며 나머지 4,000년(年)이 인간 육신(肉身) 및 영혼(靈魂)의 단련을 위한《치화(治化)》의 기간이다. 이와 같은《교화(敎化)》의 기간과《치화(治化)》의 기간이 우주간(宇宙間)의 6.4의 법칙을 따르는 기간이 되는 것이다.

　이와 같은 북반구(北半球) 문명(文明) 기간 1만 년(萬年)이 지나도 문명(文明)의 종말은 오지 않았다. 이렇듯 문명(文明)의 종말이 오지 않은 이유가《치화(治化)》의 기간 4,000년 동안《권력욕(權力慾)》과《지배욕(支配慾)》에 점철된《대마왕》《불보살》들과 연대한《악마(惡魔)의 신(神)》들인《대마왕신(神)》들에 의한《신(神)들의 전쟁》과 지상(地上)에서 획책된《2차 우주 쿠데타》덕분에 인간 무리들이 전쟁의 공포와 굶주림 등의 고통으로 인하여 인간들 내면(內面)에 있는《영혼(靈魂)》과《영신(靈身)》의 진화(進化)를 하지 못한 것이다.

　이러한 사실을 꿰뚫어 보고 계시던《원천 창조주》이신《석가모니 하나님 부처님》께서는 이를 불쌍히 여기시고 문명(文明)의 종말 기간을《몇 십 년》뒤로 미루시고 때에《미륵佛》을 보내시어 모든 우주(宇宙)의 이치를 다시 한 번 더 인간들에게 깨우치게 하시고 마왕들의 정신적 지배로부터 벗어나서 올바른 진화(進化)의 길에 들게 하고자 하기 위해《몇 십 년》의 시간을 인간들을 위해 자비를 베푸신 것이다. 이와 같은《몇 십 년》의 기간은 결코 길지 않은 시간이다. 이러한 귀중한 시간을 현재의 여러분들은 살고 있는 것이다.

《지상(地上)》에서의 인간들의 진화(進化)는 이 북반구(北半球) 문명(文明) 기간이 마지막이다. 이 때문에 마지막 문명기(文明期)를 《원천 창조주》이신 《석가모니 하나님 부처님》께서 직접 주도하시는 것이다. 마지막 진화기(進化期)에서 《몇 십 년》의 여유를 얻은 지금의 인간들은 이 기간이 끝이 나면 일순간 육신(肉身)의 죽음을 맞이하게 된다. 이러한 죽음 이후 《하늘(天)》은 인간의 《영혼(靈魂)》과 《영신(靈身)》들을 추수하여 마왕(魔王)들의 정신적 지배로부터 벗어나지 못한 인간 《영혼(靈魂)》과 《영신(靈身)》들은 2차 죽임인 《영혼》 죽음을 시켜 무간지옥으로 추방을 시키고 진화(進化)가 된 밝은 《영혼(靈魂)》과 《영신(靈身)》들은 다시 진화(進化)된 태어남인 《화생(化生)》의 삶을 살아가게 되는 것이다. 이러한 마지막 《하늘(天)》의 추수기 때문에 《불법(佛法) 파괴의 원인(原因)》 분석을 하여 드리는 것이다.

(2) 북반구(北半球) 문명(文明)과 한민족(韓民族) 상고사(上古史)

　《석가모니 하나님 부처님》 주도의 북반구(北半球) 문명(文明) 진리(眞理)의 중심(中心)에는 《한민족(韓民族)》의 《상고사(上古史)》가 도사리고 있다. 이와 같은 한민족(韓民族) 상고사(上古史)는 역사의 기록이기 이전에 진리(眞理)의 기록이다. 이러한 진리(眞理)의 기록을 소멸시키기 위해 끝없이 노력하는 무리들이 《대마왕》들과 《악마(惡魔)의 신(神)》들인 《대마왕신(神)》들이며, 마왕(魔王)들을 추종하는 무리들이다. 그리고 《악마의 신(神)》들인 《대마왕신(神)》들의 정신적 지배하에 있는 종교인(宗敎人)들 역시 마찬가지이다.

　서구사회는 역사를 가르칠 때 《오리엔트 문명》부터 가르치고 동양사회에서는 한민족(韓民族)을 제외한 다른 민족들은 그들 민족이 처음 세운 나라인 중원 대륙의 《하(夏)》나라(2070BC~1600BC)부터 가르치기 시작한다.

이렇게 되고 보니 《오리엔트 문명》 이전의 기록은 검증할 수 없다 하여 아예 무시하고 있는 것이 현실이다. 사정이 이러하다 보니 동서양 인류들 모두는 진리(眞理)를 외면하게 되는 큰 어리석음에 빠져 있는 것이다. 이것이 《권력욕》, 《지배욕》에 점철된 《대마왕》들과 《악마(惡魔)의 신(神)》들인 《대마왕신(神)》들의 상투적인 술법이다. 이와 같이 그들이 가르치는 역사 이전의 진리(眞理)의 기록이 한민족(韓民族)의 상고사(上古史)인 것이다. 이와 같은 진리(眞理)의 기록 외면이 지상(地上)의 인류들로 하여금 《악마(惡魔)의 신(神)》들인 《대마왕신(神)》들의 정신적 지배하에 있게 되는 주요한 원인이 되는 것이며 이를 잘 알고 있는 《대마왕신(神)》 백성들과 추종 세력들은 한민족(韓民族) 상고사(上古史)의 부정을 위해 학자(學者)라는 이름을 내세워 오늘도 모든 인류들을 기만하고 있는 것이다.

이렇듯 진리(眞理)를 외면한 결과가 지상(地上)에서의 인간 진화(進化) 끝부분에서 살펴볼 때 그들 민족의 뿌리가 어디인지도 모르는 채 대부분 인간들의 《영혼 진화》를 가로막고 그들이 죽음을 맞이한 이후는 그들 영혼들이 스스로 마왕들이 파놓은 함정인 대학살의 장소인 《아마겟돈》으로 2차 죽음을 향하여 들어가는 결과를 가져오게 하는 것이다. 이러한 결과에 대하여서는 진리(眞理)를 외면한 종교계(宗敎界)의 종교인(宗敎人)들이 책임을 져야 하며 일시적으로 그들 국가의 국력이 막강하다하여 인류의 역사마저 왜곡한 무리들과 학자(學者)들이 이 책임을 피할 수가 없음을 알려 드리는 것이다.

(3) 북반구(北半球) 문명(文明)

지상(地上)에 남은 창조주 부처님들의 자취가 인류 북반구(北半球) 문명기에 있어서《구석기인》을《신석기인》으로 전환하게 하고《농경사회》를 열게 한 후《문명기》로 전환하게 한 인간들 교화(敎化)의 자취가 한민족(韓民族) 상고사(上古史)가 기록된 『한단고기(桓檀古記)』의 기록에 그대로 드러나 있다. 이와 같이 『한단고기』의 기록을 거론하는 뜻은 진리(眞理)를 드러내는 것이 목적이지 특정한 민족(民族)의 우월성을 내세우기 위함이 아니라는 점을 분명히 한다. 지상(地上)에서 펼쳐진 창조주 부처님들께서 펼치신 진리(眞理)의 중심에는 한민족(韓民族)의 상고사(上古史)가 자리하고 있음을 여러 번 밝힌 바가 있다. 이와 같은 한민족(韓民族) 상고사(上古史)가 기록된 『한단고기(桓檀古記)』에 대하여 몇 가지 점을 분명히 하고 다음을 진행하겠다.

첫째, 『한단고기(桓檀古記)』의 기록들은 근본진리(根本眞理)의 내용들을 수리적(數理的) 개념과 함께 풀어서 쓴 기록들이기 때문에 기록의 해석에 대하여 기록된 문자(文字)에만 의존한 일반적인 학자적(學者的)인 관점에서의 이루어진 해석은 무리가 따르는 부분이 있다. 이러한 무리한 부분의 해석을 두고 설왕설래하는 것은 비유를 하자면 방앗간 지붕 위에 앉아 시끄럽게 재잘대는 참새가 방앗간을 이야기하는 형국에 비유가 되는 것이다. 때문에 이의 완벽한 해석을 위해서는 근본진리(根本眞理)를 알아야 완벽한 해석이 가능한 기록들인 것이다.

둘째, 『한단고기(桓檀古記)』 기록들에 등장하시는 창조주 부처님들과 대보살과 신선(神仙)들께서는 여래(如來)에서 설명 드린 바대로 인간의 육신(肉身)을 가지시고 인간들의 지도자가 되어 《한님》, 《한웅(桓熊)》 등의 호칭을 가지고 인간 교화에 힘쓰시다가 인간의 육신(肉身)을 벗은 후는 다시 다른 곳에 태어나 다른 호(號)를 가지시고 활동을 하셨기 때문에 한 분의 창조주 부처님들이 여럿의 호(號)를 가지신다는 점이며 이 때문에 한 곳에만 머물지 않으시고 시간 차이를 두고 여러 곳에서 교화(敎化)를 하셨다는 점에 대한 이해이다.

셋째, 현재 전하여져 오는 『한단고기』는 《악마(惡魔)의 신(神)》들인 《대마왕신(神)》들에 의해 악랄하게 왜곡된 기록들로 전하여져 오고 있으나 하기 인용되는 『한단고기』 기록들은 내용의 대부분이 진실(眞實)에 입각한 기록들임을 창조주 부처님들께서 확인하여 주셨기 때문에 이를 기록으로 남기는 것이다.

넷째, 『한단고기』의 기록 중 한민족(韓民族)의 고대 국가인 한국(桓國)으로부터 인간 교화의 축을 《파미르 고원》 인근에 있는 배달국(倍達國)으로 옮길 때까지의(BC 6000년) 기록은 『한단고기』의 기록이 유일한 기록이며, 다만 『구약』에서 예부터 전하여져 오는 《역사》를 왜곡하여 후대(後代)에 기록으로 남긴 것이 전부라 해도 과언이 아니다. 이와 같은 『한단고기』의 내용을 바탕으로 하여 다음을 진행(進行)하겠다.

《석가모니 하나님 부처님》께서 처음 지상(地上)에 내려오신 때가 BC 7200년 지금의 터키 《아라랏트 산(山)》이다. 이때의 장면이 기록으로 남은 『한단고기』(임승국 번역·주해)의 「삼성기 전상편」에 기록된 내용을 살펴보자.

삼성기 전상편

(한단고기, 임승국 번역주해)

-석가모니 하나님 부처님께서 처음 지상에 내려오신 때의 장면-

吾桓建國最古有一神在斯白力之天爲獨化之神光明照宇
宙權化生萬物長生久視恒得快樂乘遊至氣妙契自然無形
而見無爲而作無言而行日降童女童男八百於黑水白山之

地於是桓因亦以監羣居于天界搭石發火始教熟食謂之桓
國是謂天帝桓因氏亦稱安巴堅也傳七世年代不可考也後
桓熊氏繼興奉天神之詔降于白山黑水之間鑿子井女井於
天坪劃井地於靑邱持天符印主五事在世理化弘益人間立
都神市國稱倍達

"우리 한(桓)의 건국은 세상에서 가장 오랜 옛날이었는데 한신(一神)이 이 하이얀 힘이 있어 하늘에서 홀로 변화한 신(神)이 되시니 밝은 빛은 온 우주를 비추고 큰 교화는 만물을 낳았다. 오래오래 살면서 늘 쾌락을 즐겼으니 지극한 기(氣)를 타고 노닐고 그 묘함은 저절로 기꺼웠다. 모습 없이 볼 수 있고 함이 없으면서 모두 이루고 말 없으면서 다행하였다. 어느 날인가 동녀동남(童女童男) 800이 흑수(黑水) 백산(白山)의 땅에 내려 왔는데 이에 한님(桓因)은 또한 감군(監君)으로서 천계(天界)에 계시면서 돌을 쳐 불을 일으켜서 날음식을 익혀 먹는 법을 처음으로 가르치셨다. 이를 한국(桓國, 하느님 나라)이라 하고 그를 가리켜 천제한님(天帝桓因)이라고 불렀다. 또한 안파견(安巴堅)이라고 했다. 한님은 일곱 대를 전했는데 그 연대는 알 수가 없다. 뒤에 한웅(桓熊)씨가 계속하여 일어나 천신(天神)의 뜻을 받들어 백산과 흑수 사이에 내려왔다. 사람 모이는 곳을 천평(天坪)에 마련하고 그곳을 청구(靑邱)로 정했다. 천부(天符)의 징표를 지니시고 다섯 지 일(五事)을 주관하시며 세상에 계시면서 교화를 베푸시니 인간을 크게 유익하게 하였더라. 또 신시(神市)에 도읍을 세우시고 나라를 배달(倍達)이라 불렀다."

상기 기록 중 "우리 《한(桓)》의 건국은 세상에서 가장 오랜 옛날이었는데 《한신(一神)》이 《이 하이얀 힘이 있어》 하늘에서 홀로 변화한 《신(神)》이 되시니 밝은 빛은 온 우주를 비추고 큰 교화는 만물을 낳았다. 오래 오래 살면서 늘 쾌락을 즐겼으니 지극한 《기(氣)》를 타고 노닐고 그 묘함은 저절로 기꺼웠다. 모습 없이 볼 수 있고 함이 없으면서 모두 이루고 말 없으면서 다 행하였다."라는 기록의 '이 하이얀 힘'은 《석명광(釋明光)》이 가진 힘(力)으로써 《석가모니 하나님 부처님》의 힘(力)을 말하는 것이다.

휴식기 법공(法空)에 있어서 《법성(法性)의 1-6체계》를 이루고 있는 《1》이 《석명광(釋明光)》으로써 이러한 《석명광(釋明光)》이 무색(無色) 투명한 《음(陰)의 흰색》과 《옥돌색 흰색》인 《양(陽)의 흰색》이 《음양(陰陽)》 짝을 한 《흰색》이 가진 힘을 말함으로써 《석가모니 하나님 부처님》께서 가지신 힘을 말하고 있는 것이다. 이러한 석가모니 하나님 부처님께서 우주(宇宙) 공간에서 작용(作用)하시는 내용을 묘사한 내용이 되는 것이다.

상기 소개된 내용은 《석가모니 하나님 부처님》께서 터키 《아라랏트 산(山)》으로 내려오신 이후 지금의 흑해(黑海)가 있는 《아조프 해(海)》 건너편 《크림 반도》를 중심한 평야 지대와 《코카서스》 지역과 《터키》가 포함된 곳에 처음 《한국(桓國)》을 여시고 1,200년간을 인간 교화를 하신 이후 교화의 축을 《파미르 고원》 인근에 있는 배달국(倍達國)으로 옮겼을 때까지의 내용을 기록하고 있는 것이다.

이와 같이 소개된 내용 중 핵심이 되는 내용이 '**어느 날인가 동녀동남(童女童男) 800이 흑수(黑水) 백산(白山)의 땅에 내려 왔는데**'이다. 이때의 흑수(黑水)가 《흑해(黑海)》이며 백산(白山)이 《아라랏트 산(山)》이 되는 것이다. 이러한 중요한 대목 중 '동녀동남(童女童男) 800'에 대하여 그 뜻을 정확히 아는 것이 매우 중요한 일이다.

[동녀동남(童女童男) 800]

　소개된 내용 중 가장 중요한 대목 중의 하나이다. 지금까지 동녀동남(童女童男)을 인간 내면(內面)에 있는 마음(心)의 근본 뿌리인 성(性)을 인간 육신(肉身)의 키의 자람에 비유한 것이라고 밝혔다. 그러나 이 장에서 설명되는 동녀동남(童女童男)은 다른 의미를 가지고 있다. 이러한 뜻을 살펴보면, 우리들 동양적인 관습에서 항상 남자(男子)를 우선시하는 관례를 깨고 어찌 동녀(童女)인 음(陰)을 먼저 앞세웠나 하는 점에 대해 깊은 사고(思考)를 해봐야 할 필요가 있는 대목이다.

　즉, 일반적으로 동남동녀(童男童女)라고 이름하는데 왜 동녀동남(童女童男)이라고 했느냐 하는 문제이다. 이 장에서의 동녀동남(童女童男)은 어린 여자아이와 어린 남자아이로서 어리다의 뜻은 《처음 시작의 의미》를 담고 있으며 여자아이와 남자아이는 《음(陰)과 양(陽)》의 뜻을 갖는 근본진리(根本眞理) 용어(用語)로 이루어져 있다. 즉, 처음 시작의 음(陰)의 800과 처음 시작의 양(陽)의 800으로 음양(陰陽) 800을 이야기하고 있는 것이다.

　즉, 처음 시작의 《음(陰)의 800》은 다음 편 기록인 "**이에 한님은 또한 감군으로서 천계에 계시면서 돌을 쳐 불을 일으켜서 날음식을 익혀 먹는 법을 처음으로 가르치셨다**"라는 대목의 감군(중생을 보살피고 감독하는 임무를 띤 직책)으로서 천계(天界)에서 지상을 다스린 기간이 800년(年)이라는 뜻이며 양(陽)의 800은 8×100으로 8은 8의 우주인 중앙천궁상궁(中央天宮上宮)을 뜻하며 100의 수리(數理)는 완성(完成)의 의미를 띠고 있다. 이 뜻은 중앙천궁상궁(中央天宮上宮)의 완성이라는 뜻이다.

이들 해석을 정리하면, 직역으로는 "**어느 날인가 음양(陰陽) 800이 흑수(黑水) 백산(白山) 땅에 내려왔는데**"라는 뜻이 되며 의역으로는 "**천계(天界)에서 지상을 다스리기를 처음 800년을 한 후 중앙천궁상궁(中央天宮上宮)의 완성을 위해 흑수(黑水) 백산(白山) 땅에 내려 왔는데**"라는 뜻이 된다.

『한단고기(桓檀古記)』에 기록된 역대표에 의하면, 한민족(韓民族)의 고대국가인 《한국(桓國)》의 출발 연도는 BC 7199년으로써 BC 7200년과는 1년 차이이다. 이로써 볼 때, 한국(桓國)의 출발 연도는 BC 7200년으로 봐도 무방할 것이다.

천계(天界)에서 지상을 다스린 기간 800년은 지구의 세차운동에 의한 지각 변동과 빙하기의 극심한 추위와 대홍수 끝에 북반구(北半球) 문명기가 시작되고 난 후 800년이 지나서야 《석가모니 하나님 부처님》께서 흑해(黑海)가 있는 《아라랏트 산(山)》으로 내려오시어 BC 7200년에 초대 한국(桓國)을 출발시키시었다는 뜻을 가지고 있는 것이다. 이와 같은 800년을 합하면 북반구(北半球) 문명기의 시작은 BC 8000년이며, 이는 현대의 지질학자들이 밝히고 있는 지구계에서 빙하기가 끝이 난 BC 8000년(年)과 맞물리고 있는 것이다. 이러한 깊은 뜻을 가지고 있는 말이 동녀동남(童女童男) 800인 것이다. 또한, 이 뜻이 북반구(北半球) 문명 기간이 1만 년의 주기임을 알려주는 내용이 된다.

인류의 시조(始祖)를 《아만(阿曼)》과 《나반(那般)》이라고 하였을 때 《아만(阿曼)》이 《석가모니 하나님 부처님》의 음신(陰身)으로서 《대공(大空)》을 뜻하는 용어이며 《나반(那般)》이라고 하였을 때는 《석가모니 하나님 부처님》의 《양신(陽身)》으로서 별(星)들을 거느리는 《성단(星團)》들이 된다고 밝혀 드린 바가 있다. 이러한 《아만(阿曼)》과 《나반(那般)》이 영육(靈肉) 일치를 이루고 나타났을 때를 나아(那阿)라고 한다. 이러한 나아(那阿)가 『구약』에서 《노아》로 등장한 것이며 방편으로 《노아의 방주》 얘기로 묶어 전하여져 오는 이야기의 본뜻이 상기 소개된 내용에 있는 것이다.

　　이렇게 지상(地上)으로 내려오신 《석가모니 하나님 부처님》께서는 《안파견(安巴堅) 한님》으로 이름하시고 초대 한국(桓國)을 여시고 1,200년을 인근의 《구석기인》들을 《신석기인》으로 전환케 하신 이후 농경사회를 열게 교화하신 이후 교화의 축을 《파미르 고원》이 있는 《타클라마칸》 사막으로 변한 곳으로 옮기시고 나라 이름을 《배달국(倍達國)》이라고 하신 것이다. 이때가 BC 6000년(年)경이었다. 석가모니 하나님 부처님께서 주도하시어 배달국으로 옮기실 때 천상(天上)으로부터 오신 《아미타佛》과 《대관세음보살님》은 《후손들》의 교화를 위해 중부 《메소포타미아》와 《윈난성(雲南省)》으로 건너가시게 하고 이때 《한민족(韓民族)》 상고사(上古史)에 기록된 《일곱 한님》 중 《안파견 한님》과 《지위리(단인)》으로 이름된 《노사나불》을 제외한 《다섯 한님》들은 《BC 4500년》에 지상(地上)에서 최초로 교화된 한민족(韓民族) 구성원들인 일부의 《스키타이》 무리를 이끄시고 《유럽인》의 교화를 위해 《유럽》으로 떠나시게 된다.

　　한편, 《BC 6000년》 《관세음보살》께서는 1-2의 진화의 길에 있는 일단의 《대마왕신(神)》들을 이끄시고 《이란 고원》인 《엘람 고원》으로 내려오시어 《지중해 연안》과 《북아프리카》에 산재한 후손들을 교화하시게 되며, 《노사나불》께서는 《메소포타미아》 남부 지방에 있는 후손들을 교화함으로써 《수메르 문명》의 주춧돌을 놓고 이후 《지일(地一)》의 7성(七星)불, 보살들과 함께 《메소포타미아》 북부 지역과 《아라비아 반도》와 《지중해 연안》과 《소아시아(아나톨리아)》와 《이란》 등에서 후손들의 교화 작업을 하시는 것이다. 이와 같은 교화의 장면을 『요한계시록』에서는 《일곱 교회》로 이를 증거하고 있다.

또한, 이때 천일궁(天一宮) 두우성(斗牛星) 8성(星) 중 하나의 별(星)을 법궁(法宮)으로 하셨던 한민족(韓民族)의 일곱《한님》중의 한 분이신《고시리》는 오늘날의《슬라브족(族)》교화를 위해 일단의 무리를 이끌고 오늘날의《러시아》쪽으로 떠나시는 것이다. 이러한 이후 처음 교화를 시작하였던《한국(桓國)》에서 그동안 교화하셨던 한민족(韓民族)의 구성원들인 인간들을 남겨두고《석가모니 하나님 부처님》께서는 나머지 불(佛), 보살(菩薩)들과 지배층에 있는 일부의《스키타이》들을 이끄시고 BC 6000년경《파미르 고원》인근 지역에 도착하시어 한민족(韓民族)의 두 번째 고대 국가인《배달국(倍達國)》(딜문 Dilmun)을 세우시고 중앙아시아 일대의 인간들 교화에 힘쓰시게 된다.

이때 남겨진 한민족(韓民族) 구성원들이 세운 나라가《AD 1991년 12월 21일》에 출발한《CIS(독립 국가 연합)》인 아르메니아, 아제르바이잔, 벨라루스, 카자흐스탄, 키르키즈스탄, 몰도바, 러시아, 타지기스탄, 우즈베키스탄 등이며,《BC 5500년 ~ BC 4000년》까지 교화된 나라가《동남아시아》의《버마》,《라오스》,《태국》,《캄보디아》등으로써 이들이 모두 오늘날《한국(韓國)》의 형제국들로서 이들 나라들이 BC 6000년 ~ BC 4000년간《배달국》《딜문》에서 교화한 나라들인 것이다.

한편,《석가모니 하나님 부처님》께서는《BC 6000년 ~ BC 5500년》까지《메소포타미아》남부 지방에서《노사나불》께서 교화하신 후손 민족과《메소포타미아》중부 지방에서《아미타불》께서 교화하신 민족을 묶어《BC 5200년》에 북반구 문명 최초의《수메르 문명》을 일으키시는 것이다. 이러한《수메르 문명(文明)》을《석가모니 하나님 부처님》께서 주도하시어 문명(文明)을 일으킨 증거가 지금《대영박물관》에 보관된《독수리의 비(碑)》이다. 이와 같은《독수리의 비》는《상천궁(上天宮)》의 천궁도(天宮圖)를 형상화하여 조각한 조각물로써 매우 중요한 보물이다. 지금까지 진행을 하면서《상천궁(上天宮)》전체가《석가모니 하나님 부처님》의《화(

化)》임을 밝힌 바가 있다. 즉, 이 조각물 자체가 무언으로 뜻을 전하는 내용이 《수메르 문명》을 석가모니 하나님 부처님께서 직접 주도하여 일으켰다는 뜻을 전하고 있는 것이다.

 이와 같이 《배달국》이나 《수메르 문명》 모두가 《한민족(韓民族)》 조상불(祖上佛)들에 의해 주도됨으로써 이때 교화된 《민족(民族)》 모두들을 《한민족(韓民族)》들이라고 하며 최초의 《한민족(韓民族)》 고대 국가인 《한국(桓國)》 다음으로 만들어진 《배달국》을 수메르 문명권에서는 밝은 땅 《딜문(Dilmun)》이라고 한 것이다.

 이렇듯 《배달국(倍達國)》에서 2,000년간을 머무시면서 인간 교화(敎化)를 마치신 《석가모니 하나님 부처님》과 부처님들께서는 인간 교화의 축을 한반도로 옮기시게 되면서 먼저 《노사나 부처님》께서 무리를 이끌고 출발을 하시게 한 때가 BC 4000년이다. 이로써 무리를 이끌고 《몽골》 평원을 가로 지르는 101년간의 대장정 끝에 한반도에 도착하시어 BC 3898년부터 《한국(韓國)》 시대를 여는 것이다. 이때까지 《한민족(韓民族)》 다스림의 기간이 3,301년인 것이다. 이러한 이후 인간 교화의 축을 한반도로 옮기신 한웅(桓熊)님들께서는 한반도 내의 《구석기인》들을 《신석기인》으로 전환하게 하신 이후 《농경사회》를 열게 하신다. 이때 한반도에서 교화된 《구석기인》들이 《음(陰)》의 《곰족(熊族)》으로서 이들이 한반도 내(內)에 수많은 《고인돌》을 남긴 것이다.

 이와 같이 부처님들께서 《한국(桓國)》 → 《배달국(倍達國)》 → 《한국(韓國)》으로 교화의 축을 옮기실 때는 대부분 지상(地上)의 육로를 통하여 이동을 하셨으나 지구계(地球界) 각 곳에서 부처님들을 도와 교화의 임무를 완수한 한민족(韓民族)의 구성원들인 《스키타이》 무리들은 《바닷길》을 통하여 한반도에 들어오면서 곳곳에 그들의 자취로 《고인돌》을 남겼으며 뒷날 교화된 《구려족》의 일부도 해상(海上)을 통하여 한반도로 들어오면서 동남아시아 바다와 인접한 곳에 그들의 자취로써 《고인돌》을 남겼기 때문에 지상(地上)의 《고인돌》이 3종류가 된 것이며 《곰족(熊族)》, 《스키타이족(族)》, 《구려족(族)》 등 셋이 하나된 민족이 《한민족(韓民族)》인 것이며 이들 한민족(韓民族) 구성원들의 이동 경로가 바로 《고인돌》이라는 점을 바로 아시기 바란다.

　《한반도 내(內)》의 《구석기인》들을 《신석기인》으로 전환하게 하고 《농경사회》를 열게 한 후 부처님들께서 인간 지도자로 자리하셨을 때의 호(號)를 《한웅(桓熊)》으로 하셨던 부처님들께서는 무리를 이끌고 그 교화의 축을 《신시(神市)》 세 곳을 만들어 이동하시면서 서진(西進)하여 10대 갈고한웅님 때에는 이미 중원 대륙의 심장부인 양자강 일대까지 진출하셨음이 기록으로 드러나고 있다.

　교화의 축이 한반도로 옮겨옴으로써 구한(九桓)을 포함한 한국(桓國)의 12한(桓)이 완성된 것이다. 이러한 한국(桓國)의 12한(桓)이 사실상 한국(桓國), 배달국(倍達國), 한국(韓國)의 1국(國) 3체제를 갖춘 한민족(韓民族)의 고대 국가가 구한(九桓)을 거느림으로써 전지구계(全地球界) 인간들을 교화한 것이다.

　한국(韓國)의 18분의 한웅(桓熊)님들은 대부분 부처님들로서 초대 《거발한 한웅님》(재위 3898BC~3804BC)이 《석가모니 하나님 부처님》이시며 2대 《거불리 한웅님》(재위 3804BC~3718BC)이 노사나佛이시며 5대 《태우의 한웅님》(재위 3512BC~3419BC)이 《석가모니 하나님 부처님》께서 반복(反復)되는 윤회(輪廻)로 다시 태어나셨을 때의 이름이며, 그리고 6대 《다의발 한웅님》(재위 3419BC~3321BC)이 연등佛이시며 15대 《자오지(치우) 한웅님》(재위 2707BC~2598BC)이 《대세지보살》이신 것이다.

그리고 1국(國) 3체제를 이루었던 한국(桓國), 배달국(倍達國), 한국(韓國)이 12한(桓)의 명칭으로써는 《일군국(一羣國)》과 《객현한국(客賢桓國)》과 《구막한국(寇莫韓國)》이다. 이와 같은 내용이 기록으로 남은 『한단고기(桓檀古記)』 「삼성기 전하편」에 기록된 부분을 소개하면 다음과 같다.

삼성기 전하편
(한단고기, 임승국 번역·주해)

-1국(國) 3체제 구한(九桓)-

古記云波奈留之山下有桓仁氏之國天海以東之地亦稱波奈留之國其地廣南北五萬里東西二萬餘里惣言桓國分言則卑離國養雲國寇莫韓國句茶川國一羣國虞婁國(一云畢那國)客賢桓國句牟額國賣句餘國(一云稷臼多國)斯納阿國鮮稗國(一稱豕韋國或云通古斯國)須密爾國合十二國也天海今日北海傳七世歷年共三千三百一年或云六萬三千一百八十二年未知孰是

"옛글에 말한다. 파나류산(波奈留山) 밑에 한님의 나라가 있으니 천해(天海) 동쪽의 땅이다. 파나류의 나라라고도 하는데 그 땅이 넓어 남북이 5만 리요, 동서가 2만여 리니 통틀어 말하면 한국이요, 갈라서 말하면 비리국(卑離國), 양운국(養雲國), 구막한국(寇莫韓國), 구다천국(句茶川國), 일군국(一羣國), 우루국(虞婁國), 혹은 필나국(畢那國), 객현한국(客賢桓國), 구모액국(句牟額國), 매구여국(賣句餘國) 혹은 직구다국(稷臼多國), 사납아국(斯納阿國), 선비국(鮮稗國) 혹은 축위국(豕韋國) 또는 통고사국(通古斯國), 수밀이국(須密爾國)이니 합(合)해서 12국(國)이다. 천해는 지금 북해(北海)라 한다. 7세에 전하여 역년 3,301년, 혹은 63,182년이라고 하는데 어느 것이 맞는 말인지 알 수가 없다."

365

기록 내용 중 천해(天海)를 북해(北海)로 이름한 뜻은「삼성기 전상편」흑수(黑水)로 미루어 볼 때 오행(五行)에 있어서 북수(北水)는 흑(黑)을 뜻하는 것이다. 이로써 볼 때, 흑수(黑水)를 북해(北海)로 이름한 것으로 드러나는 것이다. 《양운국(養雲國)》은 관세음보살님의 후손(後孫)들인《구려족》이 세운 오늘날의《티벳 지방》의 국가이며《구다천국》은 오늘날의《캄차카 반도》이며《우루국》이《우르 문명권》이며《매구여국》이 오늘날의《인도》이다.《사납아국》이《이집트》이며《수밀이국》이《수메르 문명권》이다.

기록에 드러나는『**남북이 5만리요 동서가 2만리**』라고 표현된 영역이 인류 북반구(北半球) 문명기에서《석가모니 하나님 부처님》과 창조주 부처님들께서 인간들을 교화(敎化)한 영역이 되는 것이다. 이를 바탕으로 하여 BC 2333년《한웅(桓熊)》님들의 교화 기간이 끝이 나고《문수보살(文殊菩薩)》의 후신(後身)이《단군왕검》으로 이름하고 중원 대륙의 심장부인 양자강 일대에서《세습》으로《단군조선(檀君朝鮮)》을 세우고《막한, 진한, 번한》의 삼한(三韓)의 체제를 갖추고 구한(九桓)을 승계하게 된다. 이후《단군조선(檀君朝鮮)》은 우주간(宇宙間)의 대신선보살(大神仙菩薩)들에 의해 통치되면서 47대《고열가 단군》을 끝으로 BC 238년《단군조선(檀君朝鮮)》의 통치 시대를 끝내고 그 주력 세력들은 한반도로 들어와 다시《후고조선》삼한(三韓)을 세우게 되는 것이다.

《단군조선(檀君朝鮮)》이 구한(九桓)의 체제는 BC 2000년경부터 시작된 민족 대이동과 민족간의 갈등으로 사실상 명목뿐이었음이 드러나고 있는 것이다. 단군(檀君)들의 통치 이후의 기록들은 통치(統治) 차원의 기록들이기 때문에 대략적인 말씀만 드리고 상세한 설명은 생략하겠다.

이와 같은 내용들이 지상(地上)에 남은 인류 북반구(北半球) 문명기의《석가모니 하나님 부처님》과《창조주 부처님》들의 자취가 되는 것이다. 그러나 한 가지 분명히 하여야 할 문제는 《단군조선(檀君朝鮮)》이 세워진 곳은 세 번째 《신시(神市)》가 있던 중원 대륙의 심장부인 지금의 《상해(上海)》가 있는 양자강 일대이며 《단군조선(檀君朝鮮)》의 통치 영역이 《중원 대륙》 전체였으며 《중원 대륙》에서는 《한국(韓國)》을 중심한 《구막한제국(寇莫韓帝國)》과 《단군조선(檀君朝鮮)》의 문명(文明)이 있었지 《황하 문명》 따위는 거짓으로 조작된 없었던 문명임을 부처님들께서도 확인하여 주신 것이라는 점을 분명히 밝히는 바이다.

《다보佛》과 다보佛께서 이끄시던 《스키타이》 무리들에 의해 교화된 《유럽인》 중 《다보佛》 직계 후손(後孫)이 옅은 황금색(黃金色) 피부에 갈색 머리와 푸른 눈동자를 가진 것이 특색이며 《스키타이》 무리들에 의해 교화된 인간들이 검은 머리나 회색빛 머리를 가지고 전쟁을 할 때는 황소뿔처럼 뿔 달린 투구를 쓰고 전쟁을 하던 《바이킹족(族)》이 대표적인 《예》이며 유럽인들이 자랑하는 유명한 고전(古典)인 《에다(Edda)》와 오늘날 《영국》의 《스톤헨지》가 그 자취가 된다.

(4) 지상(地上)에서의 불법(佛法) 파괴의 원인(原因)

이후 《한국(韓國)》의 다스림은 《한웅(桓熊)》들께서 지도자가 되시어 한반도 내의 구석기인들을 신석기인으로 전환케 하고 농경사회를 열게 한 후 그 교화의 축을 신시(神市) 세 곳을 세워 옮기면서 배달국(倍達國) 경계를 향해 교화의 폭을 넓히게 된다. 이러한 배달국(倍達國)에서 한국(韓國)으로 교화의 축을 옮기기 바로 직전에 《아사 선인(仙人)》은 반고(盤固)라고 이름하고 《야훼신(神)의 전신(前身)》은 공공(共工)이라 이름하여 인간 지도자로서 첫 모습을 드러내게 된다. 이들 두 분은 『리그베다(Rig Veda)』에서도 설명

되었듯이 우주적(宇宙的)인 쌍둥이 형제간이다. 이들 형제가 그 첫 모습을 드러내는 장면을 한민족(韓民族) 상고사(上古史)가 기록된 『한단고기(桓檀古記)』 「삼성기 전하편」에 기록된 내용을 소개해 드리면 다음과 같다.

삼성기 전하편
(한단고기, 임승국 번역주해)

-반고와 공공이 인간 지도자로 첫 모습을 드러낸 장면-

時有盤固者好奇術欲分道而請乃許之遂積財寶率十干十二支之神將與共工有巢有苗有燧偕至三危山拉林洞窟而立爲君謂之諸畎是謂盤固可汗也時有盤固者好奇術欲分道而請乃許之遂積財寶率十干十二支之神將與共工有巢有苗有燧偕至三危山拉林洞窟而立爲君謂之諸畎是謂盤固可汗也

"때에 반고(盤固)라는 이가 있어 기이한 술법을 즐기며 길을 나누어살기를 청하니 이를 허락하였다. 드디어 반고는 재물과 보화를 싣고 십간(十干) 십이지(十二支)의 신장(神將)들을 거느리고 공공(共工), 유소(有巢), 유묘(有苗), 유수(有燧) 등과 함께 삼위산(三危山) 라림동굴에 이르러 군주가 되니 이를 제견(諸畎)이라 이르고 그를 반고가한(盤固可汗)이라 했다."

상기 기록에서 《반고(盤固)》와 《공공(共工)》이 아테나신(神)의 전신(前身)과 야훼신(神)의 전신(前身) 중의 하나의 이름임이 드러나는 명확한 증거 기록이 "**《십간, 십이지》 신장들을 이끌고**"이다. 《십간(十干) 십이지(十二支)》 신

장들을 이끌 분은《십간, 십이지》신장들의 주인공이 되어야 하는 것이다.《십간(十干)》은 태양성(太陽星)의 작용(作用)을 음양(陰陽)으로 나누어 10등분한 것이며《십이지(十二支)》는 땅(地)을 12등분한 것이다. 그러면《십간(十干)》의 신장들을 거느릴 분은 태양성(太陽星)을 법궁(法宮)으로 하는 주인공이 되어야 하고《십이지(十二支)》신장들을 거느려야 하는 분은 지(地)의 별(星)을 가진 주인공이 되어야 하는 것이다.

우리들《태양계(太陽界)》에 있어서《태양성(太陽星)》은 노사나佛의 법궁(法宮)이며 우리들의 지구(地球)는 한때 문수보살(文殊菩薩)의 법궁(法宮)이었다. 그렇다면《십간(十干)》의 태양성(太陽星)의 주인공은 때에《가스(Gas) 성(星)》《태양성(太陽星)》을 법궁(法宮)으로 한 야훼신(神)의 전신(前身)인《공공(共工)》밖에 없으며 땅(地)의 주인공은《천왕성》을 법궁(法宮)으로 한《아테나신(神)》의 전신(前身)인《반고(盤固)》밖에는 없는 것이 드러나게 되는 것이다.

이러한《야훼신(神)》이 그의 가스성 태양성의 입장을 지상(地上)에서《가짜 하나님》행세를 하면서『구약』「신명기 4장 13, 14절」에 "**네 하나님 여호와는 소멸하는 불이요, 질투하는 하나님**"이라고 밝히면서 스스로가 소멸하는 가스성(GAS星) 태양성(太陽星)의 주인공임을 인정하고 있는 것이다.

이와 같이《배달국(달문)》을 출발하신 한웅(桓熊)들께서는 한반도에서《한국(韓國)》을 세우신 후 신시(神市)를 만들어 교화의 축을 옮기면서 중원 대륙으로 나아가는 서진(西進) 정책을 취하였고 때에 지금의 중국《돈황》지방에 자리하였던 반고(盤固)와 공공(共工)과 유소(有巢), 유묘(有苗), 유수(有燧) 세 분 등은 중원 대륙을 향해 동진(東進)을 하게 된 것이다. 서진(西進) 정책을 취하던 한국(韓國)의 한웅(桓熊)들께서는 한반도의 구석기인을 모두 교화한 후《5대 태우의 한웅》님(재위 3619BC~3512BC) 때에는 그 거점을 산동(山東) 반도까지 진출하셨음이 기록상 드러나고《10대 갈고 한웅(桓熊)》님(재위 3071BC

~2971BC) 때에는 중원 대륙의 심장부인 《양자강》 일대까지 진출하셨음이 드러나고 있다.

한편, 동진(東進)을 계속하던 반고(盤固)와 공공(共工)과 유소, 유묘, 유수 등 세 성인(聖人)의 후손(後孫)들 간에는 심한 갈등이 있었음이 드러난다. 즉, 유소, 유묘, 유수 세 성인(聖人)은 관음佛계의 성자(聖者)들로서 한민족(韓民族)의 일원인 《구려족》의 조상(祖上)들이 되신다. 이러한 세 분 성자의 후손들을 《뱀족(族)》 또는 《사나운 호랑이족(族)》이라 불리는 반고와 공공의 후손들이 사나운 성정으로 도둑질과 약탈을 일삼는 가운데 중원 대륙 서쪽 지방까지 진출하였을 때는 그 갈등의 골이 심각해서 사나운 호랑이족(族)들과 뱀족(族)들을 《사해(四海)》 밖으로 내쫓는 일이 발생을 한다. 이때가 관세음보살께서 《염제신농(神農)》이라 이름하고 《구려족》의 지도자로 계실 때이다. 이때 주력세력들인 《뱀족(族)》들은 사해 밖으로 쫓겨 갔으나 많은 수의 사나운 호랑이족(族)들은 산속으로 숨어들어 산악족들이 된 것이다. 이후 《염제신농》(생몰 3218BC~3078BC)은 한국(韓國)의 《10대 갈고 한웅》님(생몰 3096BC~2971BC, 재위 3071BC~2971BC)과 경계선 확정 회담을 하시는 기록이 전하여져 온다.

이와 같은 《반고(盤固)》와 《공공(共工)》의 후손인 《뱀족(族)》과 《사나운 호랑이족(族)》 주력 세력들의 사해(四海) 바깥으로 추방한 사건이 《중원 대륙》에서의 불법(佛法) 파괴의 근본 원인이 되는 것이다. 이러한 사나운 호랑이족들을 《사해(四海)》 밖으로 내쫓을 수 있었던 것은 한웅(桓熊) 다스림의 1국(國) 3체제 사이에는 항상 기마(騎馬) 군단이 존재하였으며 구한(九桓)의 체제를 갖추고 있었기 때문에 가능한 일이였으며 이때 쫓겨간 사나운 《뱀족(族)》들이 《크레타 섬》으로 들어가서 세운 문명(文明)이 《크레타 문명》이다. 때문에 이때의 장면을 인간 세상에 나오지 말았어야 했던 「그리스 신화(神話)」에서는 입에 담지 못할 욕설을 기록으로 남기고 있는 것이다.

이후 산속으로 숨어들었던 반고와 공공의 후손들이 다시 결집을 하여
《구려족》을 괴롭힐 때《대세지보살》께서 한국(韓國)의 15대 자오지 한웅
(桓熊)님(재위 2707BC~2598BC)으로 다시 오시어 벌인 유명한 전투가《탁록 전
투》인 것이다. 이후 그들의 세력이 점차 커질수록《구려족》의 일부는
《티벳》으로, 일부는 초원 지대를 거쳐 동쪽으로 밀려나고 이로써 산악
족들인《헌구(軒丘)》의 무리가 점차 강성하게 된 것이다. 이러한 기록이
들어 있는 한민족(韓民族) 상고사(上古史) 기록은《지상(地上)》에서《진리(眞理)》
의 중심에 있음을 모든 부처님들께서 확인하여 주신 기록들이다.

다음으로 한국(韓國)의 10대《갈고 한웅님》(생몰 3096BC~2971BC, 재위 3071BC~2
971BC) 때에《양자강》일대까지 진출하였음을 알리는 기록을 소개하면 다
음과 같다.

삼성기 전하편

(한단고기, 임승국 번역주해)

-10대 갈고 한웅님 때에 양자강 일대까지 진출한 내용의 기록-

願賜一穴廛一爲神戒之盟雄乃許之使之奠接生子有産虎終
不能悛放之四海桓族之興始此焉後有葛古桓熊與炎農之國
定疆界又數傳而有慈烏支桓熊

"원컨대 한 굴에 함께 사는 저희들을 위하여 굴 하나를
내려 주시고 신계(神戒)의 무리로 받아 주옵소서"하니 한
웅이 이를 허락하시고 저들을 받아들여 아들을 낳고 산
업을 갖게 하였다. 그러나 범 무리는 끝내 그 성질을 고
치지 못하므로 이를 사해(四海)로 내쫓았다. 한족(桓族)의

> 일어남이 이렇게 하여 시작이 되었다. 뒤에 갈고 한웅(㓞
> 古桓熊)이 나서서 염제신농(炎帝神農)의 나라와 땅의 경계를
> 정했다. 또 몇 대를 지나서 자오지 한웅이 나셨는데
> ……"

"뒤에 갈고 한웅이 나서서 염제신농의 나라와 땅의 경계를 정했다."
라는 대목의 《10대 갈고 한웅님》은 반복(反復)되는 윤회(輪廻)로 세 번째로 오신 《석가모니 하나님 부처님》이시며 때에 하신 국경 회담은 《관세음보살님》의 후손들인 《구려족》들이 머무는 《호북 지방》과 《강서 지방》 일대와 《양자강》 일대의 경계를 말하는 것으로써 이때 이미 《10대 갈고 한웅님》께서는 교화의 축을 양자강 일대로 하셨음이 드러나는 대목이다.

파렴치한 도둑 근성으로 거짓을 일삼는 저들 무리가 《염제신농》을 저들의 삼황(三黃) 중의 한 분이라고 떠벌리는 허구성을 밝히는 바이며 《염제신농》이 또 다른 《관세음보살님》의 때에 따른 이름이며 부처(佛)의 지위에 계실 때를 《관음佛》이라고 한다.

이러한 《염제신농》 다음으로 오신 《14대 자오지 한웅》이신 치우천왕(天王)이 산속으로 도망가서 숨어 사는 무리들인 헌구(軒丘)의 무리들이 《유소, 유묘, 유수》 등 관음佛계의 세 성인(聖人)의 후손인 묘족(苗族)으로 불리는 《구려족》을 난폭한 성정으로 늘 괴롭히므로 14대 자오지 한웅으로 오셨을 때 헌구의 무리들 징벌을 위한 전쟁이 《탁록 전투》인 것이다. 이때 그들이 말하는 《황제헌원(黃帝軒轅)》이란 자(者)는 《공손헌원(公孫軒轅)》으로서 황제(黃帝)가 될 수 없는 자임을 분명히 하는 것이다.

10대《갈고 한웅님》과《염제신농》사이에 나라의 경계를 지운 경계 지점이 중국의 역사학자인《왕동령》의『중국민족사』에 기록된 기록을 『한단고기』를 번역하고 주해하신《임승국 교수님》께서 소개하신 내용을 재차 소개하여 드림으로써 그 경계를 가늠하실 것이다.

중국 역사학자《왕동령》의《중국민족사》에 기록된 기록

(한단고기, 임승국 번역주해)

-구려족이 살았던 곳-

"4000년 전 [......] 현재의 호북, 호남, 강서 등지는 이미 묘족이 점령하여 있었고 중국에 한족(漢族)이 들어오게 된 후에 차츰 이들과 접촉하게 되었으며 이 민족 나라 이름이《구려》이며 군주는 치우이다."

　이 내용에서도 드러나듯이,《치우천황(天皇)》후손인 관음佛계의《구려족》이 살던 곳이 현재의 호북, 호남, 강서임이 밝혀지는 것이다. 그러면 치우천황(天皇) 앞에 오신《염제신농》의 나라 역시 같은 경계로 보아도 무방할 것이다. 이렇게 볼 때,《10대 갈고 한웅님》께서 인간 교화를 펼치신 곳이《황하강》과《양자강》일대였음이 밝혀지는 사실이 아닌가. 이러한《구려족》이 한민족(韓民族)의 일원으로서 관음佛계임을 감안할 때 한웅님들께서 다스리신《한국(韓國)》을 중심한《구막한제국(寇莫韓帝國)》의 무대가《중원 대륙》이 명확함이 밝혀지는 것이다. 한반도로부터 중원 대륙 모두가 한민족(韓民族) 다스림의《한국(韓國)》을 중심한《구막한제국(寇莫韓帝國)》이라는 사실을 분명히 하며《중원 대륙》내에서《신시(神市)》의 이동이 교화의 축을 옮기는 수단이었음도 분명히 한다.

《10대 갈고 한웅님》(재위 3071BC~2971BC)과 관세음보살이신 《염제신농》(생몰 3218BC~3078BC)과의 나라 경계를 확정짓는 회합이 있게 된 원인을 말씀드려야겠다. 전장에서 소개한 《반고》와 《공공》이 나누어살기를 청하는 기록을 보셨을 것이다. 이때 《관음佛계》의 세 성인(聖人)이신 《유소, 유묘, 유수》를 기억하실 것이다. 즉, 《반고》와 《공공》의 후손이 《뱀족(族)》과 《사나운 호랑이족(族)》이며 유소, 유묘, 유수의 후손이 묘족(苗族)인 구려족인 것이다. 이들 《뱀족(族)》과 사나운 호랑이족과 구려족은 함께 살면서 《돈황》 지방으로부터 점차 동진(東進)하면서 그 세력을 키워가는 과정에서 《뱀족(族)》과 《사나운 호랑이족(族)》의 난폭한 성정이 자연히 《구려족》을 괴롭히게 된 것이다. 이러한 괴롭힘이 원인이 되어 《10대 갈고 한웅님》 이전 《9대 양운 한웅님》(재위 3167BC~3071BC) 치세 끝 부분에 《염제신농》이신 《관세음보살님》의 청에 의해 《뱀족(族)》과 《사나운 호랑이족(族)》 지도자 및 난폭한 성정을 가진 그의 무리들을 《사해(四海)》 밖으로 내쫓는 일이 발생한 것이다. 이때 상당수의 《반고》와 《공공》의 후손은 산 속으로 숨어 들어가게 된다. 이러한 산속으로 숨어 든 무리를 《헌구(軒丘)》라고 하는 것이며 이러한 《헌구(軒丘)》의 무리 지도자의 명칭을 《헌원(軒轅)》이라고 하는 것이다. 그들이 내쫓김을 당한 곳도 《구려족》이 살던 현재 중국의 호남, 호북, 강서 지방으로써 이들은 《사해(四海)》 밖의 《크레타섬》으로 쫓길 때까지 무리를 이탈하여 곳곳의 산악지대로 피신하였음을 필자의 저서 『문명권 신화속의 숨겨진 진리』(2002)편에 상세하게 밝혀 발표를 한 적이 있다.

이때 지도자로서 《반고》 계열은 《크레타》까지 순순히 따라간 편이나 《공공》 계열은 산악지방으로 대부분이 피신한 결과, 이 사건 이후 중원대륙 곳곳에서 시간 차이를 두고 《공공》이 출현하게 되는 원인이 되며 반고나 공공 모두가 신인(神人)들임을 염두에 두셔야 이해가 되는 것이다. 바로 이러한 사건 기록이 「삼성기 전하편」에서 소개된 기록이며 이후 《10대 갈고 한웅님》과 《염제신농》의 구려국 경계를 확정짓는 회합이 열리게 된 것이다. 이로써 뒷날 꽃피워졌던 《크레타 문명》이 《제바달다》로 이름된 《천왕불》 손에 의해 일어났음을 분명히 한다. 이때《반고》의 이름이 《아테나》가 된 것이며, 《제바달다》와 《천왕불》은 그 이후의 이름이다.

이 때문에 「그리스 신화」에서도 그들은 분통을 터뜨리고 있는 것이다. 이와 같이 반고(盤固)와 공공(共工)의 후손 주력 세력들을 사해(四海) 바같으로 내쫓게 된 이유 중의 하나가 당시《아라비아 반도》와 《지중해 연안》은 《지일(地一)의 7성(星)》을 법궁(法宮)으로 하셨던 불(佛), 보살(菩薩)님들께서 인간 교화를 하시던 곳이기 때문에 우주간(宇宙間)에서도 천마(天馬)의 길인 1-4의 길과 동행하는 《망아지》의 길이 있기 때문에 이 이치를 따라 《지일(地一)의 7성(星)》 불(佛), 보살(菩薩)들이 교화하시는 장소로 쫓아낸 것이다. 이러한 사실이 이후 신(神)들의 전쟁 때에 일부《대마왕》불(佛), 보살(菩薩)들께서는 《악마(惡魔)의 신(神)》인 《대마왕신(神)》들 세력과 동조하여 《석가모니 하나님 부처님》 권위에 도전하는 《우주 쿠데타》를 일으킨 또 하나의 배경이 되는 것이다. 이상의 설명 내용이 지상(地上)에서 《반고》와 《공공》 등이 《신(神)들의 전쟁》을 획책하게 된 또 하나의 원인이 되는 것이다.

이렇듯 한국(桓國)과 배달국(倍達國)과 한(韓)반도로 이동하는 101년간 합(合) 3,301년(年)은 상천궁(上天宮)과 천일궁(天一宮)에서 내려오신 《석가모니 하나님 부처님》과 《노사나불》을 비롯한 일부 불보살들께서 인간들을 교화(敎化)하신 기간이며, 한국(韓國)을 중심한 《구막한제국(寇莫韓帝國)》에서 BC 3898년부터 BC 2333년까지 1,565년 동안 18분의 《창조주》 부처님들께서 《한웅》으로 이름하시고 인간 육신(肉身)을 가진 지도자로 계시면서 인간들을 교화함과 아울러 통치하신 기간이 된다.

이러한 《한웅》님들 중 초대 《거발한 한웅》님이 때에 따라 나투신 《석가모니 하나님 부처님》이시며 2대 《거불리 한웅님》이 《노사나佛》이시며, 5대 《태우의 한웅님》이 반복(反復)되는 윤회(輪廻)로 다시 태어나신 《석가모니 하나님 부처님》이시며 6대 《다의발 한웅님》이 《연등佛》이시며, 14대 《자오지 한웅님》이 《대세지보살》이시다. 이렇듯 18분(分)의 한웅님들은 중에는 《알파와 오메가》로 유명한 《창조주의 수(數)》인 19수(數)를 가지신 《창조주 부처님》이 몇 분 계시는 것이다. 이와 같이 엄청난 가계를 가진 민족이 한민족(韓民族)들인 것이다.

[5] 불법(佛法) 파괴의 원인(原因) 정리

지금까지 상세히 설명된 불법(佛法) 파괴의 원인(原因)을 간단히 정리하면 다음과 같다.

⑴ 개천이전(開天以前) 정명궁(正明宮)과 진명궁(眞明宮) 작용(作用)에 의한 다섯 기초 원소와 복합 원소와 이로 인한 물질(物質) 합성기(合成期)에 발생한 1-1의 진화(進化)의 길과 1-2의 진화(進化)의 길에 있어서 불가피하게 발생한 1-2의 진화(進化)의 길을 따르는 무리의 탄생이 첫째 원인이 되며,

⑵ 천일궁(天一宮)에서의 《지배욕》과 《권력욕》에 점철된 《대마왕》 불보살들과 《악마의 신》들인 《대마왕신(神)》들이 1-2의 진화(進化)의 길을 따르는 《아이》 출신들을 이용하여 반

란으로《아미타佛》을 시해한 사건과 <4×3×4> 천궁도 성단을 탈취한《1차 우주 쿠데타》사건으로 인한 응징으로《쉬바신》으로 유명한 대관세음보살님에 의한 반란자 백성들에 대한 2차 죽임인 영혼 죽임을 시킨 사건이 두 번째 원인이 된다.

(3) 천일우주(天─宇宙)에서 악(惡)의 세력 근절을 위한 목적으로《노사나佛》께서 1-2의 진화(進化)의 길을 걷는《아사선인(仙人)》의 전신(前身)인《아이》와《야훼 신(神)》의 전신(前身)인《브리트라》가 만든 천궁(天宮)을 파괴한 것이 세 번째 원인이 되며,

(4) 지상(地上)에서 반고(盤固)와 공공(共工)의 후손(後孫) 민족 주력 세력들을 현재의 중국 호북, 호남, 강서 지방으로부터 창조주 부처님들이신《한웅(桓熊)》님들께서 사해(四海) 바깥으로 추방한 사건이 네 번째의 근본 원인(原因)이 되는 것이다.

이상의 근본 원인들이 원인(原因)이 되어 이후 신(神)들의 전쟁과 지상에서 획책된《2차 우주 쿠데타》와 함께 1-2의 진화(進化)를 하는《독각의 무리》들에 의해 불법(佛法) 파괴의 실상(實相)이 전개되는 것이다.

72. 신(神)들의 전쟁에 대하여

[1] 신(神)들의 개념(槪念)

《상천궁(上天宮)》과《천일궁(天一宮) 10의 궁(宮)》을《음양(陰陽)》짝을 한 선천우주(先天宇宙) 하늘(天)이라고 한다. 이러한《선천우주(先天宇宙)》《하늘(天)》에서 태어난 인간 무리들이 반복(反復)되는 윤회(輪廻)로 세세생생 진화(進化)하는 무리들을《신(神)》이라고 한다.

[2] 신(神)들의 종류

(1) 착함(善)을 근본 바탕으로 하는 신(神)……불보살(佛菩薩)
(2)《선악(善惡)》양면성을 근본 바탕으로 하는 신(神)……《대마왕(大魔王)》
　　　　　　　　　　　　　　　　　　　　　　　　　불보살
(3)《악(惡)》을 근본 바탕으로 하는 신(神)……《악마(惡魔)》의 신(神)인《대마왕신(神)》

[3] 신(神)들의 구분

(1) 《석가모니 하나님 부처님》 직계(直系) : 《음(陰)》의 곰족(熊族)

    1-1의 진화(進化)의 길에 있는 무리 : <u>보살승(菩薩乘)</u>
    1-2의 진화(進化)의 길에 있는 무리 : <u>성문승(聲聞乘)</u>

※ 착함(善)을 근본 바탕으로 함.《아미타불계(系)》포함.《인간 영신(靈身)》진화

(2) 《다보불계(系)》: 《양(陽)》의 곰족(熊族)

    1-1의 진화의 길에 있는 무리 : <u>다보불 직계(直系).</u>
                                         《짐승 영신(靈身)》진화
    1-2의 진화의 길에 있는 무리 : <u>문수보살 후손.</u>
                                           《물고기》,《어패류》영신(靈身) 진화

※ <u>《선악(善惡)》</u> 양면성을 근본 바탕으로 하는<u>《독각 무리》</u>로 구분.

(3) 《노사나불계(系)》

   1-1의 진화(進化)의 길에 있는 무리 :

   《음(陰)》의　연각승(緣覺乘)······《스키타이》무리라고　하며,《착함(善)》을 근본 바탕으로 하는 인간 영신(靈身) 진화를 하는 무리.
   《양(陽)》의　연각승(緣覺乘)······《연등불》후손으로서《선악(善惡)》양면성을 근본 바탕으로 하는《짐승》영신(靈身) 진화를 하는 무리

   1-2의 진화의 길에 있는 무리 :

   《음(陰)》의 독각 무리 :《무곡성불》과《지장보살》후손. 《선악(善惡)》양면성을 근본 바탕으로 하는《짐승》영신(靈身)의 진화를 하는 무리
   《양(陽)》의 독각 무리 :《무곡성불》과《지장보살》후손. 《악(惡)》을 근본 바탕으로 하는《곤충》영신(靈身) 진화를 하는 무리

(4) 《관음불계(系)》

1-1의 진화의 길에 있는 무리 :

《음(陰)》의 《4-1의 성문승(聲聞乘)》 …… 《구려족》.
　　　　　　　　　　　　　　　《착함(善)》을 근본 바탕으로 하
　　　　　　　　　　　　　　　는 인간 《영신(靈身)》의 진화를
　　　　　　　　　　　　　　　하는 무리.
《양(陽)》의 《4-1의 성문승(聲聞乘)》 …… 《묘족》.
　　　　　　　　　　　　　　　《선악(善惡)》 양면성을 근본 바
　　　　　　　　　　　　　　　탕으로 하는 《짐승》 영신(靈身)
　　　　　　　　　　　　　　　진화를 하는 무리.

1-2의 진화의 길에 있는 무리 :

《음(陰)》의 독각 무리 : 《관세음보살》 육신불(肉身佛)인 《마고신(神)》의 후
　　　　　　　　　　　손들로서 《악(惡)》을 근본 바탕으로 하며 《어
　　　　　　　　　　　패류》, 《곤충》 영신(靈身) 진화를 하는 무리
《양(陽)》의 독각 무리 : 《관세음보살 3세》의 후손들로서 《악(惡)》을 근
　　　　　　　　　　　본 바탕으로 하며 하급 《어패류》와 《곤충》 영
　　　　　　　　　　　신(靈身) 진화를 하는 무리.

(5) 《비로자나계(系)》와 《석가모니계(系)》

1-1의 진화의 길에 있는 무리 :

　　　　음(陰)·《양(陽)》의 연각승(緣覺乘) 무리 :《비로자나 1세》와《석가모니》
　　　　　　　　　　　　　　　　　직계(直系)로서《선악(善惡)》양면성
　　　　　　　　　　　　　　　　　을 근본 바탕으로 하는《짐승》
　　　　　　　　　　　　　　　　　영신(靈身) 진화를 하는 무리

　　　　양(陽)·《음(陰)》의 독각의 무리 :《천왕불》과《야훼 신(神)》의 후손들로서
　　　　　　　　　　　　　　　　　《악(惡)》을 근본 바탕으로 하며《파충
　　　　　　　　　　　　　　　　　류》와 하급《짐승》영신(靈身) 진화를 하
　　　　　　　　　　　　　　　　　는 무리

　　1-2의 진화의 길에 있는 무리 :

　　　　음(陰)·《양(陽)》의 독각의 무리 :《그림자 비로자나 1세》후손들로서
　　　　　　　　　　　　　　　　　《악(惡)》을 근본 바탕으로 하는《물고
　　　　　　　　　　　　　　　　　기》,《어패류》영신(靈身) 진화를 하는
　　　　　　　　　　　　　　　　　무리.

　　　　양(陽)·《양(陽)》의 독각의 무리 :《석가모니》,《가이아 신(神)》,《천관파
　　　　　　　　　　　　　　　　　군》,《지장보살》,《무곡성불》계(系) 후
　　　　　　　　　　　　　　　　　손들로서《악(惡)》을 근본 바탕으로 하
　　　　　　　　　　　　　　　　　는《곤충》영신(靈身) 진화를 하는 무리

[4] 인간 육신(肉身)을 가지고 진화하는 무리의 구분

《음(陰)》의 곰족(熊族), 《음(陰)》의 스키타이, 《음(陰)》의 구려족 등 셋이 하나된 민족을 《음(陰)》의 《한민족(韓民族)》들이라고 하며, 《인간 영신(靈身)》을 가지고 진화하는 착함(善)을 근본 바탕으로 하는 무리들로서 인간 육신(肉身)을 가지고 태어난 무리들 중 진화(進化)가 제일 많이 된 민족들이다. 그리고 다음으로 《양(陽)》의 곰족, 《양(陽)》의 스키타이, 《양(陽)》의 구려족 등 셋이 하나 된 민족을 《양(陽)》의 《한민족(韓民族)》들이라고 하며, 《짐승 영신(靈身)》을 가지고 진화를 하는 《선악(善惡)》 양면성을 근본 바탕으로 한 무리들로서 인간 육신(肉身)을 가지고 태어난 무리들 중 두 번째로 진화(進化)가 많이 된 무리들이며, 이들을 《대마왕》《불보살》들의 후손들이라고 한다. 이러한 무리들 외의 《비로자나 1세》와 《석가모니》와 《그림자 비로자나 1세》와 《가이아 신(神)》과 《천관파군》과 일부의 《야훼신계(系)》와 일부의 《지장보살계(系)》와 일부의 《무곡성불계(系)》 모두를 《악(惡)》을 근본 바탕으로 하는 《악마(惡魔)의 신(神)》 후손들로서 이들을 《대마왕신(神)》들의 후손들이라고 한다.

※ 이와 같은 무리들에게 있어서 《음양(陰陽)》의 《한민족(韓民族)》들이 지상(地上)에서 진화(進化)하는 인간들 무리 《40%》를 차지하며 《악마(惡魔)의 신(神)》들인 《대마왕신(神)》족(族) 후손들이 지상(地上)에서 진화(進化)하는 인간 무리들의 《60%》를 차지한다.

[5] 《신(神)》들의 전쟁 본질(本質)과 실상(實相)

《신(神)》들의 전쟁 본질은 한마디로 말씀드려서 《선(善)》과 《악(惡)》의 대결로써 《착함(善)》과 《선악(善惡)》 양면성을 근본 바탕으로 하는 《지상(地上)》의 인구 《40%》에 달하는 《음양(陰陽)》의 《한민족(韓民族)》들과 《지상(地上)》의 인구 《60%》에 달하는 최고의 《악마(惡魔)의 신(神)》인 《비로자나 1세》와 《석가모니》가 이끄는 《대마왕신(神)》족(族) 후손들과의 대결로 압축되는 것이다. 《신(神)》들의 전쟁 시작은 《북반구 문명》 인류 최초의 문명(文明)인 《수메르 문명기》(5200BC~4100BC) 때부터 시작이 되어 문명(文明)이 일어나는 곳이면 《왕조(王朝)》의 주도권을 쥐기 위한 처절한 다툼이 벌어지게 되는 것이다. 이러한 다툼이 《중동 지방》에서 시작되어 《지중해 연안》과 《북아프리카》와 《유럽》 등으로 《신(神)》들이 인간 육신(肉身)을 가지고 《인간 무리》들의 지도자들이 되어 반복(反復)되는 윤회(輪廻)를 통해 영속성을 가지고 계속된 것이며 《BC 27년》 《로마 제국(帝國)》이 들어서면서 지상(地上)에서 선포된 《2차 우주 쿠데타》까지 《신(神)》들이 획책한 전쟁들을 **《신(神)》들의 전쟁**이라고 한다.

　이후 《BC 27년》 《로마 제국(帝國)》이 《석가모니 하나님 부처님》 권위에 도전하는 《2차 우주 쿠데타》를 《천상(天上)》의 《1차 우주 쿠데타》 연장선상에서 선포함으로써 《BC 27년》부터 《AD 1000년》까지는 《선악(善惡)》 양면성을 가진 《양(陽)》의 《한민족(韓民族)》들 중 《노사나불계(系)》를 제외한 《다보불계(系)》와 《관음불계(系)》가 최고 《악마(惡魔)의 신(神)》인 《비로자나 1세》와 연대함으로써 《신(神)》들의 전쟁은 새로운 국면을 맞이하였으나 《AD 1000년》 이후 이들은 《악마(惡魔)의 신(神)》인 《비로자나 1세》와 《석가모니》와 결별하고 본래의 《양(陽)》의 《한민족(韓民族)》들이 본래의 자리로 되돌아오는 우여곡절을 겪은 것이다.

　이와 같은 《신(神)》들의 전쟁은 《로마 제국(帝國)》이 선포된 《BC 27년》부터는 《2차 우주 쿠데타》 연장선상에서 지금까지 계속되고 있는 것이다. 사상(思想)과 《관념(觀念)》으로 인한 《정치(政治)》를 하는 무리들과 《종교인《宗敎人》》들 대부분의 내면《內面》이 《신족《神族》》들이다. 이로써 볼 때, 《신《神》》들의 전쟁은 끝나지 않고 지금도 계속되고 있다는 점을 깊이 헤아려 보시기 바란다.

　　이러한 《신《神》》들의 전쟁이 《동양사회》에서는 《한국《韓國》》을 중심한 《구막한제국《寇莫韓帝國》》(3898BC~2333BC)의 영향력으로 인해 《서구사회》보다는 늦게 시작이 되는 것이다. 즉, 《중원 대륙》에서의 신《神》들의 전쟁은 《단군조선《檀君朝鮮》》 초기 《제후국》으로써 《하《夏》》나라가 등장하면서부터 시작이 되어 《천관파군 1세》가 《주《周》》(1099BC~256BC)나라를 세우고 《문왕》(재위 1099BC~1050BC)으로 자리한 이후부터 《신《神》》들의 전쟁이 본격적으로 시작되어 《춘추전국시대》(770BC~221BC)를 거치면서 사실상 《단군조선《檀君朝鮮》》 해체기에 들어간 것이며, 이후 시작된 《중원 대륙》이나 《한반도《韓半島》》나 《일본《日本》》의 《왕조《王朝》》들 모두가 《신《神》》들의 전쟁 산물이라는 사실을 분명히 밝혀 두는 바이다. 그리고 《왕《王》》들이나 고위직 《대신《大臣》》들 모두가 《신족《神族》》 출신들이라는 사실을 차제에 깊이 아시기를 바라고 《왕《王》》들이나 고위직 《대신《大臣》》들이나 지금 세상의 《정치《政治》》 지도자들이나 고위직에 있는 무리들 모두가 《신족《神族》》 출신들만이 자리할 수 있는 《이치》가 《천상《天上》》의 《이치》라는 점을 분명히 하는 것이다. 일반인들은 이 《이치》에서 제외된다는 사실을 깊이 깨우치시기 바란다.

73. 한단불교(桓檀佛敎)에 대하여

　《한민족(韓民族)》의 두 번째 고대 국가인 《배달국(달문)》에서 BC 4000년 민족 대이동이 일어날 때《석가모니 하나님 부처님》의 명령으로《노사나불》께서 당시 인간 무리《3,000》을 이끌고《몽골 평원》을 가로질러 《101년》의 대장정 끝에《한반도(韓半島)》《평양》에 도착하시어 뒤늦게 출발하신《석가모니 하나님 부처님》과 합류하시어《BC 3898년》에《석가모니 하나님 부처님》께서《거발한 한웅님》으로 이름하시고《한국(韓國)》을 세우신 이후《한반도 내(韓半島內)》에 있는《구석기인》들을《신석기인》들로 전환시키시게 된다. 이러한 이후《한국(韓國)》의 초대《거발한 한웅님》께서는 곧바로《중원 대륙》지금의《하얼빈》이 있는 인근《완달산》밑에 있는 곳에서 첫 번째《신시(神市)》를 여시고 때에《요하》일대에 산재한 후손《구석인》들을《신석기인》들로 교화(敎化)시켜 명실상부한《인간》들 무리로 전환시키시는 과정에 때에 후손들 교화에 여념이 없었던 부인이신《관세음보살 1세》를 만나시어《홍산문화》를 일어나게 하시고 이후 《석가모니 하나님 부처님》께서는 반복(反復)되는 윤회(輪廻)로《5대 태우의 한웅님》(재위 3512BC~3419BC)으로 이름하고 다시 오시어《신시(神市)》의 축(軸) 을《산동반도》《청구(靑丘)》로 옮기시고 두 번째《신시(神市)》시대를 여시는 것이다.

　이러한 때《석가모니 하나님 부처님》이신《5대 태우의 한웅님》께서 첫 번째로 하신 일이《한민족(韓民族)》의 뜻글인《한문(韓文)》을 완성하시고 발음문자는 초대《한국(桓國)》(7200BC~6000BC) 때부터 사용하여 왔던《가림토 문자》《36자(字)》로써 발음을 하게 하여 후손들을 교육하신 것이며, 두 번째로 하신 일이《북반구 문명》최초의 고급 종교(宗敎)인《한단불교(桓檀佛敎)》를 창시하시고《천부경(天符經)》과《삼일신고(三一神誥)》와《황제중경(皇帝中經)》과《황제내경(皇帝內經)》등《4대 경전(四大經典)》을 소의 경전으로 하여 후손 민족들을 가르치신 것이다. 이러한《한단불교(桓檀佛敎)》에 대한 기록이《한단고기(桓檀古記)》『삼성기 전하편』에 전하여져 옴으로써 먼저 전하여져 오는 기록을 인용하여 각 단원별로 구분하여 살펴보고 다음을 진행하겠다.

삼성기 전하편

-한단불교(桓檀佛敎)에 대한 기록-

桓熊天王肇自開天生民施化演天經講神誥大訓于衆自是以後治尤天王闢土地採銅鐵鍊兵興産時九桓皆以三神爲一源之祖主蘇塗主管境主責禍與衆議一歸爲和白並智生雙修爲居佺自是九桓悉統于三韓管境之天帝子乃號曰檀君王儉

"한웅천왕이 처음으로 몸소 하늘에 제사지내고 백성을 낳아 교화를 베풀고 천경(天經)과 신고(神誥)를 가르치시니 무리들이 잘 따르게 되었다. 이로부터 후에 치우천왕이 땅을 개간하고 구리와 쇠를 캐내서 군대를 조련하고 산업을 일으켰다. 때에 구한(九桓)은 모두 삼신(三神)을 한 뿌리의 조상으로 삼고 소도(蘇塗)를 관리하고 관경(管境)을 관리하며 벌을 다스리는 것 등 모두 다른 무리와 더불어 서로 의논하여 하나로 뭉쳐 화백(和白)을 하였다. 아울러 지혜와 삶을 나란히 닦으면서 온전함을 이루었다. 이때부터 구한(九桓)은 모조리 삼한(三韓)에

> 통솔되고 나라 안의 천제의 아들은 단군왕검이라고 불렀다."
>
> 「한단고기」(임승국 번역주해)

[1] "[한웅 천왕이 처음으로 몸소 하늘에 제사 지내고 백성을 낳아 교화를 베풀고 천경(天經)과 신고(神誥)를 가르치시니 무리들이 잘 따르게 되었다]"

상기 인용문의 《한웅 천왕》의 《천왕(天王)》이 《악마(惡魔)의 신(神)》인 《대마왕신(神)》들에 의해 《천황(天皇)》이 《천왕(天王)》으로 왜곡되어 있는 것이다. 이와 같이 이때의 《한웅 천왕(天皇)》은 《한국(韓國)》을 중심한 《구막한제국(寇莫韓帝國)》의 《5대 태우의 한웅님》이신 《석가모니 하나님 부처님》이시기 때문이다.

이러한 《석가모니 하나님 부처님》께서는 《한웅(桓熊)》님 다스림의 《한국(韓國)》을 중심한 《구막한제국(寇莫韓帝國)》 때 반복(反復)되는 윤회(輪廻)로 총 4번을 다녀가시는데 이를 밝혀 드리면, 초대 《거발한 한웅님》(재위 3898BC~3804BC), 5대 《태우의 한웅님》(재위 3512BC~3419BC), 10대 《갈고 한웅님》(재위 3071BC~2971BC), 18대 《거불단(단웅)님》(재위 2381BC~2333BC)이시다. 이 때문에 《석가모니 하나님 부처님》께는 고유한 칭호인 《황제(皇帝)》 칭호를 하는 것이며, 나머지 《한웅님》들이 모두 《부처(佛)》들이시기 때문에 《천제(天帝)》 칭호로써 《천왕(天王)》으로 호칭을 하는 것이다.

특히, 최초의 《한단고기(桓檀古記)》는 《고려》《23대 고종(高宗)》(재위 AD1213~AD1259)과 《24대 원종》(재위 AD1259~AD1269)에 걸쳐 《석가모니 하나님 부처님》께서 《이맥(李陌)》(AD1216~AD1279)으로 이름하고 오시고 현재 이 글을 쓰고 있는 《미륵불》*이 《원동중(元童仲)》(AD1236~AD1295)으로 이름하고 《아미타불》께서 《안함로》로 이름하고 오시어 《고려》《원종 5년》인 《AD 1264년》에 최종 집필을 마치고 최초의 《한단고기(桓檀古記)》를 출간하여 세상에 발표한 바가 있기 때문이다.

이와 같이 후대에 《악마(惡魔)의 신(神)》들인 《대마왕신(神)》들에 의해 왜곡된 내용임을 때에 『삼성기 전하편』을 쓰신 《원동중》으로 이름하였던 《미륵불》은 잘 알고 있는 것이다. 고로 상기 인용문에 기록된 《한웅천왕(桓熊天王)》은 《한웅천황(桓熊天皇)》으로 바로 잡는 것이다.

이때 5대 《태우의 한웅님》이신 《석가모니 하나님 부처님》께서 몸소 하늘(天)에 제사 지내고 《구석기인》들을 《신석기인》들로 교화(敎化)하신 장면을 "『몸소 하늘에 제사 지내고 백성들을 낳아 교화를 베풀고』"라고 말씀하신 것이며, 교화된 《인간 무리》들에게 《한단불교(桓檀佛敎)》의 4대 경전 중 《천부경 81자(字)》와 《삼일신고(三─神誥)》를 강설하신 뜻을 "『천경(天經)과 신고(神誥)를 가르치시니』"라고 말씀하시는 것이며, 이로써 무리들이 잘 따르게 되었다고 말씀 하시는 것이다. 이와 같은 간결한 대목이 《5대 태우의 한웅님》이신 《석가모니 하나님 부처님》께서 《한단불교(桓檀佛敎)》를 창시(創始)하셨음을 나타내는 대목이 되는 것이다.

---

* 미륵불과 메시아(2015)

[2] "[이로부터 후에 치우 천왕이 땅을 개간하고 구리와 쇠를 캐내서 군대를 조련하고 산업을 일으켰다.]"

　《치우 천왕》은 《구막한제국(寇莫韓帝國)》의 《14대 자오지 한웅님》(재위 2707BC~2598BC)으로서 유명한 불가(佛家)의 《대세지보살》이시다. 이러한 《치우 천왕》님 때에 교화의 축을 지금의 《상해》가 있는 《양자강》 건너편의 《청구(靑邱)》로 세 번째 《신시(神市)》를 만들어 옮김으로써 《중원 대륙》 대부분을 통치하게 된다. 이로써 이때의 나라 이름을 《한국(韓國)》을 중심한 《구막한제국(寇莫韓帝國)》이라 한 것이며 《4분》의 《천황(天皇)》과 《14분》의 《천제(天帝)》들이신 《18분》의 《한웅님》들이 다스렸다 하여 《제국(帝國)》으로 호칭을 한 것이며, 《지상(地上)》에서 진정한 의미의 《제국(帝國)》이 존재한 때는 이때가 처음이다.

　이와 같은 찬란한 《한국(韓國)》을 중심한 《구막한제국(寇莫韓帝國)》의 역사적 사실을 파괴하고 왜곡을 한 자들이 《선악(善惡)》 양면성을 가진 《대마왕》 불보살들과 《악(惡)》을 근본 바탕으로 한 《악마(惡魔)의 신(神)》들인 《대마왕신(神)》족(族)들로서 이들은 때에 나타난 진정한 《제국(帝國)》의 기록들을 모두 없애놓고 이때의 역사(歷史)를 《황하문명》으로 왜곡 선전하는 허위 기록을 만들어 남겨 두고 그들 《악마(惡魔)》의 세력들이 만든 나라들을 《제국(帝國)》으로 이름하고 그들 나라 왕(王)들을 《황제(皇帝)》로 호칭을 하는 파렴치한 기록으로 《역사(歷史)》를 왜곡하는 웃지 못할 짓을 예사롭게 한 것이다. 이와 같은 《제국(帝國)》의 칭호가 《원천창조주》이신 《석가모니 하나님 부처님》에 대한 반역이라는 사실을 분명히 하는 것이다.

　《14대 치우 천왕님》께서 세 번째 신시(神市)로 교화의 축을 옮기시고 난 후 《양자강》 하류 지방에서 비옥한 땅을 수도 없이 많이 개간하고 때에 《청동기 시대》로 돌입함으로써 《구리》와 《쇠》로써 무기를 만들어

군대를 무장하고 《농기구》 등을 만들어 사용하니 자연히 산업은 발전하게 되어 있었던 것이다. 이와 같은 내용을 "[《**치우 천왕**》이 땅을 개간하고 구리와 쇠를 캐내어서 군대를 조련하고 산업을 일으켰다]"라고 말씀하시는 것이다.

[3] "[때에 구한(九桓)은 《삼신(三神)》을 한 뿌리의 조상으로 삼고 소도(蘇塗)를 관리하고 관경(管境)을 관리하며 벌을 다스리는 것 등 모두 다른 무리와 더불어 서로 의논하여 뭉쳐 화백(和白)을 하였다. 아울러 지혜와 삶을 나란히 닦으면서 온전함을 이루었다]"

《한웅님》 다스림의 《구한(九桓)》은 《한민족(韓民族)》의 고대 국가인 《한국(桓國)》(7200BC~6000BC), 《배달 한국(桓國)》(6000BC~4000BC), 《한국(韓國)》(3898BC~2333BC) 등 셋이 하나된 《한국(韓國)》을 중심한 《중원 대륙》 대부분이 포함된 한국(韓國)을 중심한 《구막한국(寇莫韓國)》이 거느리는 《구한(九桓)》으로써 이러한 《구한(九桓)》을 먼저 밝혀 드리면 다음과 같다.

《구한(九桓)》
① 비리국(卑離國) : 몽골
② 양운국(養雲國) : 티벳
③ 구다천국(句茶川國) : 캄차카 반도
④ 구모액국(句牟額國) : 유럽
⑤ 매구여국(賣句餘國, 직구다국(稷臼多國)) : 인도
⑥ 사납아국(斯納阿國) : 이집트
⑦ 선비국(鮮卑國, 시위국(豕韋國), 통고사국(通古斯國)) :
　　　　　　동쪽… 《사할린》,

　　　　　　서쪽…예니세이강,
　　　　　　북쪽…《야쿠티아 자치 공화국》,
　　　　　　남쪽…《동북 만주 지방》
⑧ 우루국(虞婁國) : 메소포타미아 중남부 지방《수메르 문명권》
⑨ 수밀이국(須密爾國) : 메소포타미아 중남부 지방《수메르 문명권》

※《한민족(韓民族)》고대 국가인《한국(桓國)》,《배달 한국(桓國)》,《한국(韓國)》등에서 교화(敎化)의 주력 세력들이 빠져 나온 이후 초대《한국(桓國)》(7200BC~6000BC)이《일군국(一羣國)》이 되며《배달 한국(桓國)》(6000BC~4000BC)은《객현한국(客賢桓國)》이 되며《한국(韓國)》이《구막한국(寇莫韓國)》의 중심 국가가 된다. 이러한《한국(桓國)》과《한국(韓國)》을《대마왕》불보살들과《악마(惡魔)의 신(神)》들인《대마왕신(神)》들이 역사 왜곡을 하면서《땀 한(汗)》자(字)로

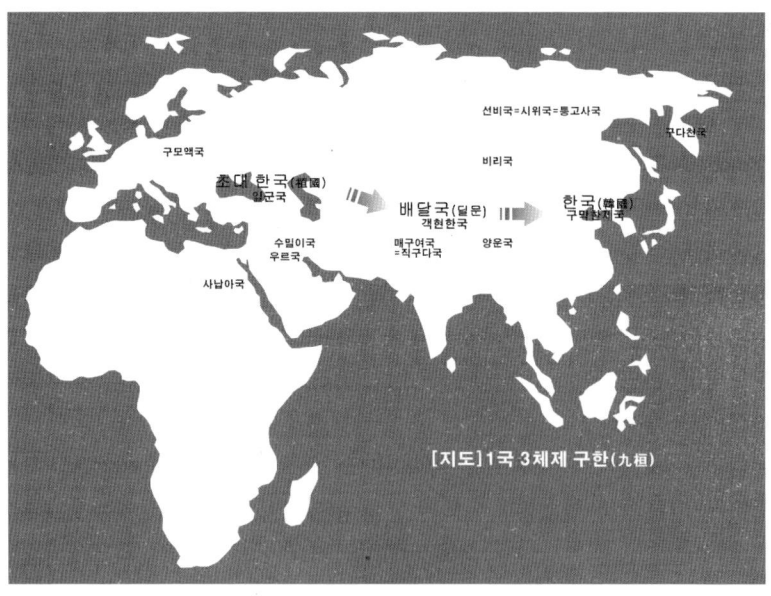

[지도] 1국 3체제 구한(九桓)

바꾸어 기록하는 파렴치한 거짓 기록을 남겨 놓고 있음에 대해 유의하시기 바란다.

다음으로 《삼신(三神)》은 《법(法) 보(報) 화(化)》 삼신(三身)을 가진 《석가모니 하나님 부처님》을 뜻함으로써 《구한(九桓)》 모두가 《석가모니 하나님 부처님》을 한 뿌리의 조상(祖上)으로 삼았다는 뜻을 "『때에 구한(九桓)은 《삼신(三神)》을 한 뿌리의 조상(祖上)으로 삼고』"라고 말씀하시는 것이다.

이러한 《석가모니 하나님 부처님》께서 인류 《북반구(北半球)》 문명(文明)에 들어와서 《한민족(韓民族)》의 고대 국가들인 《삼한(三韓)》으로 이름되는 《한국(桓國)》(7200BC~6000BC)과 《배달 한국(桓國)》(6000BC~4000BC)과 《한국(韓國)》(3898BC~2333BC)을 여시고 《구석기인》들을 《신석기인》들로 교화(敎化)하여 인간들의 무리들로 진화(進化)시킨 결실이 《구한(九桓)》이 됨으로써 《석가모니 하나님 부처님》께서 《구한(九桓)》의 최고 조상(祖上)이 되는 점을 이야기하고 있는 것이다.

그 다음으로 "『소도(蘇塗)를 관리하고 관경(管境)을 관리하며 벌을 다스리는 것 등 모두 다른 무리와 더불어 서로 의논하여 뭉쳐 화백(和白)을 하였다』"라는 말씀의 《소도(蘇塗)》는 《바르게 깨우치는 곳》으로 《한단불교(桓檀佛敎)》《도량(道場)》으로써 오늘날의 《사찰(寺刹)》과 같은 곳이며, 《관경(管境)》은 고을의 경계나 나라의 경계를 말하는 것이며, 《화백(和白)》은 《민주적(民主的)》으로 의사결정을 하는 것을 말한다. 이러한 뜻을 감안한 해설을 재구성하면,

"『《한단불교(桓檀佛敎)》 도량(道場)을 관리하고 《고을》이나 《나라의 경계》를 관리하며 벌을

다스리는 것 등 모두 다른 무리와 더불어 서
로 의논하여 뭉쳐 《민주적(民主的)》으로 의사(意
思) 결정을 하였다.』"

 라는 뜻이 되며, 다음의 "『아울러 지혜와 삶을 나란히 닦으면서 온
전함을 이루었다』"라고 하는 말씀은 《한단불교(桓檀佛敎)》로써 백성(百姓)들
을 가르쳐 《도덕성(道德性)》과 《정의(正義)》를 심는 장면을 이야기하고 있는
것이다.

[4] "『이때부터 구한(九桓)은 모조리 삼한(三韓)에 통솔되고 나라 안의
천제의 아들은 단군 왕검이라고 불렀다.』"

 《삼한(三韓)》은 《한민족(韓民族)》 최초의 국가인 《한국(桓國)》(7200BC~6000BC)
과 두 번째 국가인 《배달 한국(桓國)》(6000BC~4000BC)을 거쳐 세 번째로 《교
화의 축》이 옮겨온 《한국(韓國)》(3898BC~2333BC)을 《삼한(三韓)》이라고 하는 것
이다.

 이러한 《이치》를 모르게 하기 위해 《권력욕(權力慾)》과 《지배욕(支配慾)》에
취해 있는 《대마왕》들과 《악마(惡魔)의 신(神)》들인 《대마왕신(神)》들이 《역
사(歷史)》 왜곡의 일환으로 《한(桓)》의 발음을 가진 글자를 《환(桓)》으로 고
쳐 발음을 하는 글자로 바꾸어 놓고 모든 자전에 엉터리 기록으로 기술
하여 놓고 있다. 이참에 《미륵불》이 분명히 뜻을 전하는 바는 이러한 행
위들이 《한민족》 상고사(上古史) 파괴에 그 목적이 있으니 하루빨리 잘못
된 발음 문자를 바로 하여 본래 가지고 있는 발음 문자로 되돌려야 할

것이다.

　초대《한국(桓國)》과《배달 한국(桓國)》과《한국(韓國)》을 모두 묶어《삼한(三韓)》이라고 한 뜻은《우주간(宇宙間)》의 법칙인《1.3.3.3 합(合)의 법칙》에 의해 한민족(韓民族) 고대 국가 중 마지막으로 만들어진《한국(韓國)》의《한(韓)》을 사용하여《삼한(三韓)》이라고 한 것이며, 이때 하나인《1》의 자리가《석가모니 하나님 부처님》의 자리가 되고 3.3.3 합(合)의 자리가《한국(桓國)》과《배달 한국(桓國)》과《한국(韓國)》의 자리가 되는 것으로써 마지막 3의 자리가《1.3.3.3 합(合)》의 법칙의 완성의 자리이기 때문에 완성의 의미를 가진 마지막 만들어진《한국》《한(韓)》자(字)로써《삼국》을 이름한 용어가《삼한(三韓)》인 것이다.

　이러한《한(桓)》과《한(桓)》의 완성의 의미로 쓰고 있는《한(韓)》의 뜻을 파자(波字)하여 본래 글자가 가진 의미를 드러내어 일전 "『《미륵불》께서 밝히시는《한민족(韓民族)》들이 가야만 하는 길』(2013)"에 수록한 내용을 상기 인용한 [5]번의 설명이 모두 끝이 난 후 다음 항에서 별도로 설명 드리겠다.

　이와 같이 18분의《천황(天皇)》과《천제(天帝)》로 이름된《한웅님》다스림의《한국(韓國)》을 중심한《구막한제국(寇莫韓帝國)》때부터《구한(九桓)》은 모조리《삼한(三韓)》인《한국(桓國)》과《배달 한국(桓國)》(Dilmun)과《한국(韓國)》에 의해 통솔되고 이후《한웅님》다스림의《한국(韓國)》을 중심한《구막한제국(寇莫韓帝國)》의 마지막《한웅님》이신 18대《거불단(단웅)》(재위 2381BC~2333BC)으로 오셨던《석가모니 하나님 부처님》의 아들로 태어났던《대마왕》《문수보살 1세》가 세습으로《구막한제국(寇莫韓帝國)》을 물려받은 후《BC 2333년》국호를《단군조선(檀君朝鮮)》으로 바꾸고 스스로《단군왕검(檀君王儉)》으로 이름한 것이다.

이와 같은 《역사적(歷史的)》 사실을 감추기 위해 후대의 《악마(惡魔)의 신(神)》들인 《대마왕신(神)》족(族)들이 《한단고기(桓檀古記)》 왜곡 차원에서 《삼성기 전하편》에서 《단군왕검(檀君王儉)》과 관련된 일부 부분을 삭제하고 《한웅님》 다스림의 때와 《단군조선(檀君朝鮮)》 다스림 때를 구분하지 않고 얼버무리기 위해 곧바로 "『**나라 안의 천제의 아들은 단군왕검이라고 불렀다**』"고 기록되게 만듦으로써 《한민족(韓民族)》 상고사(上古史)를 왜곡하고 있다는 점을 《미륵불》이 분명히 하는 것이다.

이로써 《삼성기 전하편》에서 인용된 부분 전체가 뜻하는 바는 《한웅님》 다스림의 《한국(韓國)》을 중심한 《구막한제국(寇莫韓帝國)》은 《한단불교(桓檀佛敎)》를 신앙함으로써 《구한(九桓)》을 다스리고 백성들에게 《도덕성(道德性)》을 심고 《사회정의(社會正義)》를 가르침으로써 민주적(民主的) 방식으로 나라를 다스렸음이 기록으로 드러나고 있는 것이다.

이와 같이 《석가모니 하나님 부처님》께서 《5대 태우의 한웅님》(재위 3512BC~3419BC)으로 이름하시고 오시어 창시하신 《한단불교(桓檀佛敎)》가 《석가모니 하나님 부처님》의 《진리(眞理)의 법(法)》이 담긴 종교(宗敎)라는 점을 잊지 마시기 바란다.

[1] 『《한(桓)》의 문자에 담긴 천부진리(天符眞理)』

※《한(桓)》의 글자를 파자(波字)하여 담긴《천부진리(天符眞理)》각각을 드러내면 다음과 같다.

桓(한)

- 木 (목)　：《중성자(中性子)》태양성(太陽星)인《목성(木星)》을 뜻하는 글자이다.
- 一 (일)　：《一》은《석가모니 하나님 부처님》을 뜻하는 수리(數理)이다.
- 日 (날 일)：이는 현재의 우리들《태양성(太陽星)》을 뜻하는 글자이다.
- 一 (일)　：아래《一》은《노사나불(佛)》을 뜻하는 수리(數理)이다.

상기 파자(波字)에 숨어있는 진리(眞理)의 뜻을 묶으면 다음과 같다.

《중성자 태양성(中性子太陽星)》인《목성(木星)》을 법궁(法宮)으로 하신《석가모니 하나님 부처님》과 현재 우리들《태양성(太陽星)》을 법궁(法宮)으로 하신《노사나불(佛)》께서 진화(進化)를 주도하는 뜻을 가진 글자이다.

※ 전체 우주(宇宙)를 크게 세 구분한《천(天)》,《지(地)》,《인(人)》의 우주에 있어서《천(天)》과《인(人)》의 우주는《석가모니 하나님 부처님》께서 진화(

進化)를 주도하며《지(地)》의 우주는《노사나불(佛)》께서 진화(進化)를 주도하신다. 이와 같은《석가모니 하나님 부처님》과 우주적 장자(宇宙的長子)이신《노사나불》께서 지상(地上)의 인간 무리들 진화(進化)를 주도하는 뜻글이《한(桓)》자(字)인 것이다.

[2]『《한(韓)》의 문자에 담긴 천부진리(天符眞理)』

※《한(韓)》의 글자를 파자(波字)하여 담긴《천부진리(天符眞理)》각각을 밝혀 드리면 다음과 같다.

韓(한)

- 十 (10) : 10개의 궤도를 가진《태양계(太陽界)》를 뜻하는 수리(數理)이다.

- 日 (날 일) : 이는 현재의 우리들 태양성(太陽星)을 뜻하는 글자이다.

- 十 (10) : 이는 후천우주(後天宇宙) 중앙천궁상궁(中央天宮上宮) 10의 궁(宮)을 뜻하는 글자이다.

- 五 (다섯 오) : 다섯 오는 5의 수리(數理)를 뜻함으로써 천마(天馬)의 길인《1-4의 길》을 뜻하는 것이다.

口 (입 구) : 입 구(口)는 사방(四方)으로 펼쳐진 것을 뜻하는 글자이다.

牛 (소 우) : 소 우자는 4획으로 이루어진 글자로써 4의 수리(數理)를 가진다. 이러한 4의 수리(數理)가 가진 의미는 《황소(黃牛)》의 길로 이름되는 《3-1의 길》로 들어가게 되는 무리들을 뜻한다. 즉, 이는 《중앙천궁상궁(中央天宮上宮)》 핵(核)이 되는 《대공(大空)》의 《0(ZERO)》 지점이 되는 지구(地球), 화성(火星), 《달(月)》이 《목성(木星)》을 중심하여 《3-1의 길》 회전을 하는 《이상세계》가 펼쳐지는 곳으로 들어가는 것을 뜻한다.

상기 《파자(波字)》에 숨어있는 《진리(眞理)》의 뜻을 묶으면 다음과 같다.

『10개의 궤도를 가진 《태양계(太陽界)》에서 우리들 태양성(太陽星)의 작용(作用)으로부터 비롯되어 후천우주(後天宇宙) 《중앙천궁상궁(中央天宮上宮)》 운행이 시작될 때에 《1-4의 길》에서 사방(四方)이 펼쳐짐으로써 황소의 길인 《3-1의 길》로 들어가게 되는 무리들』

이라는 뜻이 되는 것이다.

이와 같은 《진리(眞理)》의 뜻은 연장된 《북반구(北半球)》 문명의 《종말(終末)》을 몰고 올 《지구(地球)》의 핵(核)이 되는 《한반도(韓半島)》의 《한국(韓國)》을 《축(軸)》으로 한 《중앙천궁상궁(中央天宮上宮)》의 운행을 뜻하는 진리(眞理)이다.

즉, 《중앙천궁상궁》 운행(運行)은 《지상(地上)》의 인간들 문명(文明)의 종말(終末)을 뜻한다. 이러한 《종말(終末)》을 맞이한 후 《악(惡)》이 사라진 새롭게 태어난 《지상(地上)》에서 마지막 《아리랑 고개》를 넘어선 《한민족(韓民族)》들만이 《이상세계》를 펼쳐간다는 뜻을 가진 글자가 《한(韓)》자인 것이다. 이러한 결과가 《한(桓)》의 글자에 들어있는 《천부진리(天符眞理)》가 완성된 결실이 되는 것이다.

참고로, 현재 《지상(地上)》에는 《음(陰)》의 《한민족(韓民族)》이 전체 인구의 《20%》이며 《양(陽)》의 《한민족(韓民族)》들이 《20%》로써 전체적인 수(數)는 《40%》가 된다. 이러한 《40%》 중심에 《한국(韓國)》의 《한민족(韓民族)》들이 있는 것이며 이러한 《40%》의 《한민족(韓民族)》들 중 마지막 《아리랑 고개》를 넘은 자(者)들만 《이상세계》에 진입할 수 있는 것이며, 《마왕신족(神族)》들 중에서도 《석가모니 하나님 부처님》에 의해 《구원(救援)》이 된 자(者)들은 《이상세계》로 넘어갈 수가 있는 것이다.

그러면 다음으로 여러분들의 이해를 위해 《중앙천궁상궁(中央天宮上宮)》 운행(運行)을 설명 드리겠다.

현재 우리들의 《태양계(太陽界)》는 《태양성(太陽星, Sun)》을 중심(中心)으로 하여 《수성(水星)》, 《금성(金星)》, 《지구(地球)》, 《지구(地球)》의 위성으로써의 《달(月)》, 《화성(火星, Mars)》, 《목성(木星, Jupiter)》, 《토성(土星)》, 《천왕성》, 《해왕성》, 《명왕성》 등의 11성(星)이 10개 뿐인 궤도 탓에 《달(月)》은 지구(地球)의 위성으로써 자리함으로써 10개의 궤도를 가지고 《시계 반대 방향》의 회전인 《1-4의 길》 회전을 하고 있는 것이다.

이와 같은 《시계 반대 방향》의 회전인 《1-4의 길》 회전에서 《지구》에서의《석가모니 하나님 부처님》께서 주도하시는 인류《북반구 문명》이 끝날 무렵,《태양성(太陽星)》이《천왕성》과《해왕성》사이에 있는 우주(宇宙)의《동북간방(東北艮方)》으로 궤도 이동을 하게 된다. 그리고 나서《태양성(太陽星)》이 있던 궤도에는《석가모니 하나님 부처님》의《법궁(法宮)》인《목성(木星, Jupiter)》이 회전을 일시 멈추었다가 이번에는《시계 방향》의 회전을 하면서《태양》이 있던 궤도로 이동하여 중심(中心)을 이룬다.

다음으로《수성(水星)》이 이동하여《태양성》의 위성이 된다. 이후《수성(水星)》이 옮겨간 빈 궤도에는 지금까지《지구(地球, Earth)》의 위성이었던《달(月)》이 회전을 일시 멈추었다가《시계 방향》의 회전을 하면서《수성(水星)》이 옮겨간 빈 궤도에 자리하게 된다. 이러한 연후 이번에는《금성(金星)》이 이동하여《태양성》다음 궤도에 자리하게 된다.

다음으로 이와 때를 맞춰《화성(火星, Mars)》이 회전을 일시정지한 후 이 역시《시계 방향》의 회전을 하면서《금성(金星)》이 옮겨간 빈 궤도에 자리하게 된다. 이와 같이 이동이 완료되었을 때 이번에는 우리들의《지구(地球, Earth)》가 본래 있던 궤도에서 일시 회전을 멈춘 후 곧바로《시계 방향》의 회전을 하게 된다. 우리들의《지구(地球, Earth)》가 본래의 궤도에서

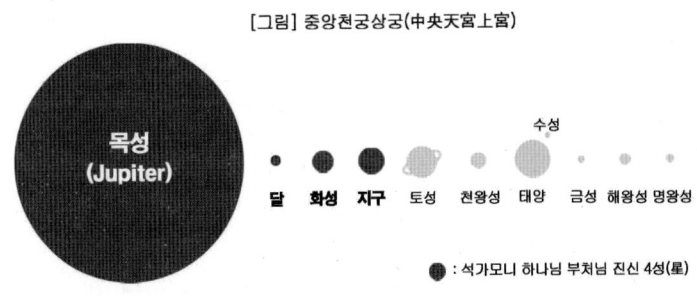

[그림] 중앙천궁상궁(中央天宮上宮)

일시 회전을 멈추었을 때가 지상의 《북반구 문명》이 일시에 몰락하는 때이다.

한편, 《화성(火星, Mars)》이 이동한 후 곧바로 《토성(土星)》도 본래의 회전 방향을 유지한 채 궤도 변경을 하여 원래 《화성(火星, Mars)》이 있던 자리로 옮겨 오고, 이후 《천왕성》도 본래의 회전 방향을 유지한 채 《목성(木星, Jupiter)》이 이동한 후의 빈 궤도로 궤도 수정을 하는 것이다.

이로써 우리들 태양계(太陽界)는 큰 변화를 일으켜 이번에는 《목성(木星, Jupiter)》을 중심(中心)으로 《달(月, Moon)》, 《화성(火星, Mars)》, 《지구(地球, Earth)》의 순서로 자리하여 《시계 방향》의 회전인 《3-1의 길》 회전을 하고, 그 다음으로는 《토성(土星)》, 《천왕성》, 《태양성》, 《태양(太陽)》의 위성으로써 《수성(水星)》, 《금성(金星)》, 《해왕성》, 《명왕성》 순서로 자리하여 《시계 반대 방향》의 회전인 《1-4의 길》 회전을 함으로써 《목성(木星, Jupiter)》을 중심한 《3-1-4의 길》 회전을 하게 된다. 이로써 《목성》을 중심한 《3-1-4의 길》 회전이 완성됨으로써 《중앙천궁상궁(中央天宮上宮)》 운행(運行)이 완성이 되는 것이다.

《목성(木星, Jupiter)》을 중심한 《달(月, Moon)》, 《화성(火星, Mars)》, 《지구(地球, Earth)》 등의 삼성(三星)이 《시계 방향》의 회전을 하는 《3-1의 길》 회전 반경까지가 법공(法空)의 《0(ZERO)》 지점이 된다. 이 때문에 《지구(地球, Earth)》의 《시간(時間)》은 우주적 《표준 시간》이 된다.

이와 같이 우주적인 《중앙천궁상궁(中央天宮上宮)》 운행(運行)을 주도하는 곳이 《지구(地球)》의 핵(核)인 《한반도》의 《한국(韓國)》이며, 《한국(韓國)》 중에서도 지금의 《남한(南韓)》이며 《남한(南韓)》 중에서도 《부산(釜山)》이며 《부산(

釜山)》 중에서도 《보리수산》인 《장산(甑山)》이다. 이러한 《장산(甑山)》은 전우주적(全宇宙的)으로 《성역화(聖域化)》하여야 할 산(山)이다.

그리고 이와 같은 《한국(韓國)》의 중요성을 세계인(世界人)들이 이제는 알아야 할 때이다. 지금까지 설명 드린 바대로, 《한국(韓國)》의 《한(韓)》자(字) 한 글자에 이렇듯 엄청난 우주(宇宙)의 진리(眞理)를 담을 수 있는 분이 과연 누구이겠는가? 이분이 바로 여러분들의 최고 조상님이신 《석가모니 하나님 부처님》이시다.

뒤에 다시 설명될 것이나 진행의 방편상 미리 말씀드리는 바는 최초의 《한국(韓國)》을 여시고 무리들을 위해 만들어 주신 《한문(韓文)》의 뿌리가 되는 《녹도문자》나 이를 바탕으로 한 오늘날의 뜻글로써의 《한문(韓文)》 모두는 《석가모니 하나님 부처님》께서 초대 《거발한 한웅님》과 《한웅》으로서의 두 번째 태어남이신 5대 《태우의 한웅님》으로 오셨을 때에 모두 완성하시어 후손(後孫)들에게 물려준 문자(文字)임을 깊이 인식하시기 바란다.

그리고 이참에 또 하나 알려드려야 할 사실은 오늘날의 《남한(南韓)》이 법공(法空)의 《0(ZERO)》 지점에 위치한 지구의 핵(核)으로 자리한 사실을 잘 알고 있는 《대마왕(大魔王)》《불보살(佛菩薩)》들과 《대마왕신(神)》들과 이들의 행동(行動) 대장들인 추종 세력 모두들이 근래에 몽땅 《한국(韓國)》 땅에서 《육신(肉身)》을 가지고 태어나서 그 중 일부를 제외한 대부분은 《남한(南韓)》 백성들 틈에 섞여 《우주 쿠데타》의 연장선상에서 《남한(南韓)》 정부를 《적화(赤化)》시킴으로써 《지구(地球)》의 핵(核) 중의 핵(核)을 정복하여 후천우주(後天宇宙)의 하늘(天)이 되는 《중앙천궁상궁》과 《중앙우주 100의 궁》이 음양(陰陽) 짝을 한 《천상(天上)》을 그들의 손아귀에 넣고자 하였던 것이다. 이러한 그들의 획책이 최고 절정에 달하였던 때가 불과 몇 달 전의 일이 된다.

　그들은 인간 육신(肉身)을 가지고 있으면서 육신(肉身)은 움직이지 않고 그들 내면(內面)이 갖고 있는 막강한 《영력(靈力)》으로 일을 도모하고 추종세력들인 《행동대장》들이 육신(肉身)을 가지고 움직이다가 이때를 기다리고 계시던 《석가모니 하나님 부처님》과 《미륵불(彌勒佛. Maitreya Buddha)》께서 이들 모든 자들의 《영혼(靈魂)》들을 붙들어 영원히 돌아오지 못할 곳으로 사라지게 함으로써 그들이 이때까지 도모하여 왔던 모든 일들을 수포로 돌아가고 육신(肉身)만을 가지고 있는 그들은 《힘》을 잃고 만 것이다.

　이참에 분명히 경고하는 바는 《공산사상》과 《자연사상》들 모두는 원천창조주이신 《석가모니 하나님 부처님》께서 추진하시는 《진화(進化)》의 이치에는 역행하는 사상들이니, 불과 얼마 살지 못하고 육신(肉身)을 버리고 모두가 떠나야 할 판에 육신(肉身)을 가지고 있을 때 이들 사상들을 모두 정리하시기를 당부 드리는 것이다. 곧 시작되는 《후천우주(後天宇宙)》에서는 이들 사상(思想)들을 가진 《영혼(靈魂)》들은 설 자리가 없는 이치가 《석가모니 하나님 부처님》으로부터 정하여졌으니, 이를 청산하지 못하면 향후 다시는 인간 《생명(生命)》을 얻기가 불가능하기 때문에 이러한 사실들을 알려 드리는 것이다.

[3] 《한단불교(桓檀佛敎)》 파괴의 실상(實相)

한편,《석가모니 하나님 부처님》께서《한국(韓國)》을 중심한《구막한제국(寇莫韓帝國)》5대《태우의 한웅님》으로 오셨을 때 장남(長男)으로《연등불(佛)》이《발귀리 선인(發貴理仙人)》으로 이름하고 태어나고《문수보살 1세》가《복희씨》로 이름하고 막내아들로 태어난다. 이렇게 하여 태어난《발귀리 선인》으로 이름한《연등불》이 최초로《신선도(神仙道)》의 체계를 세우고 훗날 6대《다의발 한웅》(재위 3419BC~3321BC)이 되시며 다시 반복(反復)되는 윤회(輪廻)로《자부진인(紫府眞人)》또는《자부선생(紫府先生)》으로 이름하고 와서 많은 활약을 한 후 다시 반복(反復)되는 윤회(輪廻)로《단군조선(檀君朝鮮)》이 시작될 때《자허선인(紫虛仙人)》으로 이름하고 활동을 하는 것이다.

이러한 때 5대《태우의 한웅님》막내아들로 태어난《문수보살 1세》인《복희씨》도 반복(反復)되는 윤회(輪廻)로《석가모니 하나님 부처님》이신 18대《거불단(단웅)》(재위 2381BC~2333BC) 한웅님의 아들로 태어나《세습》으로《구막한제국(寇莫韓帝國)》을 물려받아 국호(國號)를《단군조선(檀君朝鮮)》으로 이름하고《BC 2333년》에《단군조선》을 출발시키면서《문수보살 1세》는《단군왕검(檀君王儉)》으로 자리하는 것이다. 이와 같이《문수보살 1세》가《단군왕검(檀君王儉)》이 된 후 처음 한 일이《연등불》후신(後身)인《자허선인(紫虛仙人)》과 함께《한단불교(桓檀佛敎)》를 파괴한 바탕에《북두칠성연명경》을 소의 경전으로 하는《선교(仙敎)》인《신선도(神仙道)》를 받아들이기 위한 결의를 하게 된다.

이러한 이후《한단불교(桓檀佛敎)》의 경전 중(經典中)《황제중경(皇帝中經)》에서《왕검씨(王儉氏)》인《대마왕》《문수보살 1세》는《8괘(卦)》와《한역(韓易)》을 제외한 여타 모든 기록을《도적질》하고《대마왕》《자허선인》으로 이름한《연등불》은 한역(韓易)을《도적질》하여《28숙도(宿圖)》를《칠정운천도(七政運天圖)》로 이름을 바꾸고《칠회제신(七回祭神)》책력을 그의 전생(前生) 삶을 살았던《자부선생》이 만들었다고 파렴치한 거짓 기록을 남기고《황제중경(皇帝中經)》을 모조리 찾아 없애 버리고 이를 감추기 위해 역사(歷史)

기록도 허위로 고쳐 놓고《왕검씨(王儉氏)》는《천부경(天符經)》과《삼일신고(三一神誥)》를 출처도 밝히지 않고《신선도(神仙道)》를 위해 강설함으로써《천경신고(天經神誥)》를《하늘(天)》에서 받아 강설하는 것인 양 거들먹거리고, 이들은《권력(權力)》의 힘으로《한단불교(桓檀佛敎)》를 일순간에《선교(仙敎)》로 바꾸어《종교(宗敎)》탈취를 한 후 문수보살 1세가《천상(天上)》에서부터 거느리던《용자리 성단》출신의《신선(神仙)》들을 대대로《단군(檀君)》의 지위에 머물게 함으로써 완벽하게《한단불교(桓檀佛敎)》를 없애 버린 것이다.

　《석가모니 하나님 부처님》께서《한민족(韓民族)》을 위해《한단불교》를 만드신 목적 중의 하나가《한국(韓國)》의 시대가 지나고《단군(檀君)》다스림의 시대 때에《단군(檀君)》들에게 올바른《진리(眞理)》의《법(法)》을 전하여 그들이《성불(成佛)》할 수 있도록 도움을 주기 위한 목적도 있었는데,《대마왕》《연등불》과《대마왕》《문수보살 1세》는 그들이《권력(權力)》을 잡자마자 이러한《석가모니 하나님 부처님》의 뜻을 정면으로 거부하고 그들의《지배욕》과《권력욕》을 채우기 위해《종교(宗敎)》탈취까지를 한 것이 오늘날의《중원　대륙》과《한반도》와《일본》등《동양　삼국》중생들을 엄청난 고통 속으로 몰아넣게 된 것이다.

　한편,《자허선인》으로 이름한《대마왕》《연등불》은 모든 진리(眞理)의 법(法)들이《신선도(神仙道)》로부터 비롯된 것인 양 가장하고《왕검씨》인《대마왕》《문수보살 1세》와 함께《한단불교》종교(宗敎) 탈취를 감추기 위해《칠정운천도(七政運天圖)》와《칠회제신(七回祭神)》책력을 그의 전생(前生) 삶인《자부선생(紫府先生)》이 이를 만들었다고 허위 기록을 남긴 것이 빌미가 되어 모든 사실이 들통이 나게 된 것이다.

　《자부선생(紫府先生)》때의《연등불》은《한국(韓國)》고대(古代) 국가인《구막한제국(寇莫韓帝國)》의 14대《자오지(치우) 한웅님》(재위 2707BC~2598BC) 때 활동을 한 분으로 이때 《한역(韓易)》에 들어 있던 《28숙도(宿圖)》*와 한역(韓易)의 내용을 고쳐 적었다면 모든 사람들의 비웃음의 대상이 될 것은 명약관화한 것이며, 특히 《한웅님》 다스릴 때에는 이러한 일들을 표면적으로 드러낼 수가 없는 형편이었다. 《구막한제국》의 마지막 《한웅님》이 18대 《거불단(단웅)》(재위 2381BC~2333BC)으로 이름하신 《석가모니 하나님 부처님》이시다. 이때 이전에 만약 《자부선생》이 이러한 일들을 하였다면 《구막한제국》이 《단군왕검》에게 세습이 되지 않았을 것임을 《메시아(Messiah)》가 분명히 하는 것이다.

《단군왕검》이 《한국(韓國)》을 중심한 《구막한제국》을 세습 받아 국호(國號)를 《단군조선(檀君朝鮮)》으로 하였음을 아울러 밝혀 두는 바이며, 이로써 그들은 《권력(權力)》을 잡은 후에 《한단불교》의 모든 기반을 무너뜨리고 그 토대 위에서 《선교(仙敎)》의 뼈대를 세우는 《종교(宗敎)》 탈취를 한 자(者)들로서의 《대마왕》인 《연등불》과 《대마왕》《문수보살 1세》였으며, 이들 뒤에는 최고의 《대마왕》《다보불》이 항상 버티고 있었던 것이다.

이러한 초기 《단군조선》에서 《황제중경》에 관한 기록을 남긴 것은 모두 날조되어 처음부터 의도적으로 남긴 기록들이며 《단군조선》 출발과 함께 《황제중경》은 이미 영원히 사라진 것이며, 《단군조선》 이전의 《한민족(韓民族)》 역사는 의도적으로 그들 손에 의해 삭제되고 날조 왜곡되었음을 분명히 하며 특히, 《8괘》**의 원리나 《28숙도》의 원리 등은 《대마왕》과 《악마(惡魔)의 신(神)》들인 《대마왕신(神)》들이 깨우치지 못한 부분으로써 만약 그들이 이 원리를 깨우쳤다면 모두 《부처(佛)》를 이루고 그러한 짓을 하지 않았을 것이기 때문이다.

---

* 진실(眞實)된 세계역사(世界歷史)와 종교(宗敎)
** (改訂版) 妙法華(묘법화)의 실상(實相)의 법(法)(2015)

그리고 《대마왕》《왕검씨》로 이름하였던 《문수보살 1세》가 《도적질》 하여 자기 것으로 만든 《황제중경》의 부분과 《대마왕》인 《자허선인》으로 이름하였던 《연등불》이 《도적질》한 《한역(韓易)》 등은 모두 《황제중경(皇帝中經)》에 기록된 《석가모니 하나님 부처님》 창작물로써 《한단불교(桓檀佛敎)》의 자랑스러운 문화유산이다. 이러한 문화유산이 《한민족(韓民族)》에게 내린 《천상(天上)》의 크나큰 축복의 의미가 담겨 있음을 《메시아(Messiah)》이신 《미륵불》이 분명히 밝혀 두는 바이며, 이때 이들에 의해 단행된 《한단불교(桓檀佛敎)》 말살 정책이 《지상(地上)》의 인간 무리들로 봐서는 엄청난 불행(不幸)을 가져오게 된 원인이 되었다는 점을 깊이 인식하시기 바란다.

(1) [단군조선(檀君朝鮮)의 역사(歷史) 왜곡의 실상(實相) 정리]

지금까지의 설명에서 드러난 《단군조선(檀君朝鮮)》에서 행(行)한 역사(歷史) 왜곡으로 《한민족(韓民族)》들에게 위해(危害)를 가한 내용을 묶어 정리하면 다음과 같다.

① 한국(桓國)과 《배달국(倍達國)》과 《한국(韓國)》에 대한 역사 기록 삭제
② 신시(神市) 세 곳과 《구막한제국(寇莫韓帝國)》에 대한 역사 기록 삭제
③ 한단불교(桓檀佛敎) 기록 삭제
④ 《1국(國)》《3체제》《구한(九桓)》의 체제 해체
⑤ 신선도(神仙道)로써 《기복신앙(祈福信仰)》 심화
⑥ 한문(韓文) 문자(文字) 창작(創作)의 연원 삭제
⑦ 황제중경(皇帝中經) 없앰

⑧ 황제내경(皇帝內經) 의술서 전락 방관
⑨ 한민족(韓民族) 발흥(發興)을 저지하기 위한 《참성단》 건립
⑩ 한문(韓文)의 발음문자인 《36자(字)》 《가림토 문자》를 철폐함
   으로써 삭제

이와 같은 엄청난 일들을 《단군조선(檀君朝鮮)》에서 행(行)하였음을 차제에 깊이 인식하시기 바란다.

사정이 이러함에도 이러한 일들을 모르는 《대한민국(大韓民國)》의 여러 기관들에서는 년년(年年)의 연호를 《단기(檀紀)》와 《서기(西紀)》로 병용하여 쓰고 있는데, 천상(天上)의 비밀한 뜻이 《미륵불(彌勒佛, Maitreya)》에 의해 밝혀지는 지금의 때로 봐서는 《단기(檀紀)》의 사용은 《민족(民族)》 《자존(自尊)》을 위하여서라도 당장 철폐되어야 하며, 《한민족(韓民族)》에게는 《BC 3898년》에 《한국(韓國)》을 세운 《한기(韓紀)》가 분명히 따로 존재하는 것이며, 《문수보살 1세》인 《단군왕검(檀君王儉)》은 《한민족(韓民族)》의 최고 조상이 아닌 《선비족(鮮卑族)》의 최고 조상임을 분명히 밝혀 두는 바이며, 이러한 《왕검씨(王儉氏)》가 《한민족(韓民族)》들을 구렁텅이로 몰아넣은 주범들 중 한 명임을 분명히 하니 뜻있는 분들은 하루빨리 《한기(韓紀)》를 바로 찾아 민족자존을 바로 세우시기를 간절히 바란다.

74. 브라만교(敎)(Brahmanism)에 대하여

《수메르 문명》(5200BC~4100BC) 마지막 왕(王)이 10대《진 수두(지우수드라, Ziusudra)》로서《문수보살 1세》이다. 이러한《문수보살 1세》인《진 수두(Ziusudra)》(재위 4200BC~4100BC)가 그의 임기가 끝나갈 무렵《석가모니 하나님 부처님》의 허락도 없이 때에 최고《악마(惡魔)의 신(神)》《비로자나 1세》의 지시로《수메르 문명》주력 세력들 중《석가모니 하나님 부처님》직계 후손들로서 음(陰)의 곰족(熊族)들인《사카족(Sakas)》을 인솔하여《BC 4100년》남중부 메소포타미아에 자리하였던《수메르 문명》지역을 출발하여《인도》서북쪽 국경을 넘어 들어가서《아리안족(Aryans)》으로 이름되는《사카족(Sakas)》들을 정착시키게 된다.

이러한 이후《문수보살 1세》는《사카족》중에서 건장한 무리《3,000》을 선발하여 남쪽으로는《동북 만주 지방》으로부터 북쪽《야쿠티아 자치 공화국(Yakutia Republic 또는 Sakha Republic)》과 서쪽《예니세이강(Yenisei river)》과 동쪽《사할린(Sakhalin)》이 있는 곳으로 가서《BC 4050년 ~ BC 3550년》까지《500년》동안 그의 후손들을 교화(敎化)하여《선비국(퉁고사국)》으로 거듭 태어나게 한 후, 반복(反復)되는 윤회(輪廻)로《한국(韓國)》을 중심한《구막한제국(寇莫韓帝國)》5대《태우의 한웅님》(재위 3512BC~3419BC)이신《석가모니 하나님 부처님》의 막내아들로 태어나서《복희씨》로 이름한다.

때에《석가모니 하나님 부처님》이신《태우의 한웅님》께서《4대 경전(經典)》인《천부경(天符經)》,《삼일신고(三一神誥)》,《황제중경(皇帝中經)》,《황제내경《皇帝內經》》을 소의 경전으로 하여《한단불교(桓檀佛敎)》를 창시(創始)하시게 된다. 이러한 이후《석가모니 하나님 부처님》이신 5대《태우의 한웅님》께서는 지난 세월《문수보살 1세》가《아리안족(Aryans)》으로도 이름된《사카족(Saka)》을 이끌고 인도 서북 지방으로 들어와서 이들을 안착시킨 인연으로 막내아들인《복희씨》로 이름하고 태어난《문수보살 1세》로 하여금《한단불교(桓檀佛敎)》 4대 경전(經典)을《인도》의《사카족》들에게 전하여 줄 것을 명령하시는 것이다. 이로써《복희씨》로 이름된《문수보살 1세》는《한단불교(桓檀佛敎)》 4대 경전(經典)을《BC 3450년》에《사카족》들에게 전달하는 것이다.

이로써 이후《한국(韓國)》을 중심한《구막한제국(寇莫韓帝國)》에서 육신(肉身)의 죽음을 맞이하신《석가모니 하나님 부처님》이신《태우의 한웅님》께서는 반복(反復)되는 윤회(輪廻)로 곧바로《인도》의《인드라프라스타(Indraprastha)》의 왕(王)《유디스티라(Yudhsthira)》(생몰 3418BC~3347BC)로 이름하시고 재탄생이 되신다. 이렇게 하여 재탄생이 되신《유디스티라(Yudhsthira)》왕으로 이름하신《석가모니 하나님 부처님》께서는 때에《사카족》으로 이름한《아리안족》에 전하여졌던《한단불교(桓檀佛敎)》 4대 경전(經典)을《인도인》들의 정서(情緖)에 맞도록《산스크리트어(語)》로 쉽게 풀어서 기록하고 이를《리그베다》로 이름하고《BC 3370년》에《브라만교(Brahmanism)》를 창시(創始)하심으로써《한단불교(桓檀佛敎)》를 이름만 바꾸어《브라만교(敎)》로 고스란히 옮겨 놓으신 것이다. 즉, 경전(經典)의 형식과 명칭만 다를 뿐이지 그 뜻은 똑같은《석가모니 하나님 부처님》의 한뜻으로써《인도판》《브라만교(敎)》가 곧《한단불교(桓檀佛敎)》임을《미륵불》이신《메시아(Messiah)》가 분명히 하는 것이다.

《인도》가《구한(九桓)》중의 하나인《매구여국(직구다국)》으로써《한민족(韓民族)》국가 중의 하나임을 밝혀 왔다. 이러한《인도》역시《한민족(韓民族)》역사 파괴의 피해를 심각하게 입은 나라로써 지금 전하여져 오는《

《인도》의 역사 대부분은 심하게 왜곡되어 《진실(眞實)》성이 없다. 특히, 《한단불교(桓檀佛敎)》를 없앤 《대마왕》 불보살들인 고대 인도에서 《마누(Manu)》로 이름된 《다보불》과 《문수보살 1세》와 《연등불》 등과 최고 《악마의 신》인 《대마왕신(神)》《비로자나 1세》와 《석가모니》 등이 반복(反復)되는 윤회(輪廻)로 《인도》 땅에 태어나서 《인도》의 역사를 파괴하고 왜곡하여 엉터리 기록들만 남겨 놓음으로써 오늘날 전하여져 오는 《브라만교(敎)》의 역사를 《한단불교(桓檀佛敎)》와의 연결고리 차단을 위해 《BC 1500년》대의 종교(宗敎)로 기록하는 파렴치한 거짓 기록을 남겨 놓고 있는 것이다. 분명히 말씀드리되, 《브라만교(敎)》는 《인도판》《한단불교(桓檀佛敎)》로써 《BC 3370년》에 《석가모니 하나님 부처님》께서 《유디스티라(Yudhsthira)》 왕으로 이름하고 창시(創始)하신 종교(宗敎)라는 점을 분명히 하는 것이다.

그리고 《바라문교(敎, 브라만교)》 경전(經典)인 《리그베다(Rig Veda)》에 있어서 《상히타(Samhita, 本集)》는 《천부경(天符經) 81자(字)》를 풀어서 쓰신 것이며, 《브라흐마나(Brahmana, 梵書)》는 《삼일신고(三一神誥)》를 풀어서 쓰신 경(經)이며 《아란야카(Aranyaka, 森林書)》는 《황제중경(皇帝中經)》을 풀어서 쓰신 경(經)이며, 《우파니샤드(Upanishad, 奧義書)》는 《황제내경(皇帝內經)》 내용을 깨달은 불보살(佛菩薩)들이 스스로 깨달은 내용을 《법인가(法印可)》를 위해 《석가모니 하나님 부처님》께 시간 차이를 두고 《논문(論文)》 제출하듯이 한 것을 한데 묶어 《우파니샤드(Upanishads)》라고 한 것이다. 이러한 《우파니샤드》 중 《브리하다란야까(Brihadaranyaka)》 우파니샤드는 이 글을 쓰고 있는 《미륵불》이 쓰신 경(經)임을 밝혀 두는 바이다. 그리고 이와 같이 일찍부터 《브라만교(敎)》가 자리한 《인도》는 《음(陰)》의 《곰족(熊族)》과 《스키타이》와 《구려족》 등 셋이 하나된 전형적인 《한민족(韓民族)》들의 나라로써 《한반도(韓半島)》《한민족(韓民族)》들의 나라들보다 더 오랜 역사(歷史)를 가진 중요한 나라 중의 하나라는 점을 깊이 인식하시기 바란다.

75. 마음(心)이란 무엇입니까?

　　《마음(心)》이란 《마음(心)》의 근본 뿌리인 《성(性)의 36궁(宮)》의 작용으로부터 일어나는 것을 말한다. 이러한 《성(性)의 36궁(宮)》은 《중성자영(中性子靈) 6》을 중심하여 진화된 《양자영(陽子靈) 18》이 둥글게 감싼 《영혼(靈魂)》 외곽을 상대적으로 진화가 덜 된 《양자영 6》과 《전자영 6》이 《6×6》 구조를 이루고 《영혼》 외곽을 회전하는 당체를 《영신(靈身)》이라고 하며, 이러한 《영혼(靈魂)》과 《영신(靈身)》을 구체적으로 설명한 것이 《성(性)의 36궁(宮)》이 되는 것이다. 이렇듯 진화(進化)의 과정에 있는 《양자영(陽子靈)》들을 《석가모니 하나님 부처님》께서는 《지혜(智慧)》라고 하신 것이며, 《전자영》들을 《명(命)》이라고 하신 것이다. 그러면 다음으로 《마음(心)》이 일어나게 되는 《성(性)의 36궁(宮)》의 작용(作用)을 살펴보기로 하자.*

---

* 무량의경 약본(2015)
　(改訂版) 우주간의 법 해설 정본(正本) 반야바라밀다심경(2015)
　(改訂版) 妙法華(묘법화)의 실상(實相)의 법(法)(2015)
　미륵불과 메시아(2015)
　(改訂版) 우주간의 법 해설 삼일신고(三一神誥)
　(改訂版) 불교기초교리핵심 81강

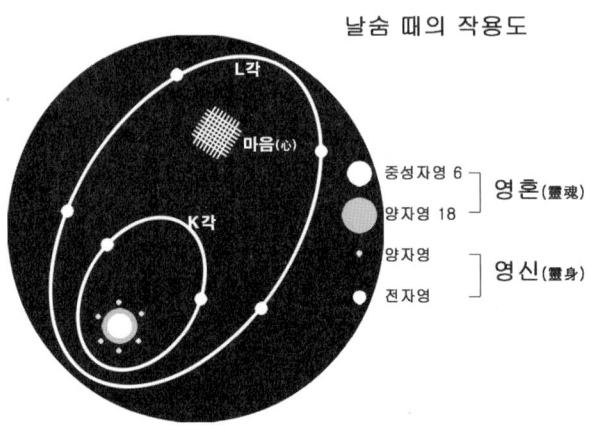

[도형] 마음(心) A

날숨 때의 작용도

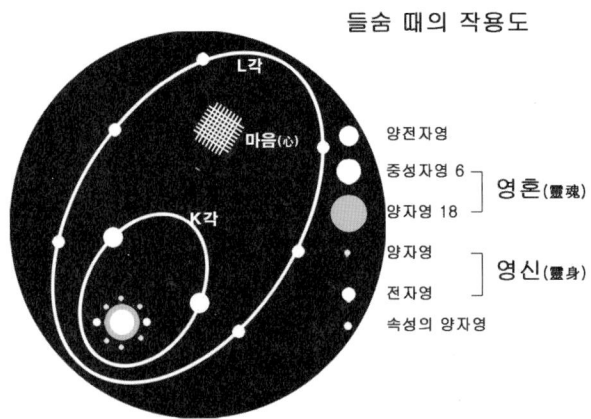

[도형] 마음(心) B

들숨 때의 작용도

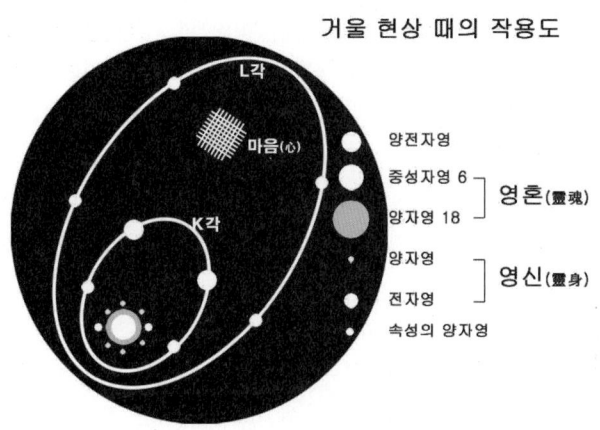

상기 도형은 [마음(心) A]의 도형이 날숨(出息) 때의 마음(心)의 작용도(作用圖)이며 [마음(心) B]의 도형이 들숨(入息) 때의 마음(心)의 작용도(作用圖)이다. 도형 내의 전자(電子)와 양전자(陽電子), 양자(陽子), 중성자(中性子) 《영(靈)》들의 수(數)가 거느리는 속성인 유전자의 수(數)는 《기초 원소의 수(數)×1000》이다.

인간의 성(性)이 양(陽)의 육신(肉身)을 가졌을 때는 양자(陽子) 24와 전자(電子) 60이 성(性)의 30궁(宮)을 이루고《석가모니 하나님 부처님》의 개체의 나뉨으로써 삼진(三眞)인《진성(眞性) 1》과《진명(眞命) 3》과《진정(眞精) 6》의 합(合)《10》이 만물(萬物) 중에서 유일하게 인간만이 받게 되는《삼진(三眞) 10》이 된다. 진성(眞性)은 반중성자(反中性子)이며 진명(眞命)은 양전자(陽電子)가 되며 진정(眞精)은 중성자(中性子)가 된다. 이로써 인간 육신(肉身) 내(內)에는 40궁(宮)을 이루게 되며 이러한 40궁(宮)×1000이 4만 개의 유전자 수(數)

가 된다.

　이와 같이 인간의 《심장》에는 《진정(眞精)》인 《중성자영 6》과 《성(性)의 30궁(宮)》이 한 덩어리를 이루어 《36궁(宮)》을 이루게 되며 《진성(眞性) 1》은 《음양(陰陽)》으로 갈라져 《음(陰)의 1》은 《우뇌(右腦)》에 자리하고 《양(陽)의 1》은 왼쪽 《눈동자》로 자리하며 《진명(眞命) 1》은 오른쪽 《눈동자》로 자리하며 《진명(眞命) 3 중 2는 《36궁(宮)》과 함께 작용(作用)을 하게 된다. 이러한 작용에 있어서 정작 진화의 주인공은 《성(性)의 36궁(宮)》에서 《중성자 6》이 제외된 《성(性)의 30궁(宮)》이 되는 것이다.

　상기 도형들은 뇌(腦)와 《눈동자》에 머물고 있는 진성(眞性) 1과 진명(眞命) 1을 제외한 나머지가 일으키는 작용도(作用圖)이다. 인간의 성(性)의 36궁(宮)에 있어서 《영혼(靈魂)》을 이루고 있는 《양자영(陽子靈) 18》은 개체의 양자군(陽子群)들이 탄소 C의 원자핵(核)의 과정을 거친 양자(陽子) 6이 삼합(三合)을 한 (3×6)의 덩어리로써 100억 년(億年)의 우주 역사의 정보를 담고 있다.

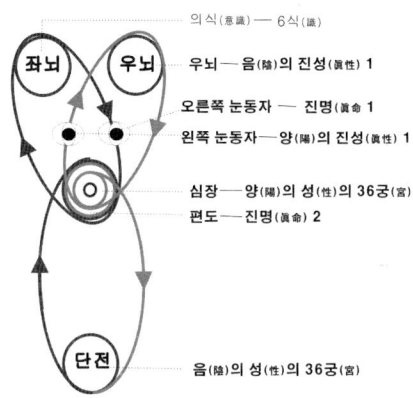

　12인연법에서 석가모니 하나님 부처님께서는 이러한 개체의 《양자영》들을 무명(無明)이라고 말씀하고 계신다. 이와 같이 삼합(三合)을 한 《양자영 18》과 《중성자영 6》이 결합한 24의 주위를 《양자영 6》과 《전자영 6》이 음양(陰陽) 짝을 하여 회전을 하고 있다. 이러한 때의 《전자영》 여섯이

성(性)에 따른 명(命)으로써 인간의 육신(肉身)을 떠났을 때 성(性)이 생명력(生命力)을 가지는 이유가 바로 이 전자(電子)인 명(命)의 여섯 때문이며, 이러한 《전자영(電子靈)》 여섯이 《양자영(陽子靈)》 여섯과 함께 안(眼), 이(耳), 비(鼻), 설(舌), 신(身), 의(意) 다섯 감각 기관과 하나의 지식의 창고를 좌뇌(左腦)에 두고 관리하는 당체들로서 육신 안의 일반 《전자영(電子靈)》과는 구분이 되는 《전자영》들로써 명(命)이다. 따라서 육신 안의 다른 일반 《전자영(電子靈)》들보다는 더 진화(進化)된 《전자영》들이라는 뜻이 된다.

　상기 설명에서 중요한 부분이 《영혼(靈魂)》은 감각 기관을 담당하는 《양자영 6》과 《전자영 6》의 안쪽에 있게 되므로 모든 일들을 정보로서 알고는 있으나 감각 기관을 벗어난 곳에 있기 때문에 스스로는 감각 기관으로부터 아무런 영향을 받지 않는다는 점이다. 그렇기 때문에 스스로의 행위를 모르고 있게 되는 것이며, 이러한 《36궁(宮)》에 있어서 《양자영》 24는 본래의 선천적인 결합욕(結合欲)을 가지고 있는 관계로 이를 욕망(慾望)의 화신으로도 부른다. 우주 전체를 꿀꺽 삼켜도 만족하지 않는 선악(善惡)의 판단도 없는 대단한 욕망체(慾望體)이나 스스로의 바탕은 선(善)한 바탕과 악(惡)한 바탕을 가지고 있는 것이다.

　이러한 성(性)의 양자(陽子) 24가 《게놈 프로젝트》에서 이야기하는 《염기 서열 24계열》의 주인공이다. 이와 같은 성(性)의 30궁(宮)이 진정(眞精)인 중성자(中性子) 6과 결합하여 36궁(宮)을 이루고 자리하였을 때가 인간이 육신(肉身)을 가지고 있을 때의 심장 속이다. 이와 같은 설명을 염두에 두고 마음(心)의 작용도(作用圖)를 설명 드리겠다.

① [마음(心) A] 도형 설명

[도형] 마음(心) A

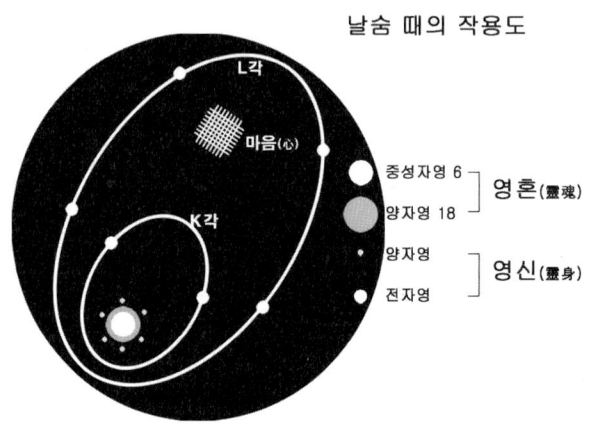

  [마음(心) A] 도형은 인간의 육신(肉身)을 가지고 호흡할 때 날숨(出息)의 작용(作用)을 나타낸 것이다. 인간의 혈액인 흰 핏돌과 붉은 핏돌을 근본진리(根本眞理)에서는 정(精)의 음양(陰陽)이라고 한다. 이러한 정(精)이 심장으로부터 공급받은 산소 O를 꽁무니에 달고 인체 내의 다섯 감각 기관과 연결된 유전인자와 유전인자가 거느린 수많은 세포들이 포진하여 있는 곳을 길을 따라 여행을 한다. 이러한 길의 양 옆에는 감각 기관과 연결된 신경망이 구축되어 있다. 이 길을 따라 여행을 하던 정(精)은 유전인자가 거느린 세포들이 발생시킨 이산화탄소 등을 만나 그곳에서 산소 O를 공급하고 발생된 이산화탄소를 달고 심장 속으로 귀환을 한다. 이러한 정(精)이 심장 속으로 귀환한 후 6.6 구조의 형태를 취한 《영신(靈身)》에게 이산화탄소를 들여보내면 이산화탄소의 양자(陽子)는 양자(陽子)대로 전자(電子)는 전자(電子)대로 성(性)을 이루고 있는 양자(陽子)와 전자(電子)에게 부딪침으로 정보 전달을 한 후 날숨(出息)이 되어 인체 밖으로 배출이 된다.

이때 6.6 구조 형태를 취한《영신(靈身)》에 부딪칠 때 발생한 미세한 양자광(陽子光)과 전자광(電子光)이 서로 어우러져 있게 된다. 이를『우파니샤드』에서는《다르마의 구름》이라고 이름한다. 이 자체가 마음(心)인 것이다.

이 때문에 성(性)의 36궁(宮)을 마음(心)의 근본 뿌리라고 하는 것이며, 마음(心)을 성(性)의 집(家)이라고 하여 삼가(三家)로 분류하는 것이다. 이러한 마음(心)은 원천 정보 제공자인 육식(六識)이 거느리고 있는 유전인자와 유전인자들이 거느리고 있는 수많은 세포들을 통제하는 뿌리로써 다섯 감각 기관과 의식을 다스림으로써 원천적으로 마음(心)이 일어나지 않게 하는 수행이 필요하게 되는 것이다.

필자의 저서(著書)『불교기초교리 핵심 81강』의 윤회(輪廻)의 답변에서 유전인자 4만 개 중 40궁(宮)을 제외한 유전인자를 덧붙여진 성(性)으로써 속성(屬性)이라고 이름한 적이 있다. 이러한 속성(屬性)으로 자리하였던 유전인자들이 육신(肉身) 곳곳에 자리하여 그들이 거느리는 수많은 세포들에게 속성(屬性)으로써 진리(眞理)와는 상반되는 잘못된 정보를 입력하게 됨으로써 그들로부터 발생되는 이산화탄소가 다시《영신(靈身)》과 부딪침으로써 형성되는 마음(心)은 사실상 속성(屬性)인 유전인자들이 만들게 되는 마음(心)으로써 이렇게 잘못된 어두운 정보는 점점 더 어두운 마음(心)을 만들게 되는 것 역시 이치인 것이다.

이러한 어두운 마음(心)이 여섯 뿌리를 통하여 우뇌(右腦)에 있게 되는 진리의 대명사인 세 가지 참됨 중의 진성(眞性)과 진명(眞命)에 전달되었을 때 당연히 진리는 이것을 거부하게 되는 것이다. 이렇게 망령된 마음(心)이 우뇌(右腦)의 진성(眞性) 1과 진명(眞命) 1을 괴롭힐 때 이것을 거부하는 형태가 머리 아픔으로 되어 드러나게 되는 것이다. 이와 같이 망령된 마음(心)이 우뇌(右腦)의 진리(眞理)를 괴롭히는 것을 번뇌(煩惱)라고 하는 것이다.

마음(心)을 일어나게 하는 주인공인 날숨(出息)과 《성(性)의 30궁(宮)》과 진정(眞精)인 《중성자영 6》이 결합하여 이룬 36궁(宮)의 6.6 구조인 탄소 C 원자핵(核)의 구조를 갖춘 때가 인간의 오장육부와 육신(肉身)의 진화(進化)를 담당하는 탄소 C의 순환의 길을 주도하는 때인 것이다.

② [마음(心) B] 도형 설명

 [마음(心) B] 도형은 인간의 육신(肉身)을 가지고 호흡할 때 들숨(入息)의 작용(作用)을 나타낸 것이다. 이때의 《36궁(宮)》은 때에 《속성》과 결합하여 있었던 《진명 2》가 《양자영 2》와 《음양(陰陽)》 짝을 하여 《6×6》 구조를 이룬 《영신(靈身)》과 결합함으로써 산소 O의 원자핵(核)의 구조인 8.8의 구조를 갖추게 되어 산소 O를 호흡하는 체제를 갖춤으로써, 산소 O를 호흡기를 통하여 받아 들여 날숨(出息) 때에 이산화탄소를 떼어 놓는 일을 하던 일하는 소(牛)인 정(精)에게 다시 산소 O를 공급하여 육신(肉身) 구석구석 길을 따라 여행을 하게 하는 것이다.

 산소 O 역시 《영혼》을 이루는 《영》들과 《영신(靈身)》으로 이루어진 성(性)의 30궁(宮)과 부딪쳐 생명력(生命力)을 불어 넣고 순화된 마음(心)을 만들게 된다. 궁극적으로 마음(心)은 날숨(出息) 때에 만들어진 마음(心)과 들숨(入息) 때에 만들어지는 마음(心)이 혼재되어 있는 곳으로써 마음(心) 자체의 밝고 어두움의 차이는 날숨(出息)과 들숨(入息) 때에 만들어진 《다르마의 구

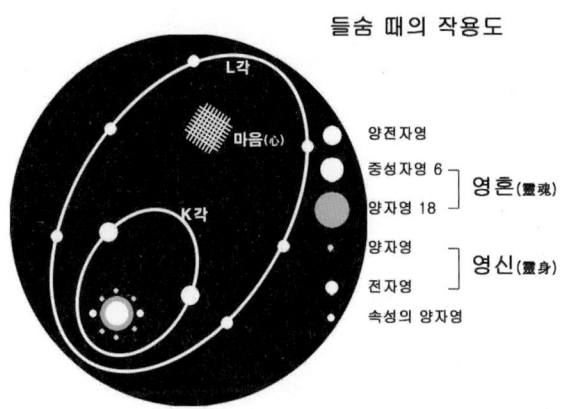

름》비율에 따라 결정이 되는 것이다. 더러 분노가 치솟을 때 심호흡을 하게 되면 약간 진정되는 이유도 여기에서 기인한다.

　[마음(心) B] 도형의 특이한 점은《6×6》구조를 이룬《영신(靈身)》이 산소 O의 원자 핵(核)의 구조와 같은 8.8의 구조를 이룰 때 전자(電子)가 이루는 궤도에 있어서 K각을 이루는 내부에 진명(眞命)인 양전자(陽電子) 2가 임하여 양자(陽子) 8과 양전자(陽電子) 2와 전자(電子) 6의 합(合) 8이 8.8의 구조를 이루게 됨으로써 산소 O의 생명력(生命力)을 더욱 밝게 한다는 사실이다. 진명(眞命)인 양전자(陽電子)는 전자(電子)가 진화(進化)된 반전자(反電子)로서 이를 원천 명(命)이라고 하여 진명(眞命)이라고 하는 것이다. 이러한 진명(眞命) 둘은 날숨(出息)의 구조로 36궁(宮)이 바뀔 때는 순간적으로《속성(屬性)》과 결합하는 것으로 알려져 있다. 그리고 다시 들숨(入息)의 구조로 바뀔 때 상기 도형과 같이 8.8의 구조를 이루게 되는 것이다.

결과적으로 숨(息)의 출입(出入)은 《성(性)의 36궁(宮)》이 양전자(陽電子)인 진명(眞命) 2와 함께 벌이는 작용(作用)인 것이다. 마음(心)을 일어나게 하는 주인공 중의 들숨(入息)과 《성(性)의 36궁(宮)》과 진명(眞命) 2가 이루는 8.8의 구조가 산소 O의 원자 핵(核)의 구조를 갖출 때는 인간의 뇌(腦)의 부분과 인간을 지탱하는 척추 뼈(骨)와 연결된 산소 O의 순환의 길을 주도하는 것이다.

③ [마음(心) C] 도형 설명

[마음(心) C] 도형 구조를 4.4의 구조도라고 이름하며 고도의 수행을 마친 수행자나 기도를 많이 한 일반인들에게도 가끔 일어나는 구조의 형태로써 이를 학계(學界)에서는 《거울 현상》의 때로 설명을 하고 있다. 이는 36궁(宮)이 날숨(出息)의 구조를 가질 때 전자(電子)의 궤도 중 K각에서 전자(電子) 2와 양전자(陽電子) 2의 합(合) 4가 포진하는 형태로써 날숨(出息) 때에 양전자(陽電子) 2는 《속성(屬性)》과 합류하게 되어 있는데 상기 설명한 경우가 될 때 양전자(陽電子) 2가 K각의 궤도에 그대로 남음으로써 일어나는 현상으로 먼저 설명 드린 바대로 양전자(陽電子)인 진명(眞命)은 원천 명(命)으로 모든 것을 꿰뚫어 아는 힘을 가지고 있기 때문에 『반야바라밀다심경(般若波羅蜜多心經)』에서 진명(眞命)의 작용(作用)인 마(魔)를 항복시키는 힘과 온 우주를 밝게 관찰하는 힘으로써 보살도(菩薩道) 성취를 이룬 등각(等覺)지에서는 대신주(大神呪)와 대명주(大明呪)를 갖게 됨을 설명하고 있다.

이러한 진명(眞命)인 양전자(陽電子)가 포진을 하고 있다 보니 여섯 뿌리인 다섯 감각 기관과 의식의 창고를 담당하고 있는 여섯 전자(電子)가 양전자(陽電子) 2의 밝음으로 인하여 비추어 봄으로써 거울에 비치는 모든

[도형] 마음(心) C

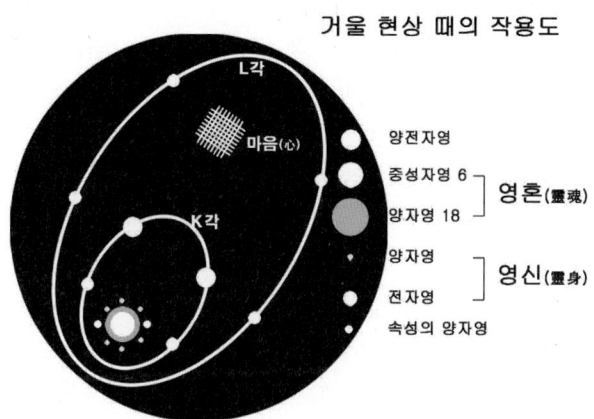

사물을 들여다보듯 모든 것을 비추어 보고 알게 되는 것이다. 덕(德) 높은 고승이나 더러 무속인들 중에서도 낯선 사람을 처음 보고도 전생(前生) 등 여러 가지 사항을 정확히 꿰뚫어 보는 안목을 가진 경우가 이 경우에 해당된다.

※ 지금까지 번뇌(煩惱)와 마음(心)에 대하여 마음(心)의 근본 뿌리인《성(性)의 36궁(宮)》작용도(作用圖)를 가지고 설명을 드렸다. 그러나 한 가지 더 분명히 알고 넘어가야 할 일이 있다. 번뇌(煩惱)에 있어서 108번뇌(煩惱)라고 할 때 이는 곧 마음(心) 자체를 이야기하는 것이다.

108이라는 수(數)의 개념은 9와 99로써 9를 하나인 1로 한 100의 수리(數理)로 이름하면서 한 개인이 아닌 한 사회의 완성을 뜻하는 수리(數理)로써 이야기하기도 하고 9를 하나인 1로 한 9×9=81로써 1과 81궁(宮)을 이야기하기도 한다. 이 뜻은 하나인 1은 나 한 사람 스스로를 뜻하고 81궁(宮)은 일세계(一世界)를 뜻한다. 즉, 나 한 사람이 펼치는 세계(世界)를 뜻하는 의미를 가짐으로써 한 마음(心)의 위력을 표시한 뜻이 108번뇌(煩惱)로써 곧 한 마음(心)을 뜻하는 용어(用語)가 된다. 마음(心) 타령만 일삼는 사람들 이제는 분명히 마음(心)의 실체부터 분명히 아시기 바란다.

　　이렇게 하여 만들어진 마음(心)이 측정할 수 없는 미세한 《빛(光)의 입자》들로써 기억소재들이다. 이러한 《빛(光)의 입자(立子)》들을 《야나(若那)》인 《지(智)》라고 하며 만들어진 《빛의 입자》들은 인간 뇌(腦)로 전달이 된다. 이후 뇌(腦)의 지령이 성(性)의 36궁(宮) 중의 양자(陽子) 6과 전자(電子) 6이 양음(陽陰) 짝을 한 《영신(靈身)》이 거느리는 육신(肉身) 속의 무수한 개체의 양자군(陽子群)들과 전자군(電子群)들이 이룬 육근(六根)인 안(眼), 이(耳), 비(鼻), 설(舌), 신(身)의 다섯 감각 기관을 통하여 전달이 됨으로써 행동(行動)으로 나타나는 것이다. 이러한 행동(行動)이 끝이 난 후 《빛의 입자》들은 《좌뇌》에 있는 의식(意識)의 창고에 축적이 되는 것이다.

　　한편, 마음(心)이 생길 때 《성(性)의 30궁(宮)》의 양자(陽子)와 전자(電子)는 부딪침으로써 전달받은 정보(情報)는 정보(情報)의 공통분모(分母)로써 이를 《혜(慧)》라고 하며, 이렇게 성(性)의 30궁(宮)에 입력(入力)된 《혜(慧)》가 과거를 기억할 때는 당시에 입력(入力)된 《혜(慧)》가 좌뇌의 의식(意識)의 창고에 축적된 그때의 지(智)를 불러내어 다시 그때의 마음(心)을 만들어 《뇌(腦)》로 전달을 하면 뇌(腦)는 다시 육근(六根)을 통하여 행동(行動)하게 함으로써 과거를 회상(回想)하게 되는 것이다. 이와 같은 행(行)이 끝났을 때는 마음(心)을 이루고 있던 《지(智)》는 다시 의식(意識)의 창고로 들어가게 되는 것이다.

《삼진(三眞)》10과 《성(性)의 30궁(宮)》이 하나된 《성(性)의 40궁(宮)》이 《영혼(靈魂)》과 《영신(靈身)》이 된다. 이러한 《성(性)의 40궁(宮)》이 《육신(肉身)》의 죽음을 맞이할 때 《속성(屬性)》인 《360궁(宮)》을 대동하고 《육신(肉身)》을 벗어나게 되면 《뇌(腦)》에 남아 있는 《지(智)》인 《빛의 입자》들은 자체 삼합(三合) 활동을 부지런히 하여 《복합 원소》로 탄생이 되어 《육신(肉身)》 속에 남아 있는 《유전자》들과 함께 자연(自然)으로 돌아가는 것이다. 이러한 이후 《성(性)의 40궁(宮)》도 《삼진(三眞) 10》과 《성(性)의 30궁(宮)》으로 나뉘어져 《삼진(三眞) 10》은 《석가모니 하나님 부처님》께로 돌아가고 진화(進化)의 당체인 《성(性)의 30궁(宮)》만 고스란히 남아 다시 다음 진화(進化)의 길에 들어가는 것이다.

이 때문에 윤회(輪廻)의 과정을 거쳐 다시 인간 육신(肉身)을 가지고 태어났을 때는 과거의 생(生)을 기억하지 못하게 되나 《영혼(靈魂)》을 이루고 있는 영(靈)들이 지니고 있는 《혜(慧)》는 고스란히 남아 있는 관계로 지혜(智慧)의 완성을 이루게 되면 《성(性)의 30궁(宮)》의 《양자영(陽子靈)》들이 밝음(明)을 완성하게 되는 관계로 스스로의 전생(前生)을 모두 알게 되는 것이다.

이와 같이 《지혜(智慧)》의 완성이 곧 스스로의 《영혼(靈魂)》과 《영신(靈身)》 진화(進化)의 완성으로써 《밝음》의 완성이 되는 것이다. 이러한 《밝음》의 완성으로 가는 때가 마음(心)을 이루었던 바탕은 깨끗함의 극치인 착함인 《선(善)》이 바탕이 되는 것이다. 이 때문에 마음(心)의 근본 뿌리 중 《성(性)의 30궁(宮)》을 겨냥한 수행이 옳은 것이지 도깨비같은 마음(心) 타령만 하는 수행은 그 바탕의 《맑음》만 추구하기 때문에 영혼(靈魂) 진화(進化)는 무시하게 되는 것이다. 이 때문에 진화(進化)에 역행하는 수행이라고 하는 것이다.

76. 방등경(方等經)에 대하여

천태지자(天台智者) 대사(大師)로 이름한 《문수보살 1세》가 《석가모니 하나님 부처님》의 가르침이 담긴 경전(經典)들을 분류할 때 《아함부》, 《방등부》, 《반야부》, 《법화열반부》로 분류를 하였다. 이때의 《방등부》에 속한 경(經)이 『능가경』, 『승만경』, 『무량수경』 …… 등등이 있다. 이러한 경전(經典) 분류법(法)에 의한 《방등부》에 속한 경(經)들과 《석가모니 하나님 부처님》께서 『관보현보살행법경』 등에서 직접 말씀하신 『방등경(方等經)』과는 그 의미가 사뭇 다르다. 이러한 『방등경(方等經)』에 대하여 분명히 알아야 《석가모니 하나님 부처님》께서 말씀하신 뜻을 헤아릴 수 있기 때문에 이에 대하여 설명을 드리고자 한다.

《석가모니 하나님 부처님》께서 남기신 『법화사부경(法華四部經)』인 『정본(正本) 반야바라밀다심경』, 『무량의경』, 『묘법화경(妙法華經)』, 『관보현보살행법경』 등은 《문자(文字) 반야(般若)》와 《수리(數理)》로써 양음(陽陰) 짝을 한 경(經)으로써 《법(法)》이 설(說)하여져 있다. 이러한 양음(陽陰) 짝을 한 법(法)에 있어서 《문자(文字) 반야(般若)》는 글 뜻이 그대로 드러나 있으나 《수리(數理)》로 된 법(法)은 드러나 있지를 않다. 이와 같은 《수리(數理)》로 이루어진 법(法)에 총체적인 우주(宇宙)의 역사와 모든 《진리(眞理)》의 법(法)을 석가모니 하나님 부처님께서는 담아두신 것이다. 즉, 《문자(文字) 반야(般若)》의 뜻이 1이라면 《수리(數理)》에 담긴 뜻은 3이 되는 것이다. 이러한 《수리(數理)》에 담긴 뜻을 풀어서 《문자(文字) 반야》와 함께 석가모니 하나님 부처님의 뜻을 모두 드러낸 경(經)을 해설경(解說經)이라고 하며 이러한 해설경(解說經)을 『방등경(方等經)』이라고 하는 것이다.

『방등경(方等經)』의 문자(文字)의 뜻이《사방(四方)으로 펼쳐진 경(經)》이라는 뜻과 일치가 되는 경(經)이《해설경(解說經)》에 담긴 내용이 되는 것이다. 이와 같은『방등경(方等經)』은《마왕신》부처가《육신(肉身)》을 버린 이후 세간(世間)에 출현(出現)하지 않았다. 그러다가 서기(西紀) 2000년 이후《미륵佛》이 조용히 이 세상에 오심으로써 드러난『우주간(宇宙間)의 법(法) 해설(정본) 반야바라밀다심경』,『우주간(宇宙間)의 법(法) 해설 무량의경』,『묘법연화해설경』,『관보현보살행법 해설경』등이『방등경(方等經)』으로써 세간(世間)에 처음 모습을 드러내게 된 것이다. 이러한『방등경(方等經)』을 독송 수행하게 되면《달마조사》(생몰 AD423~AD528)의《리입사행론》에 있어서《리입(理入)》으로 이름되는《리(理)》가 여러분들의 본체인《영혼(靈魂)》과《영신(靈身)》에《입력(入力)》되는 수행이 된다. 이러한 수행 때문에『방등경(方等經)』이 세간(世間)에 출현(出現)된 것이니 많이 활용하시기 바란다.

77. 불교(佛敎)란 어떤 종교(宗敎)입니까?

불교(佛敎)란 한 마디로 말씀드려서 [**《영혼(靈魂)》과 《영신(靈身)》의 진화(進化)를 완성하기 위해 부처님의 가르침을 따르는 종교(宗敎)를 말한다.**] 부처님을 산스크리트어로 Buddha(붓다)라고 하며 각자(覺者)로 번역하며 깨달은 자(者)를 말한다. 이러한 깨달은 자(者)를 『지혜(智慧)의 완성자』 또는 『인간 완성의 부처를 이룬 자(者)』, 『《영혼(靈魂)》과 《영신(靈身)》의 진화(進化)를 완성한 자(者)』를 말한다.

불교(佛敎)의 궁극적인 목적은 깨달은 자(覺者)의 지위에 도달하여 많은 중생(衆生)들을 올바른 진화의 길에 들게 하고 우주 진화의 최종 종착지인 유무(有無)를 떠난 진리(眞理)의 원천(源泉) 자리로써 법성(法性)인 열반(涅槃)의 자리로 귀일(歸一)하는 것을 목적으로 하는 종교이다.

이러한 『《영혼(靈魂)》과 《영신(靈身)》의 진화(進化)를 완성한 자(者)』를 《정각자(正覺者)》라고 하며 《정각(正覺)》을 이룬 자(者)들은 뒤로 물러섬이 없이 앞으로 나아가 《법신(法身)》의 성불(成佛)인 《정등(正等)》마저 이루게 됨으로써 《무상정등정각자(無上正等正覺者)》가 되는 것이다. 이 때문에 《정각(正覺)》을 이루는 것이 우선 목표가 되는 것이다. 이 《무상정등정각(無上正等正覺)》을 이룬 분이 《불법(佛法)》 일치된 완전한 깨달음을 얻은 부처님(佛)이 되시는 것이다.

이와 같이 불교란《석가모니 하나님 부처님》을 교주(敎主)로 하는 우주간의 모든 부처님의 가르침을 따라『《영혼(靈魂)》과《영신(靈身)》과《속성(屬性)》과《육신(肉身)》과《법신(法身)》 진화(進化)의 완성』을 위해 수행하고 실천하는 종교가 되는 것이다. 우주간의 모든 부처님들은 사실상 모두가《석가모니 하나님 부처님》으로부터 연유하시기 때문에 모든 부처님들께서 설하시는 법은 하나인 진리(眞理)에 귀일(歸一)되는 법으로써 천만억 부처님들께서 각각 따로 따로 법(法)을 설(說)하시는 경우라도 궁극적으로는 하나의 법(法)으로 귀일(歸一)되기 때문이다.

78. 사바세계(娑婆世界)란 무엇입니까?

사바(娑婆)는 범어(梵語)로 Sabha가 되며 인토(忍土), 감인토(堪忍土), 인계(忍界)로 번역되므로 사바세계(娑婆世界)란 인토(忍土), 감인토(堪忍土), 인계(忍界)의 세계(世界)라는 뜻이 세간법(世間法)의 뜻이 되며 우주간(宇宙間)의 법(法)의 뜻은《탄소 순환》과《산소 순환》이 번갈아 가며 일어나는 세계를 말한다. 이와 같이《사바세계》의 뜻도《세간법(世間法)》과《우주간(宇宙間)의 법(法)》이 양음(陽陰) 짝을 하고 있는 것이다.

이러한 뜻에 있어서《탄소 순환》과《산소 순환》이 번갈아 가며 일어나는 세계에서는 어찌하여 참고 살아가야 하는《인욕(忍辱)》의 세계가 되어야 하는가 하는 강한 의구심을 가지셔야 하는 것이다. 즉, 우리들이 살아가는 세계(世界)는 탄소 C의 순환의 세계로써 모든 식물은 탄소동화 작용에 의지해 생장(生長)하며 이러한 생장(生長)의 결과물인 식물 및 열매에 의지한 동물의 세계가 있으며 식물의 세계와 동물의 세계에 먹이사슬을 가지고 있는 것이 육신(肉身)을 가지고 있는 인간(人間)들이다. 이러한 점을 볼 때, 인간의 육신은 이들로부터 영양분을 흡수하여 만들어진 탄소 화합물(化合物)에 지나지 않는다. 이와 같은 탄소화합물은 진화(進化)적인 면으로 볼 때 숙명적으로 단련을 받게 되어 있는 것이다.

비유로써 말씀을 드리면,《철강(鐵鋼)》에 있어서 탄소 C의 함유량이 많은《철강(鐵鋼)》이 강한 철강으로 알려져 있다. 이러한 철강의 일부를 칼(刀)을 만들기 위해 고열로 벌겋게 달구어 대장장이가 두들겨서 철강의 불순물을 제거하기를 계속하여 철강의 불순물이 모두 제거되었을 때 이 칼《刀》은 쇠《鐵》가 쇠《鐵》를 자르는 《명검(名劍)》으로 변화하는 것이다. 석가모니 하나님 부처님께서는 이러한 명검(名劍)을 곧잘 《지혜(智慧)》로써 비유를 하신다. 이와 같이 인간의 《육신(肉身)》 역시 인간 마음(心)의 근본 뿌리인 《성(性)의 양자(陽子) 24》의 단련을 위해 마치 대장장이가 벌겋게 달구어진 《쇠(鐵)》를 불순물을 제거하기 위해 두들기듯이 단련을 하여야 하는 숙명적인 운명을 가지게 되는 것이다.

특히, 우리들이 살고 있는 지구는 현재로서는 《태양성(太陽星)》을 중심으로 회전을 하고 있다. 이 때문에 《태양성(太陽星)》의 빛에 의한 《탄소 동화 작용》이 일어나는 것이다. 이러한 태양성(太陽星)의 핵(核)은 양전자(陽電子) 덩어리로 이루어져 있음을 근본진리(根本眞理)가 밝히고 있다. 이러한 때 우리들 태양성(太陽星)의 핵(核)도 태양 흑점 활동에 의해 거의 붕괴되어 태양성(太陽星) 외부로 빠져 나온 상태로 있다. 이와 같이 《태양성(太陽星)》이 활발한 활동을 할 때 강력한 《태양광(太陽光)》을 외부로 발산한다.

이때 많은 《전자(電子)》가 생산되기 때문에 우리들이 살고 있는 현재의 세계는 전자(電子)가 바탕으로 하는 세계라고 한다. 먼저 진행한 비유에서 쇠(鐵)를 두들기는 대장장이가 바로 인간들에게는 《날숨(出息)》을 통해 밖으로 나가는 《이산화탄소》와 《전자(電子)》가 되며 쇠(鐵)는 마음(心)의 근본 뿌리인 《성(性)의 양자(陽子) 24》가 되며 《양자 24》를 벌겋게 달구는 역할은 《중성자(中性子) 6》의 몫이다. 두들기는 《쇠》에서 빠져 나가는 불순물의 비유가 《양자(陽子) 24》의 개체의 《양자군(陽子群)》들에게 입력되어 있는 《악(惡)》의 대명사인 어두운 《암흑물질》의 비유이며, 이로써 《악(惡)》이 제거된 개체의 양자군(陽子群)들에게 정보(情報)의 공통분모(共通分母)로 불리우는 《리(理)》인 《혜(慧)》를 부딪쳐 입력(入力)시킴으로써 《쇠》로 비유된 개체의 양자군(陽子群) 무리를 《밝게》 하는 목적을 숙명적으로 가지고 있기 때문에 이의 단련을 참고 살아가야 하는 것이다.

이와 같이 《성(性)의 36궁(宮)》으로 구체적으로 설명된 여러분들 《영혼(靈魂)》을 밝게 하는 것이 첫째 목적이며 이로써 그대들 《영혼(靈魂)》의 《영신(靈身)》과 육신(肉身)이 진화(進化)되어 《아름다움(美)》을 갖추게 되는 것이 두 번째 목적인 것이다.

천일우주(天一宇宙) 100의 궁(宮)의 불(佛), 보살(菩薩)들께서 우리들의 지구(地球)에서 인간 거주 환경이 조성된 10만 년 전(前)부터 6만 년(萬年)에 걸쳐 매(每) 1만 년마다 문명(文明)의 종말을 맞이하기를 《석가모니 하나님 부처님》 주도로 여섯 번 하였던 이유가 《영신(靈身)》과 《육신(肉身)》의 진화(進化) 완성으로 《아름다움(美)》을 갖추기 위하였음이 밝혀진 것이다. 즉, 천일우주(天一宇宙) 100의 궁(宮)의 불(佛), 보살(菩薩)들께서는 그들의 법신(法身)인 별(星)들의 진화(進化)는 모두 마치고 불(佛), 보살(菩薩)을 이루셨으나 《아름다움(美)》을 갖추지 못해 비유하자면 공상 과학 영화에 등장하는 여러 가지 우주인(宇宙人)의 모습을 가지고 있다가 사바세계(娑婆世界)인 우리들의 지구(地球)에 와서야 《영신(靈身)》과 인간 《육신(肉身)》의 진화(進化)를 마저 마치고 《아름다움(美)》을 갖춤으로써 지구계(地球界) 인간들의 모습을 갖추고 천일우주(天一宇宙) 100의 궁(宮)으로 되돌아가신 것이다.

이에 따른 가르침이 《과거칠불(七佛)》인 것이며 그 증거가 천일우주(天一宇宙) 100의 궁(宮)에서 오셨던 불(佛), 보살(菩薩)들이 지상(地上)의 인간 육신(肉身)을 가지고 태어나셨을 때의 뇌(腦)의 용적율이 1,400cc이며 지금을 살아가고 있는 인간들의 뇌(腦)의 용적율은 1,360cc가 되는 것이다.

이와 같이 참고 살아가는 인욕(忍辱)의 세계인 《탄소 순환》과 《산소 순환》이 번갈아 가며 일어나는 사바세계(娑婆世界)에 태어난 목적이 상기 설명된 두 가지 목적 때문이며 이는 《영혼(靈魂)》과 《영신(靈身)》 진화(進化)의 완성과 인간 육신(肉身)의 《아름다움(美)》을 갖추기 위해 사바세계(娑婆世界)에 태어나는 것이기 때문에 인간으로써는 큰 복(福)을 얻은 태어남이 되는 것이다.

　이와 같은 사바세계(娑婆世界)에서의 태어남의 목적을 알고 나면 다음으로 모든 삶에서 단 한 가지 《집착(執着)》을 끊게 되면 《아름다움(美)》은 더욱더 빛(光)을 발(發)하게 된다. 이것이 진정한 《아름다움(美)》을 갖추는 원인으로써 숭고한 가르침이 되는 것이다. 이로써 사바세계(娑婆世界)란 참고 살아가는 《인욕(忍辱)》의 세계로써 《탄소 순환》과 《산소 순환》이 번갈아 가며 일어나는 세계로써 정의할 수 있는 것이며 이러한 이치를 깨닫지 못한 인간들에게 《사바세계》는 고통과 괴로움만 주는 세계일 따름인 것이다.

79. 명상(冥想)과 삼매(三昧)와 선(禪)에 대하여

[1] 명상(冥想)

명상(冥想)은 조용히 눈을 감고 『법화사부경(法華四部經) 해설경』이나 『대승보살도(大乘菩薩道)의 기초교리』나 인도의 고전(古典)인 『베다(Veda)』나 『우파니샤드』 등의 내용을 조용히 암송을 하거나 조용한 음악과 함께 상기 열거한 진리(眞理)의 내용 일부분을 귀로 듣는 것을 명상(冥想)이라 한다. 이러한 명상(冥想)이《달마 조사》의《리입사행론》에 있어서《리입(理入)》을《영혼(靈魂)》과《영신(靈身)》이라고 불리우는 인간의 마음(心)의 근본 뿌리인《성(性)의 36궁(宮)》에 시킬 수 있는 최상의 방법 중의 하나이다.

[2] 삼매(三昧)

삼매(三昧)를《사마타(śamatha)》또는 정(定)의 수행으로써《삼마지(三摩地. Samādhi)》라고 하며 유식(唯識)에서는《지(止)》로 이름한다. 오온(五蘊)의 각 단계를 《성(性)》 또는 《반야공(般若空)》으로 이름한다고 밝힌 적이 있다. 이러한 《반야공(般若空)》은 《여섯 뿌리의 진공(眞空) 구슬》내(內)에서 《암흑물질(dark matter)》이 진화(進化)하여 가는 다섯 단계가 오온(五蘊)의 《반야공(般若空)》들임을 밝혀 드렸다. 삼매(三昧) 수행을 어렵게 생각할 필요가 없다.

즉, 조용한 곳에서 눈을 감고 모든 생각을 일체 끊음으로써 마음(心)이 일어나지 않게 하고 고요 속에 조용히 머무는 수행이 삼매(三昧) 수행이다. 이러한 수행을 일정 기간 한 후 순간 집중을 하면 《오온(五蘊)의 《반야공(般若空)》 속으로 들어가서 스스로가 《공(空)》을 이룸으로써 우주간(宇宙間)이나 세간(世間)의 모든 움직임을 훤히 밝게 볼 수가 있는 것이다. 이와 같이 삼매(三昧)는 《반야공(般若空)》에 있어서 《공(空)》을 추구하는 수행으로써 조용한 곳에서 눈을 감고 모든 생각을 끊는다고 하여 유식(唯識)에서는 《그칠 지(止)》로 이름하며 조용히 고요하게 머문다고 하여 《정(定)》이라고 하는 것이다.

이러한 삼매(三昧)의 대전제 조건이 《명상(冥想)》이다. 즉, 《명상(冥想)》을 한 후 그친(止) 그 자리가 아무 생각을 떠올리지 않고 조용히 머물러 《삼매(三昧)》에 돌입하는 것이 최상(最上)의 방법이 되는 것이다. 이러한 훈련을 상당 기간 한 후 삼매(三昧) 중에 집중에 들어가는 것이다. 주의하여야 될 점이 집중에 집착(執着)하지 말고 한번 들어가 보고 달라지는 것이 없을 때 곧 집중을 풀고 생각을 일으키지 않아야 하는 것이며 삼매(三昧) 끝에는 일어나야겠다는 생각을 일으킨 후 조용히 일어나면 되는 것이다.

[3] 선(禪)

선(禪)을 《위빠사나(Vipassana)》 또는 《선(禪)》의 수행으로써 유식(唯識)에서는 《관(觀)》으로 이름한다. 모든 대상을 가진 오온(五蘊)의 형상 이전을 반야관(般若觀)으로 꿰뚫어 《여섯 뿌리의 진공(眞空)》에 계합함으로써 시공(時空)을 초월한 영원한 평화를 실현하는 수행을 《위빠사나(Vipassana)》라고 한다. 오온(五蘊)에서 탐, 진, 치의 흐름을 저장하는 식(識)을 유식사상(唯識思想)에서는 일체종자식(一切種子識)이라고도 이름한다. 이러한 오온(五蘊)을 반대로 식(識), 행(行), 상(相), 수(受), 색(色)의 과정을 꿰뚫어 《여섯 뿌리의 진공(眞空)》의 자리에 계합함으로써 《아뢰야식》까지 소멸하고 《열반(涅槃, Nirvana)》인 니르바나의 세계에 계합함으로써 깨달음을 얻어 생사해탈을 이룬 이것이 석가모니 하나님 부처님께서 발견하신 《위빠사나(Vipassana)》이다.

즉, 정(定)의 수행인 《사마타(samatha)》가 《반야공(般若空)》의 공(空)을 이루고자 하는 수행이라면 선(禪) 수행인 《위빠사나(Vipassana)》는 《여섯 뿌리의 진공(眞空)》이 자리하는 대공(大空)을 경계하는 원천 바탕과 일여(一如)를 이루는 수행을 말한다. 이러한 선(禪) 수행에서는 《공(空)》마저 파(波)하는 수행이기 때문에 완전한 《적멸(寂滅)》한 경계에 들어가는 것을 말하는 것이다.

이와 같은 《선(禪)》 수행은 명상(冥想)으로 인한 삼매(三昧)를 즐기다가 최후로 하는 수행이 되는 것이다. 이와 같은 《선(禪)》 수행과 《정(定)》 수행을 묶어서 산스크리트어(語)로써 Dhyāna 또는 Jhana라고 하며 음역(音譯)으로 선나(禪那)라고 하며 선정(禪定), 정려(靜慮) 등으로 번역을 하는 것이다.

이러한 《선(禪)》 수행의 설명에서 중원 대륙의 독각의 무리들이 전(傳)한 《교외별전(敎外別傳)》된 간화선, 조사선, 여래선, 묵조선 등은 제외하는 것이다. 그 이유는 《위빠사나(Vipassana)》 수행이 《적멸(寂滅)한 경계》인 《여섯 뿌리의 진공(眞空)》에 계합하는 수행인 반면 《교외별전(敎外別傳)》된 독각의 무리들 선(禪) 수행은 《신(神)》이 되고자 하는 수행임으로 엄격히 따지면《선(禪)》수행이 될 수 없음을 밝히는 바이다. 이러한 수행은 진화(進化)를 거부하는《역리(逆理)》를 따르는 수행으로써 궁극적으로 파멸의 길로 가는 수행이라는 점을 분명히 하는 것이다.

　《위빠사나(Vipassanā)》선(禪) 수행은 먼저《명상(冥想)》과《삼매(三昧)》수행을 모두 터득한 분들이《욕망(慾望)》과《집착(執着)》을 완전히 제거하고 마지막으로 하는 것이《선(禪)》수행임인 것을 잊지 마시기 바란다. 이러한《선(禪)》수행을 하는 숨은 목적을 이제는 밝혀야겠다. 『묘법연화경(妙法蓮華經)』에서《사리佛》인《문수사리보살》이《부처님》께 아뢰는 말에 다음과 같은 내용이 있다.

> "이때 마음으로 생각하기를 '멸도를 얻음에 이르렀다.'고 하였더니 그러하오나 지금에야 겨우 이것은 참된 멸도가 아님을 스스로 깨달았나이다."
>
> 　　　　　　『묘법연화경』「제상 비유품 3항」

　이 말의《멸도》는 선(禪) 수행으로 얻은《적멸(寂滅)한 경계》를 말하는 것으로써 지금까지《적멸한 경계》에 도달하였다고 생각하였으나 이것은 참된《적멸한 경계》에 든 것이 아님을 스스로 깨달았다고 말을 하고 있는 장면이다. 즉, 그들의《선(禪)》수행으로 얻은《적멸한 경계》는 참된《적멸한 경계》에 든 것이 아님을 깨달았다는 말이다. 그러면 참된《적멸한 경계》가 무엇인가를 여러분들께서 바로 깨우치셔야 하는 것이다.

다음으로 하나 더 "예"를 들겠다.『묘법연화경』「제팔 오백제자수기품 ⑤항」의 기록된 내용에《아라한도(阿羅漢道)》를 얻은 것이《적멸한 경계》에 든 것으로 알았으나 이것이 참된《적멸한 경계》가 아니고 다만《아라한(阿羅漢)》도(道)를 이루기 위한 수행의 한 부분으로써 석가모니 하나님 부처님의 착한 근본인《대공(大空)》의 원천 바탕인《여섯 뿌리의 진공(眞空)》을 심게 하기 위하여 방편으로《적멸한 경계》를 보인 것이지 너희들이 얻은 것은 궁극적인《적멸한 경계》가 아님을 깨우치시고《실상(實相)》의《적멸한 경계》는 따로 있음을 밝히시는 말씀이다.

즉, 상기 말씀은 석가모니 하나님 부처님께서 제자들을 보고 그대들이《실상(實相)의 적멸한 경계》를 얻었다고 착각하고 있었음을 깨우치시는 말씀이다. 이와 같이 석가모니 하나님 부처님께서 깨우치시는《실상의 적멸한 경계》에 대하여 말씀 드려야겠다. 성문승(聲聞乘) 4과(四果)의 최고위(位)에 오른《아라한(阿羅漢)》이 스스로 얻은《적멸한 경계》가 참다운《적멸한 경계》가 아님을 깨닫고 현상에 머물지 말고《보살도(菩薩道)》에 입문(入門)하였을 때 곧바로 보살도 성취의《보살(菩薩)》을 이루게 된다. 이러한《보살》은《반야바라밀다(般若波羅蜜多)》에 의지하게 되므로《천궁(天宮)》으로 들어가게 된다.

이렇게《천궁》으로 들어간《보살》은《천궁》의 변화의 과정에서 완성된《보살》의 지혜(智慧)인《양자(陽子) 24》가 고온 고압의 작용(作用)에 의해 핵(核)분열과 핵(核)융합 방법에 의해 중성자(中性子)와 양전자(陽電子)로 전환이 됨으로써 보살을 이루면서 지니고 있던 중성자(中性子) 2와 양전자(陽電子) 4와 합하여져 중성자 20과 양전자 10으로《불성(佛性)의 30궁(宮)》을 이루어《보살마하살(菩薩摩訶薩)》로 거듭 태어난 후 일불승(一佛乘)의 천궁(天宮)이《천궁》의 변화상을 모두 겪고《황금알 대일(大一)》을 이룬 이후《황금알 대일(大一)》의 폭발로 새로운 부처님의 진신(眞身) 3, 4성(星)이 태어난 후 부처님의 아들들 별(星)로써 스스로의 법신(法身)을 가지고《보살마하살》들께서

도 탄생이 되는 것이다. 이렇게 탄생된《보살마하살》들의 법궁(法宮)은 대부분이 밝은 별(星)들이다.

이러한 밝은 별(星)을 법궁(法宮)으로 하신《보살마하살》들께서는 그들 법궁(法宮)의 왕성한 활동기간 동안 오랜 세월을 두고 많은 빛의 씨앗들과 물질(物質)의 씨앗들을 만들어 우주 공간(空間)으로 내보내게 된다. 이러한 행(行)을 진정한《법시(法施)》로써《무외시(無畏施)》라고 하는 것이다.

이와 같이 중생(衆生)들을 위한 만덕(萬德)을 쌓은 이후 법궁(法宮)의 왕성한 활동이 끝이 나면 법궁(法宮) 핵(核)으로 자리하였던《불성(佛性)의 30궁(宮)》도 핵(核)의 붕괴로 인하여《항성풍》이 되어 법궁(法宮) 바깥으로 분출이 된 후 스스로의 법궁(法宮) 회전(回轉) 길을 따라 일정한 지점까지 간 후 분출된《항성풍》은 한 곳에 모여《공(空)》을 이루어《천궁》의 초기 형태인《거대한 공(空)》을 이루게 된다. 이렇게 하나의 거대한《공(空)》을 이루었을 때 우주(宇宙)의 어머니(母)이신《관세음보살님》께서《진명광(眞命光)》으로 둥글게 감싸주게 되면《거대한 공(空)》은《생명력(生命力)》을 띠고 작용(作用)을 하여《커블랙홀》을 이룬 이후《태양수(太陽數) ⊕9의 핵(核)》과《화이트홀》→《케이샤》→《황금알 대일(大一)》등의 과정을 거치는 45억 년(億年)의 일적(一積)의 과정을 거친 후《황금알 대일(大一)》의 폭발로 새로운 부처님 진신(眞身) 3, 4성(星)과 아들들의 별(星)을 만들어《태양계(太陽界)》를 이루는 것이다.

이와 같은 과정에 있어서《보살마하살》의 법궁(法宮) 핵(核)의 붕괴로 발생하는《항성풍》의 과정과 이로써 만들어지는《거대한 공(空)》의 과정까지가《실상(實相)의 멸도》인《실상의 적멸한 경계》에 든 때가 되는 것이다.

이러한 이후 《커블랙홀》이 만들어져 작용(作用)함으로써 《태양수(太陽數) ⊕9의 핵(核)》이 천궁(天宮)의 핵(核)으로 자리하게 된다. 이러한 때가 음(陰)의 《무상정등정각(無上正等正覺)》을 이룬 때로써 《보살마하살》이 《일불승(一佛乘)》으로 자리하게 되는 때인 것이다.

이와 같이 《보살마하살》이 《일불승(一佛乘)》으로 다시 태어나기까지의 기간이 《실상(實相)의 적멸한 경계》에 들어가게 되는 때인 것이다. 이러한 《실상(實相)의 멸도》 때문에 수행자들은 명상(冥想)과 삼매(三昧) 수행을 충분히 하여 《견성성불(見性成佛)》을 이룬 이후 《선(禪)》 수행을 하여도 늦지 않다는 점을 알려드리는 것이다. 이 때문에 석가모니 하나님 부처님께서도 《선(禪)》 수행은 《아라한(阿羅漢)》이나 《보살(菩薩)》을 이루기 위한 수행의 방편으로 열반(涅槃)의 자리인 《적멸(寂滅)》을 열어 보였음을 말씀하고 계시는 것이다.

80. 보리달마(菩提達磨)의 이입사행론(理入四行論)

《보리달마(菩提達磨)》(생몰 AD423~AD528)는 《미륵불(佛)》의 전신(前身)이다. 이러한 《보리달마》께서 《중원 대륙》에 전(傳)하시고자 하였던 《법(法)》이 《리입사행론(理入四行論)》이다. 이와 같은 《리입사행론》은 《영혼(靈魂)》을 이루는 《양자영(陽子靈)》과 《영신(靈身)》이 하나된 마음(心)의 근본 뿌리인 《성(性)의 36궁(宮)》에게 진리(眞理)인 《혜(慧)》의 이치를 입력함으로써 일어나는 4가지 《행(行)》을 다스림으로써 《성불(成佛)》의 길로 들어가는 수행을 말하는 것이다.

이와 같은 수행의 《4가지 행(行)》이 《보원행》, 《수원행》, 《무소구행》, 《칭법행》으로써 이러한 네 가지 행(行)도 《보원행》, 《수연행》이 《음(陰)의 행(行)》이 되며 《무소구행》, 《칭법행》이 《양(陽)의 행(行)》으로 음양(陰陽) 짝을 하고 있는 네 가지 행(行)을 말한다.

즉, 마음(心)의 근본 뿌리인 《성(性)의 36궁(宮)》에 있어서 양자영(陽子靈) 24에게 《혜(慧)》인 이치를 입력하게 되면 일어나는 두 가지 현상 중 원망하는 마음이 일어나는 것을 《보원행》이라 하며 이의 대처 방법은 원망하는 마음(心)이 모두 자신(自身)으로부터 비롯되는 것이기 때문에 스스로의 업장을 소멸하는 《참회기도》로써 대처를 하며, 이러한 《보원행》의 단계가 지나면 어릴 때부터의 추억과 지나간 일들의 상념(想念)으로 인한 만상(萬想)이 떠오른다. 이렇게 상념에 의한 만 가지 상(想)이 떠오르는 것을 《수연행》이라 하며, 이의 대처 방법은 떠오르는 만 가지 상(想)에 얽매이지 않고 그냥 물(水)이 흐르듯 지나가게 하면 되는 것이다. 이러한 두 가지 행(行)은 스스로의 내면(內面)으로부터 일어나는 행(行)이기 때문에 이를 《음(陰)의 행(行)》이라고 하는 것이다.

다음으로 《무소구행(行)》은 모든 일에 《집착(執着)》을 하지 않는 행을 말하며 《칭법행》은 육바라밀행(六波羅蜜行)을 말함으로써 《집착(執着)》을 하지 않고 《육바라밀행(六波羅蜜行)》을 생활화하는 행(行)이 겉으로 드러나기 때문에 이를 《양(陽)의 행(行)》이라고 하는 것이다. 마음(心)의 근본 뿌리인 성(性)의 36궁(宮)의 양자(陽子) 24에 《혜(慧)》인 이치의 입력(入力) 완성이 곧 《지혜(智慧)》의 완성이 되는 것이다. 이러한 과정의 《혜(慧)》의 축적을 위해 꾸준히 노력함으로써 일어나는 내면(內面)적인 두 가지 행(行)을 극복하고 집착(執着)하지 않는 삶을 살면서 《육바라밀행(六波羅蜜行)》을 생활화하는 삶을 가르치기 위해 나온 것이 《보리달마》의 《리입사행론(理入四行論)》인 것이다. 이러한 《보리달마》의 《리입사행론》과 《면벽참선(參禪)》 수행과는 전혀 관련이 없는 것이다.

사정이 이러함에도 AD 520년 《보리달마》께서 인도로부터 배를 타고 중원 대륙에 들어와서 《양(梁)》나라 《무제》의 궁(宮)에서 이러한 《리입사행론》을 강론을 하다가 당시 독각들의 수행인 《선(禪)》 수행과 정면으로 부딪치는 것이 마음(心)을 닦는 수행과 마음(心)의 근본 뿌리인 성(性)의 36궁(宮)을 겨냥한 수행이 부딪친 것이다.

이로써 《독각의 무리들》이 수행을 하는 중원 대륙으로 봐서는 《보리달마》께서 활동을 하게 두면 안되기 때문에 《보리달마》를 《낙양》의 《소림사》에 9년(年) 동안이나 유폐시켰다가 그의 하수인을 시켜 독살시켜 놓고 '《보리달마》께서 9년 면벽 끝에 사람의 마음(心)은 본래 청정하다는 이(理)를 깨달아야 한다고 주장'을 함으로써 이에 질투를 느낀 《보리유

지》와 《광통율사》에게 독살당하였다고 꾸미고 트릭으로 그 제자 《혜가(慧可)》가 양팔을 자르고…… 운운하면서 전수를 함으로써 《선종(禪宗)》의 초조가 되었다고 기록함으로써 《사기극》을 연출한 것이다.

이때 중원 대륙의 불자(佛者)들이 《보리달마》의 《리입사행론》을 받아들여 수행을 하였으면 수많은 불(佛), 보살(菩薩)을 잉태시키고 그들 《독각의 무리》 백성들이 오늘날 최소의 《4-1의 성문승(聲聞乘)》의 길에 들어 구원을 실현할 수 있을 것인데, 애석하게도 《보리달마》의 법(法) 전함을 막고 오히려 이를 역이용하여 희대의 《사기극》을 벌임으로써 《북반구(北半球) 문명》이 결산되는 지금의 때로 봐서는 문명(文明)의 몰락 이후 그들 영혼(靈魂)들의 구원은 기대할 수 없는 형편에 처한 것이 안타까울 뿐인 것이다.

이후 《보리달마》의 《리입사행론》 때문에 큰 곤욕을 치르신 분이 《혜능(慧能) 대사》이다. 이러한 《혜능대사》가 후학(後學)들에게 가르치고자 하였던 것이 바로 《리입사행론》이다. 이러한 것을 눈치 챈 《신수일당》이 승려의 신분으로 그를 살해하고자 일평생 찾아다닌 사건은 유명하다. 이러한 《혜능대사》가 《가사와 발우》를 한반도로 전하였으나 한반도의 승려들 역시 《혜능대사》의 뜻을 알지 못하고 《가사와 발우》를 전한 것만 불자(佛者)들에게 선전하고 정작 그 뜻은 전하고 있지 못한 것이다. 이러한 일들 모두가 불법(佛法) 파괴의 하나의 실상(實相)이 되는 것이다. 이와 같은 《달마조사》의 《리입사행론》이 대승 《보살불교》 수행의 한 방편임을 밝혀 두는 바이다.

81. 법륜(法輪)에 대하여

법륜(法輪)은 범어(梵語)로는 다르마챠크라(Dharmacakra)라고 한다. 법륜(法輪)은 법(法)의 수레바퀴라는 뜻을 가진 말로《석가모니 하나님 부처님》과 《관세음보살님》의 상징적인 표상물이 바로 법륜(法輪)이다. 이러한 법륜(法輪)의 이해를 위해 먼저『관보현보살행법경(觀普賢菩薩行法經) 제④항』의 한 구절을 소개하여 살펴보고 다음 설명을 드리겠다.

> "코끼리의 머리 위에는 셋의 화한 사람이 있는데, 하나는 금륜을 잡고, 하나는 마니보배를 가졌으며, 하나는 금강저를 잡았음이라. 금강저를 들어서 코끼리를 적용하면 코끼리는 곧 능히 가되, 다리는 땅을 밟지 아니하고 허공을 밟아서 그리고는 놀되, 땅에서 떨어지기가 일곱 자이며, 땅에는 찍힌 문채 가운데에는 일천의 바퀴살과 속바퀴와 덧바퀴가 모두 다 흡족하게 갖추어 있으며, 하나하나의 덧바퀴 사이에는 하나의 큰 연꽃이 나고, 이 연꽃 위에는 한 코끼리가 화하여 나오되, 또한 일곱 다리가 있어 큰 코끼리를 따라가나니, 발을 들고 발을 내림에 칠천의 코끼리를 낳아서 권속으로써 삼고, 큰 코끼리를 좇아 따르느니"
>
> 『관보현보살행법경(觀普賢菩薩行法經) ④항』

상기 소개문의 금륜(金輪)이 바로 법륜(法輪)의 상징물이다. "**땅에는 찍힌 문채가 있고 찍힌 문채 가운데에는 일천의 바퀴살과 속바퀴와 덧바퀴가 모두 다 흡족하게 갖추어 있으며**"라는 대목이 법륜(法輪)을 묘사한 대목이다. 이와 같은 법륜(法輪)이《석가모니 하나님 부처님》과 배(配)로서의《관세음보살님》의 표상물로써《석가모니 하나님 부처님》과《관세음보살》께서는《하나님의 양음(陽陰)》이시기 때문에 석가모니 하나님 부처님의《하나님》으로서의 권위의 상징이 바로 법륜(法輪)이다.

이를 잘 나타낸 표현이 셋의 화한 사람 가운데 첫째 자리에 앉으신《석가모니 하나님 부처님》의《금륜(金輪)》이다. 이 때문에《관세음보살님》께서도 권위의 상징으로써 법륜(法輪)을 가질 수가 있는 것이며 우주간(宇宙間)의 법륜(法輪)을 권위의 상징으로 가질 수 있는 분은《석가모니 하나님 부처님》과《관세음보살님》이외에는 없음을 잘 아시기 바란다. 이를 두고 "교법(敎法)은 한 사람 한 곳에 머물러 있지 아니하고 늘 굴러서 여러 사람에게 이르는 것이 마치 수레바퀴와 같으므로 이를 법륜(法輪)이라 한다"고 해석함은 극히 좁은 의미의 해석이 됨을 이 장을 통해서 확실히 아시기를 바란다.

법륜(法輪)을 설명하면서『관보현보살행법경(觀普賢菩薩行法經) 제④항』의 일부 부분을 소개하였다. 그러면 상징으로써의 법륜(法輪)의 실체를 이해하기 위해『(改訂版) 妙法華(묘법화)의 실상(實相)의 법(法)』(2015)을 참고하여 부분적으로 나누어 설명을 드리겠다.

① " 코끼리의 머리 위에는 셋의 화한 사람이 있는데, 하나는 금륜을 잡고, 하나는 마니보배를 가졌으며, 하나는 금강저를 잡았음이라."

'셋의 화(化)한 사람'은 《석가모니 하나님 부처님》과 《노사나佛》과 《다보佛》을 말하며 금륜을 잡은 분이 《석가모니 하나님 부처님》이시며 《마니 보배》를 잡은 분이 《노사나佛》이시다. 마니 보배는 때에 노사나佛 태양선(太陽船)인 지일(地一)에서 새로이 잉태된 《태양성(太陽星)》을 비유로써 말씀하신 것이다. 금강저를 잡은 분이 《다보佛》이시다. 이는 상계(上界)의 우주를 묘사한 부분으로써 현재 성단의 이름으로 《오리온좌》 성단을 《천일일(天一一) 우주》라고 하며 이를 《태양우주(太陽宇宙)》라고도 한다. 이러한 태양궁(太陽宮)에 《석가모니 하나님 부처님》이 계시며 지금의 별자리 이름으로 《황소자리》 성단을 '지일이(地一二) 우주'라고 하는데 이러한 지일이(地一二) 우주를 노사나佛 태양선(太陽船)인 지일(地一)의 선도로 만들어지게 된다. 이때 《노사나佛 태양성(太陽星)》을 상징한 것이 두 번째 마니 보배주를 가지고 앉으신 분으로 묘사된 것이다.

다음으로 도솔천 내원궁이 있는 곳으로부터 은하수(銀河水)까지의 우주를 인일일(人一一), 인일이(人一二), 인일삼(人一三) 우주라고 하는데 이 우주를 만드신 분이 《석가모니 하나님 부처님》과 《다보佛》이시다. 이 우주에 《다보佛》께서 계시는 장면을 묘사함으로써 '상계(上界)의 1-3-1의 길 우주'를 《큰 코끼리》로 비유하신 것이다.

② "금강저를 들어서 코끼리를 적용하면 코끼리는 곧 능히 가되, 다리는 땅을 밟지 아니하고 허공을 밟아서 그리고는 놀되, 땅에서 떨어지기가 일곱 자이며"

상계(上界)의 우주인 상천궁(上天宮), 천일우주(天一宇宙) 100의 궁(宮), 천일일(天一一), 인일일(人一一), 인일이(人一二), 인일삼(人一三) 우주의 운행(運行)을 비유하셨으며 "**다리는 땅을 밟지 아니하고 허공을 밟아서 그리고는 놀되, 땅에서 떨어지기가 일곱 자**"라는 뜻은 우주 전체를 3구분한 천(天)·지(地)·인(人) 우주 구분 중 천일일(天一一) 우주인《오리온좌》성단이 천(天)의 우주 부분이며 지일일(地一一), 지일이(地一二) 우주인《황소자리》성단이 지(地)의 우주 부분이며, 인일일(人一一), 인일이(人一二), 인일삼(人一三) 우주인《오리온좌》아래쪽부터 은하수(銀河水)까지가 인(人)의 우주 부분이다. 이러한 천(天)·지(地)·인(人) 우주에서 천(天)과 인(人)의 우주가 1-3-1의 길로써 같은 길에 있으며 지(地)의 우주가 1-4-1의 길을 걷고 있다. 이를 비유로 말씀하신 것이며, "**땅에서 떨어지기가 일곱 자**"란 뜻은 땅은《지(地)》의 우주를 말하고 7자는 7의 우주인《지일(地一)》의《노사나佛 태양선(太陽船)》의 이동 성단을 말씀하시는 것이다. 7의 우주란 선천우주(先天宇宙)와 후천우주(後天宇宙) 전체의 지(地)의 우주를 말하는 때도 있고 지일(地一)인 노사나佛의 태양선(太陽船)을 말하는 때도 있으나 여기에서는《노사나佛 태양선(太陽船)》인《지일(地一)》을《지(地)》의 우주에서 떨어져 있다고 말씀하시는 것이다.

③ "**땅에는 찍힌 문채가 있고 찍힌 문채 가운데에는 일천의 바퀴살과 속바퀴와 덧바퀴가 모두 다 흡족하게 갖추어 있으며**"

'찍힌 문채 가운데 일천의 바퀴살'은 천일일(天一一) 우주를 뜻하며 '덧바퀴'는 1-4-1의 길의 지일일(地一一), 지일이(地一二) 우주를 뜻하며 '속바퀴'는 인일일(人一一), 인일이(人一二), 인일삼(人一三) 우주를 뜻한다.

④ "**하나하나의 덧바퀴 사이에는 하나의 큰 연꽃이 나고, 이 연꽃 위에**

는 한 코끼리가 화하여 나오되, 또한 일곱 다리가 있어 큰 코끼리를 따라가나니"

'하나하나의 덧바퀴'는 1-4-1의 길의 《지(地)》의 우주를 뜻하며 '하나의 큰 연꽃'의 상징은 이때 새로운 법궁(法宮)을 가지신 《노사나佛》을 뜻한다. '이 연꽃 위에는 한 코끼리가 화하여 나오되, 또한 일곱 다리가 있어'의 '화(化)하여 나온 코끼리'는 지일일(地一一), 지일이(地一二) 우주가 되며 '일곱 다리'는 노사나佛 태양선(太陽船)으로부터 잉태된 지일(地一)의 7성(星)인 태양성, 수성, 금성, 토성, 천왕성, 해왕성, 명왕성이 된다. 이때의 '큰 코끼리'는 상계(上界)의 1-3-1의 길 우주가 된다.

⑤ "발을 들고 발을 내림에 칠천의 코끼리를 낳아서 권속으로써 삼고, 큰 코끼리를 좇아 따르느니라."

'발을 들고 내림'은 우주의 운행(運行)을 뜻하며 '칠천의 코끼리'는 코끼리의 일곱 다리인 지일(地一)인 7의 우주를 제외한 지일삼(地一三), 지이삼(地二三), 지이일(地二一), 지이이(地二二), 지삼삼(地三三), 지삼일(地三一) 지삼이(地三二) 일곱(7)의 우주를 말한다. 이때의 '큰 코끼리'는 상계(上界)의 우주 및 선천우주(先天宇宙)와 후천우주(後天宇宙) 전체의 천(天)과 인(人)의 우주를 뜻하는 것이다. 지금 현재로는 지이삼(地二三) 우주가 완성된 때이며 나머지 5의 지(地)의 우주는 후천우주(後天宇宙) 240억 년(億年) 기간 내에 만들어지는 우주이다.

후천우주(後天宇宙)에 돌입하기 이전까지 우리들의 태양계(太陽界) 11성(星,

달 포함)은 지이삼(地二三) 우주의 변두리에 위치하여 있었다. 거대한 코끼리인 선천우주(先天宇宙)와 후천우주(後天宇宙) 천(天)과 인(人)의 우주는 『실상(實相)의 법(法)』(2015)을 참고하시기 바란다. 이와 같이 대공(大空) 속의 선천우주(先天宇宙)와 후천우주(後天宇宙) 전체를 형상화하여 놓은 것이 법륜(法輪)이다. 이 때문에 법륜(法輪)을《석가모니 하나님 부처님》의《하나님으로서의 권위의 상징》이라고 하는 것이며 석가모니 하나님 부처님과 배(配)로서의 관세음보살님 이외에는 지니거나 호칭을 할 수 없는 권위의 상징임을 분명히 아시기 바란다.

편집후기(編輯後記)

　지금까지 집필한 내용의 법(法)은《미륵부처님》께서 이 세상에 오셔서 여러분들에게 전(傳)하여 드리는 법(法)이다. 불교(佛敎)의 각 종단에서는 하늘(天)에 계시는 부처님들과 대화를 할 수 있는 덕(德) 높은 스님네들이 계실 것이다. 이러한 덕(德) 높은 스님네들께서는 『대승보살도(大乘菩薩道)의 기초교리』의 법(法)을 전한 자가 과연《미륵부처님》인가를 확인해 보시라. 이와 같은 확인도 할 수 없는 종단이라면 불교(佛敎)라는 간판을 내려놓는 것이 옳을 것이다. 이러한 확인 절차 이후《미륵부처님》이 전한 법(法)이라는 사실이 확인이 되고 난 이후에는《미륵부처님》의 법(法)을 받아들이고 받아들이지 않는 것은 그대들의 자유이다. 그러나《미륵부처님》의 법(法)을 받아들였을 때 최대로 혜택을 받는 자(者)들은 일반 중생(衆生)들이 아닌《승려 집단》이 됨을 분명히 알려 드리는 것이다.

　이와 같은《미륵부처님》이 전(傳)하는 법(法)은 천상(天上)의 모든 부처님들과 보살들과 뭇 성인(聖人)들께서 높이 받들고 있는 법(法)들이다. 이러한 법(法)을 받아 공부하는 승려들과 불자(佛者) 여러분들께서는 쉽게 성불(成佛)을 할 수 있음을 분명히 말씀드리며 이와 같은《미륵부처님》의 법(法)을 종교가 다르다고 하여 왜곡하고 비방하는 자(者)들은 그들이 육신(肉身)의 죽음을 맞이한 이후에는 분명히《미륵부처님》앞으로 불려오게 되어 있다. 이때 자비스러운《미륵부처님》이나 왜곡, 비방하다가 불려오는《영혼(靈魂)》들에 대하여서는 자비를 베풀 수가 없음을 분명히 전(傳)하는 것이다.

 이와 같은 당부를 드리고 여러분들의 건투를 빌면서 편집후기(編輯後記)의 인사의 글로 대하는 바이다.

　　　　　　　　　佛紀 2552年　陰 8月 19日

　　　　　　　　　　著者　彌勒佛 올림

부 록

18. 법궁(法宮)이란?

법보화(法報化) 삼신(三身)

	법신(法身)	보신(報身)	화신(化身)
인간	공간(空間)의 별(星)들을 육신(肉身)으로 하였을 때	인간의 주인공인 《영혼(靈魂)》이 《영신(靈身)》과 《양음(陽陰)》 짝을 하였을 때의 《영신(靈身)》	인간의 《영혼(靈魂)》과 《영신(靈身)》이 《육신(肉身)》을 가지고 태어났을 때의 《육신(肉身)》
보살마하살	천궁(天宮)을 이루어 일불승(一佛乘)으로 자리하셨을 때의 천궁(天宮)	밝은 별(星)을 육신(肉身)으로 하였을 때. "예" 토성, 천왕성, 해왕성, 명왕성 등.	인간의 육신(肉身)을 가지고 태어나셨을 때
모든 부처님	천궁(天宮)을 이루었을 때와 적멸(寂滅)한 경계에 들었을 때	태양성(太陽星)이나 달(月) 등을 육신(肉身)으로 가졌을 때	인간의 육신(肉身)을 가지고 태어나셨을 때
석가모니 하나님 부처님	《슈바르츠실트 블랙홀》인 반중성자(反中性子) 별(星)로써 진성궁(眞性宮)을 육신(肉身)으로 하셨을 때	상천궁(上天宮)의 여섯 뿌리의 법궁(法宮)이나 중계(中界)의 우주 여섯 뿌리의 법궁(法宮)인 목성(木星)에 자리하실 때	인간의 육신(肉身)을 가지고 태어나셨을 때

28. 십거일적도(十鋸一積圖)란?

十鋸一積圖와 六合

寂滅寶宮 橫의 中一合과 綜의 三合과 〈6×6 圖〉

《正明宮》法身佛宮의 과정 정리	《6×6圖》공후수 계산
本體　　　24공후	
用體　　　18공후	6×6=36
이동 공후수　12공후	36×(±3)÷2=54공후
총계　　　54공후	

寂滅寶宮 橫2의 中二合과 綜3의 六合과 〈8×8 圖〉

《正明宮》報身佛宮의 과정 정리	《8×8圖》공후수 계산
本體　　　30공후	
用體　　　18공후　(眞明宮의 몫)(正明宮의 몫)	8×8=64
이동 공후수　24공후	64×(±3)÷2=96공후
총계　　　96공후	

橫3의 正明宮 九合과 綜6의 眞明宮 六合의 六合과 〈10×10 圖〉

《正明宮》과《眞明宮》의 공후수 정리	《10×10圖》공후수 계산
正明宮: 本體 :36공후　┐ 황금태양 　　　　 用體 :36공후　┘ 眞明宮: 本體 :30공후 　　　　 用體 :24공후	10×10=100
이동 공후수　24공후	100×(±3)÷2=150공후
총계　　　150공후	

橫3의 正明宮 十二合과 綜6의 眞明宮 六合의 九合과 〈12×12 圖〉

《正明宮》과《眞明宮》의 공후수 정리	《12×12圖》공후수 계산

正明宮:　本體　　:72공후
　　　　36대공　:36공후
　　　　바탕수　:12공후
眞明宮:　本體　　:36공후 ┐
　　　　用體　　:36공후 ┘ 황금태양
　　　　바탕수　:12공후
이동 공후수　　　24공후
　　총계　　　　216공후

$12 \times 12 = 144$

$144 \times (\pm 3) \div 2 = 216$공후

십거일적도(十鋸一積圖)와 천궁도(天宮圖)

십거일적도(十鋸一積圖)	천궁도(天宮圖)
《1×1도(圖)》	<1×1×1> 천궁도(天宮圖) <1×2×1> 천궁도(天宮圖)
《2×2도(圖)》	<2×1×2> 천궁도(天宮圖) <2×2×2> 천궁도(天宮圖)
《3×3도(圖)》	<3×1×3> 천궁도(天宮圖) <3×2×3> 천궁도(天宮圖) <3×3×3> 천궁도(天宮圖)
《4×4도(圖)》	<4×1×4> 천궁도(天宮圖) <4×2×4> 천궁도(天宮圖) <4×3×4> 천궁도(天宮圖) <4×4×4> 천궁도(天宮圖)
《6×6도(圖)》	<6×1×6> 천궁도(天宮圖) <6×2×6> 천궁도(天宮圖) <6×3×6> 천궁도(天宮圖) <6×4×6> 천궁도(天宮圖) <6×5×6> 천궁도(天宮圖) <6×6×6> 천궁도(天宮圖)
《8×8도(圖)》	<8×1×8> 천궁도(天宮圖) <8×2×8> 천궁도(天宮圖) <8×5×8> 천궁도(天宮圖) <8×6×8> 천궁도(天宮圖)
《10×10도(圖)》	<10×1×10> 천궁도(天宮圖) <10×2×10> 천궁도(天宮圖) <10×5×10> 천궁도(天宮圖) <10×6×10> 천궁도(天宮圖)
《12×12도(圖)》	<12×1×12> 천궁도(天宮圖) <12×2×12> 천궁도(天宮圖) <12×7×12> 천궁도(天宮圖) <12×8×12> 천궁도(天宮圖)

35. 아뇩다라삼먁삼보리(阿耨多羅三藐三菩提)에 대하여

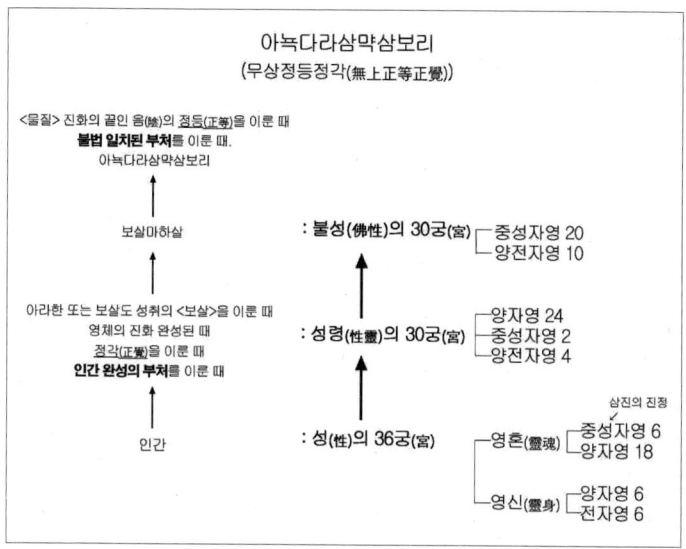

비고 : 아라한과 보살의 차이는 똑같이 성령의 30궁을 이룬 것은 같으나 다만, 물질의 진화인 <우주간의 법>을 근간으로 하는 <보살도>에 들었으면 "보살"이라고 한다.

39. 십이인연(十二因緣)이란 무엇입니까?

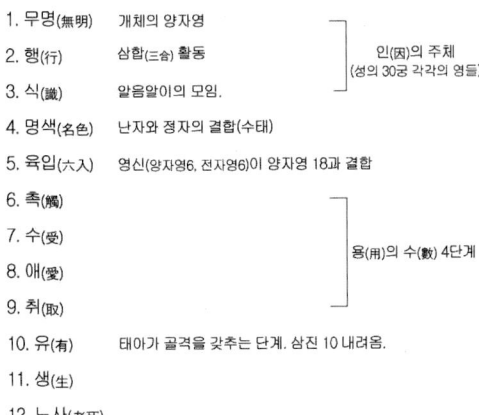

40. 삼계(三界)란 무엇입니까?

음(陰)의 삼계(三界)

음(陰)의 삼계(三界)			해당 우주
무색계 (無色界)	비상비비상천		적멸보궁(寂滅寶宮)
	공무변천		대공을 경계하는 원천 바탕
	식무변천		오온의 색의 단계인 여섯 뿌리의 진공 구슬과 암흑물질이 음양 짝을 한 대공의 바탕
	무소유처		전자로써 대공의 바탕을 이룬 곳
색계 (色界)	초선천	무상천, 무번천, 무열천	상천궁(上天宮)
		선견천, 선현천, 색구경천	천일우주(天一宇宙)
		무운천, 복생천, 광과천	천일일(天一一) 宇宙
	2선천	소광천, 무량광천, 광음천	地一一, 地一二, 地一三
	삼선천	범중천, 범보천, 대범천	天二一, 天二二, 天二三
	사선천	소정천, 무량정천, 변정천	人二一, 人二二, 人二三
욕계 (欲界)		도솔천, 화락천, 타화자재천	人一一, 人一二, 人一三
		야마천, 도리천, 사왕천	地二三 宇宙

47. 보살도(菩薩道)에 대하여

대승보살도(大乘菩薩道)

1. 근본목적(根本目的)

아뇩다라삼먁삼보리(阿耨多羅三藐三菩提)
의역(意譯) : 불법(佛法) 일치된 완전한 깨달음 이룸

2. 보살도(菩薩道) 수행 경전

『우주간의 법 해설 정본(正本) 반야바라밀다심경』
『우주간의 법 해설 무량의경』
『우주간의 법 해설 묘법연화경』
『우주간의 법 해설 관보현보살행법경』
『우주간의 법 해설 법성게』
한단불교(桓檀佛敎) 4대 경전 : 『천부경』「81자」
　　　　　　　　　　　　『황제중경(皇帝中經)』
　　　　　　　　　　　　『황제내경(皇帝內經)』
　　　　　　　　　　　　『삼일신고(三一神誥)』
　　　　해설서 : 『리그베다』, 『우파니샤드』

3. 구족행(具足行)

[팔정도(八正道)]
정견(正見)
정사유(正思惟)
정어(正語)
정업(正業)
정명(正命)
정정진(正精進)
정념(正念)
정정(正定)

4. 실천행(實踐行)

[육바라밀행(六波羅蜜行)]
보시바라밀(報施婆羅蜜)
지계바라밀(持戒波羅蜜)
인욕바라밀(忍辱波羅蜜)
정진바라밀(精進波羅蜜)
선정바라밀(禪定波羅蜜)
반야바라밀(般若波羅蜜)

| 5. 보살도(菩薩道) 입문(入門) 통과 의례 |

필히 《복식호흡》을 이수(履修)할 것

| 6. 실천 수행 |

대상자 : 보살도 입문 통과 의례를 마친 행자에 한함.

[달마조사의 리입사행론 수행]

리입(理入) : 성(性)의 30궁(宮)에 있어서 양자(陽子) 24와 전자(電子) 6에게 혜(慧)를 축적시키는 방법으로써 먼저 『천부경 81자(字)』, 『삼일신고』, 『우파니샤드』, 『리그베다』, 『정본(正本) 반야바라밀다심경 해설경』, 『무량의 해설경』 중에서 택일하여 당일 정진 부분까지 독송한 후, 독송이 끝난 후 경의 내용을 눈을 감고 조용히 떠올려 보는 명상(瞑想)을 한 후 생각이 끊어지는 곳으로부터 조용히 삼매(三昧)에 돌입.

※ 이렇듯 성(性)의 36궁(宮)인 영혼(靈魂)에 리(理)인 진리(眞理)를 입력시켰을 때 내부적(內部的)으로 일어나게 하는 행(行)으로써 이렇듯 원망하는 마음이 일어날 때 이는 모두가 스스로가 지은 업(業)에 의해 일어나는 것이므로 이때는 《참회기도》로써 고비를 넘겨야 하며 이후는 지나간 옛 추억의 만상이 떠오르는 것이 《수연행》이다. 이때는 만상에 얽매이지 말고 물 흐르듯 흘러 보내면 된다. 다음으로 외부적으로 실행하여야 될 행(行)이 무소구행과 칭법행으로써 무소구행은 집착(執着)과 관련된 행으로써 집착함이 없는 구함이 없는 바 행을 하는 것을 말하며 칭법행은 육바라밀행(行)을 말한다. 이러한 보원행, 수연행, 무소구행, 칭법행을 사행(四行)이라고 한다.

| 7. 보살심(菩薩心)의 경계 |

상구보리(上求菩提) 하화중생(下化衆生)

| 8. 보살도(菩薩道)의 경계 |

보살도(菩薩道)의 입문(入門)

49. 백, 천, 만억(百, 千, 萬億)의 수리(數理) 비유의 뜻은 무엇입니까?

백, 천, 만억의 수리 뜻

하늘	상계(上界)의 우주	중계(中界)의 우주	하계(下界)의 우주	
천(天)의 우주	상천궁 천일우주(天一宇宙) 100의 궁(宮) 천일일(天一一) 우주	천이삼(天二三) 우주 천이일(天二一) 우주 천이이(天二二) 우주	천삼삼(天三三) 우주 천삼일(天三一) 우주 천삼이(天三二) 우주	→ 백억조개의 별들이 자리하는 우주
인(人)의 우주	인일삼(人一三) 우주 인일일(人一一) 우주 인일이(人一二) 우주	인이삼(人二三) 우주 인이일(人二一) 우주 인이이(人二二) 우주	인삼삼(人三三) 우주 인삼일(人三一) 우주 인삼이(人三二) 우주	→ 백억조개의 별들이 자리하는 우주
지(地)의 우주	지일일(地一一) 우주 지일이(地一二) 우주	지이삼(地二三) 우주 지이일(地二一) 우주 지이이(地二二) 우주	지삼삼(地三三) 우주 지삼일(地三一) 우주 지삼이(地三二) 우주	→ 백억조개의 별들이 자리하는 우주

↓ 백억조개의 별들이 자리하는 우주

50. 백, 천(百, 千)의 수리 비유의 뜻은 무엇입니까?

백, 천의 수리

	100	1,000
음(陰)	天一宇宙 100의 宮	天一一 宇宙
양(陽)	中央宇宙 100의 宮	天二一, 地二一, 人二一 宇宙

51. 백, 천, 만(百千萬)의 수리(數理)의 비유는 무엇입니까?

백, 천, 만의 수리 비유

삼계	해당우주		별들의 수	
상계(上界)의 우주	人의 宇宙	人一一 宇宙	10^2승	10^9승
		人一二 宇宙	10^3승	
		人一三 宇宙	10^4승	
중계(中界)의 우주	天의 宇宙	天二三 宇宙	10^4승	10^9승
		天二一 宇宙	10^2승	
		天二二 宇宙	10^3승	
	地의 宇宙	地二三 宇宙	10^4승	10^9승
		地二一 宇宙	10^2승	
		地二二 宇宙	10^3승	
	人의 宇宙	人二三 宇宙	10^4승	10^9승
		人二一 宇宙	10^2승	
		人二二 宇宙	10^3승	
하계(下界)의 우주	天의 宇宙	天三三 宇宙	10^4승	10^9승
		天三一 宇宙	10^2승	
		天三二 宇宙	10^3승	
	地의 宇宙	地三三 宇宙	10^4승	10^9승
		地三一 宇宙	10^2승	
		地三二 宇宙	10^3승	
	人의 宇宙	人三三 宇宙	10^4승	10^9승
		人三一 宇宙	10^2승	
		人三二 宇宙	10^3승	

天三三 우주 10^4승에는 下天宮 10의 宮이 10^1승이 포함되어 있다.

地三三 우주 10^4승에는 地宮 10의 宮 10^1승이 포함되어 있다.

52. 천, 만억(千, 萬億)의 수리(數理)의 비유는 무엇입니까?

千, 萬億의 수리(數理)

	天의 宇宙	별들의 數	地의 宇宙	별들의 數
中界	天二二	10^3	地二二	10^3
	天二三	10^4	地二三	10^4
下界	天三三	10^3	地三三	10^3
	天三一	10^2	地三一	10^2
	天三二	10^3	地三二	10^3
계		10^{15}		10^{15}

(※ 天三三 우주에서 下天宮 10^1승을 제외)　　(※ 地三三 宇宙에서 地宮 10^1승 제외)

※ 千萬億 수리의 비유에 있어서 별들의 수와는 관계없이 1,000의 우주들인 天一一, 天二一, 地二一, 人二一 우주를 중심으로 한 외곽에서 만들어지는 별들을 총체적으로 이야기할 때도 1,000, 10,000億의 宇宙로도 비유를 하는 것이다.

53. 팔만(八萬)의 수리(數理)의 뜻은 무엇입니까?

팔만(八萬)의 수리(數理)

	수리		개별 의미	종합 의미
1	8		中央天宮上宮	中央天宮上宮과 人二三 宇宙
	10,000(10^4)		人二三 宇宙	
2	8	8	中央天宮上宮 또는 중앙천궁상궁에서도 法空의 0(Zero) 지점에 자리하는 목성, 달, 화성, 지구 등 여섯 뿌리의 법궁과 석가모니 하나님 부처님 眞身三星을 묶은 《8의 우주》	
	0(Zero)		완성수	
3	8		中央天宮上宮	人의 우주들 또는 사람들의 우주
	10,000(10^4)	10^2승	中央宇宙 100의 宮	
		10^2승	人二一 宇宙	

54. 팔만사천(八萬四千)의 수리(數理)의 뜻은 무엇입니까?

팔만사천(萬二四千) 수리(數理)

	수리			개별 의미	종합 의미
1	80,000			인(人)의 우주들인 《8의 우주》	《1-3의 길에 있는 人二一 우주를 중심으로》한 8의 우주들
1	4,000	4×1,000	4	《1-3의 길》	
1	4,000	4×1,000	1,000	1,000의 세계인 中界의 8의 우주 중심 우주인 《人二一》宇宙	
2	84	8+4	12(6과 6)	《여섯 뿌리의 法宮을 중심으로 한 여섯 가지의 우주》 또는 《여섯 뿌리를 바탕으로 한 여섯 가지의 우주들》	전체 우주
2	0(Zero)			완성의 의미	
3	84	8+4	12 (3과 9의 合水)		《佛의 眞身 ⊕3이 이룬 太陽數 ⊕9》 또는 《佛의 眞身三星과 太陽數 9》

465

55. 만이천(萬二千)의 수리(數理)의 뜻은 무엇입니까?

만이천(萬二千) 수리(數理)

	수리		개별 의미	종합 의미
1	12	6	《여섯 뿌리의 법궁(法宮)을 중심한 여섯 가지의 우주들》	《여섯 뿌리의 法宮을 중심한 여섯 가지의 우주들인 天二一, 地二一, 人二一 우주들》
		6		
	1,000	10^3승	1,000의 세계들인 中界의 우주 중심 우주들인 《天二一, 地二一, 人二一》宇宙	
2	12	6	《여섯 뿌리를 바탕》	《여섯 뿌리를 바탕으로 한 여섯 가지의 우주들》 즉, 팽창기 우주 전체
		6	《여섯 가지의 우주들》	
	0(Zero)	완성수		

56. 천만(千萬)의 수리 비유의 뜻은 무엇입니까?

천만(千萬) 수리(數理)

수리	상계(上界)의 우주	중계(中界)의 우주	하계(下界)의 우주
天의 宇宙		天二二 宇宙 : 10^3 天二三 宇宙 : 10^4	天三二 宇宙 : 10^3 天三三 宇宙 : 10^4
地의 宇宙		地二二 宇宙 : 10^3 地二三 宇宙 : 10^4	地三二 宇宙 : 10^3 地三三 宇宙 : 10^4
人의 宇宙	人一二 宇宙 : 10^3 人一三 宇宙 : 10^4	人二二 宇宙 : 10^3 人二三 宇宙 : 10^4	人三二 宇宙 : 10^3 人三三 宇宙 : 10^4

63. 십지보살(十知菩薩)에 대하여

십지보살(十知菩薩)

환희지(歡喜地) : 처음으로 참다운 중도지(中道智)를 내어 불성(佛性)의 이치를 보고 견혹(見惑)을 끊으며 자리이타(自利利他)하여 희열(喜悅)에 가득찬 지위

⇩

이구지(離垢知) : 수행으로 미혹을 끊고 범계(犯戒)의 더러움을 없애고 몸을 깨끗이 하는 지위

⇩

발광지(發光知) : 수행으로 미혹을 끊어 혜(慧)의 광명이 나타나는 지위

⇩

염혜지(焰慧知) : 수행으로 미혹을 끊어 혜(慧)가 더욱 치성하는 지위

⇩

난승지(難勝知) : 수행으로 미혹을 끊고 진지(眞智), 속지(俗智)를 조화하는 행위

⇩

현전지(現前知) : 수행으로 미혹을 끊고 최승지(最勝知)를 내어 무위진여(無爲眞如)의 모양이 나타나는 지위

⇩

원행지(遠行知) : 대비심을 일으켜 2승(二乘)의 오(悟)를 초월하여 광대무변한 진리의 세계에 이르는 지위

⇩

부동지(不動知) : 이미 전진여(全眞如)를 얻었으므로 다시 동요되지 않는 지위

⇩

선혜지(善慧知) : 부처님의 10력(力)을 얻고 기류(機類)에 대하여 교화의 가부(可否)를 알아 공교하게 설법하는 지위

⇩

법운지(法雲知) : 끝없는 공덕을 구비하고서 사람에 대하여 이익되는 일을 행하여 대자운(大慈雲)이 되는 지위

64. 십회향(十廻向)에 대하여

십회향(十廻向)

救護一切衆生 離衆生相廻向	: 일체중생을 구하고 보호하기 위한 중생상을 떠난 사람	⎫ ⎬ 빛(光)의 축소기에 접어든 《황금알 대일(大一)》의 과정
⇩		
不壞廻向	: 무너지지 않는 회향	
⇩		
等一切諸佛廻向	: 평등한 일체 제불에 대한 회향	
⇩		
至一切處廻向	: 일체의 곳에 이르러 회향	⎭
⇩		
無盡功德藏廻向	: 다함이 없는 공덕장에 회향	⎫
⇩		
入一切平等善根廻向	: 일체 평등한 착함의 뿌리에 들어 회향	⎬ 《황금알 대일(大一)》을 이루는 과정
⇩		
等隨順一切衆生廻向	: 무리를 따르는 온순한 일체 중생들에 회향	
⇩		
眞如相廻向	: 진여상에 회향	
⇩		
無縛無着解脫廻向	: 구속됨이 없고 집착이 없는 해탈의 회향	⎭
⇩		
入法界無量廻向	: 법계에 들어 무량함에 회향	─ 《황금알 대일(大一)》의 폭발

71. 불법(佛法) 파괴 원인(原因)에 대한 정리

북반구 문명의 최초 한민족(韓民族) 국가

국명 (國名)	한국(桓國)	배달국 (딜문, Dilmun)	한국(韓國)
존속 기간	7200BC ~ 6000BC	6000BC ~ 4000BC	3898BC ~ 2333BC
건국 왕 및 신명 (神名)	안파견 한님 (석가모니 하나님 부처님)	석가모니 하나님 부처님	거발한 한웅님 (석가모니 하나님 부처님)
위치	흑해와 아조프해를 끼고 있는 크림반도를 중심으로 한 인근 초원지대와 코카서스 지역을 포함한 터어키	오늘날의 타클라마칸 사막 지역(파미르 고원 동쪽)	평양을 중심한 한반도와 중원대륙 전체
비고	북반구 문명의 최초의 국가. 처음 인간들의 이치가 일어난 때 1차 교화기간 : 7200BC~6700BC 왕조시대 : 6700BC~6000BC	500BC경부터 천상(天上)의 재앙으로 사막화됨	1국(國) 3체제(體制) 구한(九桓) 《한국(韓國)》을 음양(陰陽) 분리한《음(陰)》의《한국(韓國)》

469

한국(韓國, 3898BC~2333BC)과 그 연방국

		한국(韓國, 3898BC~2333BC) 1국(國) 3체제(體制) 구한(九桓) 《한국(韓國)》을 음양(陰陽) 분리한 《음(陰)》의 《한국(韓國)》 건국 왕 : 거발한 한웅님(석가모니 하나님 부처님) 위치 : 평양을 중심한 한반도를 포함한 중원대륙 전체
3체제	일군국(一羣國)	초대 《한국(桓國)》의 교화 영역
	객현한국	배달국 교화 영역(중앙아시아를 포함한 몽골 일부 지역)
	구막한제국 (寇莫韓帝國, 3814BC~2333BC)	《양(陽)》의 《한국(韓國)》 《한반도내》《한국(韓國)》의 연장선상에서 《중원 대륙》의 《하얼빈》 남부 지역과 《산동반도》와 《양자강》 유역에서 만든 세 곳의 《신시(神市)》에서 교화한 영역.
구한 (九桓)	비리국(卑離國)	비족, 구려족, 몽골족 셋이 모여 하나를 이룬 국가.
	양운국(養雲國)	3800BC 유소(관세음보살 3세)가 세운 나라. 티베트 지역
	구다천국(句茶川國)	캄차카 반도 일대
	구모액국(句牟額國)	유럽
	매구여국 (賣句餘國, 혹은 직구다국(稷臼多國)	인더스 문명이 일어난 고대 인도
	사납아국(斯納阿國)	이집트 ※ 이집트 문명 : 이스라엘인 문명
	선비국 (鮮裨國 혹은 시위국(豕韋國) 또는 통고사국(通古斯國))	동쪽으로는 사할린, 서쪽으로는 예니세이강, 북쪽으로는 야쿠티아 자치 공화국의 극한 툰드라 지대, 남쪽으로는 동북 만주지방에 이르는 지역

구한 (九桓)	수밀이국 (須密爾國,4100BC~2050BC)	남부 메소포타미아 우루크 1왕조(4100BC~3485BC), 라가시 1왕조(3100BC~2360BC), 우루크 2왕조(2695BC~2508BC), 우루크 3왕조(2296BC~2270BC), 우루크 4왕조(2256BC~2147BC), 우루크 5왕조(2110BC~2050BC)
	우루국 (虞婁國, 혹은 필나국(畢那國) 3740BC~1940BC)	남부 메소포타미아 건국 왕 : 아카람두그(대관세음보살1세). 우르 1왕조(3740BC~3100BC), 우르 2왕조(2411BC~2297BC), 라가시 2왕조(갈데아 우르)(2346BC~2046BC), 우르 3왕조(2047BC~1940BC) ※ 우르 문명 : 유대인 문명

※ 수메르 문명(5200BC~4100BC) : 사카족(석가모니 하나님 부처님 직계인 음(飮)의 공족(熊族))과 유대인(아미타불 직계)인 《한민족(韓民族)》들이 일으킨 문명

74. 브라만교(바라문교)에 대하여

바라문교 경전과 桓檀佛敎 4대 경전

바라문교(브라만교) 경전		비고
리그베다	상히타	天符經 81字 해설서
	브라흐마나	三一神誥 해설서
	아란야카	皇帝中經 해설서
우파니샤드		皇帝內經 해설서

80. 보리달마(菩提達磨)의 이입사행론(理入四行論)

달마조사의 리입사행론(理入四行論)

리입사행론(理入四行論)은 《영혼(靈魂)》을 이루는 《양자영(陽子靈)》과 《영신(靈身)》이 하나된 마음(心)의 근본 뿌리인 《성(性)의 36궁(宮)》에게 진리(眞理)인 《혜(慧)》의 이치를 입력함으로써 일어나는 4가지 《행(行)》을 다스림으로써 《성불(成佛)》의 길로 들어가는 수행을 말하는 것이다.

사행(四行)

마음(心)의 근본 뿌리인 《성(性)의 36궁(宮)》에 진리(眞理)인 《혜(慧)》의 이치를 입력함으로써 일어나는 4가지 《행(行)》

4가지 행(行)		의미와 대처방법
음(陰)의 행(行)	보원행	원망하는 마음이 일어나는 것 대처방법 : 원망하는 마음(心)이 모두 자신(自身)으로부터 비롯되는 것이기 때문에 스스로의 업장을 소멸하는 《참회기도》
	수원행	어릴 때부터의 추억과 지나간 일들의 상념(想念)으로 인한 만상(萬想)이 떠오른다. 대처방법 : 떠오르는 만 가지 상(想)에 얽매이지 않고 그냥 물(水)이 흐르듯 지나가게 하면 된다.
양(陽)의 행(行)	무소구행	모든 일에 《집착(執着)》을 하지 않는 행
	칭법행	육바라밀행(六波羅蜜行)

[색인]

1의 자리 130, 131, 156, 242
1.3.3.3 수리체계 38, 41, 42, 45
1.3.3.3 합(合)의 법칙 136, 146, 395
1.3.6.9 수리체계 39, 42
19수 42, 139, 141, 146, 147, 148, 211, 318, 376
1-1의 성(星) 76, 107, 108
1-1의 진화의 길 325, 327, 328, 330, 349, 376, 379, 380, 381
1-2의 성(星) 66, 69, 72, 73, 76, 107, 108, 142, 323
1-2의 진화의 길 328, 329, 330, 333, 340, 342, 343, 349, 361, 376, 377, 379, 380, 381, 382
1-3의 법칙 118, 119, 136, 137, 152, 190, 227, 289
1-3의 성(星) 67, 72, 76, 107, 108
1-3의 길 29, 71, 73, 94, 95, 96, 128, 129, 132, 133, 138, 165, 231, 242, 274, 300, 302, 304, 346
1-3-1의 길 109, 132, 165, 240, 242, 447
1-4의 길 90, 94, 95, 96, 128, 129, 134, 138, 165, 166, 242, 284, 299, 300, 301, 304, 308, 329, 350, 375, 398, 399, 400, 402
1-4의 성(星) 67, 70, 76, 107, 108, 142, 323
1-4-1의 길 133, 134, 165, 240, 242, 447, 448, 449
1-6체계 27, 28, 32, 33, 38, 39, 61, 296, 320, 358
19의 수리(數理) 42, 139, 141, 147, 148, 211, 318, 376
1음(陰) 2양(陽) 62, 102, 187, 193

1천(天) 129, 230
28숙도 405, 407
2선천 228
2음(陰) 1양(陽) 102, 187, 190, 192, 193, 251
3-1의 길 71, 94, 96, 129, 132, 133, 138, 165, 166, 210, 242, 284, 302, 304, 308, 399, 402
3-1-4의 길 129, 283, 284, 402
33천(天) 129, 230
36궁(宮) 52, 53, 57, 75, 79, 81, 82, 83, 84, 85, 86, 137, 147, 148, 168, 171, 172, 177, 178, 180, 187, 189, 191, 193, 194, 195, 197, 205, 218, 239, 244, 245, 288, 307, 308, 413, 416, 417, 419, 421, 422, 424, 432, 434, 435, 441, 442, 443
4-1의 길 73, 95, 96, 135, 138, 165, 443
4-1의 성문승 341, 381
4.4의 구조도 422
4.6의 법칙 292
54 태양궁(太陽宮) 75, 79, 244, 245
6의 우주 112
6.4의 법칙 352
6.6 구조 218, 219, 418, 419, 420
6궤(匱) 156
7의 우주 112, 237, 347, 447, 448
72 다보궁(多寶宮) 168, 171, 172, 173, 237, 245, 260
81궁(宮) 239, 424
8궤(匱) 156
8의 우주 112, 127, 128, 129, 130, 237, 238, 272, 274, 347, 359
9의 우주 237, 238

ㄱ

가림토 문자 144, 386, 409
가이아신(Gaia) 282, 331, 332, 337, 382, 383
가스성(Gas 星) 329, 345, 369
각(角) 164, 165, 174
간화선 206, 224, 252, 254, 255, 436
갈고 한웅님 364, 369, 370, 371, 372, 373, 374, 388
개천(開天) 46, 49, 65, 83, 84, 107, 133, 137, 167, 176, 296, 332
개천이전(開天以前) 29, 38, 39, 46, 48, 50, 53, 65, 69, 70, 73, 76, 77, 82, 83, 84, 108, 137, 141, 145, 146, 147, 148, 167, 175, 177, 179, 181, 243, 296, 323, 331, 340, 376
개천이후(開天以後) 46, 57, 82, 148, 164, 175, 176, 178, 179, 181, 331
객현한국 365, 392
거발한 한웅님 364, 375, 386, 388, 403
거불리 한웅님 364, 376
거울 현상 422
게놈 프로젝트 417
견보탑품 143, 321, 350
견성성불 206, 440
고(苦) 210, 211, 223
고시리 362
고열가 단군 366
고인돌 363, 364
고체 62
곰족(熊族) 363, 379, 383, 410, 412
공(空) 28, 29, 33, 56, 57, 58, 59, 72, 89, 90, 94, 95, 96, 108, 109, 110, 114, 123, 133, 135, 137, 145, 149, 163, 166, 174, 175, 203, 205, 297, 298, 299, 435, 436, 439

공공(共工) 342, 367, 368, 369, 370, 375, 377
공무변천 226, 227, 231
공손헌원 372
공왕여래 320
공후(箜篌) 145, 146, 147, 148, 149, 150, 151, 152, 153, 154, 155, 156, 158, 162, 163, 166, 167, 168, 169, 170, 171, 172, 177, 180, 183, 184, 239
관보현보살행법경 145, 209, 247, 426, 444, 445
관세음보살 53, 57, 58, 63, 66, 70, 71, 72, 73, 77, 78, 79, 89, 96, 108, 109, 137, 142, 253, 299, 323, 334, 335, 341, 343, 344, 349, 361, 366, 370, 372, 374, 377, 381, 386, 439, 444, 445, 449
관음불 6, 21, 22, 23, 252, 341, 380, 384
관음청 253, 256
광과천 227, 228, 231
광음천 228, 231
교화(敎化) 78, 79, 213, 214, 313, 350, 352, 355, 356, 357, 358, 361, 362, 363, 364, 366, 367, 368, 372, 373, 378, 386, 387, 388, 389, 390, 392, 393, 394, 410
구다천국 365, 366, 391
구려족 364, 366, 370, 371, 372, 373, 374, 381, 383, 412
구막한국 365, 391, 392
구막한제국(寇莫韓帝國) 143, 281, 336, 367, 373, 375, 385, 388, 390, 395, 396, 405, 406, 407, 408, 410, 411
구서오행의 길 96
구석기인 352, 355, 361, 363, 364,

367, 369, 386, 389, 393
구약(舊約) 369
구족행 247
구한(九桓) 364, 365, 366, 370, 387, 391, 393, 394, 395, 396, 408, 411
궤(匱) 146, 156, 164, 174
그리스 신화 209, 253, 342, 347, 370, 375
그리스 자연사상 49, 143, 200
극락 66, 72, 84, 93, 94, 95, 130, 242, 284
극락정토 228, 235
근본진리(根本眞理) 219, 224, 280, 281, 282, 283, 287, 292, 344, 348, 355, 359, 418, 431
글루볼 59
금강경 346
금강궁(金剛宮) 25, 130, 173
기억소재 204, 424

ㄴ

나반 360
나아(那阿) 360
난법(爛法) 28, 31
난생(卵生) 192
난승지 312
난자(卵子) 218, 219
남반구 문명 335, 351
남순동자 253, 254
내원궁 71, 447
노사(老死) 221
노사나불 53, 67, 70, 77, 79, 90, 108, 113, 114, 115, 116, 127, 128, 129, 136, 142, 143, 217, 253, 281, 283, 284, 318, 323, 324, 337, 345, 346, 347, 349, 350, 351, 361, 362, 364, 369, 375, 376, 377, 380, 384, 386, 397, 398, 446, 447, 448
노사나불 진신(眞身) 3성(星) 116, 129, 137, 281, 283, 284
노아의 방주 361
녹도문자 403

ㄷ

다라니 206
다르마(Dharma) 102
다르마 구름 419, 420
다르마차크라 444
다보불 77, 78, 126, 129, 229, 333, 334, 343, 367, 379, 384, 407, 412, 446
다보불 진신 4성 125, 126
다섯 기초 원소 39, 49, 50, 55, 59, 60, 61, 82, 83, 89, 122, 123, 217, 226, 254, 280, 296, 300, 301, 302, 304, 326, 327, 328, 340, 376
다이아몬드궁 173
다이아몬드층 27, 320
다의발 한웅님 364, 376, 405
단군성(檀君星) 79
단군왕검 144, 366, 388, 395, 396, 405, 407, 409
단군조선 144, 366, 367, 385, 395, 396, 405, 407, 408, 409
단기(檀紀) 409
달(月) 63, 73, 79, 87, 90, 96, 101, 105, 114, 116, 120, 126, 127, 128, 129, 130, 182, 272, 283, 284, 345, 399, 400
달마 102
달마조사 247, 428, 434, 443
대공(大空) 24, 29, 37, 52, 53, 56, 57, 68, 81, 82, 83, 84, 85,

475

86, 87, 88, 92, 102, 106, 109, 123, 136, 145 147 148, 149, 150, 165, 169, 172, 173, 174, 176, 181, 226, 231, 233, 293, 294, 295, 296, 300, 301, 320, 322, 325, 348, 360, 399, 436, 438, 449

대관세음보살 53, 70, 78, 142, 323, 344, 361, 377

대마왕(大魔王) 49, 101, 143, 200, 236, 282, 333, 334, 339, 343, 352, 353, 354, 375, 376, 378, 383, 390, 392, 394, 395, 403, 405, 406, 407, 408, 412

대마왕신(大魔王神) 101, 236, 282, 331, 331, 334, 336, 337, 340, 348, 352, 353, 354, 356, 361, 375, 376, 378, 383, 384, 388, 389, 390, 392, 394, 396, 403, 407, 412

대명주 422

대범천 228, 232

대세지보살 79, 364, 371, 376, 390

대승보살도 7, 23, 246, 282, 434, 451

대신주 422

대은하성단 167, 168, 184, 239

대천세계 240, 242

대통지승불 68, 281

대통합 45, 113, 135, 181, 240, 241, 242

데스카틸포카 342

도(道) 4, 5, 6, 20, 21, 22, 210, 211, 221, 223, 251, 438

도덕성(道德性) 336, 344, 394, 396

도리천 229, 230, 232

도무극 200

도솔천 71, 229, 230, 231, 232, 446

도피안 200

독각(獨覺) 4, 5, 6, 20, 21, 22, 23, 96, 120, 206, 211, 223, 225, 251, 252, 253, 254, 255, 324, 330, 381

돈황 94, 369, 374

동명외보성 342, 349

동방약사유리광 344, 346, 347

동자신 224, 254, 255, 256

두우성 73, 77, 78, 98, 125, 228, 343, 362

등각지 212, 213, 214

딜문(Dilmun) 78, 362, 363, 369, 386

ㄹ

레우 누 페르 엠 후루 341, 348

루드라 344

리(理) 249, 280, 281, 427, 431

리그베다 32, 247, 248, 349, 350, 367, 411, 412

리입사행론(理入四行論) 248, 427, 434, 441, 442, 443

ㅁ

마고신 381

마야 부인 337

마왕 234

마왕관음불교 6, 21, 22, 23, 252

마왕불교 6, 7, 21, 22, 23, 252

마왕신불(魔王神佛) 282, 333, 337

마음 19, 178, 180, 187, 189, 191, 193, 197, 200, 203, 205, 205, 206, 207, 213, 216, 218, 221, 222, 223, 249, 252, 288, 304, 307, 310, 359, 413, 415, 417, 418, 419, 420, 421, 422, 423, 424, 425, 432, 435, 436, 438,

442, 443
마차부자리 성단 228
만덕(萬德) 213, 214, 439
만행(萬行) 213, 214, 329
매구여국 365, 366, 391, 411
메소포타미아 361, 362, 392, 410
메시아 344, 407, 408, 411
면벽참선 442
멸(滅) 92, 210, 211, 217, 223, 351
명(命) 199, 201, 346, 347, 413, 417, 421
명광(明光) 32
명상 248, 434, 435, 436, 437, 440
명색(名色) 215, 217, 218, 219, 220
명왕성 104, 116, 127, 128, 129, 195, 284, 346, 400, 402, 448
명행족 118, 119, 120, 286, 287, 288, 289
목동자리 72, 75, 78, 79, 342, 349
목성(木星, Jupiter) 71, 101, 105, 116, 126, 127, 128, 129, 130, 182, 232, 242, 263, 272, 283, 284, 318, 397, 399, 400, 401, 402
묘각지(妙覺地) 213, 214
묘법연화경 68, 78, 143, 213, 247, 282, 321, 324, 333, 340, 342, 350, 437, 438
묘법화(妙法華) 281, 282
묘법화 4부경 335
묘법화경 170, 223, 282, 321, 333, 346, 426
묘장엄왕본사품 346
묘족 372, 373, 374, 381
무간지옥 236, 252, 295, 348, 353
무괘화삼(無罣化三) 64, 84, 85, 86, 168, 174, 175, 176, 177, 178, 181, 182, 184, 185, 306, 308
무괘화일(無罣化一) 84, 85, 86, 175, 177, 178, 179, 182, 184, 301, 307

무괘화이(無罣化二) 84, 85, 86, 175, 178, 179, 180, 181, 184, 185, 302, 308
무극(無極) 201
무곡성불 380, 382, 383
무량광천 228, 231
무량의경(無量義經) 20, 174, 223, 247, 262, 263, 427, 427
무량정천 228
무번천 227
무명(無明) 203, 215, 216, 217, 220, 222, 223, 224, 416
무상사 119, 286, 290
무상정등정각(無上正等正覺) 63, 87, 88, 89, 171, 172, 188, 189, 191, 193, 251, 287, 428, 440
무상정등정각자 287, 428
무상천 227, 231
무색계(無色界) 225, 226
무소구행 249, 441, 442
무소유처 226, 227, 231
무여열반 92
무열천 227, 231
무운천 227, 228, 231
묵조선 206, 224, 252, 254, 255, 436
문곡성불 345
문수보살 333, 334, 366, 369, 379, 395, 405, 406, 407, 408, 409, 410, 411, 412, 426
문수사리보살 437
물질(物質) 62, 376, 439
미륵불 101, 344, 345, 347, 389, 394, 395, 396, 404, 408, 409, 411, 412, 441

ㅂ

바라문교 412

바라밀다(波羅密多) 200, 202
바이킹족 367
바탕수 145, 147, 150, 151, 176
반고(盤固) 342, 367, 368, 369, 370, 371, 374, 375, 377
반야(般若) 197, 198, 199, 202
반야공 56, 59, 63, 82, 88, 109, 122, 174, 187, 188, 189, 197, 203, 204, 294, 297, 302, 311, 325, 326, 327, 328, 329, 435, 436
반야바라밀다(般若波羅蜜多) 63, 94, 123, 194, 197, 201, 204, 213, 251, 304, 311, 316, 438
반야부 426
반열반 92
반중성자 88, 105, 107, 352, 415
발광지 312
발귀리 선인 405
방(方) 147, 164, 165, 173, 174
방등경 426, 427
방등부 426
배달국 78, 356, 358, 361, 362, 363, 364, 365, 367, 369, 375, 386, 408
백색상성운 140, 176, 317
백색왜성 140, 176, 317
백의관음 253, 254
백조자리 성단 75, 78, 228, 334, 341
뱀족 342, 370, 374
번뇌 19, 420, 423, 424
범보천 228, 232
범중천 228, 232
법(法) 4, 5, 20, 21, 22, 28, 49, 56, 57, 64, 80, 102, 109, 142, 144, 151, 169, 170, 186, 196, 211, 213, 215, 217, 219, 255, 281, 282, 287, 292, 296, 297, 325, 330, 333, 337, 341, 348, 350, 393, 396, 406, 407, 426, 427, 429, 430, 443, 444, 449, 451
법공(法空) 24, 25, 26, 27, 29, 31, 32, 33, 34, 37, 38, 39, 50, 53, 81, 83, 100, 101, 102, 129, 130, 167, 172, 173, 272, 284, 295, 296, 297, 320, 322, 334, 358, 402, 403
법궁(法宮) 29, 53, 63, 65, 66, 67, 69, 70, 71, 72, 73, 77, 78, 79, 87, 88, 89, 90, 101, 103, 105, 106, 108, 114, 116, 120, 125, 126, 127, 128, 129, 130, 131, 141, 142, 143, 181, 192, 195, 229, 230, 242, 263, 272, 274, 276, 283, 317, 318, 319, 323, 324, 329, 334, 342, 344, 345, 346, 347, 349, 350, 362, 369, 375, 397, 401, 439, 448
법륜 444, 445, 449
법보화(法報化) 103, 104, 105, 191
법성(法性) 27, 28, 29, 31, 32, 33, 34, 37, 50, 51, 61, 139, 320, 331, 428
법성(法性)의 1-6체계 27, 28, 32, 33, 38, 39, 61, 296, 320, 358
법신(法身) 103, 104, 105, 106, 142, 190, 192, 195, 251, 287, 292, 330, 331, 332, 333, 342, 350, 428, 429, 432, 438
법신불궁 48, 151, 152, 176
법운지 313
법화사부경 426, 434
법화열반부 426
벽지불 96, 223
변정천 229
보리달마 441, 442, 443
보리수산 403
보물 우주 24, 25

보원행 249, 441
보현보살 79, 115, 318
보살 5, 20, 21, 63, 66, 72, 79, 88,
    92, 102, 109, 119, 120, 123,
    136, 142, 179, 180, 190, 193,
    194, 200, 212, 213, 223, 246,
    251, 252, 263, 288, 289, 292,
    304, 310, 316, 318, 321, 323,
    333, 334, 335, 336, 355, 361,
    362, 375, 376, 378, 383, 390,
    392, 403, 412, 433, 439, 441,
    444
보살도 4, 5, 6, 7, 19, 20, 21, 22,
    23, 63, 88, 119, 120, 180,
    194, 196, 210, 211, 212, 213,
    214, 246, 248, 250, 255, 282,
    288, 289, 292, 304, 310, 323,
    434, 438
보살마하살 88, 89, 92, 104, 106,
    180, 181, 195, 246, 251, 252,
    262, 316, 438, 439, 440
보살승(菩薩乘) 94, 95, 96, 104, 133,
    190, 194, 201, 211, 251, 327,
    379
보살심(菩薩心) 119, 194, 198, 249,
    289, 310, 316
보살지 52위 213
보시바라밀 247, 249
보신(報身) 48, 103, 104, 105, 106,
    152, 191
보신불궁 48, 152, 153
복생천 227, 228, 231
복희씨 405, 410, 411
부동지 312
불국토 93, 201
북극성(北極星) 52, 53, 70, 72, 73, 74,
    75, 76, 77, 78, 79, 84, 98,
    113, 114, 135, 137, 139, 143,
    234, 240, 242, 318, 323, 324,
    334, 349

북두구진 343
북두칠성 52, 70, 75, 77, 78, 84,
    137, 228, 323, 342, 349, 350
북두칠성연명경 405
북반구 문명 78, 79, 101, 143, 333,
    336, 347, 351, 352, 353, 354,
    360, 362, 366, 384, 387, 393,
    399, 401, 402, 443
분별력 58, 59, 205
분열의 법칙 28, 33, 136, 137
불교(佛敎) 4, 5, 6, 7, 21, 22, 23, 49,
    82, 102, 136, 143, 144, 186,
    210, 215, 247, 252, 281, 282,
    332, 334, 336, 337, 386, 387,
    389, 393, 394, 396, 404, 405,
    406, 407, 408, 411, 412, 413,
    428, 430, 444, 451
불법(佛法) 일치 5, 21, 63, 88, 102,
    188, 193, 195, 246, 251, 252
불성(佛性) 63, 89, 179, 180, 195,
    251, 311, 316, 438, 439
분신(分身) 42, 44, 53, 67, 72, 73,
    78, 79, 108, 141, 318, 343
분신보살 318
불법(佛法) 4, 5, 7, 20, 21, 23, 63,
    88, 96, 102, 120, 188, 193,
    195, 211, 246, 251, 252, 282,
    286, 310, 321, 324, 333, 335,
    337, 338, 339, 340, 341, 348,
    349, 351, 353, 367, 370, 376,
    377, 428, 443
불(佛)의 11호 120
불(佛)의 십호(十號) 118, 120, 286,
    287, 292
불(佛)의 용(用)의 수(數) 4 117, 118,
    121, 136, 167, 171, 289, 292
불(佛)의 진신(眞身) ⊕3 114, 115, 116,
    122, 275, 280, 281, 299, 301
불(佛)의 진신(眞身) 3성(星) 또는 4성(星)
    114, 115, 116, 121, 195, 280,

281, 308
브라만(Brahman) 32
브라만교 410, 411, 412
브리트라 342, 350, 377
브리하다란야까 412
비로자나 1세 39, 53, 70, 141, 142, 282, 331, 332, 333, 334, 336, 337, 340, 343, 382, 383, 384, 410, 412
비상비비상천 226, 227, 231
빅뱅 51, 65, 332
빛 27, 28, 32, 36, 37, 81, 83, 87, 88, 134, 172, 204, 205, 206, 207, 221, 304, 306, 313, 314, 315, 320, 329, 357, 358, 367, 424, 425, 431, 433, 439
뿌루샤 28, 29, 31, 33, 35, 36, 130, 178

ㅅ

사구경 200
사람들의 우주 273
사리불(佛) 437
사마타 434, 436
사바세계(娑婆世界) 430, 432, 433
사생(四生) 190, 192, 193
사선근위(四善根位) 28, 31, 33, 61, 296, 325
사선천 229
사성제(四聖諦) 210
사왕천 229, 230, 232
사제(四諦) 210, 211, 212, 214, 223
사진제 210
사카족 410, 411
사할린 391, 410
산동반도 386
산소 418, 420, 421, 422, 430, 432, 433

산스크리트어 196, 288, 290, 291, 335, 411, 428, 436
삼계(三界) 225, 231, 233, 234
삼매 90, 94, 110, 227, 248, 434, 435, 436, 437, 440
삼법인(三法印) 186, 189
삼선천 228
삼성기 전상편 356, 366
삼성기 전하편 365, 368, 371, 374, 387, 389, 396
삼승(三乘) 20, 104, 190, 201, 211, 251, 327
삼신(三身) 103, 104, 105, 106, 187, 189, 191
삼신(三神) 387, 391, 393
삼일신고(三一神誥) 82, 247, 248, 281, 387, 389, 406, 410, 412
삼장중고 209
삼진(三眞) 221, 352, 415, 425
삼천대천세계 240
삼천세계 240
삼합(三合) 27, 28, 29, 35, 36, 37, 38, 39, 40, 41, 42, 43, 45, 46, 47, 48, 49, 50, 52, 59, 60, 61, 64, 140, 151, 152, 168, 169, 172, 216, 280, 281, 300, 307, 326, 327, 349, 416, 425
삼합력 349
상(相) 55, 56, 58, 59, 123, 226, 300, 326, 327, 328, 436
상계(上界)의 우주(宇宙) 108, 113, 127, 168, 233, 234, 240, 257, 259, 260, 264, 277, 446, 448, 449
상불경보살 333, 340, 341
상불경보살품 321, 333, 340, 342
상생상극 41
상천궁(上天宮) 49, 51, 53, 65, 66, 68, 69, 70, 71, 72, 73, 74, 75, 76, 77, 83, 84, 98, 101, 105,

107, 108, 109, 110, 112, 125, 126, 133, 137, 139, 142, 168, 172, 201, 227, 231, 235, 240, 244, 257, 260, 263, 281, 323, 332, 336, 341, 362, 375, 378, 446
색(色) 55, 56, 57, 58, 59, 60, 82, 88, 122, 123, 217, 218, 226, 300, 302, 325, 326, 327, 328
색계(色界) 225, 227
색광(色光) 34, 35, 36, 37, 61
색구경천 227, 228, 231
색소광(色素光) 35, 36, 37, 61
생(生) 214, 221, 222, 425
서기(西紀) 49, 91, 100, 113, 129, 130, 233, 243, 283, 346, 409, 427
서방극락정토 228
석가모니 332, 333, 334, 337, 340, 341, 343, 381, 382, 383, 384
석가모니불 282, 331, 337, 348
석가모니 비로자나 하나님 부처님 25, 27, 32, 320
석가모니 하나님 부처님 29, 39, 49, 53, 105, 149, 229, 231, 233, 234, 236, 242, 251, 253, 257, 260, 263, 269, 272, 281, 282, 283, 290, 292, 318, 319, 320, 322, 327, 325, 330, 331, 333, 334, 335, 336, 340, 341, 343, 344, 345, 346, 348, 351, 352, 353, 356, 358, 360, 361, 364, 366, 372, 375, 379, 384, 386, 411
석가모니 하나님 부처님 진신(眞身) 116, 232, 272
석가모니 하나님 부처님 진신(眞身) ⊕ 125
석광(釋光) 32
석명광(釋明光) 32, 358
석삼극(析三極) 64, 136, 137, 138, 167
선(禪) 206, 2243, 252, 434, 435, 436, 437, 440, 442
선(善) 31, 290, 326, 327, 384, 417, 425
선견천 227, 228, 231
선서 119, 286, 290
선악(善惡) 양면성 334, 378, 379, 380, 381, 382, 383, 384, 390
선정바라밀 248, 249
선천우주(先天宇宙) 52, 73, 77, 83, 84, 85, 86, 98, 100, 101, 113, 128, 145 230, 233, 237, 240, 243, 244, 263, 283, 336, 378, 447, 448, 449
선현천 227, 228, 231
선혜지 313
섬광 27, 205, 320
성(性) 19, 20, 56, 59, 61, 63, 102, 123, 178, 180, 187, 189, 191, 193, 194, 197, 198, 199, 200, 201, 203, 205, 206, 207, 209, 216, 217, 218, 219, 222, 223, 224, 248, 249, 288, 294, 307, 311, 327, 359, 413, 415, 416, 417, 418, 419, 420, 422, 423, 424, 425, 426, 431, 433, 434, 435, 441, 442
성령(性靈) 94, 119, 120, 194, 198, 199, 200, 201, 202, 214, 224, 288, 289, 304, 310, 316
성문(聲聞) 4, 5, 21, 212, 223, 251, 335
성문승(聲聞乘) 4, 21, 94, 95, 96, 104, 132, 135, 166, 190, 194, 201, 211, 251, 288, 327, 341, 379, 381, 438, 443
성불(成佛) 256, 327, 337, 406, 428, 441, 451
성선설(性善說) 327

성악설(性惡說) 328
세간법(世間法) 4, 5, 20, 21, 430
세간해 119, 286, 290
세제일법(世第一法) 28, 29, 31, 33, 34, 35, 37, 38, 39, 50, 61, 83
세존 119, 213, 286, 291
세트신(Set, Seth) 333, 334, 342, 343, 344, 345, 348
소광천 228, 231
소멸기 88, 109, 169, 171, 172, 176, 236, 260, 268, 269, 318, 329
소정천 229
속성(屬性) 209, 384, 415, 419, 420, 421, 422, 425, 429
수(受) 55, 56, 57, 58, 59, 123, 215, 220, 226, 300, 326, 327, 328, 436
수리(數理) 4, 20, 38, 39, 42, 44, 45, 46, 136, 139, 150, 177, 180, 184, 227, 257, 261, 263, 264, 269, 272, 276, 277, 279, 280, 281, 322, 359, 397, 399, 424, 426
수메르 문명 336, 361, 362, 363, 384, 410
수메르 문명권 347, 363, 366, 392
수면욕 229
수미산 100, 113, 129, 230, 232
수연행 249, 441
수태(受胎) 218, 219
쉬바신 78, 344, 377
슈바르츠실트 블랙홀 65, 88, 105, 109, 130, 242, 319
식(識) 55, 56, 59, 60, 123, 215, 216, 217, 220, 222, 223, 224, 226, 300, 326, 327, 328, 436
식무변천 226, 227, 231
식욕 229
신(神) 378

신(神)들의 전쟁 101, 339, 352, 375, 377, 378, 385
신석기인 352, 355, 361, 363, 364, 367, 386, 389, 393
신선도 144, 405, 406, 408
신시(神市) 357, 364, 367, 369, 373, 386, 390, 408
신통 206, 252, 255, 256
실상(實相) 49, 64, 80, 144, 151, 170, 203, 213, 233, 234, 296, 298, 308, 348, 350, 377, 383, 404, 407, 408, 438, 439, 443, 445
십간 368, 369
십거 146, 147, 148, 176
십거의 기간 139, 140, 141, 176
십거이양작 139, 141
십거이양작의 수 141
십거일적(十鋸一積) 42, 46, 64, 138, 141, 143, 144, 149, 175, 340
십거일적도(十鋸一積圖) 145, 147, 148, 149, 150, 151, 152, 153, 154, 155, 156, 157, 158, 159, 160, 177, 179
십거일적수 42, 139, 211
십선(十善) 229
십이인연(十二因緣) 215, 223
십이인연법 214, 220, 222, 223
십이지 368, 369
십지보살 310, 311, 313, 314
십회향 313, 314, 315
싯다르타 태자 282, 337
쌍둥이 천궁 71, 116, 125, 126
쌍둥이 천궁도 72, 77
씨앗공후 147
스키타이 361, 362, 363, 364, 367, 380, 383, 412
스톤헨지 367
스핑크스 335
슬라브족 362
습생(濕生) 192

승만경 335, 426

ㅇ

아귀 190, 191, 251, 252
아뇩다라삼먁삼보리 63, 87, 191, 193, 196, 246
아디띠야 태양 51
아라라트 산 356, 358, 360
아라한 118, 119, 120, 123, 191, 194, 286, 287, 288, 289, 292, 438, 440
아라한도 438
아리랑 고개 284, 400
아리안족 410, 411
아마겟돈 234, 354
아만 360
아미타경 335
아미타불 67, 71, 72, 73, 76, 77, 78, 79, 108, 109, 127, 228, 333, 334, 335, 337, 341, 342, 343, 344, 345, 346, 347, 349, 351, 361, 362, 377, 379, 389
아사선인 350, 377
아이 342, 343, 349, 350, 359, 377
아촉불 113, 127, 129, 230
아테나신 342, 343, 368, 369, 375
아함부 426
악(惡) 204, 328, 329, 330, 332, 336, 341, 349, 377, 378, 380, 381, 382, 383, 384, 390, 400, 417, 431
안드로메다 성단 112, 129, 229
알렉산더 342
알음 59
알음알이 216
알이 59
알파와 오메가 139, 376
암소의 길 94, 95, 133

암흑물질 24, 25, 27, 28, 29, 34, 35, 36, 37, 38, 39, 50, 52, 56, 57, 58, 59, 81, 82, 83, 84, 88, 102, 172, 173, 203, 204, 205, 206, 225, 254, 280, 281, 294, 295, 296, 297, 300, 301, 320, 322, 325, 326, 327, 328, 348, 431, 435
애(愛) 215, 220
야나 197, 204, 424
야마천 229, 230, 232
야마 천궁 113, 128
야훼 233, 329, 330, 342, 343, 346, 348, 349, 350, 367, 368, 369, 377, 382, 383
약왕보살 344, 346, 347
약왕보살본사품 346
양면성 80, 334, 378, 379, 380, 381, 382, 383, 384, 390
양운국 365, 366, 391
양음합일 64
양자 50, 51, 52, 60, 61, 67, 68, 119, 122, 142, 187, 193, 194, 195, 196, 197, 198, 199, 200, 203, 204, 205, 206, 207, 208, 209, 216, 217, 218, 219, 220, 222, 223, 234, 248, 254, 288, 289, 301, 304, 305, 306, 307, 310, 311, 330, 344, 345, 413, 415, 416, 417, 418, 419, 420, 421, 424, 425, 431, 438, 441, 442
양자강 364, 366, 367, 370, 371, 372, 373, 390
양자광(陽子光) 419
양자성 67, 68, 142
양자태양성 67, 68
양전자 50, 60, 61, 66, 69, 72, 84, 88, 108, 119, 122, 137, 142, 194, 195, 197, 198, 199, 200,

201, 205, 217, 284, 288, 289, 301, 304, 305, 310, 311, 316, 352, 415, 421, 422, 431, 438
양전자성 66, 69, 72, 108, 142
업(業) 204, 217, 249, 346
에다(Edda) 367
여래 19, 118, 119, 120, 286, 287, 289, 320, 321, 322, 355, 436
여래선 206, 224, 252, 254, 255, 436
여섯 고리 32
여섯 가지 292
여섯 가지의 과(果) 287, 289, 291, 292
여섯 가지 법칙 175
여섯 가지의 우주 112, 113, 274, 276
여섯 뿌리 48, 107, 108, 109, 110, 112, 122, 156, 177, 180, 184, 274, 276, 292, 419, 422
여섯 뿌리의 법궁(法宮) 67, 71, 101, 105, 116, 125, 126, 127, 128, 129, 131, 242, 263, 272, 274, 276, 318, 319
여섯 뿌리의 법칙 64
여섯 뿌리의 우주(宇宙) 68, 107, 108, 109, 112, 113,
여섯 뿌리의 진공(眞空) 29, 34, 35, 36, 37, 38, 39, 48, 49, 50, 55, 56, 57, 61, 81, 82, 83, 87, 88, 109, 122, 126, 147, 150, 155, 158, 173, 225, 296, 298, 300, 301, 306, 322, 325, 326, 327, 328, 435, 436, 438
여호와 369
연각(緣覺) 5, 21, 96, 223, 251, 252
연각승(緣覺乘) 4, 21, 94, 95, 96, 104, 134, 135, 166, 190, 201, 211, 251, 327, 329, 380, 382
연등불 144, 228, 345, 364, 376, 380, 405, 406, 407, 408, 412
열반(涅槃) 92, 187, 188, 189, 196, 252, 428, 440
열반적정인(涅槃寂靜印) 186, 188
염제신농 370, 372, 373, 374
염혜지 312
영신(靈身) 62, 103, 104, 123, 142, 187, 189, 191, 192, 193, 194, 196, 198, 199, 200, 205, 207, 216, 219, 220, 233, 234, 294, 295, 327, 330, 339, 347, 352, 353, 379, 380, 381, 382, 383, 413, 418, 419, 420, 421, 424, 425, 427, 428, 429, 430, 432, 434, 441
영체(靈體) 62, 63, 102, 187, 189, 190, 191, 192, 193, 194, 196, 205, 251, 294, 305, 306, 307, 328, 333, 340
영혼(靈魂) 62, 103, 104, 142, 186, 188, 189, 191, 192, 193, 196, 197, 198, 199, 200, 203, 205, 207, 216, 219, 220, 233, 234, 236, 294, 327, 330, 334, 339, 340, 341, 344, 346, 347, 348, 352, 353, 354, 377, 404, 413, 416, 417, 420, 425, 428, 429, 432, 434, 441, 443, 442, 451
영혼 죽임 236, 334, 339, 344, 346, 348, 353, 377
예루살렘 173
예수 233, 333, 334, 344, 347
예수 그리스도 348
오리온좌 성단 71, 109, 112, 125, 228, 230, 235, 344, 446, 447
오백의 공후도 144
오시리스(Osiris) 333, 343
오온(五蘊) 55, 56, 57, 58, 59, 60, 61, 82, 88, 109, 122, 123, 217, 226, 254, 300, 301, 302,

325, 326, 327, 328, 434, 435, 436
오행(五行) 33, 41, 64, 145, 221, 366
옥황상제 78
완달산 386
왕동령 373
요한계시록 64, 139, 173, 233, 234, 330, 361
욕계(欲界) 225, 227, 229
욕망 207, 208, 336, 417, 437
용도오행의 길 96
용마의 길 95, 96, 135
용자리 75, 79, 98, 126, 334, 344, 406
우루국 365, 366, 392
우주간(宇宙間)의 법(法) 4, 5, 6, 20, 21, 22, 196, 211, 252, 255, 281, 282, 292, 427, 430
우주 쿠데타 101, 334, 339, 341, 352, 375, 377, 384, 403
우르 문명 336, 366
우파니샤드 28, 33, 51, 218, 247, 248, 344, 412, 419, 434
운뢰음수왕화지불 72, 77, 79
원동중 389
원(圓) 145, 147, 148, 164, 174, 184
원천창조주 53, 70, 101, 141, 166, 320, 331, 332, 337, 341, 352, 353, 390, 404
원행지 312
위빠사나 436, 437
위음왕여래 320, 321, 322
유(有) 215, 220, 221
유대인 347
유디스티라(Yudhsthira) 411, 412
유마경 335
유묘 368, 369, 370, 372, 374
유소 368, 369, 370, 372, 374
유수 368, 369, 370, 372, 374
유여열반 92

유전인자 418, 419
유전자 415, 425
육각고리 204, 205, 206, 207, 320
육근(六根) 207, 209, 424
육도(六道) 63, 190, 191, 192, 251
육바라밀행 247, 249, 442
육식(六識) 419
육신(肉身) 62, 72, 73, 79, 92, 102, 103, 104, 105, 120, 142, 178, 187, 188, 189, 190, 191, 196, 200, 201, 206, 209, 216, 219, 220, 222, 223, 224, 233, 251, 252, 254, 255, 284, 294, 323, 328, 332, 333, 334, 335, 339, 343, 347, 351, 352, 353, 355, 359, 375, 382, 383, 384, 403, 404, 411, 415, 417, 418, 419, 420, 424, 425, 427, 429, 430, 431, 432, 433, 451
육신불(肉身佛) 78, 109, 113, 126, 127, 381
육신성(肉身星) 67, 68, 72, 73, 77
육욕천 229
육입(六入) 215, 219, 220
육합(六合) 38, 39, 40, 41, 43, 44, 45, 48, 49, 64, 145, 146, 147, 150, 151, 152, 153, 154, 156, 181
은광내필성 342, 349
음양(陰陽) 분리 28, 31, 147, 280
음양(陰陽) 짝 27, 28, 31, 32, 33, 36, 56, 57, 58, 60, 61, 82, 86, 88, 102, 106, 109, 118, 136, 166, 174, 225, 261, 269, 296, 308, 320, 326, 328, 403, 416, 441
음욕 229
응공 120, 286, 288
이구지 311
이산화탄소 418, 419, 420, 431

이스라엘인 347
이양일음(二陽一陰) 법칙 62, 102, 186, 192
이음일양(二陰一陽) 102, 186, 189, 191, 192, 251
이집트 문명 336
인(因) 215, 217, 223, 224, 287
인간 완성의 부처 63, 191, 194, 288, 292, 324, 428
인궁(人宮) 269
인도 문명 336
인법(忍法) 28, 31
인욕바라밀 248, 249
인이삼(人二三) 우주 112, 113, 128, 129, 229, 230, 232, 235, 238, 240, 244, 259, 266, 272, 278
인이이(人二二) 우주 229, 232, 235, 238, 245, 259, 266, 278
인이일(人二一) 우주 229, 232, 235, 238, 245, 259, 262, 263, 266, 271, 273, 274, 276
인일삼(人一三) 우주 108, 229, 231, 235, 240, 244, 257, 264, 268, 277, 334, 446, 447
인일이(人一二) 우주 108, 112, 126, 127, 208, 230, 231, 232, 235, 240, 244, 257, 264, 268, 277, 345, 347, 446, 447
인일일(人一一) 우주 71, 108, 112, 126, 208, 230, 231, 235, 240, 244, 257, 264, 268, 446, 447
인(人)의 우주 93, 115, 116, 130, 132, 133, 135, 171, 242, 259, 260, 266, 267, 268, 273, 274, 278, 279, 324, 417, 448, 449
일곱 기둥 64
일군국 365, 392
일불승 89, 90, 93, 94, 104, 122, 133, 134, 194, 195, 201, 210, 301, 318, 331, 345, 438, 440

일세계(一世界) 128, 182, 239, 307, 347, 424
일신사체 181, 182, 184
일신삼체 181, 182, 184
일월등명불 72, 73, 77, 114, 142, 281, 318, 323
일음이양(一陰二陽) 102, 187, 193
일적(一積) 141, 146, 147, 148, 176, 308, 345, 439
일적(一積) 기간 138, 139, 140, 141, 298
일적십거 142, 143
일적이음립 138, 140
일체중생희견보살 344, 345, 346

ㅈ

자궁(子宮) 216, 218, 219, 221
자부선생 405, 406, 407
자부진인 405
자연사상 404
자오지 한웅님 364, 371, 372, 376, 390, 406
자허선인 144, 405, 406, 408
작용(作用)과 반작용(反作用) 33
작은곰자리 77, 78, 98, 126, 228
장산 403
적멸보궁(寂滅寶宮) 24, 29, 37, 38, 39, 40, 41, 42, 46, 47, 48, 81, 87, 88, 92, 106, 146, 147, 151, 152, 153, 169, 172, 173, 188, 226, 227, 231, 233, 295
적멸(寂滅)한 경계 87, 88, 89, 90, 92, 105, 188, 189, 194, 252, 436, 437, 438, 439, 440
적색거성 130, 317
전자(電子) 43, 51, 60, 61, 84, 88, 110, 137, 139, 187, 193, 194, 198, 199, 200, 202, 203, 205,

206, 207, 215, 216, 217, 218, 219, 220, 225, 248, 284, 288, 301, 305, 306, 307, 311, 413, 415, 416, 417, 418, 419, 421, 422, 423, 424, 431
전자광 419
전자성(星) 108
전진여(全眞如) 312
정각(正覺) 63, 191, 194, 195, 196, 251, 252, 428
정각자 118, 119, 120, 288, 292, 428
정견(正見) 212, 247
정념(正念) 212, 247
정등(正等) 63, 89, 120, 191, 195, 251, 252, 428
정등각 118, 286
정등정각자 118, 119, 120
정명(正命) 212, 247
정명궁(正明宮) 29, 39, 40, 41, 42, 43, 44, 45, 46, 47, 48, 49, 50, 51, 52, 53, 65, 69, 83, 84, 137, 139, 141, 142, 145, 146, 147, 150, 151, 152, 153, 154, 155, 156, 164, 167, 175, 177, 181, 296, 331, 332, 340, 376
정명궁(正命宮) 72, 93, 95, 96, 135, 138, 165, 175, 342
정반왕 336, 337
정법(頂法) 28, 31
정변지 119, 120, 288, 289
정본(正本) 반야바라밀다심경 123, 338
정사유(正思惟) 212, 247
정안 346
정어(正語) 212, 247
정업(正業) 212, 247
정의(正義) 336, 394
정자(精子) 218, 219
정장 346
정정(正定) 212, 247

정정진(正精進) 212, 247
정진바라밀 248, 249
제국 143, 281, 336, 367, 373, 375, 384, 385, 388, 390, 395, 396, 405, 406, 407, 408, 410, 411
제바달다 321, 329, 342, 349, 350, 374, 375
제법무아인(諸法無我印) 186, 187, 188
제행무상인(諸行無常印) 186, 187, 188
조사선 206, 224, 252, 254, 255, 436
조어장부 119, 286, 291
중계(中界)의 우주(宇宙) 73, 101, 105, 110, 127, 168, 233, 235, 240, 242, 258, 259, 265, 276, 277, 318
중생심(衆生心) 198
중성자(中性子) 48, 49, 50, 51, 60, 61, 65, 66, 67, 69, 71, 88, 105, 107, 108, 116, 119, 122, 137, 138, 140, 175, 177, 186, 192, 193, 194, 197, 198, 199, 200, 204, 205, 206, 217, 288, 289, 301, 304, 310, 311, 316, 332, 352, 397, 413, 415, 416, 417, 420, 431, 438
중성자알 대일 49, 69, 137, 139, 176, 332
중성자 태양성 71, 105, 107, 108, 125, 397
중앙우주(中央宇宙) 100의 궁(宮) 100, 101, 235, 237, 245, 259, 260, 262, 263, 273, 403
중앙천궁(中央天宮) 101, 245
중앙천궁상궁(中央天宮上宮) 100, 101, 129, 130, 201, 235, 237, 242, 245, 259, 260, 263, 272, 273, 283, 284, 359, 360, 398, 399, 400, 402, 403
중앙천궁상궁 운행 100, 129, 130,

201, 283, 284, 399, 400, 402
중음신 222
지(智) 197, 204, 310, 424, 425
지(知) 310
지계바라밀 247, 249
지구(地球) 25, 26, 73, 78, 79, 83, 90, 100, 101, 110, 112, 113, 116, 126, 127, 128, 129, 130, 182, 201, 208, 232, 233, 243, 272, 283, 284, 295, 330, 335, 339, 344, 345, 346, 347, 351, 360, 363, 364, 369, 399, 400, 401, 402, 403, 431, 432
지궁(地宮) 260, 267, 268, 269, 271
지옥(地獄) 190, 191, 236, 251, 252, 254, 293, 294, 295, 348, 353
지옥고 222, 252, 294, 295
지(地)의 우주 49, 90, 94, 95, 96, 101, 115, 116, 134, 135, 138, 142, 143, 171, 172, 200, 236, 241, 242, 258, 259, 265, 267, 270, 278, 279, 324, 448
지이삼(地二三) 우주 100, 112, 113, 127, 128, 129, 227, 229, 230, 232, 235, 237, 240, 241, 242, 244, 258, 265, 271, 278, 448, 449
지일(地一)의 7성(星) 116, 128, 129, 375
지장보살 380, 382, 383
지적보살(地積菩薩) 53, 143, 323, 324
지혜(智慧) 119, 123, 193, 194, 196, 197, 198, 199, 200, 201, 202, 203, 214, 224, 227, 288, 310, 311, 387, 391, 394, 413, 425, 428, 431, 438, 442
진공(眞空) 27, 28, 29, 31, 32, 33, 34, 35, 36, 37, 38, 39, 49, 50, 53, 55, 56, 57, 61, 65, 66, 67, 69, 74, 77, 81, 82, 83, 84, 87, 88, 96, 98, 107, 109, 110, 114, 122, 126, 140, 147, 150, 156, 158, 169, 172, 173, 174, 178, 201, 226, 227, 254, 296, 297, 298, 300, 301, 306, 314, 325, 326, 327, 328, 435, 436, 438
진공 뿌루샤 28, 29, 31, 33, 35, 36, 140, 178
진리(眞理) 49, 101, 140, 142, 143, 144, 178, 186, 210, 233, 234, 249, 252, 295, 327, 330, 333, 341, 348, 353, 354, 355, 371, 396, 397, 399, 403, 406, 419, 420, 426, 428, 429, 434, 441
진명(眞命) 119, 197, 201, 221, 289, 290, 352, 415, 416, 419, 421, 422
진명광(眞命光) 28, 29, 35, 36, 37, 57, 58, 79, 81, 88, 89, 96, 284, 299, 326, 439
진명광(眞明光) 37
진명궁(眞明宮) 39, 41, 42, 43, 44, 45, 46, 47, 48, 49, 50, 51, 52, 53, 67, 70, 72, 73, 76, 77, 83, 84, 108, 137, 139, 141, 142, 143, 145, 146, 147, 148, 150, 153, 154, 155, 156, 164, 167, 175, 180, 296, 323, 331, 333, 340, 376
진명궁(眞命宮) 95, 96, 135, 138, 165, 175, 342
진성(眞性) 221, 290, 352, 415, 416, 420
진성광(眞性光) 28, 29, 35, 36, 37, 57, 58, 81, 88, 326
진성궁(眞性宮) 65, 88, 105, 107, 109, 110, 130, 242, 319
진성성(眞性星) 66
진신(眞身) 67, 71, 72, 77, 114, 115,

488

116, 118, 121, 122, 125, 126,
181, 195, 272, 275, 280, 281,
283, 284, 299, 301, 306, 307,
308, 341, 438, 43940

진정(眞精) 221, 352, 415, 416, 417,
420

진화(進化) 22, 24, 25, 26. 27. 29,
48, 52, 53, 56, 59, 60, 61,
62, 63, 78, 89, 98, 103, 120,
122, 123, 139, 142, 165, 167,
171, 178, 181, 182, 187, 189,
190, 193, 199, 204, 207, 218,
222, 224, 236, 251, 252, 254,
255, 288, 292, 294, 295, 301,
304, 305, 306, 307, 310, 320,
322, 325, 327, 328, 329, 330,
332, 333, 335, 336, 339, 341,
342, 343, 344, 347, 348, 349,
350, 351, 352, 353, 354, 376,
377, 378, 379, 380, 381, 383,
393, 397, 398, 404, 413, 417,
420, 421, 425, 426, 429, 430,
432, 435, 437

집(執) 210, 211, 222

집착 189, 192, 210, 211, 223, 224,
249, 315, 328, 433, 435, 437,
442

ㅊ

참성단 409

참회기도 249, 441

창조(創造) 49, 61, 83, 135, 168, 228,
320, 332, 341, 343, 345, 350

창조주 부처님 79, 89, 90, 114,
211, 318, 354, 355, 356, 366,
376, 377

창조주의 수(數) 139, 141, 146, 148,
376

창조주 하나님 340

천경신고 406

천관파군 330, 348, 382, 383, 385

천궁(天宮) 50, 51, 57, 63, 71, 82,
87, 89, 90, 93, 94, 95, 96,
103, 104, 105, 108, 109, 112,
113, 114, 115, 116, 121, 122,
123, 124, 125, 126, 127, 128,
132, 133, 134, 137, 139, 140,
141, 147, 163, 164, 165, 166,
167, 170, 174, 176, 178, 179,
180, 181, 182, 183, 193, 194,
199, 200, 201, 213, 225, 231,
240, 241, 251, 260, 269, 294,
297, 298, 300, 301, 302, 304,
305, 306, 307, 308, 310, 313,
314, 317, 318, 326, 327, 331,
333, 344, 345, 346, 349, 350,
377, 439, 440, 441

천궁도(天宮圖) 64, 65, 68, 69, 70, 71,
72, 73, 77, 80, 148, 156, 157,
158, 159, 160, 161, 164, 165,
166, 167, 168, 169, 170, 171,
172, 334, 341, 343, 344, 345,
346, 362, 377

천궁(天宮)의 변화상 89, 108, 115,
116, 121, 122, 125, 127, 148,
195, 298, 310, 314

천당 242

천마(天馬)의 길 94, 95, 96, 134, 166,
350, 375, 398

천마총 94

천부경(天符經) 136, 143, 247, 248,
281, 282, 287, 334, 387, 389,
406, 410, 412

천부수리(天符數理) 279, 280, 281, 282,
333

천왕랑 해모수 342

천(天)의 우주 93, 115, 171, 258,
265, 266, 270, 278, 447

489

천이삼(天二三) 우주 112, 113, 127, 228, 232, 235, 238, 240, 244, 258, 265, 270, 278
천이이(天二二) 우주 228, 232, 235, 238, 245, 258, 265, 270, 278
천이일(天二一) 우주 228, 232, 235, 238, 245, 258, 262, 263, 265, 269, 271, 276
천인(天人) 104, 190, 191, 251
천인사 119, 286, 291
천일궁(天一宮) 73, 75, 78, 79, 98, 125, 201, 228, 231, 235, 244, 281, 332, 341, 343, 344, 346, 348, 349, 362, 375, 376, 378
천일우주(天一宇宙) 71, 72, 73, 75, 76, 77, 79, 84, 99, 108, 112, 113, 172, 208, 228, 231, 235, 240, 244, 257, 260, 261, 334, 341, 345, 346, 351, 377, 432, 446
천일일(天一一) 우주 71, 108, 109, 112, 125, 126, 208, 228, 231, 235, 240, 244, 257, 261, 271, 334, 344, 446, 447
천황(天皇) 373, 388, 389, 390, 395
청구(青丘) 386
청구(青邱) 357, 390
초선천 227
촉(觸) 215, 220
축생 190, 191, 251, 252
춘추전국시대 385
취(取) 215, 220
치우성(星) 79
치우 한웅님 364, 372, 373, 387, 390, 391, 406
치화(治化) 352
칠성불 78, 342
칠정운천도 405, 406
칠회제신 405, 406
칭법행 249, 441, 442

ㅋ

카르마 217
커블랙홀 45, 48, 50, 51, 71, 77, 87, 89, 90, 96, 97, 114, 115, 116, 121, 122, 124, 125, 126, 137, 139, 140, 141, 164, 177, 178, 177, 184, 195, 230, 297, 298, 299, 300, 306, 307, 308, 310, 314, 317, 331, 439, 440
카시오페아 75, 78, 253
카필라국 336
캄차카 반도 366, 391
코끼리 79, 444, 445, 446, 448, 450
코카서스 358
쿼크 59, 60, 203, 205, 217
케이샤 48, 49, 50, 51, 89, 90, 96, 97, 115, 122, 124, 125, 126, 138, 140, 141, 164, 179, 180, 181, 182, 184, 195, 230, 297, 298, 303, 304, 305, 306, 307, 308, 310, 311, 313, 314, 317, 439
키클로페스 342
크레타 문명 370, 374
크레타섬 370, 374
크림반도 358

ㅌ

타화자재천 229, 230, 231, 232
탁록전투 371, 372
태생(胎生) 192
태양궁(太陽宮) 25, 75, 79, 244, 245, 446
태양성(太陽星) 51, 63, 65, 66, 67, 68, 69, 71, 72, 73, 77, 79, 87, 90, 91, 96, 97, 105, 107, 108,

114, 116, 120, 124, 125, 127,
128, 129, 140, 141, 148, 167,
176, 181, 182, 184, 195, 229,
230, 241, 280, 281, 283, 284,
296, 297, 298, 299, 306, 307,
316, 317, 318, 329, 331, 345,
350, 369, 397, 398, 399, 400,
401, 402, 431, 446, 448
태양수(太陽數) 9 122, 123, 124, 183,
219, 220, 275
태양수 ⊕ 122, 158, 180, 275, 317
태양수 ⊕의 핵(核) 49, 50, 51, 71,
89, 90, 96, 97, 115, 122, 124,
125, 126, 128, 140, 141, 158,
164, 177, 179, 181, 182, 184,
230, 297, 298, 299, 301, 302,
304, 305, 306, 307, 308, 310,
314, 317, 331, 440, 441
태우의 한웅님 143, 281, 364, 369,
376, 386, 388, 389, 396, 403,
404, 405, 410, 411
태음수(太陰數) 6 109, 112, 171, 172,
184, 185, 219, 220, 302, 305,
306, 307
태음수(太陰數) ⊕ 109, 112, 122,
183, 184, 296, 301, 302, 304,
349
터키 356, 358

ㅍ

파동(波動) 27, 28, 31, 33, 37, 38,
50, 51, 56, 61, 83, 139, 163,
204, 325, 331
파미르 고원 356, 358, 361, 362
판도라 209
팔정도(八正道) 210, 211, 212, 213,
214, 247
팽창 83, 84, 85, 109, 137, 140,

146, 148, 167, 169, 174, 175,
181, 308
팽창기 우주 25, 168, 169, 171,
233, 234, 243, 276, 308
평양 386
폴리아데스 성단 228
피안(彼岸) 200

ㅎ

하계(下界)의 우주 130, 168 233, 234,
235, 236, 256, 258, 259, 266,
278
하나라 385
하늘 54, 73, 79, 82, 84, 96, 97,
98, 99, 100, 101, 178, 201,
227, 260, 262, 284, 353, 357,
358, 378, 387, 388, 389, 403,
406, 451
하얼빈 386
하천궁(下天宮) 130, 260, 267, 268,
269, 270
하토르 여신 68
한(桓) 357, 358, 364, 365, 394,
395, 396, 397, 398, 400
한(韓) 375, 395, 398, 400, 403
한기(韓紀) 409
한님 78, 355, 357, 359, 361, 362,
365
한단고기(桓檀古記) 355, 356, 360, 365,
368, 371, 373, 387, 388, 389,
396
한단불교(桓檀佛敎) 82, 136, 143, 144,
247, 281, 334, 336, 386, 387,
389, 393, 394, 396, 404, 405,
406, 407, 408, 411, 412
한민족(韓民族) 78, 79, 144, 281, 284,
336, 347, 353, 354, 355, 356,
360, 361, 362, 363, 364, 368,

370, 371, 373, 376, 383, 384,
386, 391, 392, 393, 394, 395,
396, 399, 400, 406, 407, 408,
409, 411, 412
항성풍 77, 89, 90, 96, 97, 107,
110, 114, 125, 126, 130, 140,
141, 296, 297, 298, 299, 439
한웅(桓熊) 79, 143, 281, 355, 357,
363, 364, 366, 367, 369, 370,
371, 372, 373, 374, 375, 376,
377, 386, 387, 388, 389, 390,
391, 395, 396, 403, 405, 406,
407, 410, 411
해모수 342
해설경 248, 426, 427, 434
해왕성 104, 116, 127, 128, 195,
283, 284, 346, 400, 401, 402,
448
행(行) 4, 6, 22, 55, 56, 59, 60,
123, 215, 216, 217, 220, 222,
223, 224, 226, 249, 288, 289,
300, 326, 327, 328, 350
향화청 253
허공(虛空) 82, 83, 84, 226, 444, 445,
446
현상세계 55, 62
현전지 312
현존우주 29, 65, 296
혜(慧) 197, 204, 205, 206, 207,
208, 209, 248, 288, 312, 424,
425, 431, 441, 442
혜능대사 443
헌구 371, 372, 374
헤르메스 347
헬리오폴리스 78, 343
헤카톤케이레스(Hekatonkheires) 342
호랑이족 342, 370, 374
홍산문화 386
화락천 229, 230, 231, 232
화생(化生) 192, 353

화성(火星, Mars) 68, 78, 101, 116, 126,
127, 128, 129, 130, 182, 232,
272, 283, 284, 345, 347, 399,
400, 401, 402
화신(化身) 103, 104, 105, 181, 191,
207
화신(化神) 114, 115
화신불궁(化身佛宮) 48
화이트홀 48, 49, 50, 89, 90, 96,
97, 115, 122, 124, 125, 126,
138, 140, 141, 164, 179, 180,
181, 182, 184, 230, 297, 298,
302, 304, 305, 306, 307, 308,
310, 314, 317, 439
환희지 311
황금알대일 48, 49, 50, 52, 67, 76,
77, 84, 89, 90, 96, 97, 106,
113, 116, 124, 125, 126, 138,
139, 140, 141, 142, 164, 176,
179, 180, 181, 182, 184, 195,
229, 230, 297, 298, 305, 306,
307, 308, 310, 314, 315, 316,
317, 323, 333, 334, 340, 345,
438, 439
황금알대일 폭발 70, 90, 97, 108,
115, 116, 124, 125, 126, 137,
139, 140, 164, 176, 182, 184,
194, 296, 306, 307, 308, 315,
316, 323, 334, 345, 438, 439
황금태양 50, 51, 139, 141, 142,
154, 155, 164, 176, 331
황소의 길 94, 133, 166, 398, 399
황소자리 성단 112, 228, 235, 447,
447
황제내경(皇帝內經) 247, 281, 387, 408,
411, 412
황제중경(皇帝中經) 247, 281, 387, 405,
407, 408, 410, 412
황제헌원 372
황하문명 367, 390

회삼귀일(會三歸一)의 법칙 136, 137,
　　210
후천우주(後天宇宙) 83, 84, 85, 86, 99,
　　100, 101, 110, 112, 113, 116,
　　129, 130, 145, 167, 230, 237,
　　238, 243, 244, 254, 262, 263,
　　273, 283, 336, 398, 399, 403,
　　404, 447, 448, 449
흑해 358, 360
흰색 205, 302, 358